Dietrich Stüber
*Riffbildende Steinkorallen
im Meerwasseraquarium*

Unterwasser-Aufnahme: Acropora valenciennesi mit Anthias am Außenriff. Batangas/Philippinen.

Dietrich Stüber

Riffbildende Steinkorallen im Meerwasseraquarium

Verlag Stark · 76316 Malsch

Alle Rechte der Bearbeitung, einschließlich
des auszugsweisen Nachdruckes vorbehalten.

© 1994 Druckerei Stark GmbH, 76316 Malsch

Umschlagbild: Dietrich Stüber
Druck: Druckerei Stark GmbH, Benzstraße 24, Postfach 1249, 76316 Malsch

Printed in Germany
ISBN-Nr.: 3931001-00-8

Inhaltsverzeichnis

Vorwort 7

Ansichten von Aquarien 14

Das Aquarium 15

Das Eterplan-Aquarium - die sichere Alternative 18

Der Abschäumer 29

Filter und Pumpen 37

Die Beleuchtung 41

Der Aufbau der Anlage 47

Beckeneinrichtung und Pflegemaßnahmen 55

Chemie in der Meeresaquaristik 61

Dosierautomatik für Kalkwasser 71

Die Weiterentwicklung eines Niedere Tiere Beckens 81

Das Licht und der Nährstoffkreislauf im Riffaquarium 86

Biologische Randbedingungen in der Meeresaquaristik 98

Biologisch filtern im Riffaquarium 103

Grundsätzliche Betrachtungen zur Hälterung der hermatypischen Steinkorallen 113

Die hermatypischen Steinkorallen im Aquarium – Auswirkungen der Raumkonkurrenz 126

Fortpflanzung und Vermehrung der hermatypischen Steinkorallen 140

Eine Betrachtung zur Lebenserwartung von hermatypischen Steinkorallen 170

Die Nahrungsaufnahme der hermatypischen Steinkorallen 180

Die Wuchsform der hermatypischen Steinkorallen 188

Die Schutzfunktion der ästigen Korallen 195

Schädigungsfaktoren an hermatypischen Steinkorallen 202

Überlebensstrategien im Riff –Auswirkungen im Aquarium– 220

Bewegliche Bewohner eines Riffaquariums –Die Fische– 236

Bewegliche Bewohner eines Riffaquariums –Die Saubermacher– 245

Literaturnachweis 254

Stichwortregister 255

Vorwort des Herausgebers

Wozu ein Buch über Pflege und Zucht riffbildender Steinkorallen?

Welcher engagierte Aquarianer hat sich nicht schon mit dem Gedanken befaßt, farbige, riffbildende Steinkorallen in seinem Aquarium zu pflegen?

Der Erwerb von Steinkorallen (mit CITES-Zertifikaten) ist heute auf wenige Arten beschränkt. Dabei sind die großpolypigen Steinkorallenarten leichter zu bekommen. Sie sind sehr robust und ausdauernd in der Pflege, und stellen nicht so hohe Ansprüche an die Wasserqualität wie die hermatypischen Steinkorallenarten. Acropora oder andere riffbildende Steinkorallen sind hingegen kaum erhältlich, weil sie transportempfindlich sind und hohe Ansprüche an die Wasserqualität stellen. Sie werden in der Meerwasserliteratur außerdem als "nur für Spezialisten geeignet" hingestellt. Ist dem auch so?

Paradoxerweise finden sich Acropora-Arten in der Natur in jedem Riff in überaus großer Zahl und Masse, während Margeriten- und Sternkorallen nur vereinzelt im Vorriff sowie Blasenkorallen nur als Einzelexemplare in größerer Tiefe zu finden sind.

Die Zukunft wird uns bestimmt keine Erleichterung im Erwerb dieser Tiere bringen, vielmehr wird möglicherweise die eine oder andere Niedere-Tiere-Art, welche momentan noch reichlich im Fachhandel erhältlich ist, ebenfalls geschützt werden. Warum soll sich ein Einfuhr-Verbot wie wir es bei den Kaiser- und Falterfischen haben nicht auch auf Niedere Tiere übertragen lassen? Deshalb ist es wichtig, Möglichkeiten und Wege aufzuzeigen, diese wenigen erhältlichen Tiere sorgsam zu pflegen und, was heute möglich ist, im Aquarium zu vermehren. Nur auf diesem Weg wird es möglich sein, den Behörden sowie auch den sogenannten Umweltschützern gegenüber glaubhaft zu machen, daß wir nicht leichtfertig mit den der Natur entnommenen Tieren umgehen und sie nicht als käufliche Ware betrachten.

Dieses Buch soll mit dazu beitragen, daß erfolgreiche Meeresaquaristik nicht nur Pflege über einen bestimmten Zeitraum hinweg bedeutet, sondern gezielte Vermehrung möglich wird. So wie z.B. Berliner und Ansbacher Aquarianer Wege in diese Richtung aufgezeigt haben und nachgezüchtete riffbildende Steinkorallen untereinander tauschen, und somit Grundstöcke für die Nachzucht schaffen, soll dies auf einen größeren Kreis von Aquarianern ausgedehnt werden. Sollte dies möglich werden, dann hat der Gedanke an die Herausgabe dieses Buches seine Rechtfertigung erhalten.

Wolfgang Stark

Unterwasser-Aufnahme einer Lederkoralle mit Acropora-Steinkorallen, Palawan/Philippinen.

Unterwasser-Aufnahme verschiedener Acropora-Arten mit vereinzelten Lemnalia-Weichkorallen. Insel Bohol/Philippinen

Vorwort des Autors

> *Der Erfolg einer fachmännischen Maßnahme kann von einer bestimmten Grenze an nicht durch Geldausgeben erkauft werden.*
>
> *Und wenn Sie glauben, Sie könnten durch Befolgung aller Ratschläge zu einem perfekten Riffaquarium kommen, dann irren Sie. Das hier Gesagte sind Voraussetzungen, man muß auch noch etwas von den Tieren verstehen.*
>
> *Dieses Verständnis müssen Sie sich aber selbst erwerben.*
>
> G. Hückstedt

Meeresaquaristik zu betreiben ist heute anspruchsvoller geworden. Sie hat durch die Möglichkeit Aufschwung bekommen, ein echtes Riff mit all seiner Faszination im Wohnzimmer entstehen zu lassen. Dabei sind die enormen Fortschritte auf diesem Gebiet nicht durch den zunehmenden Einsatz von immer umfangreicherer Technik möglich geworden, das Gegenteil ist der Fall.

Der technische Part ist auf relativ einfache Weise gelöst worden.

Wäre dem nicht so, würde die Meeresaquaristik heute tatsächlich nur von Leuten betrieben werden können, die viel Geld haben und sich diese Technik, die auch heute noch angeboten wird, leisten können.

Die Meeresaquaristik ist aber nach wie vor die hohe Schule der Aquaristik schlechthin.

Vielfach wird aber von einigen immer noch behauptet, daß diese Art der Aquaristik nur von wenigen, auserwählten Aquarianern betrieben werden kann, die zudem noch relativ gut bemittelt sein müssen.

Diese Art Meeresaquarianer gibt es, zugegebenermaßen, immer noch. Sie geben sich gern den Anschein großer Spezialisten, sprechen in geschwollenen Worten, für viele nicht verständlich, und umgeben sich gern mit einer komplizierten Technik. Mit Aquaristik hat dieses aber nur noch wenig zu tun.

Davon unabhängig hat es schon immer Aquarianer gegeben, die den Ehrgeiz hatten, neue Wege zu beschreiten und aufzuzeigen, daß es auch anders geht. So einen Weg zu zeigen, haben diese Ausführungen zum Ziel.

Anhand von praktischen, erprobten Beispielen soll hier ein gangbarer Weg beschrieben werden, wie der Einstieg in die Meeresaquaristik mit einem minimalen materiellen Einsatz, aber mit um so mehr persönlicher Einsatzbereitschaft des Betreibers zu vollziehen ist. Es wird aber auch dargestellt, was das Wichtigste nach dem Einstieg ist. Dabei muß von vornherein gesagt werden, daß die Meeresaquaristik trotz allem kein billiges Hobby und schon gar nicht ein "nebenher Hobby" ist und sein kann. Die Gründe dafür werden im Folgenden sichtbar werden.

In erster Linie sind es die Tiere, die als Kreatur zu sehen sind und nicht als eine Ware, die bedenkenlos konsumiert werden kann. Sie sind zu kostbar dafür und die finanziellen Mittel, die als Minimum eingesetzt werden müssen, zu hoch.

Wenn der Einstieg geschafft ist und man sich intensiver mit dieser Art der Aquaristik befaßt, wird man über kurz oder lang selber zu dieser Einsicht gelangen und es wird ein Aquarium entstehen, wie es nur in der Meeresaquaristik zu finden ist. Es wird einen hohen Freizeitwert haben und Gelegenheit zu einem Einblick in die Natur der Meeresbiologie bieten, wie er selten außerhalb des natürlichen Biotopes gegeben ist. Die Aquarien von vielen, insbesondere Berliner Aquarianern, sind der Beweis dafür.

An dieser Stelle möchte ich meinen Dank sagen, an alle Meeresaquarianer, die mit mir diesen sicher nicht immer leichten Weg gegangen sind und zu diesen Erfolgen beigetragen haben, aber auch zu der Einsicht gelangt sind, daß eine erfolgreiche Meeresaquaristik nur möglich ist, wenn man sich auch mit den Belangen der Tiere, deren Ansprüchen und Lebensgewohnheiten auseinandersetzt - wenigstens versucht, sie in unseren Aquarien nachzuahmen.

Korallenriffe sind Lebensraum für unendlich viele Tiere. Sie sind reich gegliedert, stellen jedoch ein empfindliches Biotop dar. Die Balance ist abhängig vom Zusammenspiel vieler Einzelfaktoren.

Neben unserem verstorbenen Vereinsvorsitzenden Heinz Bieker, der uns diese Grundeinsichten in beständiger Beharrlichkeit vermittelt hat, sind auch viele Namen weiterer, insbesondere Berliner Aquarianer zu nennen. Hans Joachim Gehrke, Klaus Grube, Joachim Gottschlich, Bernd Stiewe sind einige davon, die auch heute noch beispielhafte Aquarien nach dem Berliner Prinzip betreiben. Aber nicht nur diese sind es gewesen, auch die Aquarianer, die unsere Ideen nach draußen getragen haben sollen nicht vergessen werden, ich denke dabei besonders an G. Obst und H. Treuheit aus Heilsbronn und Ansbach. Auch A. J. Nielsen und S. Fossa, die unsere Ideen nach Norden getragen haben und Julian Sprung und Charles Deelbeck die unsere Art der Aquaristik in Amerika und Kanada verbreitet haben, sind wir zu Dank verpflichtet. Alle diese Leute haben zwar unsere Ideen übernommen, es sind aber keine Einbahnstraßen gewesen. Sie alle zusammen und noch viele andere, die hier leider ungenannt bleiben müssen, haben diese Ideen in die Tat umgesetzt und zu dem gemacht, was sie heute darstellen. Ohne sie hätte die Meeresaquaristik keine so weite Verbreitung mit diesen Erfolgen gefunden.

Zu besonderem Dank bin ich dem Verleger W. Stark verpflichtet, der den Mut hat ein Buch dieser Art herauszubringen. Es ist einem glücklichen Umstand zu verdanken, daß wir zusammengekommen sind. Letztendlich ist es ein Ergebnis einer länger zurückliegenden Zusammenarbeit die uns heute um drei Ecken wieder zusammengeführt hat. Herr Stark ist auch Meeresaquarianer und unterhält einen fruchtbaren Kontakt zu den Ansbacher Meeresaquarianern, die wiederum auch zu meinen Erfahrungsaustauschpartnern gehören.

Praktische Zusammenarbeit ist ein wesentlicher Faktor der Meeresaquaristik, die dieses Buch als besonderes Anliegen ausdrücken soll.

Hervorragende Meerwasseraquarien zeigen heute deutlich, daß es nicht entscheidend ist, einen riesigen Aufwand an Geld und Geräten zu investieren. Im Gegenteil - der Weg, der vor einiger Zeit in dieser Richtung beschritten wurde, hat in eine Sackgasse geführt und viele Interessenten von diesem faszinierenden Hobby abgehalten.

Die nachfolgenden Ausführungen sind deshalb keine theoretischen Fantastereien, sondern belegbar und werden von mir und allen zuvor genannten Personen bei Bedarf an "lebenden Objekten" vorgezeigt. Viele Aquarianer haben die Gelegenheit, die ich hier anbiete, schon genutzt und sind, wie ich hoffen möchte, etwas nachdenklicher wieder nach Hause

Die Hauptsiedler und Baumeister intakter Riffe sind die hermatypischen Steinkorallen. Räumlicher Abstand garantiert das Überleben verschiedener Arten.

gefahren. Wie mir spätere Nachfragen bestätigten, haben einige auch Nutzen aus diesen Besuchen bei mir und anderen Aquarianern gezogen.

Die Demonstration bestimmter Erfolgsstrategien hat immer die beste Wirkung, auch vom Verständnis her, wenn sie am lebenden Objekt nachvollzogen wird. Deshalb sollten alle, insbesondere diejenigen, die mit der Meeresaquaristik beginnen wollen, damit anfangen, sich Aquarien von erfolgreichen Aquarianern anzusehen, um so einen Überblick zu bekommen, wie deren Aquarien gestaltet sind.

Dabei sollte das Augenmerk sowohl auf die Technik, als auch auf den Besatz mit Tieren und die dekorative Gestaltung gerichtet werden. Erst danach sollte man sich Gedanken machen, wie das eigene Becken aussehen soll. Mit dieser Vorgehensweise kann man viel Geld sparen, und auch den Tieren, die man später einmal pflegen will, erweist man damit den größten Gefallen.

Um die Möglichkeit der Besichtigung solcher optimaler Aquarien zu bekommen, ist es in der Regel notwendig, sich einem meeresaquaristisch orientierten Verein anzuschließen. Auch in späteren Phasen, wenn Probleme auftauchen, die mit Sicherheit zu erwarten sind, ist es vorteilhaft, einem solchen Verein anzugehören. Nur hier kann man in der Regel fachkundigen und vor allen Dingen unabhängigen Rat bekommen.

Riffaquarien, die einen Ausschnitt der Korallenriffe darstellen sollen, sind empfindlichere Biotope wie die Riffe selbst. In der Hauptsache spielt hier der Raumfaktor eine Rolle. Sie sind heute jedoch mit vertretbarem Aufwand reproduzierbar.

Im Hinblick auf das Artenschutzgesetz und den damit verbundenen, zukünftig zu erwartenden Auflagen, aber auch im Sinne des Naturschutzes überhaupt, sollten wir es uns heute infolge von Unwissenheit nicht mehr leisten, das Leben auch nur eines Tieres, das wir schon in unseren Aquarien haben, aufs Spiel zu setzen.

Die Haltbarkeit und Vermehrung von farbigen Korallen nimmt ebenfalls seinen Anfang in Riffaquarien die optimal gefahren werden.

Alle, die mit der Meeresaquaristik beginnen wollen, sollten sich darüber im klaren sein, daß sie mit ihrem Entschluß dieses Hobby zu betreiben, eine Verantwortung in besonderem Maße übernehmen. Und nur wenn wir dieser Verantwortung gerecht werden, wird uns in der Zukunft die Berechtigung zu dieser Art der Tierhaltung nicht mehr streitig gemacht werden. Durch ständige Wissenserweiterung auf diesem Gebiet müssen wir deshalb dazu beitragen, daß Arten, die in der Natur durch zunehmende Umweltverschmutzung vom Aussterben bedroht sind, bei uns erhalten werden. Wir müssen uns zum anderen mit diesen Ausführungen auch deshalb intensiv vertraut machen und ständig bemüht sein dazuzulernen für den Fall, daß der Behörde, z. B. dem Bundesumweltamt, nachgewiesen werden muß, daß die Qualifikation für die Hälterung dieser Tiere überhaupt vorhanden ist.

Das Wissen, das hierbei erworben wird, kann schon bald Grundlage dafür sein.

Da sich in den letzten Jahren der Tierbesatz für ein Meerwasseraquarium immer mehr in Richtung "Niedere Tiere" verschoben hat und die Hälterung dieser Art der Meerestiere problematischer ist als die Hälterung von Fischen, sollen diese Ausführungen in erster Linie eine Hilfe bei der Pflege und Hälterung dieser Tiere sein.

Bei reinen Fischaquarien ist der eine oder andere Aufwand eventuell nicht nötig, oder es können andere Wege beschritten werden. Im zweiten Teil meiner Ausführungen wird dann auch ein Weg aufgezeigt, wie die empfindlichsten Tiere der tropischen Meere, die hermatypischen Steinkorallen zu pflegen sind.

Diesen Tieren und ihrer Hälterung ist der Inhalt dieses Buches in erster Linie gewidmet. Die Erfolge in letzter Zeit auf diesem Gebiet geben zu der Hoffnung Anlaß, daß wir hier einen besonderen Beitrag zur Arterhaltung leisten können.

Die nachfolgende detaillierte Beschreibung der Einzelkomponenten einer Meerwasseranlage ist in erster Linie für den Selbstbau konzipiert.

Die Ausführungen sind jedoch so angelegt, daß sie die wichtigsten Kriterien für eine derartige Anlage beinhalten. Sie sind aber im biologischen Teil nicht so detailliert ausgeführt, daß sie wissenschaftlichen Charakter haben und für die meisten von uns dann nicht mehr verständlich sind.

Für tiefergehende Informationen sind Literaturangaben im entsprechenden Textteil enthalten. Wo unabdingbare Voraussetzungen nötig sind, habe ich Skizzen für die Ausführung beigefügt.

Für diejenigen, die diese Ausführungen nicht selbst in die Tat umsetzen können, sollen sie eine Entscheidungshilfe für die Anschaffung und den Betrieb einer solchen Anlage sein. Es soll letztendlich verhindert werden, daß Geld für Dinge ausgegeben wird, die für die erfolgreiche Pflege von Meerestieren nicht notwendig sind, eventuell sogar eine Gefahr darstellen.

Die folgenden Ausführungen befassen sich zunächst einmal mit den notwendigen technischen Einzelheiten zum Einstieg in die Meeresaquaristik.

Der zweite Teil meiner Ausführungen gibt dann allgemeine, aber auch ganz spezielle Informationen für ein Riffaquarium.

Verschiedene Korallenarten sind bei Beachtung von Raumfaktoren in Riffaquarien zu naturähnlichem Wachstum zu bewegen.

Es ist heute möglich die verschiedensten Korallenarten und weitere Tiere die über die Symbiose mit Zooxanthellen lebensfähig sind, in entsprechenden Aquarien zu halten und begrenzt auch zu vermehren.

Informationen, die ein lebendes System betreffen, wo vieles beständig im Umbruch ist und auch immer bleiben wird, können immer nur einen momentanen Zustand widerspiegeln. Die Hälterung und Vermehrung der empfindlichsten Meerestiere wird deshalb immer mit mannigfaltigen Problemen behaftet bleiben, eben deshalb, weil diese Tiere leben, sich und ihren Lebensraum beständig verändern.

Jedes Meerwasseraquarium wird mit der Zeit zudem ganz unterschiedliche Wasserparameter ausbilden, die letztendlich von uns nicht nennenswert beeinflußbar, aber auch nicht erfaßbar sind.

Mit diesen Gegebenheiten müssen wir zur Zeit leben, uns aber beständig auch auseinandersetzen. Die Restparameter, insbesondere die technischen Probleme, können heute als weitgehend gelöst angesehen werden. Auch das Zusammenleben verschiedener Tierarten, was nicht unproblematisch ist, können wir heute beherrschen. In diesem Sinne sollen diese Ausführungen verstanden werden. In der Zukunft werden sicher neue Erkenntnisse und Erfahrungen dazukommen, die dann berücksichtigt werden müssen.

Zur Zeit haben wir einen Stand in der Meeresaquaristik erreicht, der es uns überhaupt erst einmal ermöglicht, einen Großteil der Meerestiere im Aquarium am Leben zu erhalten. Erst jetzt ist die Möglichkeit gegeben, diese Tiere langjährig unter naturnahen Bedingungen zu beobachten und Erkenntnisse zu sammeln, die Bestand haben.

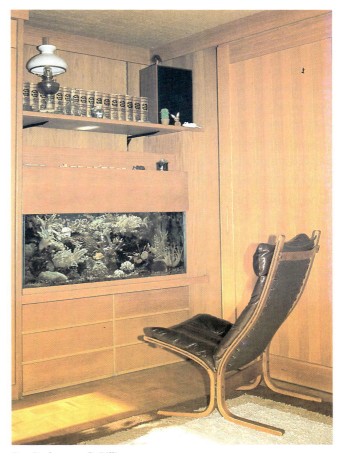

Das Becken von G. Pilling
Ein sehr kleines Becken mit ca. 350 Litern Inhalt. Bei entsprechender Aufmerksamkeit lassen sich auch in kleinen Becken Miniriffe einbauen.

Ansichten von Aquarien

Teilansicht mit Acropora Erstbewuchs

▲
Das Becken von D. Stüber
*Beckenmaße 200 cm lang, 70 cm tief und 60 cm hoch, 840 Liter Bruttoinhalt, 2 x 250 Watt HQI, 1 Doppelgegenstromabschäumer, Wasserdurchsatz 400 Liter pro Std., Wasserbewegung ca. 8000 Liter pro Std.
Wichtige Voraussetzung sind harmonische Einfügung in die Wohnatmosphäre und leichte Zugänglichkeit der technischen Einrichtungen.*

Das Becken von Gerhard Obst, Heilsbronn
Beckenmaße 180 cm lang, 65 cm tief und 65 cm hoch, 760 Liter Bruttoinhalt, 2 x 250 Watt HQI-D, Gegenstromabschäumer, Wasserdurchsatz 300 Liter pro Std., Wasserbewegung 3600 Liter pro Std.
▼

▲
Das Becken von Peter Timpe, Hamburg
Beckenmaße 200 cm lang, 80 cm tief und 65 cm hoch, 1040 Liter Bruttoinhalt, 1 x 250 Watt HQI, 1 Gegenstromabschäumer, Wasserdurchsatz 800 Liter pro Std., Wasserbewegung ca. 10 000 Liter pro Std.

Das Aquarium

- **Die Haltbarkeitsdauer**
- **Eterplan kontra Glasaquarien**
- **Beckengröße**
- **Glasbecken -Skizze-**
- **Überlaufrohr -Skizze-**
- **Eterflexbecken -Skizze-**
- **Überlaufkasten -Skizze-**

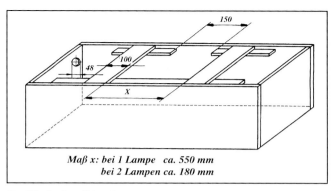

Maß x: bei 1 Lampe ca. 550 mm
bei 2 Lampen ca. 180 mm

Das Glasbecken Skizze 1

Das Aquarium für die Hälterung von Meerestieren, seien es nun "Niedere Tiere" oder auch Fische, stellt besondere Anforderungen, sowohl an das Material als auch an die Bauform selbst.

Jahrelang hat sich das geklebte Glasbecken in den Vordergrund geschoben. Es war wegen seiner Beständigkeit gegen das aggressive Meerwasser damals eine der Voraussetzungen für die Meeresaquaristik überhaupt und hat auch heute noch seine Berechtigung. Leider mußte in letzter Zeit aber die traurige Erfahrung gemacht werden, daß insbesondere ältere Becken, so um die 6-8 Jahre alt, den Belastungen des Wasserdruckes nicht mehr standgehalten haben.

Des weiteren kam hinzu, daß offensichtlich verschiedene Tiere (hauptsächlich Würmer) in der Lage waren, das Silikon zu durchdringen. Auch hat es Probleme mit den Algen gegeben, die in der Lage waren, das Silikon zu unterwachsen.

All diese Faktoren, insbesondere die Haltbarkeitsdauer des Silikons allgemein, haben zu unerfreulichen Ereignissen geführt. Das Unterwachsen der Scheiben mit Algen kann konstruktiv gelöst werden, der Haltbarkeit des Silikons sind aber materialbedingte Grenzen gesetzt.

Haltbarkeitsangaben von 6-8 Jahren sind für ein Aquarium schon eine lange Standzeit und nach meinen Erfahrungen stehen die meisten Becken aus den unterschiedlichsten Gründen auch gar nicht so lange. Insofern hat ein geklebtes Glasbecken trotz dieser Mängel auch heute seine Daseinsberechtigung.

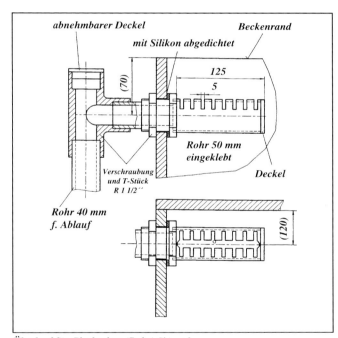

Überlauf für Glasbecken (Rohr) Skizze 3

Für ein erfolgreiches Meerwasseraquarium, das mit zunehmendem Alter immer mehr einem natürlichen Biotop entspricht, sind jedoch Haltbarkeitsgarantien von 6 - 8 Jahren zu gering. Das Umsetzen der Tiere in ein neues Becken nach dieser Zeit ist in der Regel einem Neuanfang gleichzusetzen.

Deshalb sind seit einigen Jahren und im zunehmenden Maße Eterplanbecken, die eigentlich auch schon früher gebaut wurden, wieder in Benutzung genommen worden. Diese Becken werden geklebt und geschraubt und sind praktisch unverwüstlich. Auch die Beschichtung des Eterplan mit einer PVC-Farbe hält, einmal richtig aufgebracht, den Belastungen durch das Seewasser stand.

Nähere Angaben sind im folgenden Kapitel aufgeführt.

Biologische Bedenken, die lange Zeit vorhanden waren, sind nicht mehr angebracht. Werden doch heute die empfindlichsten Tiere in solchen Aquarien nicht nur am Leben erhalten, sondern auch vermehrt. Ein untrügliches Gütezeichen ist das sofortige Besiedeln der beschichteten Wände mit Kalkalgen. Auch bei der Formgebung sind, mehr noch als bei Glasbecken, keine Hindernisse im Weg. Im Gegenteil, Eterplan läßt sich noch wesentlich besser und unkomplizierter bearbeiten als Glas.

Wie soll nun so ein Becken, egal ob aus Glas oder Eterplan, aussehen? Hier ist als erstes das Volumen von Wichtigkeit. Es sollte nach Möglichkeit mindestens 400 Liter aufweisen. Bei kleineren Becken gibt es mit Sicherheit vermehrte Probleme bei der gemeinsamen Hälterung von Fischen und Niederen Tieren.

Auch der Unterhalt und die Anschaffungskosten für ein Becken sollten bei der Größenentscheidung genau bedacht werden. Oftmals muß für ein wesentlich größeres Becken nur unwesentlich mehr Geld ausgegeben werden. Der technische Aufwand steht mit abnehmender Beckengröße in einer ungünstigen Relation. Für die Abmaße des Beckens ist zu bedenken, daß Wasser stark den Blickwinkel verkürzt. Deshalb soll ein Becken so tief wie möglich sein. Gut bewährt hat sich eine Beckentiefe von 70 cm. Die Höhe sollte nicht wesentlich über 60 cm liegen, da man bedenken sollte, daß in so einem Becken auch hantiert werden muß, und wer hat schon überlange Arme. Ein weiterer begrenzender Faktor für die Beckenhöhe ist der Lichteintrag oder der Tierbesatz.

Da wir nun die Tiefe und die Höhe haben, bleibt als letztes noch die Länge. Sie würde bei 400 Liter Inhalt noch 100 cm betragen. Diese Abmessungen sind nicht Bedingung. Sie sollten aber zumindest als Anhaltspunkt dienen.

Ideale Maße für ein Riffbecken, die sich im Laufe der Zeit bei erfolgreichen Aquarianern durchgesetzt haben sind 200 cm Länge, 70 cm Tiefe und 60 cm Höhe.

In diesen Bereichen sollten sich die Abmaße eines Meerwasseraquariums bewegen. Die Variation sollte nach Möglichkeit in der Länge liegen. Die 2-Meterbecken lassen sich am optimalsten einrichten. Sie sind auch vom Unterhalt her, also den laufenden Kosten und vom technischen Aufwand, noch vertretbar.

Eine weitere vorteilhafte Längenvariante liegt bei 1,5 Meter.

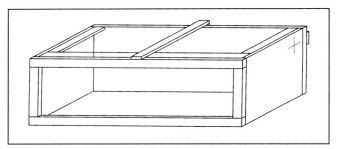

Das Eterflexbecken Skizze 2

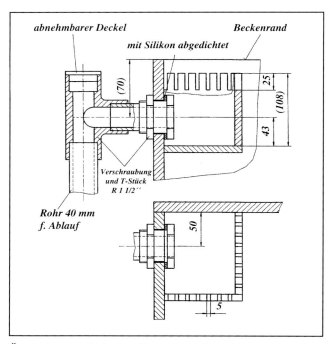

Überlauf für Eterflexbecken (Kastenform) Skizze 4

Für diese Beckenlänge spricht, daß eine HQI-Lampe der nachfolgend vorgestellten Bauform, für die Hauptbeleuchtung ausreicht.

Ein runder Überlauf wie er in Glasbecken benutzt werden kann.

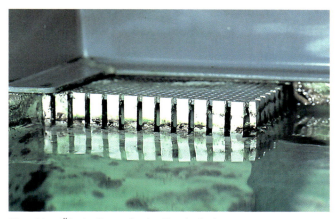

Ein eckiger Überlaufkasten für das Eterplanbecken.

Hier wird in allen Einzelheiten der Selbstbau eines solchen Beckens beschrieben, wie er für einen normal begabten Aquarianer durchaus möglich ist. Dieser Selbstbau mit Eterflexplatten ist in jedem Fall sicherer zu handhaben als der Bau eines Glasbeckens. Wie so ein Becken aussehen könnte, zeigt die Skizze Nr. 1 für ein Glasbecken und Nr. 2 für ein Eterflexbecken. Dazu sind einige Möglichkeiten für Überläufe in den Skizze Nr. 3 und nebenstehenden Fotos. Im unteren Foto ist ein Auslaufkasten für den Wassereinlauf vom Abschäumer dargestellt. Er ist sinnvoll, da erfahrungsgemäß das auslaufende Wasser sonst unschöne Salzablagerungen hinterläßt. Der Boden dieses Auslaufes ist mit ca. 5 mm großen Löchern versehen, da sonst Schnecken in dieses Rohr einwandern und den Auslauf verstopfen können.

Der Wasserauslaufkasten. Er wird entgegengesetzt vom Ablauf angebracht. Oben sichtbar ist der Zulaufschlauch für das Kaltwasser. Es wird hier mit dem rücklaufenden Wasser vom Abschäumer vermischt und von einer in der Nähe angebrachten Turbelle im Becken sanft verteilt.

Die Glasstärken sind in Anlehnung an die DIN-Norm 32622 zu wählen. Die Einhaltung dieser Glasstärken ist wichtig für eine Haftpflichtversicherung, die über Vereine abzuschließen ist. Die Mitgliedschaft in einem Verein für Meeresaquaristik steht bei diesem Hobby sowieso außer Frage (siehe Vorwort). Eine Bauanleitung für ein Eterflexbecken ist im folgenden Kapitel enthalten.

Das Eterplan-Aquarium
- die sichere Alternative -

- **Biologische Verträglichkeit**
- **Werkzeuge**
- **Der Zusammenbau**
- **Besonderheiten des Klebers**
- **Der Farbanstrich**
- **Gefahrenhinweise**
- **Abmaßermittlung**
- **Bestelliste**

Ich möchte im Nachfolgenden auf das Eterplanaquarium etwas näher eingehen, da Aquarien aus diesem Material von der Beständigkeit her besonders für die Meeresaquaristik geeignet sind. Das Aquarium, als Behälter für die Aufnahme eines künstlichen Biotopes, ist für die Meeresaquaristik besonders wichtig.

Insbesondere deshalb, weil es nach den Möglichkeiten von der Haltbarkeit her das endgültige Aquarium sein kann. Werden Riffaquarien aufgebaut, muß man sich darüber im klaren sein, daß dieser Aquarientyp eine besonders lange Einfahrzeit benötigt, die mehrere Jahre dauern kann und sich erst nach dieser Phase überhaupt entwickeln läßt.

Aus diesem Grund sollte es nach Möglichkeit nicht mehr umgebaut, d.h. die Tiere nicht mehr in andere Becken umgesetzt werden. In der Regel würde dieses immer wieder einem Neuanfang gleich kommen. Bei Glasbecken wird sich dieser Umbau nach einer gewissen Zeit aus Sicherheitsgründen nicht vermeiden lassen. Eterplanbecken sind dauerhaft und deshalb für diese Art der Aquaristik besonders geeignet.

Die Versuche mit diesen Becken in Richtung der biologischen Verträglichkeit sind erfolgreich verlaufen. Wir können heute sagen, daß keine Schädigungen von Tieren durch die Beschichtung mit der **PVC-Farbe Krautol Nr. 5007** aufgetreten sind.

Bei Beachtung einiger Verarbeitungshinweise ist der Einsatz aus Eterplan gefertigten Aquarien, auch von der mechanischen Haltbarkeit her, uneingeschränkt zu empfehlen. Vor der eigentlichen Baubeschreibung nun einige grundsätzliche Betrachtungen.

Das Herstellen der Aquarien ist für einen einigermaßen begabten Aquarianer nicht schwer. Aber es gibt einige Kniffe, die zu kennen von Vorteil sind. Dazu gehört auch, in welcher Reihenfolge diese Arbeiten ablaufen sollten.

Für die Materialbeschaffung ist es wichtig, die Maße des Beckens genau zu planen. Die Händler verkaufen das Eternit in der Regel nur plattenweise. Wenn man nur ein kleines Becken hat, kann es von Vorteil sein, sich einen Mitbesteller zu suchen. Der Quadratmeterpreis liegt sonst fast doppelt so hoch, als bei Abnahme einer ganzen Platte. Dazu kommen die Zuschneidekosten, die pro Meter Schnittlänge berechnet werden und nicht unerheblich sind. Für Becken bis 2 Meter Länge benutzen wir 15 mm dickes Eternit mit dem Markennamen Eterplan (Fulgurit). Dieses neue Eterplan ist wesentlich härter und auch stabiler als das alte Eternit mit seinen schädlichen Asbestfasern. Es enthält jedoch keine Asbestfasern mehr, die zu Gesundheitsrisiken führten, läßt sich aber nur noch mit Hartmetallwerkzeugen bearbeiten (Bohrer). Die Becken werden zusammengeschraubt und geklebt.

Zum Verschrauben der Eterflexplatten werden Spanplattenschrauben von 4 mm Durchmesser und 40 mm Länge verwandt. Zum Verkleben der Platten gibt es den Super EP- oder Plastic Mastic Kleber (Markenname), je nach Herstellerfirma.

Für die Beschichtung wird ausschließlich PVC-Farbe der Firma Krautol Nr. 5007 empfohlen, die es in verschiedenen Farbtönen gibt, dazu PVC Verdünner Nr. 1026 der gleichen Firma. Mit Farben der gleichen Art, jedoch anderer Hersteller liegen keine gesicherten Erkenntnisse vor.

An Werkzeugen wird folgendes benötigt:

Schraubzwingen, Bohrmaschine, Akkuschrauber, Bohrer aus Hartmetall von 3 mm Durchmesser für das Kernloch der Schrauben, Hartmetallbohrer von 4,2 mm Durchmesser für das Durchgangsloch, einen Senker 10 mm Durchmesser mit einem Schneidewinkel von 90 Grad zum Versenken der Schraubenköpfe. Die optimalen Durchmesser der Hartmetallbohrer sind eventuell durch eine Probebohrung zu ermitteln. Die Schrauben müssen sich ohne großen Kraftaufwand eindrehen lassen. Des weiteren Kreuzschlitz-Schraubendreher, Spachtel und einen bzw. mehrere Pinsel, sowie zwei Meßbecher zum Mischen des Klebers.

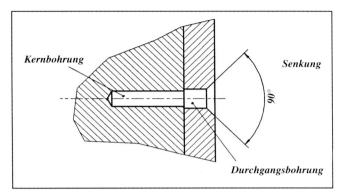

Der Zusammenbau des Aquariums.

Es ist unbedingt notwendig, sich vor Baubeginn eine Zeichnung (siehe Anhang) anzufertigen und die einzelnen Teile mit Nummern zu versehen. Dieses erleichtert die Bestellung mit den richtigen Abmessungen und später das richtige und schnelle Zuordnen der Teile beim Zusammenbau. Dazu ist eine stabile, ebene Unterlage, die ca. 2 cm größer als das fertige Aquarium sein soll, notwendig. Für die Abmaßermittlung und Bestellung der Plattenzuschnitte kann das am Ende dieses Kapitels beigefügte Bestellschema benutzt werden.

Haben wir die Teile alle zusammen und eindeutig numeriert, beginnen wir mit dem eigentlichen Zusammmenbau.

Hier gehen wir folgendermaßen vor.

Das Aquarium wird zunächst schrittweise mit Heftschrauben zusammengebaut.

Wir arbeiten als erstes die Bodenplatte (Teil 3) und die vordere untere Rahmenleiste (Teil 4) vor. Auf die Rahmenleiste bringen wir einen Längsriß im Abstand von 7,5 mm (halbe Plattendicke) und 2 Risse im Abstand von 22,5 mm auf (Einzelheit "X" der Skizze 6 und 7). Dann tragen wir über die Länge verteilt 3 senkrechte Risse auf und haben damit die Schnittpunkte für die drei Heftschrauben (siehe Skizze).

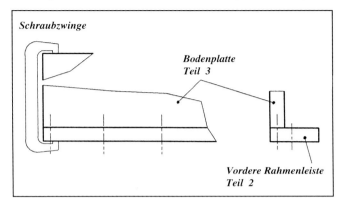

Diese Arbeiten werden sich im Folgenden immer wiederholen. Wahlweise kann man auch schon alle Risse für die Bohrungen auf die ganze Länge der jeweiligen Platten verteilen. Aber das Bohren der Löcher sollte wegen der Paßgenauigkeit zum Gegenstück immer gemeinsam mit diesem erfolgen. Alternativ dazu kann jedoch das Gegenstück nur angebohrt und nach der Demontage dann auf die erforderliche Tiefe gebohrt werden. Der Vorteil liegt darin, daß die Gesamtbohrtiefe geringer wird (Bohrerverschleiß). *Siehe Farbtafel Abb. 1 - 3*

Nun verspannen wir die Bodenplatte und die vordere untere Rahmenleiste mit zwei Schraubzwingen ohne die Rahmenleisten zu verkanten, und bohren entsprechend den Anrissen die Kernlöcher von 3 mm Durchmesser durch die Rahmenleiste in die Bodenplatte ca. 50 mm tief (oder Alternativ Bodenplatte nur anbohren). Danach trennen wir beide Teile. Die Rahmenleiste wird jetzt für das Durchgangsloch mit 4,2 mm aufgebohrt und angesenkt (Einzelheit "Y" Skizze Nr. 8).

Zur Probe stecken wir eine Schraube in diese Bohrung mit Senkung, um zu sehen, ob der Schraubenkopf weit genug im Material versenkt ist. Der Kopf der Schraube muß mindestens 1 mm tiefer sein als die Oberfläche des Materials.

Beide Teile, vordere untere Rahmenleiste und Bodenplatte, werden jetzt gesäubert, die Löcher ausgeblasen und mit drei Schrauben zusammengeschraubt (nicht zu fest anziehen).

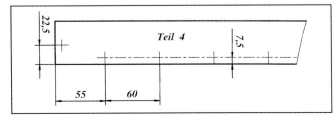

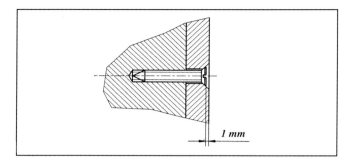

Das ist ein grundsätzlicher Arbeitsgang, der sich im Folgenden immer wiederholen wird. Die vorderen Rahmenleisten Teil 4 und 5 können auch durch eine ganze Platte in den Abmaßen der Rückwand ersetzt werden. Diese erfordert jedoch einen erhöhten Materialeinsatz und zusätzlichen Arbeitsaufwand im Aussägen des Sichtfensters. Der Vorteil liegt darin, daß das difizile Hantieren mit den zerbrechlichen, langen Rahmenleisten entfällt. Aus meiner Sicht ist aber der finanzielle sowie der Arbeitsaufwand unverhältnismäßig hoch. Es soll deshalb nur als mögliche Variante aufgezeigt werden.

Jeweils drei Schrauben pro Leiste werden als Heftschrauben beim Zusammenbau benutzt. Alle Heftschrauben müssen für die Endmontage wieder vorsichtig ausgedreht werden.

In der gleichen Art verfahren wir mit der Rückwand (Teil 1) im Bereich der Bodenplatte (Teil 3) und der Seitenwände (Teil 2), die gleich mit angerissen werden können. Anreißen der Rückwand und Seitenwände im Abstand von 7,5 mm und Anbringen der senkrechten Risse für die Heftschrauben.

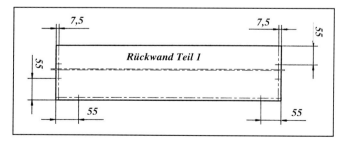

Die restlichen Risse sind der Skizze Nr. 7 zu entnehmen. Sie können aber, wie schon gesagt, gleichzeitig oder auch nach dem Heften angebracht werden.

Danach werden die Bodenplatte (Teil 3) und die Rückwand (Teil 1) zusammengespannt und verbohrt, in der gleichen Art wie vorher schon beschrieben, d.h. die Kernlöcher von 3 mm Durchmesser 50 mm tief bohren, Rückwand und Bodenplatte demontieren, Rückwand auf 4,2 mm Durchmesser aufbohren ansenken, entgraten, Bohrungen säubern und ausblasen (sehr wichtig) und mit jeweils 3 Schrauben, die gebohrten Teile 1 und 3 zusammenheften. Die zusammengebauten Teile befinden sich jetzt in einem sehr labilen Zustand, und es ist äußerste Vorsicht notwendig.

Das Becken sieht jetzt so aus.

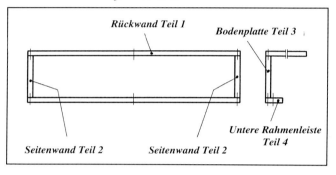

Bei diesen vorgenannten Arbeiten müssen wir sehr vorsichtig mit der Rückwandplatte umgehen, denn diese Platte ist vor dem Verschrauben mit den Seitenwänden in einem sehr labilen Zustand, und es könnten, infolge des Gewichtes der Rückwandplatte, die Schrauben sehr leicht ausbrechen. Hier ist ein Helfer unbedingt notwendig.

Wir setzen jetzt die Seitenwände an und verbohren sie mit der Bodenplatte und der Rückwand. Hier verfahren wir wie-

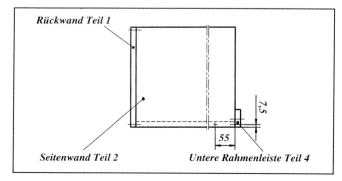

der wie vorher, Anreißen der Seitenwände, soweit nicht schon geschehen, im Abstand von 7,5 mm, immer über die ganze Länge. Wir brauchen den Riß später bei allen Platten, um die restlichen Bohrungen einzubringen.

Dann Kernloch 3 mm Durchmesser und 50 mm tief bohren, ansenken, entgraten und heften. Danach Verschrauben der Rückwand, Seitenwände und der Bodenplatte mit den Heftschrauben. Ist diese Arbeit abgeschlossen, haben wir Stabilität in diese drei Platten gebracht und können etwas leichter arbeiten. Als nächstes wird jetzt die vordere, obere Rahmenleiste Teil 4 angebracht.

Sie wird mit 2 Schrauben pro Seite auf die Seitenwände geschraubt. Zum Heften werden in diesem Fall beide Schrauben benutzt. *Siehe Farbtafel Abb. 4*

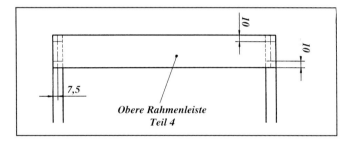

Obere Rahmenleiste Teil 4

Achtung: Die obere Rahmenleiste ist in dieser Phase ebenfalls äußerst zerbrechlich.

Danach wird der obere Versteifungssteg (Teil 6) mit der oberen Rahmenleiste (Teil 4) verschraubt. Dazu verspannen wir mit einer Schraubzwinge äußerst vorsichtig die obere Rahmenleiste (Teil 4) und den Versteifungssteg (Teil 6) und bohren mit der nötigen Vorsicht wieder die Kernlöcher von 3 mm Durchmesser 50 mm tief, Ausnahme an dieser Leiste im Abstand von 60 mm (siehe Skizze Nr. 7). Danach demontieren wir diese Verspannung wieder mit der nötigen Vorsicht und bohren die vordere obere Rahmenleiste auf, senken sie an, entgraten sie und heften die Leisten (Teil 4 u. 6) zusammen. Wegen der Stabilität sollten hier mehrere Schrauben zum Heften benutzt werden.

Dann bringen wir die restlichen, oberen seitlichen Versteifungsstege ebenfalls an (Teil 8). Die Vorgehensweise ist die gleiche, wie vorher beschrieben.

Was jetzt noch fehlt, das sind die seitlichen Rahmenleisten (Teil 5). Sie werden zwischen oberer und unterer Rahmenleiste eingepaßt, entsprechend vorstehender Skizze verbohrt und dann ebenfalls geheftet.

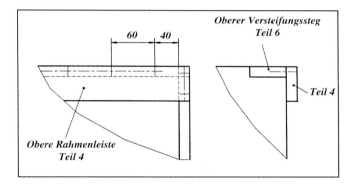

Damit ist das Becken komplett zusammengeheftet.

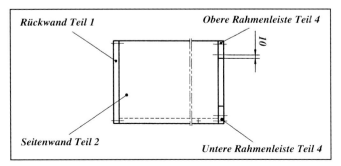

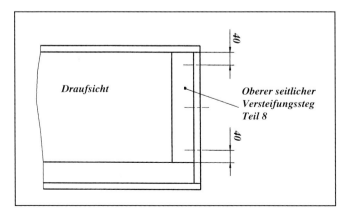

In diesem Bauzustand beginnen wir damit, alle Teile mit den restlichen Bohrungen zu versehen. Für die Verteilung der Bohrungen sind die Skizzen zu beachten. Wir bohren zuerst

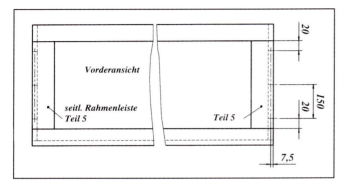

wieder alle Kernlöcher von 3 mm Durchmesser entweder auf Gesamtbohrtiefe 50 plus 15 mm oder nur durch die aufsitzenden Teile und ca. 5 mm tief in die Grundteile.

Wegen der Paßgenauigkeit sollten die Bohrungen im zusammengehefteten Zustand gebohrt werden. Dann werden alle Teile demontiert, danach die Durchgangsbohrungen in die entsprechenden Teile eingebracht und diese angesenkt, die Kernbohrungen ausgeblasen und entgratet. Andernfalls müssen auch diese auf volle Tiefe gebohrt und dann ausgeblasen und entgratet werden.

Jetzt erfolgt das Vorbereiten der Klebeflächen.

Da das Eterplan, als Asbest-Ersatz, Kunststoffasern enthält und beim Zuschneiden derselben sehr glatte Oberflächen an den Schnittkanten entstehen, müssen alle Klebeflächen mit einem Bandschleifer angeschliffen werden. Ein rauhes Schleifband und eine niedrige Schleifgeschwindigkeit sind dazu notwendig, um diese rauhe, nicht glänzende Oberfläche erzeugen zu können. Sie ist jedoch nur an den Klebeflächen notwendig! Damit sind alle vorbereitenden mechanischen Arbeiten für den endgültigen Zusammenbau abgeschlossen.

Es ist jetzt wichtig, daß alle Teile eindeutig gekennzeichnet sind, damit die Löcher bei dem jetzt folgenden endgültigen Zusammenbau passen und keine Verzögerungen nach dem Auftragen des Klebers eintreten. *Siehe Farbtafel Abb. 5 - 7*

Die Topfzeit des Klebers beträgt je nach Außentemperatur max. 6 Minuten! Das ist beim Anmischen des Klebers zu beachten.

Es sollte deshalb immer nur eine Menge für max. zwei Klebenähte angerührt werden. Zu beachten sind außerdem die Mischungsangaben des Herstellers. Es wird zwischen Gewichts- und Volumenanteilen unterschieden (unterschiedliche Mischungsmöglichkeiten). Ein Mißverhältnis hat hauptsächlich Auswirkungen auf die Aushärtezeit.

Nun beginnt der eigentliche Zusammenbau des Beckens. Dazu belegen wir als erstes die Arbeitsplatte mit Zeitungspapier, um ein Festkleben des Aquariums auf der Arbeitsplatte zu verhindern. Beim Verkleben der vorbereiteten Teile gehen wir in der gleichen Reihenfolge wie beim Verbohren der einzelnen Teile vor. Zum Arbeiten ist es günstig, wenn ein oder besser zwei Helfer zur Verfügung stehen.

Die Klebeflächen müssen trocken, fett und staubfrei sein, damit der Kleber einwandfrei hält. Dazu werden alle zu klebenden Flächen mit Aceton abgerieben.

Als erstes streichen wir die zu klebenden Flächen beidseitig mit Kleber ein und fügen die Teile entsprechend zusammen.

Die Schrauben werden vor dem Eindrehen ebenfalls in Kleber eingetaucht und dann fest eingeschraubt, so daß der Kleber sichtbar aus den Fugen herausquillt. Überstehender Kleber wird mit dem Spachtel sofort entfernt und dabei die Senkbohrungen der Schraubenköpfe mit dem überschüssigen Kleber ausgefüllt.

Vorsicht ist beim Arbeiten mit einem **Akkuschrauber** angeraten, da es leicht möglich ist, die Schraubenköpfe abzureißen. Hilfreich wäre es, wenn ein Schrauber mit Drehmomenteinstellung, der dies verhindert, zur Verfügung stehen würde.

Die obere vordere Verstärkungsleiste.
Sie ist in dieser Version überlappt ausgeführt.

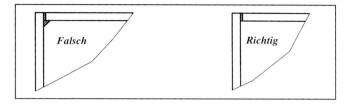

Besonders wichtig ist es auch den Kleber aus den Ecken im Becken sofort zu entfernen, sonst bekommt man Schwierigkeiten beim Einlegen der Scheibe und der Bodenverstärkungsleisten, die erst in einem späteren Arbeitsgang eingebracht werden. Ein Ausschleifen nach dem Aushärten ist nur sehr schwer und mit erheblichem Aufwand möglich. Das oberflächliche Aushärten erfolgt, je nach Mischungsverhältnis, sehr schnell. Die Klebenähte sind nach ca. 24 Stunden ausgehärtet. In dieser Zeit sollte das Becken nicht bewegt werden. Nach dem Aushärten und anschließenden, eventuellen Säubern werden die Bodenverstärkungsleisten (Teil 6 und 7) eingeklebt. Ein Verbohren dieser Leisten ist nicht erforderlich.

Die Bodenverstärkungsleisten werden mit Kleber belegt und gut angedrückt. Auch hier wird der ausquellende Kleber sofort entfernt. Insbesondere ist dabei auf die vorderen Bodenverstärkungsleisten zu achten, auf die später die Scheibe aufge-

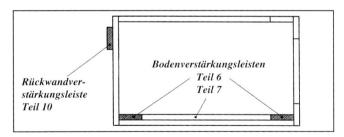

legt wird. Die Rückwandverstärkungsleiste (Teil 10) wird ebenfalls auf ganzer Länge mit Kleber belegt und wird mit 4 Schraubzwingen auf die Außenseite der Rückwand gespannt. Dabei ist auf einen oberen Randabstand von 30 mm zu achten (siehe Skizze Nr. 6). Er ist zum späteren Aufhängen der Pumpen wichtig. Das Ganze muß dann wieder 24 Stunden trocknen. Damit ist das Becken mechanisch fertig, es fehlt nur noch der Quersteg (Teil 9). Dieser darf jedoch erst angebracht werden, wenn die Frontscheibe eingeklebt worden ist.

Jetzt beginnen wir mit dem Imprägnieren des Beckens, damit dieses wasserbeständig wird. Bei diesen und den folgenden Arbeiten ist unbedingt auf eine gute Entlüftung zu achten. Am Besten erfolgen diese Arbeiten im Freien. Es könnten sonst Gesundheitsschäden auftreten. Hierzu wird das Becken von eventuell noch vorhandenen Kleberesten gesäubert, werden die Kanten und Klebenähte außen und innen mit einem Winkelschleifer beschliffen und anschließend staubfrei gemacht. *Siehe Farbtafel Abb. 8 - 10*

Danach wird das ganze Becken mit Aceton bzw. mit dem PVC-Verdünner abgerieben und mit dem ersten Anstrich der PVC-Farbe beschichtet.

Für den ersten Anstrich wird die PVC-Farbe mit dem PVC-Verdünner wasserähnlich gemacht, damit er möglichst tief in das Material eindringen kann. Dies ist eine sehr wichtige Sicherheitsmaßnahme. Sie hat ihre eigentliche Funktion dann, wenn die folgenden Schutzanstriche durch mechanische Einwirkungen beschädigt werden. Er verhindert dann immer noch zuverlässig ein Eindringen des Wassers in das Grundmaterial.

Nach dem Austrocknen (24 Stunden) erfolgen drei weitere Anstriche mit der normal verdünnten Farbe. Zwischen diesen einzelnen Anstrichen sollen minimal jeweils 24 Stunden Trockenzeit liegen. Besonders sorgfältig sind die Ecken und Kanten der Bodenverstärkungsleisten zu behandeln. Sie sind im späteren Betrieb besonders großen Belastungen ausgesetzt. Ebenfalls ist der Boden besonders sorgfältig zu streichen. Der Bereich, auf dem später der Quersteg (Teil 9) aufgebracht wird, darf jedoch jetzt noch nicht gestrichen werden. Nach dem vierten Anstrich muß die Farbe ca. 14 Tage durchtrocknen. Danach, diese Zeit sollte lieber etwas länger sein, wird die Scheibe eingesetzt.

Dazu wird das Becken mit der Seite, die die Scheibe aufnehmen soll, so nach unten aufgebockt, daß die Scheibe von unten her zugänglich ist. Die Rahmenleisten werden in ganzer Breite mit Silikon belegt und die Scheibe, die zuvor mit Aceton fettfrei gemacht wurde, diagonal in das Becken eingeführt und auf dem Silikon (Rahmenleiste) abgelegt. Dabei ist zu beachten, daß sich keine Luftblasen im Silikon bilden. Zum Einlegen der Scheibe sollte man sich im Fachhandel Gummisauger mit Handgriffen ausleihen. Sie erleichtern das Einlegen der Scheibe ganz erheblich.

Es ist vorteilhaft, die Scheibe vorher auf der Außenseite mit Papier so abzukleben, daß nur der Kleberand frei bleibt und

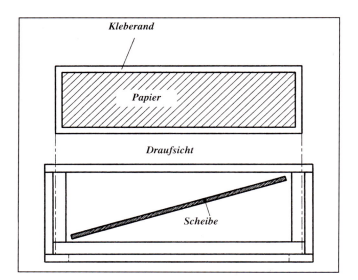

der ausquellende Kleber die Scheibe nicht verschmiert. Das ausquellende Silikon wird gleich dazu benutzt, um die Fugen zwischen Beckenwand und Scheibe auszufüllen. Das letzte Glattstreichen erfolgt am besten mit dem Finger, der zuvor in ein Geschirrspülmittel getaucht wurde. *Siehe Farbt. Abb. 11 - 16*

Unmittelbar danach wird das Papier bzw. die Klebestreifen von der Außenseite der Scheibe vorsichtig abgezogen und die Naht auch von außen auf gleicher Weise geglättet. Eventuelle Silikonreste auf der Scheibe müssen danach von der Scheibe entfernt werden. Es können sonst blinde Stellen zurückbleiben. In dieser Stellung bleibt das Becken nun ca. 48 Stunden liegen. Nachdem wir die Scheibe nochmals von innen gesäubert haben, richten wir das Becken wieder in die Normalstellung auf und bringen im letzten Arbeitsgang den Versteifungssteg (Teil 9) an. Er wird geklebt und entsprechend der Skizze Nr. 8 (Einzelheit "Y") mit 4 Haltestiften versehen. Die entsprechenden Klebeflächen müssen natürlich von der zuvor aufgetragenen Farbe und fettfrei sein. Nach dem Aushärten des Klebers (24 Stunden) wird dann auch dieser Steg mit 4 Anstrichen, wie vorher beschrieben, belegt.

Damit ist das Becken dann endgültig fertig.

Bevor das Becken nun in Betrieb genommen wird, muß es mehrmals gewässert werden. Dazu wird das Becken mit Wasser gefüllt und eine Pumpe zur Wasserbewegung in das Becken gelegt, damit die Wände gut vom Wasser bespült werden. Vor den einzelnen Wasserwechselintervallen sollen die Beckenwände mit einem weichen Schwamm abgerieben werden. Nach diesen letzten Arbeiten kann das Becken in Betrieb genommen werden.

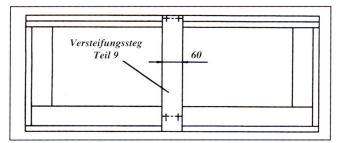

Hier sehen wir das fertige Becken kurz vor der Verkleidung. Der obere Rahmen ist schon aufgesetzt. Links kann man das Überlaufbecken sehen. Der weiße Unterbau ist aus beschichteten Spanplatten gefertigt.

Zum Schluß noch einige Sicherheitshinweise.

Die Klebe- und ganz besonders die Farbarbeiten sollten nach Möglichkeit im Freien vorgenommen werden. Zumindest ist aber für eine ausreichende Entlüftung der Arbeitsräume zu sorgen. Auch bei eventuellem Nachbearbeiten der Eterflexplatten, ist Vorsicht geboten. Auch der feine Zementstaub kann, ohne eine Maske zu benutzen, unangenehm sein.

Klebereste auf der Haut müssen sofort entfernt werden, am besten mit warmem Wasser und Seife. Das PVC-Lösungsmittel kann auch benutzt werden, ist aber nicht von allen gleich gut hautverträglich. Wenn es möglich ist, sollten Schutzhandschuhe bei den Klebearbeiten benutzt werden.

Zugegebenermaßen erscheint diese Bauanleitung etwas kompliziert und aufwendig. Der Nachbau ist jedoch bei aufmerksamen Lesen leicht möglich. Da Becken dieser Art auf Dauer haltbar sind, sollte auch die Zeit für ein aufmerksames Lesen und Verstehen vorhanden sein. Sie wird um ein vielfaches wieder eingespart, weil von der Haltbarkeit her keine Grenzen gesetzt sind. Es sind somit auch keine neuen Investitionen weder von der finanziellen, noch von der zeitlichen Seite her im folgenden notwendig. Wenn man sorgfältig gearbeitet hat, wird dieses Becken nur Freude bereiten.

Nach der Aufstellung eines solchen Beckens kann man wieder ruhiger schlafen und wird nicht bei jedem ungewohnten Geräusch hochschrecken, weil es mit Sicherheit **nicht** das Geräusch einer platzenden Aquariumscheibe sein wird.

Es gibt in der Meeresaquaristik andere Gefahren, auch am Aquarium. Aber dieses Eterplan-Becken bannt mit größtmöglicher Wahrscheinlichkeit die größte Gefahr überhaupt, das Wasserauslaufen.

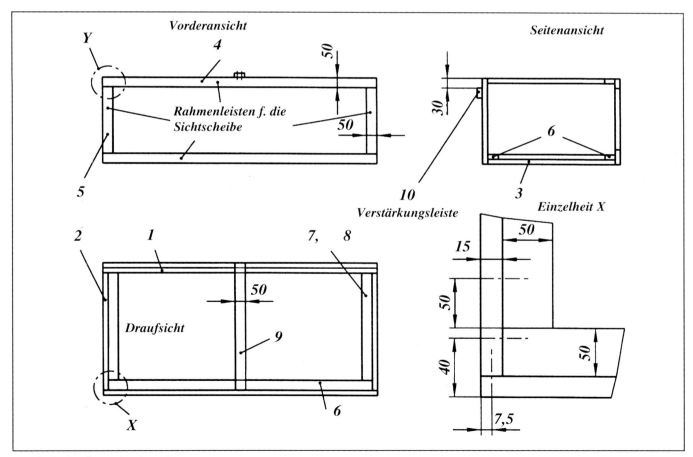

Eterplanbecken Übersicht / Skizze 6

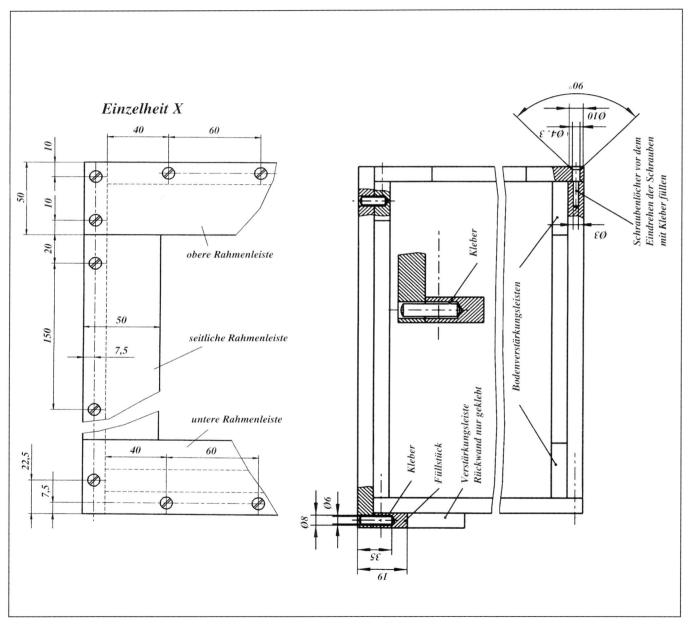

Einzelheit X / Skizze 7   **Einzelheit Y** / Skizze 8

Das Eterplan-Aquarium

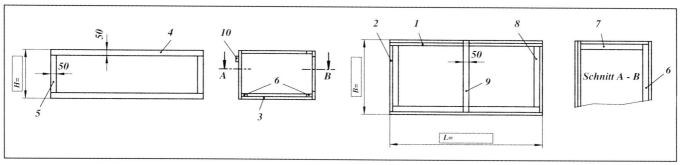

Bestellzeichnung / Skizze 9

Abmaßermittlung für die Bestelliste

Alle Maße in Millimeter.
Das Maßschema ist für eine Materialstärke von 15 mm ausgelegt.

Pos. 01	Rückwand	= L	x	H	=
Pos. 02	Seitenwände	= H	x	B - 30	=
Pos. 03	Bodenplatte	= L - 30	x	B - 30	=
Pos. 04	Rahmenleiste oben u. unten	= L	x	50	=
Pos. 05	Rahmenleiste Seite	= H - 100	x	50	=
Pos. 06	Verstärkung	= L - 30	x	50	=
Pos. 07	Verstärkung unten	= B - 130	x	50	=
Pos. 08	Verstärkung oben	= B - 80	x	50	=
Pos. 09	Querverstrebung	= B + 15	x	50	=
Pos. 10	Rückwandverstrebung	= L	x	50	=

Bestelliste

Alle Maße in Millimeter.

1 Stück	Pos. 01	=	x	=
2 Stück	Pos. 04	=	x	50	=
1 Stück	Pos. 03	=	x	=
2 Stück	Pos. 02	=	x	=
2 Stück	Pos. 05	=	x	50	=
3 Stück	Pos. 06	=	x	50	=
2 Stück	Pos. 07	=	x	50	=
2 Stück	Pos. 08	=	x	50	=
1 Stück	Pos. 09	=	x	50	=
1 Stück	Pos. 10	=	x	50	=

Kleber: Plastic Mastic
Schrauben: Spanplattenschrauben 4 x 40 mm
PVC - Farbe: Krautol Nr. 5007
PVC - Verdünner: Krautol Nr. 1026

Die vordere Seite des Aquariums kann auch ausgesägt werden. Dann werden 2x die Rückwand Pos. 01 bestellt und die Pos. 04 und Pos. 05 entfallen.

Das Eternit-Aquarium die sichere Alternative!

Das Eterplan-Aquarium

Abb. 1/2/3
Ein Anschlagwinkel am Bohrständer erleichtert das Bohren und Senken der Durchgangsbohrung erheblich. Mit einem 8 mm Hartmetallbohrer wird die Senkung für den Schraubenkopf eingebracht. Das fertige Durchgangsloch in einer der vorderen Rahmenleisten.

Abb. 4/5
Die vorderen oberen Rahmenleisten. Hier schon gespachtelt und beschliffen. *(Ausschnitt)*

Abb. 6/7
Die blanken Schnittkanten können so nicht verklebt werden.
Mit einem Bandschleifer und grobem Schleifband werden sie beschliffen. *(Ausschnitt)* Die Schnittkante nach dem Beschleifen.

Abb. 8/9/10
Der ausquellende Kleber muß sofort entfernt werden. Im Becken kann er auch zum Ausgleichen von Übergängen benutzt werden.
Die hintere Verstärkungsleiste wird von außen aufgeklebt.
Die unteren Verstärkungsleisten werden nur eingeklebt

Abb. 11
Die Scheibe wird abgeklebt, so daß nur die Kleberänder freibleiben.

Abb. 12/13
Die Kleberänder im Becken werden satt mit Silikon belegt.
Zur Aufnahme des Querstegs wird die hintere Verstärkungsleiste aufgefüttert. Sie wird erst nach dem Einsetzen der Scheibe gestrichen.

Der Abschäumer

- **Die Rolle des Abschäumers in der Meeresaquaristik**
- **Funktionsweise des Abschäumers**
- **Komponenten für die Abschäumung**
- **Inbetriebnahme des Abschäumers**

Eines der wichtigsten Geräte in der Meeresaquaristik zur Wasseraufbereitung ist der Abschäumer. Im Meerwasser sammeln sich spezielle Schadstoffe aus dem Stoffwechselprozeß der Tiere an, die im Gegensatz zum Süßwasser abschäumbar sind. Sie können mittels eines geeigneten Gerätes (des Abschäumers) dem Wasser entzogen werden. Insbesondere handelt es sich um Eiweißverbindungen, die, wenn sie nicht in beständiger Folge aus dem Wasser entfernt werden, zu einer relativ schnellen Vergiftung der Tiere in diesem Aquarium-Typ führen würden. Wie die chemischen Zusammenhänge im einzelnen sind, soll hier nicht näher erklärt werden. Dazu sind schon viele Ausführungen gemacht worden. Wir als Aquarianer müssen uns in erster Linie damit beschäftigen, wie wir diese Konzentrationen einerseits verhindern und sie andererseits entfernen können, bevor sie in den Reduktionskreislauf des Aquariumwassers gelangen.

Der Vorteil, den wir den Süßwasseraquarianern voraus haben, liegt wie schon gesagt darin, daß diese Eiweißverbindungen im Seewasser abschäumbar sind.

Ein einfaches, aber wirkungsvolles Gerät ist hierbei der Eiweißabschäumer. Im nachfolgenden soll etwas näher erläutert werden, wie das Abschäumen praktisch durchgeführt werden kann.

Da die Konzentration an Schadstoffen aus diesem Bereich in der Hauptsache im oberen Wasserbereich stattfindet, ist dazu erst einmal wichtig, das Wasser dieser Region dem Abschäumer zuzuführen. Dazu dienen das Überlaufrohr bzw. ein Überlaufkasten im Aquarium, siehe Fotos im Kapitel »Das Aquarium«, die oberflächennah an einer Seite des Aquariums angebracht werden. Über dieses Rohr bzw. Kasten wird das Oberflächenwasser zunächst im Überlaufbecken gesammelt und von hier aus dem Abschäumer zur Aufbereitung zugeführt. Der Abschäumvorgang geht wie folgt vor sich:

Das Wasser aus dem Überlaufbecken wird in das Schäumerrohr von ca. 8-10 cm Durchmesser geleitet und in einem feinperligen, gegenläufigen Luftstrom verwirbelt. An diese feinperligen Luftblasen lagern sich die im Wasser gelösten Eiweißpartikel an und bilden am Ende des Rohres einen zähen Schaum. Dieser Schaum wird dadurch, daß beständig neuer produziert wird und der alte nicht zerfällt, im Reaktionsrohr nach oben geschoben und in einem Becher am Ende dieses Reaktionsrohres gesammelt.

Auf diese Weise wird der überwiegende Teil der Schadstoffe, die dem Eiweißbereich zuzuordnen sind, dem Wasser entzogen, bevor sie in den Reduktionskreislauf gelangen und hier mit anderen Filterprozessen umgesetzt werden müssen.

So darf ein Abschäumerkopf nicht aussehen. Der Dreck der sich hier angelagert hat, verhindert eine Schaumbildung und zeugt von einer Gleichgültigkeit wie sie in der Meeresaquaristik nicht zu verantworten ist.

Abschäumerköpfe wie sie sein sollten. Deutlich sichtbar die Luft-Wassergrenze.

Das Wasser wird effektiv entlastet. Es wird davon gesprochen, daß bei diesem, als Flotation bezeichnetem Prozeß, schon etwa 80%-90% der Schadstoffe dem Wasser entzogen werden. Diese Mengenangabe ist für uns Aquarianer nur schwer nachvollziehbar und hängt im wesentlichen davon ab, wie der Abschäumer gewartet wird. Sie könnte aber zutreffend sein, wenn man nur den Aspekt des Entfernens der nachgewiesenermaßen schädlichen Eiweißverbindungen betrachtet. Unbestritten ist aber, daß der Abschäumer eine der wesentlichsten Komponenten in der Meeresaquaristik überhaupt ist. Auch Eiweißverbindungen führen, wenn sie nicht dem Wasserkreislauf entzogen werden in der Folge zu einer Anreicherung des Wassers mit Schadstoffen, wie z. B. Nitraten und Phosphaten, die aus diesen dann folgenden Umsetzungsprozessen stammen. Sie sind als Endprodukte einer Umsetzungskette zu sehen und lassen sich dann nur noch mit aufwendigen Filterverfahren dem Wasser entziehen, wobei wiederum andere Stoffe entstehen können, wie z.B. Bakterientoxine, die für uns nicht nachweisbar, für viele Tiere bei Ansammlung aber tödlich sind.

Das abgeschäumte Wasser wird in jedem Falle wieder dem Aquarium zugeführt und nicht wie vielfach beschrieben dem Filterbecken. Das hat folgenden Grund. Im Reaktionsrohr des Abschäumers wird, über den Lufteintrag in das Wasser, dieses mit Sauerstoff angereichert und auch ein Gleichgewicht des CO_2 Gehaltes eingeregelt. Wird dieses Wasser anschließend durch den Filter geschleust, kann einerseits Sauerstoffarmut im Becken eintreten, andererseits wird dieses weitgehend schadstofffreie Wasser wieder mit nicht definierbaren Schadstoffen aus dem Filter belastet. Mit diesem Prinzip des Rücklaufes des abgeschäumten Wassers ins Aquarium haben wir somit einen Sicherheitspuffer gegenüber Fehlfunktionen anderer Filtersysteme.

Untenstehende Skizze zeigt das Prinzip des Abschäumers.

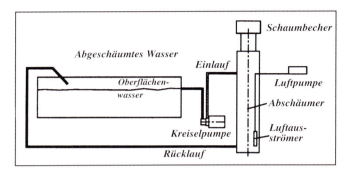

Nach Skizze 10 bis 12 kann man sich einen Abschäumer selbst anfertigen bzw. einen anfertigen lassen oder ähnlich konstruierte käufliche Systeme einsetzen.

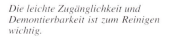

Die leichte Zugänglichkeit und Demontierbarkeit ist zum Reinigen wichtig.

Ein Doppelabschäumer in Betrieb, seit vielen Jahren mit gleichmäßiger Leistung. Die vordere Leitung mit dem T-Stück ist der Wasserzulauf. Rechts daneben der Wasserrücklauf vom Aquarium ins Filterbecken. Die hintere Leitung mit dem schwarzen horizontalen Rohr ist der Wasserrücklauf vom Abschäumer ins Aquarium.

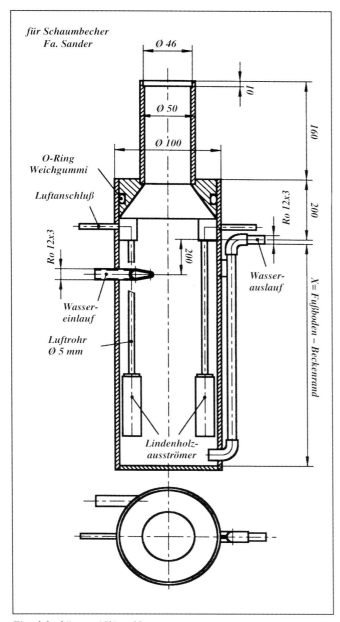

Einzelabschäumer / Skizze 10

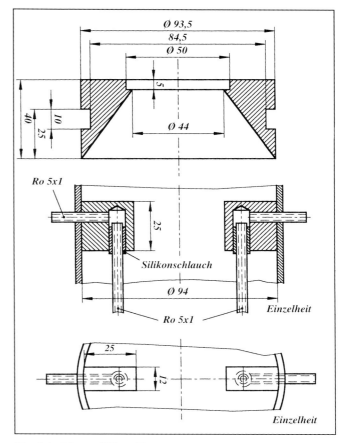

Einzelabschäumer / Skizze 10

Maße, die in diesen Skizzen nicht angegeben sind, können frei gewählt werden. Die Längenangabe mit dem Maß "X" ist der Beckenhöhe über dem Fußboden anzupassen und sollte zwischen 110 cm und 150 cm liegen. Maße darunter bringen keine optimale Abschäumung (ungenügende Kontaktzeit), Maße darüber erfordern einen unwirtschaftlichen, höheren Einsatz an Luftpumpen.

Bei größeren Becken ab 600 Litern netto Wasserinhalt sollten deshalb sinnvoller zwei Abschäumer der vorgenannten Länge im Parallelbetrieb eingesetzt werden (Skizze Nr. 12). Alle anderen Maße sollten wegen der erprobten Funktions-

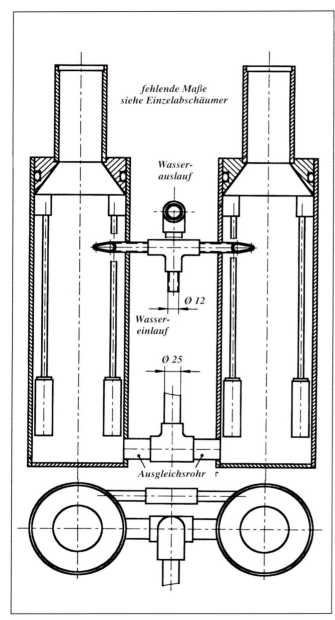

Der Doppelabschäumer / Skizze 12

fähigkeit eingehalten werden. Es ist ganz wichtig, darauf zu achten, daß das Prinzip wie in Skizze Nr. 10 bis 12 angegeben, eingehalten wird. Es ist das Ergebnis von jahrelangen Versuchen.

Das Material für den Abschäumer ist in jedem Fall Plexiglas. Andere Kunststoffe, sofern sie nicht von zuverlässiger Seite auf die Verträglichkeit im Seewasser getestet wurden, bergen immer die Gefahr der Wasservergiftung in sich. Nach Möglichkeit sollte Plexiglas der einzige Kunststoff in der Meeresaquaristik sein.

Zum Betrieb des Abschäumers sind nun noch drei wesentliche Komponenten erforderlich. Sie müssen mechanisch zuverlässig und leistungsstark sein, und man sollte bei diesen Geräten wirklich nur das Beste nehmen, was der Markt zu bieten hat. Von der Zuverlässigkeit dieser Geräte hängt in großem Umfang und in besonderem Maße das Leben der Tiere in unseren Aquarien ab.

Als erstes ist eine starke Luftpumpe nötig. Sie muß nicht nur die Luftmenge bringen, sondern auch den erforderlichen Druck, der mit zunehmender Abschäumerhöhe größer werden muß. Für die oben beschriebenen Abschäumer von 10 cm

Für die Optik ist es wichtig, daß die Köpfe nicht offensichtlich zu sehen sind, sie sollten aber nicht gänzlich unsichtbar eingebaut werden. Hier eine Lösung mit einem künstlichen Gorgonienfächer.

Durchmesser und 120 cm Höhe benutze ich je zwei WISA 300. Sie bringen die nötige Luftmenge mit dem erforderlichen Druck, um das Rohr satt mit Luft zu füllen. Zu diesen Luftpumpen gibt es Schwingungsdämpfer, die das lästige Brummen der Pumpen recht gut dämpfen, was in erster Linie zum Wohlbefinden des Aquarianers beiträgt.

Dazu sind ein oder zwei Ausströmersteine je Abschäumer notwendig, die am besten aus Linden- oder Erlenholz gefertigt werden. In jedem Fall sollten sie aber die Abmessungen, wie in der Skizze Nr. 13 dargestellt, haben.

In ersten Linie wegen der annehmbaren Standzeit und der Anzahl der Ausströmersteine, die notwendig sind, um das Abschäumerrohr satt mit Luft zu füllen. In diesen Abmessungen reicht ein Luftstein pro Abschäumer. Diese Abmessungen und Holzarten haben sich aus vielen Versuchen herausgeschält. Auch hier hat sich wieder einmal gezeigt, daß die optimalen Geräte und Zubehörteile oft selbst angefertigt werden müssen. Dabei sind es die kleinen Verbrauchsteile, die oft viel Ärger bereiten können.

Zum Speisen des Abschäumers mit Wasser ist außerdem eine leistungsfähige und zuverlässige Förderpumpe notwendig. Bewährt hat sich hier die Teichpumpe von EHEIM Nr. 1060 mit einer Förderleistung von 1200 Litern pro Stunde.

Diese stark überhöhte Stundenleistung ist notwendig, um den Abschäumer bei zunehmender Verschleimung der Schlauchleitungen, die nicht zu verhindern ist, immer mit der genügenden Wassermenge von ca. 400 Litern pro Stunde zu versorgen. In diesem Zusammenhang ist auch darauf zu achten, daß der Abschäumer sowie auch die Zu - und Ablaufleitungen keinem Lichteintrag ausgesetzt sind, d.h. im dunkeln untergebracht werden. Das verhindert eine Algenbildung, welche die Abschäumerleistung negativ beeinflußt. Auch werden damit die Reinigungsintervalle der Schlauchleitungen und des Abschäumerrohres nicht unangemessen kurz. Zu diesem Abschäumsystem gehören natürlich auch noch Schläuche guter Qualität (Silikon) und Schlauchschellen. Wie der Abschäumer angeschlossen und in Betrieb genommen wird, soll nun etwas eingehender im einzelnen dargestellt werden.

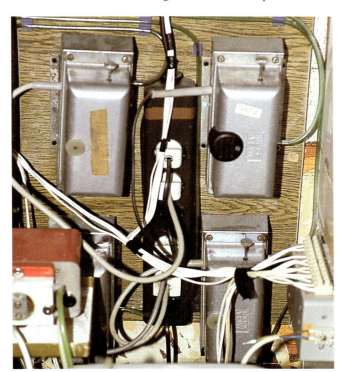

Die montierten Luftpumpen in einem trockenen Bereich des Aquariums.

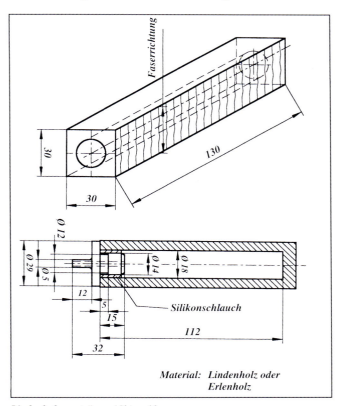

Lindenholzausströmer / *Skizze 13*

Nach der Montage aller Komponenten des Abschäumsystems wird als erstes die Kreiselpumpe zur Speisung des Abschäumers mit Wasser eingeschaltet. Der Absperrhahn am T-Stück der Rücklaufleitung zum Filterbecken wird zunächst ganz geöffnet. Läuft dann kein Wasser in den Abschäumer, wird dieser Hahn etwas geschlossen, so daß sich das Abschäumerrohr langsam mit Wasser füllt. In der Regel wird dieser Füllvorgang in Folge des Gegendruckes aus dem Abschäumerrohr in halber Höhe zum Stillstand kommen.

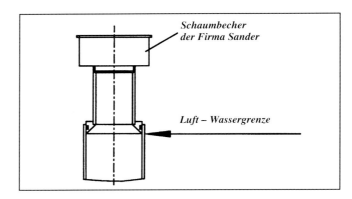

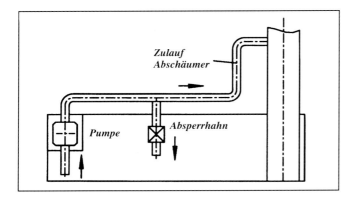

Gleichzeitig werden die Luftpumpen eingeschaltet und die Regulierstangen der Luftmengenregler ca. zur Hälfte herausgezogen. Je nach Pumpenleistung muß die Regelstange etwas mehr oder weniger herausgezogen werden, bis sich das zum Teil mit Wasser gefüllte Rohr des Abschäumers satt mit Luft gefüllt hat. Jetzt wird der Absperrhahn am T-Stück in Richtung Filterbecken etwas weiter zugedreht, bis der Wasserstand im dicken Abschäumerrohr an der bezeichneten Stelle ist (Luft – Wassergrenze).

In der Folgezeit wird der Wasserstand dann nur noch durch weiteres herausdrehen der Regulierstange an der Luftpumpe geregelt. Das ist notwendig, weil die Ausströmleistung infolge Verschleimung oder Verkalkung der Luftsteine mit der Zeit nachläßt. Sinnvoll wäre in der Folgezeit dann auch eine regelmäßige Kontrolle der Wasserdurchlaufmenge am Auslauf des Abschäumers gemessen. Sie sollte bei ca. 400 Liter pro Stunde liegen und wird durch Zu- oder Aufdrehen des Absperrhahnes geregelt.

Die Luftsteine sind ein Schwachpunkt in diesem System und sollten deshalb regelmäßig kontrolliert werden. Sie sind je nach Ausströmleistung, alle 3-4 Monate zu wechseln. Feststellbar ist das am besten, wenn die Luftsäule mit der Regulierstange der Luftpumpe nicht mehr an der Luft – Wassergrenze haltbar ist. Um ein Platzen beim Wechseln der Luftsteine beim Ersteinsatz zu verhindern, sollten sie vor der Montage des dargestellten Luftabschlußstopfens kurz in Wasser getaucht werden, so daß die Innenwand angefeuchtet wird. So kann zuverlässig ein Aufplatzen infolge unterschiedlicher Aufquellung verhindert werden.

Die Abschäumerpumpe muß ebenfalls alle 3 Monate gereinigt werden, sofern die Wasserleistung nicht mehr erreicht wird. Dazu sind auch die Schlauchleitungen innen von dem sich hier ansetzenden Schleim zu reinigen. Das ist auch dann notwendig, wenn die Zulaufleitungen im Dunkeln liegen. Dieser Schleim behindert die Förderleistung der Pumpen ganz enorm. Bei erneuter Inbetriebnahme ist dann natürlich das ganze System wieder neu einzuregeln.

Pflegearbeiten am Abschäumer sind wegen der Wichtigkeit auch noch einmal im Kapitel "Beckeneinrichtung und Pflege" beschrieben.

Hier nun noch ein ganz wichtiger Hinweis!

Das Wechseln der Luftsteine im Abschäumer sollte aus Sicherheitsgründen immer dann erfolgen, wenn man den Abschäumer wenigstens einen Tag überwachen kann. Die Ausströmleistung kann unter Umständen so enorm zunehmen, daß der Abschäumer zum Überlaufen gebracht wird. Das hängt mit dem unterschiedlichen Öffnen der Poren im Holz der Luftsteine zusammen, wenn sie erstmals ins Wasser kommen.

Das ist auch ein Grund, warum die Abschäumer nach Möglichkeit mit im Filterbecken integriert werden sollen.

Acropora spez. (cardenae)
Die verschiedensten Formen sind von dieser Koralle in den Jahren entstanden. Allen gemeinsam ist, daß sie schlanke aufstrebende Äste entwicklt haben.

Acropora spez. (cardenae)
Bilder wie diese zeigen eindeutig, was heute in Aquarien mit der richtigen Technik machbar ist. Hermatypische Steinkorallen wachsen ungehemmt zu riesigen Stöcken heran.

Acropora spez.
Diese Art ist schon ein Ableger aus der zweiten Generation. Deutlich sichtbar sind die weißen Wachstumsspitzen, die jedoch unterschiedlich gefärbt sein können.

Acropora spez.
Dieses Bild zeigt einen Ableger aus der zweiten Generation. Deutlich sichtbar die Basis, die immer zuerst von frisch angesetzten Korallen neu ausgebildet wird, bevor sie im oberen Bereich weiterwächst.

Acropora spez.
Ein Ableger aus der zweiten Generation, der sich schon recht weit entwickelt hat. Die Ausbildung der Basis ist deutlich zu sehen. Sie hat rote Wachstumsspitzen und schon deutlich verzweigte Äste.

Acropora spez.
Ein Ableger aus der zweiten Generation. Die Ausbildung der Basis ist deutlich zu sehen und es beginnt sich die Krone neu zu bilden. Diese Koralle hat eine sehr intensive grüne Farbe. Sie ist von G. Obst aus einem Restsubstrat herangezogen worden.

Filter und Pumpen

- ***Filtersysteme***
- ***Biologische Filterung in der Meeresaquaristik?***
- ***Risiken der biologischen Filterung***
- ***Die Aufgabe der Pumpen in der Meeresaquaristik***
- ***Die Plazierung der Pumpen***

Filtersysteme werden in der Meeresaquaristik in vielfältiger Form immer wieder propagiert und von entsprechenden Firmen angeboten.

Es sind aufwendige Rieselfilter, untergetauchte Filtersysteme, große und kleine Bauformen. Manche von diesen muten wie Spielzeuge an, andere wiederum beanspruchen mehr Platz als das Becken selbst. Auch der gutgläubigste Aquarianer fragt sich zuweilen, was sie bewirken sollen bzw. können.

Fast alle diese Filtertypen sind, wenn sie überhaupt etwas bewirken, kaum kontrollierbar und allen gemeinsam ist, daß sie nichts aus dem Wasserkreislauf entfernen. Sie bauen nur auf biologischer Basis etwas um, sofern sie überhaupt funktionieren. Würde man der Reklame glauben, die für sie gemacht wird, so sind einige dabei, die wahre Wunder vollbringen müßten. Oder soll man einfach glauben, daß sie etwas bewirken.

Einmal abgesehen davon, daß wir in der Meeresaquaristik mit einem Glaubensbekenntnis nicht sehr weit kommen, bergen sie manchmal die Gefahr in sich, für das Gesamtsystem Aquarium gefährlich zu werden. Gefährlich in dem Sinne, daß hier Umsetzungsprozesse ablaufen, die im ungünstigsten Fall "nur" Spurenelemente dem Wasser entziehen, die aber dringend gebraucht werden, und zum anderen, was weitaus gefährlicher ist, neue Substanzen erzeugen, die wir als Aquarianer nicht analysieren können.

Eine dieser negativen Auswirkungen, die wahrscheinlich in der Hauptsache von Bakterientoxinen herrühren, die durch Umsetzungsprozesse in diesen Filtersystemen erzeugt werden, können wir erst erkennen, wenn die Tiere schon Anzeichen des Todes zeigen. Filtersysteme in der angedeuteten Form kosten Geld und nicht einmal wenig. Einmal angeschafft, wird keiner so schnell zugeben wollen, daß die Ursache für das Nichtfunktionieren seines Meerwasserbeckens im Filtersystem begründet liegt.

Es kann ja auch nicht offensichtlich erkannt werden, mit Ausnahme an den Tieren.

Die biologische Filterung in Seewasseraquarien ist sehr problematisch. Wir sollten unsere Argumente für das eine oder andere System darauf ausrichten, Aquariensysteme zu errichten, die über die sachgerechte Dekoration, Wasserbewegung, Abschäumung und einem ausgewogenen Tierbesatz diese externen Filtersysteme überflüssig machen. Einen Hinweis auf die sogenannten biologischen Kohlefilter möchte ich hier aber doch geben, weil er für bestimmte Beckentypen Vorteile hat, denn es ist ein untergetauchter Filter.

Die Philosophie ist hierbei, daß durch den langsamen Durchfluß des Wassers durch Kohlezylinder, bedingt durch die sehr große Oberfläche der Kohle in dieser anaerobe Zonen entstehen, in denen Nitrat abgebaut wird. Der Nitratabbau in diesen Filtern ist meßtechnisch nachweisbar. Eine negative Folge ist aber, daß insbesondere Steinkorallen im Wachstum gehemmt werden, ihre Farben verblassen und daß dies in der Folge zum Tod dieser Tiere führt. Die wissenschaftlich begründeten Faktoren dazu sind bis jetzt nicht bekannt. Es ist eine Erkenntnis aus der Praxis heraus.

Bei dieser Filtermethode wird vorgereinigtes Wasser durch einen geschlossenen, mit Kohle gefüllten Zylinder gedrückt und anschließend über Korallenbruch wieder ins Filterbecken geleitet. Es wird aber nur ein sogenannter Bypaß hergestellt. Da dieses Wasser extrem sauerstoffarm ist, darf es in keinem Fall direkt ins Becken zurückgeleitet werden und niemals das gesamte Wasser durch diesen Bypaß laufen. Zum Belüften dieses Wassers kann der nachgeschaltete Abschäumer genutzt werden.

Wichtig hierbei ist, daß der den Kohlezylindern nachgeschaltete Korallenbruch stets aufnahmefähig ist für die salpetrige Säure, die bei den Umsetzungsprozessen anfällt, sofern diese in Gang kommen. Dazu ist es notwendig, diesen des öfteren zu erneuern, bzw. die Oberfläche des Korallenbruches aufzureiben, damit der darunterliegende Kalk wieder aufnahmefähig wird. Wann hier die Grenze der Aufnahmefähigkeit erreicht ist, kann nicht beschrieben werden. Sicherer ist der regelmäßige teilweise Austausch von Korallenbruch gegen neuen. Es liegen auch in diesen Filtersystemen Risiken, die für uns Aquarianer nicht so ohne weiteres erfaßbar, und somit nicht tragbar sind. Ich weiß aus eigener Erfahrung, daß die so gefilterten Riffbecken unter bestimmten Umständen, z.B. Steinkorallenbesatz, nicht das Optimale für ein Aquarium dieses Typs darstellen. Für Becken mit fast allen anderen "Niederen Tieren" und relativ vielen Fischen stellt dieser Filter eine recht gute Lösung dar. Die Entscheidung dafür oder dagegen muß jeder für sich selbst treffen. Er ist aber keine Patent- und auch keine billige Lösung für ein Problem der Meeresaquaristik, das in der unsachgemäßen Beckenbesetzung liegt. Zu dem Thema der biologischen Filterung nehme ich in einem anderen Kapitel noch einmal Stellung.

Aus der Problematik des richtigen Einsatzes von biologisch wirksamen Filtersystemen ergibt sich, daß das einzig optimale und dazu auch noch kontrollierbare Gerät zur Wasseraufbereitung in der Meeresaquaristik der Abschäumer ist. Er wurde in der Wirkungsweise im vorhergehenden Kapitel beschrieben. Ein Meerwasseraquarium, optimal eingerichtet und mit der richtigen Menge an Tieren besetzt und mit der hier beschriebenen einfachen Technik ausgerüstet, kommt besser und nebenbei auch noch billiger ohne sogenannte biologische Filtersysteme aus.

Der Pumpenhalter aus Plexiglas im Detail

Was wir aber brauchen, das sind Pumpen zur Wasserbewegung. Hier haben sich die Tausender Turbellen von der Firma Tunze bestens bewährt. Die Power Head 400 oder 800 ist bei etwa gleicher Leistung preiswerter, läßt sich aber nicht so leicht in der Dekoration verstecken. Der Grund dafür liegt darin, daß der Motor zur Kühlung ins Wasser ragen muß. Der Nachteil der letztgenannten Typen ist im Sommer, daß sie zusätzlich das Wasser aufheizen.

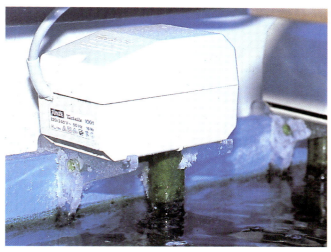

Die Pumpenaufhängung mit der Tausender Turbelle

Diese beiden Pumpenarten sind relativ leise, zuverlässig und leicht bei der Reinigung zu handhaben. Die Reinigung der Power Head muß aber einige Male öfters vorgenommen werden, weil sie eine etwas geringere Leistung hat und Verschleimungen des Pumpengehäuses sich schneller im verringerten Wasserausstoß bemerkbar machen.

Die Anzahl der Pumpen, die für ein Seewasserbecken nötig ist, ist von der Größe des Beckens und von der Art der Struktur der Dekoration abhängig. Für ein 100 cm langes Becken sind aber mindestens 3 Pumpen der vorgenannten Größe notwendig. Sie garantieren in dieser Anzahl eine Strömungsverteilung als nur eine oder zwei stärkere Pumpen. Es ist deshalb immer angeraten, mehrere kleinere Pumpen zu benutzen, als wenige leistungsstarke. Der Einsatz einer Intervallautomatik ist nur bei den Tunze Turbellen möglich. Sie stellt aber für die erfolgreiche Meeresaquaristik keine Notwendigkeit dar.

In der Regel werden die Pumpen immer an der Rückwand des Beckens aufgehängt. Die Ausläufe der Pumpen müssen variabel sein und am fertig eingerichteten Becken eingestellt werden können, so daß die Strömung das ganze Becken erfaßt und gleichzeitig die ganze Oberfläche stark bewegt wird.

Wie die Pumpen zu plazieren sind, muß ausprobiert werden. Um hier möglichst variabel zu sein, sollte bei Glasbecken auf die Anordnung des hinteren Versteifungssteges des Beckens geachtet werden. Er sollte, wie schon beschrieben, nach Möglichkeit nicht durchgehend sein.

Bei Eterplanbecken wird die Rückwandversteifung auf die Außenseite des Beckens verlegt, und man kann die Pumpen auf der Rückwand variabel anordnen.

Soviel zum Thema Filter und Pumpen.

Die zurückliegenden 10 Jahre, in denen ich mein Aquarium mit dieser Technik betrieben habe und heute immer noch so verfahre, haben gezeigt, daß dies ein gangbarer und relativ sicherer Weg in der Meeresaquaristik ist. Der Erfolg, der sich hier gezeigt hat, einfache, sichere Handhabung mit maximalem Erfolg, hat vielfältige Nachahmung mit vergleichbarem Erfolg gefunden.

Es soll nicht ausgeschlossen werden, daß andere Wege auch Erfolge gezeigt haben. Sie aufzuzeigen ist Sache der Betreiber zum Nutzen der Meeresaquaristik allgemein.

Stylophora spez.
Korallen aus dieser Gattung haben in Aquarien ein enormes Wachstumsvermögen. Sie bilden jedoch, je nach Licht und Strömungsangebot, unterschiedliche Wuchsformen aus.

Acropora spez.
Aus Restsubstraten werden naturähnliche Stöcke herangezogen, die auch wieder von Korallenkrabben angenommen werden.

Acropora spez. und Seriatopora spez.
Große Vielfalt ist auch in Riffaquarien gefragt. Sie ist möglich, wenn die Gesetze der Raumkonkurrenz beachtet werden.

Acropora spez.
Auch die dickästigen Acropora-Arten sind im Kommen. Sie bereiteten vor einiger Zeit noch erhebliche Probleme. Diese Arten benötigen sehr viel Licht und müssen eine ausreichende Strömung haben.

Die Beleuchtung

- **Lampentypen**
- **Kombination von Lampentypen**
- **Installationshinweise**
- **Der innere Lampenaufbau**
- **Eine mögliche Lampenkastenform**
- **Die Lampenkastenmaße**

Eine der zentralen Fragen in der Meeresaquaristik ist die Beleuchtung dieser Aquarien.

Für ein Riffaquarium, in dem angedacht ist, auch einmal die sessilen Tiere des Riffes und hierbei besonders die Steinkorallen zu pflegen, gibt es zur Zeit keine Alternative zur Metalldampflampe HQI TS 250 W/D, der Firma Osram bzw. äquivalente Typen.

Es werden zwar von verschiedenen Seiten auch immer wieder andere Lampentypen für die Meeresaquaristik empfohlen, sowohl in Metalldampf, als auch in Leuchtstoffausführung. Diese Ersatzlampen sind, wenn überhaupt, nur für ganz spezielle Becken einsetzbar.

Für ein Riffaquarium im eigentlichem Sinne sind sie nur zweit- bzw. drittklassige Lösungen. Wer sich dauerhaft mit der Meeresaquaristik befassen will, sollte gleich zu der vorgenannten Lampentype greifen. Sie wird sich auch finanziell auf Dauer gesehen auszahlen, auch dann, wenn die Anschaffung im Moment etwas teurer ist und sicher bei den Betriebskosten etwas zugelegt werden muß. Dazu ist eine blaue Lampe der Firma Philips TLD 18 als zusätzliche oder als Übergangsbeleuchtung zu empfehlen.

Diese Kombination benutzen viele Aquarianer schon seit langer Zeit mit bestem Erfolg. Abzuraten ist von der Kombination der HQI - Leuchten mit Tageslicht Leuchtstofflampen. Durch die Mischung der verschiedenen Farbtemperaturen kann es zu unkontrolliertem Schmieralgenwuchs kommen.

Da die käuflichen Komplettlampen einen relativ kleinen Abstrahlwinkel und damit eine höhere Lichtintensität auf einer kleineren Fläche haben, sind sie nicht uneingeschränkt für die Beleuchtung von Meerwasseraquarien geeignet.

Eine Lampenkastenform, die sich vielfach bewährt hat, zeigen die Skizzen Nr. 14 und Nr. 15 Diese Form des Lampen-

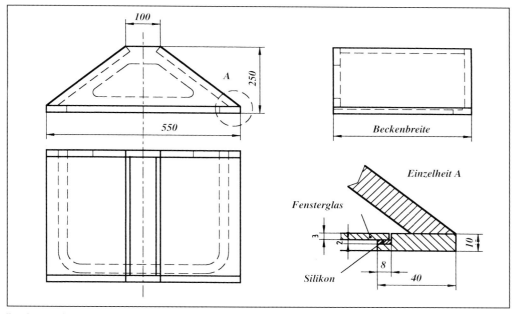

Der Lampenkasten / Skizze 14

körpers leuchtet mit einem Brenner ein Becken bis 150 cm Länge, optimal und wirkungsvoll aus. Desweiteren ist aus Gründen einer optimalen Lichtausbeute zu beachten, daß der Brenner nicht höher als 90 cm über dem Beckenboden angebracht wird. Diese Forderung kann aber nur bei 60-70 cm

Die Beleuchtung

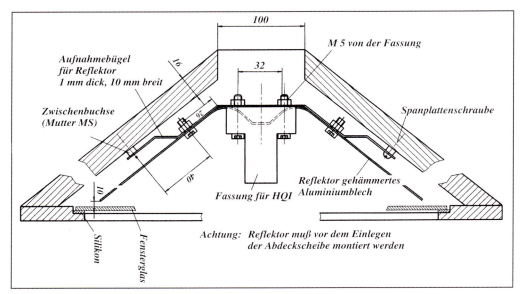

Der Reflektoreinbau / Skizze 15

Nachfolgend einige Besonderheiten bei der Konstruktion des Lampenkastens zu den vorgenannten Skizzen.

In den unteren Rahmen des Kastens wird eine Abdeckscheibe eingelegt. Da Glas eine adsorptive Wirkung gegen UV-Strahlen hat und in der entsprechenden Stärke in der Lage ist, die UV-Strahlung und die Intensität des HQI Brenners stark zu mindern, müssen Dicke und Glasart der Abdeckscheibe den jeweiligen Bedürfnissen und Lampenkastenformen angepaßt werden. Auf Riffaquarien, in denen Tiere des sonnendurchfluteten Teiles des Riffes gehalten werden sollen, hat sich normales Fensterglas von max. 3

Beckenhöhe und dem in Skizze 14 gezeigten Lampenkasten realisiert werden. Die Verwendung der käuflichen Lampen, die von dieser Form abweichen, ist aus diesem Grund nur eingeschränkt zu empfehlen.

mm Dicke bestens bewährt. Zu beachten ist bei der Konstruktion des Lampenkastens ferner, daß die Abdeckscheibe mindestens 3 mm kleiner ist, als der sie aufnehmende Rahmen. Sie wird in Silikon eingebettet und kann sich dann bei

Die Lampenkästen von oben. Die Dachkantform hat sich gut bewährt. Sie stellt optisch wie auch technisch die beste Lösung dar. Seitlich der Lampenkästen sind die weißen Abdeckgitter zu sehen.

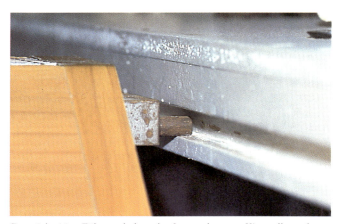

Der rückseitige Führungsbolzen des Lampenkastens. Hier sollte auf rostfreies Material geachtet werden.

Die Beleuchtung

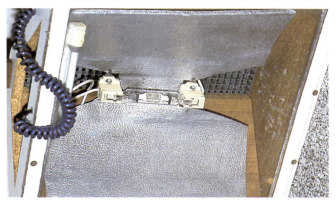

Der Lampenkasten von hinten mit dem rückseitigen Belüftungsausschnitt und die Spiralkabelzuführung. Oben der Führungszapfen.

Einblick in den Lampenkasten von unten. Sichtbar ist das aufgebogene Reflektorblech und der Brenner mit den Fassungen. Die Abdeckscheibe ist demontierbar

Wärmeeinwirkung, die aus der Lampe resultiert, nach allen Seiten ausdehnen. Für die maximale Ausleuchtung eines 150 cm langen Beckens ist Bedingung, daß der Reflektor auf einen Winkel von 110 Grad aufgebogen wird und die Lichtaustrittsöffnung des Lampenkastens mindestens 50 x 45 cm beträgt.

Als Reflektor kann der Originalreflektor aufgebogen werden. Besser ist es aber, sich einen neuen Reflektor aus gehämmertem Aluminiumblech zu bauen und diesen so breit zu machen, wie der ganze Lampenkasten ist. Das ergibt dann eine noch bessere, gleichmäßigere Ausleuchtung. Ebenfalls muß sichergestellt werden, daß die Scheibe austauschbar ist. Sie

Die Beweglichkeit der Lampen ist für das Hantieren im Becken wichtig. Hier sehen wir die Endposition einer der beiden Lampen. Im Hintergrund eine der beiden blauen Leuchtstofflampen und die auf der Rückseite angeordneten Pumpen.

Die Beleuchtung

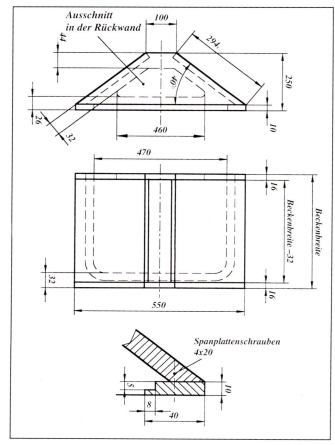

Lampenkastenabmaße / Skizze 16

wird mit der Zeit durch Wärmeeinwirkung in Verbindung mit dem Salz blind. Vor einiger Zeit ist der Verdacht aufgekommen, daß das Glas der Abdeckscheibe durch das Lichtspektrum des Strahlers verhärtet wird, so daß keine UV-Strahlung mehr durchgelassen wird, was nicht gewollt ist.

Es ist nur ein Verdacht, der durchaus auch anders begründet sein kann. Es sollte aber auch aus diesem möglichen Grund eine leichte Austauschbarkeit der Abdeckscheibe gegeben sein.

Alle anderen Details können frei gewählt werden. Zu beachten sind dabei natürlich die VDE-Bestimmungen.

Acropora spez., Seriatopora spez.
Hier sind Raumkonkurrenzeinflüsse zu erwarten. Eine Ansiedlung der Seriatopora aus einer Larve und ein zuvor angesetztes Stück einer Acropora werden sich mit Sicherheit nicht vertragen.

Die Beleuchtung

Stylophora damicornis
Genügend große räumliche Abstände für die Neuansiedlung sind Voraussetzung für ein gutes Entwickeln von Korallen. Diese Koralle färbt sich auch im Aquarium wieder mit roten Wachstumsspitzen ein. Sie benötigt dazu aber sehr viel Licht, wie es nur direkt unter der Wasseroberfläche vorhanden ist.

Pavona spez.
Auch diese flachwachsenden Korallen lassen sich im Aquarium halten und vermehren. Sie werden gebrochen und neu angesiedelt. Das Anwachsen erfordert allerdings etwas mehr Geduld als bei Acropora-Arten.

Pavona spez.
Diese Koralle ist im Aquarium vermehrt worden. Sie ist robust und nicht empfindlich gegen Nesselgifte anderer Korallen, wie hier der Seriatopora spez.

Acropora spez.
Hier ist eine extreme Ausbildung einer Fußplatte zu sehen. Der herausragende Ast ist das Ansiedlungsstück und nach ca. 1/2 Jahr noch nicht weitergewachsen.

Pectinia spez.
Korallen aus dieser Art haben sehr scharfe plattenartige Skelette. Sie sind deshalb <u>sehr druckempfindlich</u> und müssen beim Einsetzen sehr vorsichtig behandelt werden. Sie sind dann aber <u>ausdauernd</u> und <u>nicht sehr lichtbedürftig</u>. Sie lassen sich auch durch <u>mechanische Teilung</u> vermehren.

Pavona spez.
<u>Flachwachsende Korallen sind problemlos zu halten. Sie benötigen</u> oftmals <u>nicht sehr viel Licht</u>. Ihre <u>Oberfläche muß aber immer überströmt werden</u>, damit sich hier keine Sedimente absetzen können.
Diese würden Korallen dieser Art schädigen.

Der Aufbau der Anlage

- **Technische Voraussetzungen**
- **Filterbeckeneinbau**
- **Einbau der Abschäumer**
- **Inbetriebnahme**
- **Zusammenstellung der Einzelkomponenten**
- **Das Überlaufbecken**
- **Überlaufbecken mit Doppelabschäumer**

Das Becken braucht gewisse Voraussetzungen für den Standort. Sie gilt es zu beachten und zu bedenken, bevor es aufgestellt wird.

Dazu gehören in erster Linie ein tragfähiger Untergrund und als bauliche Voraussetzung keine direkte Sonneneinstrahlung.

Bei Neubauwohnungen mit Betondecken ist es relativ einfach mit dem Unterbau. Hier können Gasbetonsteine verwendet werden oder auch andere tragfähige Unterbauten aus Spanplatten sind möglich. Mit diesen kann ein tragfähiger Verbund in Kistenform hergestellt und mit einer 19 mm dicken Spanplatte als Plattform zur Auflage des Beckens abgedeckt werden. Das Ganze wird dann wasserfest gemacht. Dazu wird der Unterbau mit Krautol 5007 gestrichen. Es ist die gleiche Farbe, die für das Eterplan-Becken benutzt wird. Diese Unterbauten sind relativ leicht und von ausreichender Tragfähigkeit. Ansonsten insbesondere in Räumen, die Holzdielen als Untergrund haben, muß man sich eine tragfähige Unterkonstruktion aus Holzbalken bauen oder besser bauen lassen. Hier sind besondere Maßnahmen erforderlich, damit die Last gut verteilt wird. In der Regel wird dazu ein Fachmann zu Rate gezogen werden müssen.

Auf den Unterbau mit Gasbetonsteinen wird eine Preßholzplatte von 10 mm Dicke gelegt und darauf eine weiche Styroporplatte von 10 mm. Sie dient dem Ausgleich von Unebenheiten. Die Verkleidung des Unterbaues ist Geschmackssache.

Es sollte aber bei der Anfertigung der Verkleidung darauf geachtet werden, daß alle reinigungsintensiven Geräte wie Pumpen und besonders der Abschäumer, durch Türen oder Klappen leicht zugänglich sind. Der Unterbau wird dann mit einer Wasserwaage ausgerichtet und ist bereit zur Aufnahme des Beckens.

Für die elektrische Anlage, die nach Möglichkeit immer über der Wasserlinie sein sollte, sind besondere Vorsichtsmaßnahmen zu ergreifen.

Das Becken selbst sollte mindestens 5 cm von der Wand entfernt aufgebaut werden. Das ist erforderlich, um später die Pumpen zur Wasserbewegung (z.B. Turbellen) auf dem Beckenrand, mit genügend Abstand zur Wand befestigen zu können.

Auf das Becken setzen wir einen Rahmen von ca. 20 cm Höhe. Für die Rahmenkonstruktion haben sich beschichtete Spanplatten von 16 mm Dicke sehr gut bewährt. Sie lassen sich relativ leicht bearbeiten und sind ausreichend gegen Feuchtigkeit geschützt. Der Rahmen ragt ca. 5 cm über den Beckenrand, damit die Luft - Wassergrenze optisch nicht sichtbar ist.

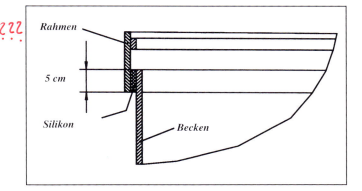

Der Zwischenraum zwischen Rahmen und Becken wird mit Silikon ausgefüllt.

Die Verwendung von Lampenkästen wie in Skizze Nr. 14 beschrieben, setzen voraus, im Rahmen ringsum eine Leiste anzubringen, worauf die Lampenkästen verschoben werden können. Diese Möglichkeit der leichteren Zugänglichkeit beim Hantieren im Becken sollte nicht außer acht gelassen werden. Siehe auch Skizze Nr. 17. Diese Leisten belegt man, um die Gleitfähigkeit zu erhöhen, mit einer Kunststoff Winkelleiste.

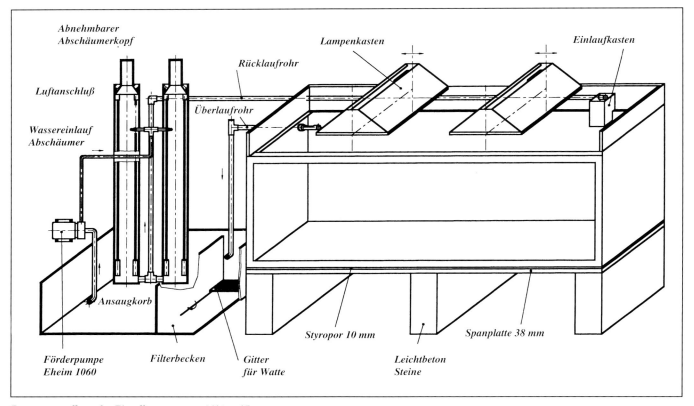

Zusammenstellung der Einzelkomponenten / Skizze 17

Die elektrische Verbindung der Lampenkästen sollte möglichst mit einem lösbaren Spiralkabel vorgenommen werden (Stecker und Steckdose). Wegen der Beweglichkeit dieser Lampenkästen müssen die Kabel flexibel sein. Spiralkabel verhindern, daß beim Verschieben der Lampenkästen diese ins Wasser hängen und eine Flexibilität ist gewährleistet. Die leichte Lösbarkeit der elektrischen Verbindungen garantiert eine gefahrlose Reinigung dieser Kästen und einen problemlosen Brennerwechsel außerhalb des Beckens.

Als nächstes folgt der Einbau des Überlaufbeckens.

Zweckmäßigerweise wird dieses Becken neben dem Aquarium aufgebaut. Der Aufbau unter dem Aquarium hat zwar den Vorteil der Platzersparnis, ist dann aber weniger gut zugänglich.

Auch der Abschäumer in der dargestellten Bauart könnte in diesem Fall nicht in der vorgeschlagenen Form eingebaut werden. Außerdem sind dann zusätzliche Maßnahmen erforderlich, um die Bodenplatte des Aquariumunterbaues gegen die Verdunstungsnässe aus dem Überlaufbecken zu schützen. Dieses Becken ist zunächst nicht als Filterbecken im landläufigen Sinne zu betrachten. Es nimmt in erster Linie die Außenabschäumer auf und dient als Ausgleichsbehälter für den Wasserstand im Aquarium. Es sollte aus diesem Grund auf jeden Fall, auf die eine oder andere Art, mit eingebaut werden. Wenn wenig Platz vorhanden ist, kann es, wie in Skizze Nr. 18 dargestellt, aufgebaut werden.

In diesem Becken (Kammer 2) endet das Überlaufrohr vom Hauptbecken in einer zweiteiligen Kammer, von der eine mit

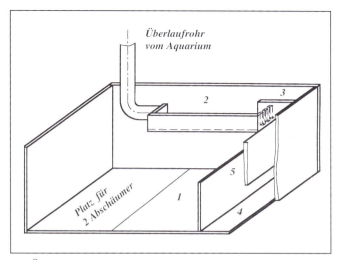

Das Überlaufbecken / Skizze 18
1 Filterraum
2 Einlaufschale mit Grobgitter für den Fall, daß Tiere mit durch das Überlaufrohr gehen. In dieser Kammer steht das Wasser ca. 4 cm hoch.
3 Kammer für die Schwebstoffausfilterung. In dieser Kammer liegt auf einem Rost Filterwatte.
4 Diese Kammer kann zur biologischen Filterung benutzt werden.
5 Rücklauf aus der Biofilterkammer

Watte gefüllt ist, die zur Schwebstoffausfilterung benutzt wird. Der vordere Teil der Kammer 2 dient gleichzeitig als Fangraum für Tiere, die eventuell durch dieses Rohr vom Hauptbecken aus in dieses gelangen könnten. Im hinteren Bereich dieses Beckens ordnet man die beiden Außenabschäumer an. Der zusätzliche Vorteil liegt darin, daß der Teppich nicht gleich unter Wasser steht, wenn die Abschäumer einmal undicht werden oder überlaufen.

Das Überlaufbecken selbst ist nur mit Steinen, die im Aquarium zur Zeit nicht benötigt werden, und einem groben Bodengrund aus Korallenbruch gefüllt. Der Bodengrund sollte aber nicht zu hoch sein, es müßte sonst eine Pumpe zur Wasserbewegung in dieses Becken eingebaut werden. Sicher ist es sinnvoll in dieses Becken auch einige Tiere einzubringen, die als Restevertilger hier leben können. Sie dürfen nur nicht lichtabhängig sein.

Seeigel und Schnecken, die aus den verschiedensten Gründen aus dem Hauptbecken ausquartiert werden mußten, können hier immer noch recht nützliche Arbeit verrichten. Zu beachten ist in diesem Becken der Wasserstand. Er darf nur so hoch sein, daß, wenn Stromausfall ist, das nachlaufende Wasser aus dem Hauptbecken aufgenommen wird. D.h. nach Inbetriebnahme muß durch Abschalten der Pumpe des Abschäumers ermittelt werden, wie hoch das Becken im Normalbetrieb maximal mit Wasser gefüllt werden darf.

Dieses ist ein ganz wichtiger Punkt, um beim ersten Stromausfall nicht eine böse Überraschung zu erleben.

Das Wasser in diesem Becken hat nur die Aufgabe, das verdunstete Wasser im Hauptbecken auszugleichen, so daß in diesem immer ein gleichbleibender Wasserstand zu sehen ist. Außerdem werden in dieses Becken die Spurenelemente zugegeben. Das Kalkwasser soll nach neueren Erkenntnissen besser in sehr kleinen Schüben direkt ins Hauptbecken erfolgen.

In dieses Becken können auch, weil es hier immer dunkel ist, die Elektroden für das PH-Meter und dergleichen untergebracht werden.

Nach dem Einfahren und der Entscheidung, was im zugehörigen Aquarium für Tiere gepflegt werden sollen, kann dieses Überlaufbecken auch für Filterzwecke in mannigfaltiger Weise genutzt werden. Zur biologischen Filterung nach Peter Wilkens kann die schon eingebaute Kammer dann eingerichtet werden.

Das Aquarium aufgedeckt.
Im Hintergrund das schwarze Rücklaufrohr vom Abschäumer, oben der Kabelschacht, darunter die Steckdosen für die Pumpen.

In diesem Zusammenhang noch einige Worte zur Inbetriebnahme des Abschäumers, um die Installation sinnvoll zu gestalten. Die Pumpe für diese Abschäumer sollte an einer leicht zugänglichen Stelle in der Nähe der Abschäumer angebracht werden, um Leitungsverluste zu vermeiden und eine unkomplizierte Reinigung zu ermöglichen. Bedacht werden

Die rechte Seite des Aquariums mit der Elektrik. Im oberen Bereich oberhalb der Wasserlinie sind die Drosseln und Zündgeräte für die HQI-Brenner angebracht. Links daneben der Trafo für die Niederspannungsversorgung der Elektronik.

Unter dem Schaltkasten sind 4 Wisa 300 für die Luftversorgung des Doppelabschäumers installiert. Sie sind auf Schwingungsdämpfer angebracht.

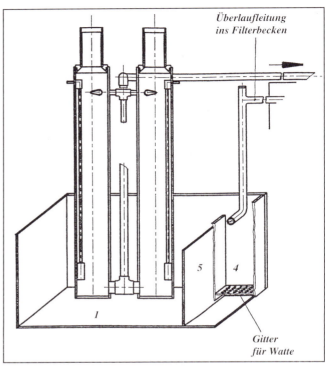

Überlaufbecken mit Doppelabschäumer / Skizze 19
1 Filterraum (Wasservolumen)
2 Diese Kammer kann zur biologischen Filterung benutzt werden.
5 Rücklauf aus der Biofilterkammer

muß auch, daß der Pumpenkopf des öfteren demontiert werden muß. Eine gute Zugänglichkeit ist deshalb von großem Nutzen. In diesem Bereich sollen aber nicht die Luftpumpen untergebracht werden. Für die Funktionsfähigkeit ist es wichtig, daß sie in einem trockenen Bereich arbeiten. Außer von Korrosionseinflüssen können die Leistung der Luftpumpen von feuchter Luft beeinflußt werden. Eine Verklebung der Gummiventilplättchen und damit der Luftleistung ist die Folge.

In dieses Becken stellen wir den oder die Abschäumer und verbinden die Abschäumerpumpe mit dem Wassereinlauf des Abschäumers. Da die Pumpe in der Regel zu viel Wasser fördert, bringen wir in die Verbindungsleitung (Pumpe - Abschäumer) ein T-Stück ein, dazu einen Absperrhahn in Richtung

Überlaufbecken, der ebenfalls leicht zugänglich sein muß. Mit diesem Abzweig wird das zuviel geförderte Wasser wieder ins Überlaufbecken zurückgeleitet und kann dort zur Wasserbewegung genutzt werden. Mit dem Absperrhahn wird der Wasserdurchlauf durch den oder die Abschäumer reguliert.

Siehe auch das Kapitel „Der Abschäumer".

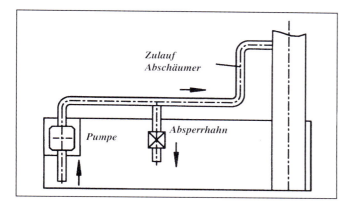

Eine andere Möglichkeit der Regulierung des Wasserstandes im Abschäumer ist, das auslaufende Wasser aus dem Abschäumer mit einem Absperrhahn zu drosseln. Dazu ist aber erforderlich, die Pumpenleistung den Rohrquerschnitten des Wasserzu - und ablaufes am Abschäumer anzupassen. Außerdem sind die Absperrhähne entsprechend günstig anzuordnen.

Das sind einige Tips zur Inbetriebnahme der Anlage.

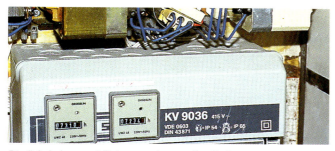

Die Schaltuhren und Sicherungselemente für die Steuerung der Pumpen, Lampen und der Nachfüllanlage. Sie befinden sich in einem spritzwassergeschützten Hausanschlußkasten. Die beiden oberen Anzeigegeräte sind Stundenzähler für die HQI-Brenner. Sie zeigen exakt die Brenndauer dieser Lampen an.

In diesem Zusammenhang nun noch einige Worte zu den sogenannten Komplettanlagen.

Abgesehen davon, das sie unverhältnismäßig teuer sind, sei mir ein Vergleich mit einem Bonsai - Bäumchen gestattet. Es ist relativ einfach, wenn einem das nötige Geld zur Verfügung steht, so ein Bäumchen zu kaufen, aber was kommt dann?

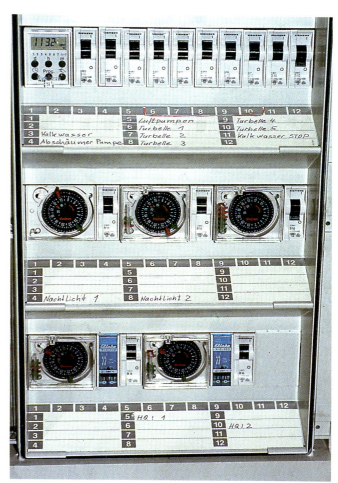

Die Elektrik im Detail.
Links oben eine elektronische Schaltuhr für die Steuerung der Kaltwasserzufuhr, darunter mechanische Uhren, links für die blaue Beleuchtung, mitte für das Mondlicht, rechts Reserve.
Untere Reihe 2 x HQI, die über Relais geschaltet werden.

Fehlt einem das nötige Wissen um die Pflege dieses Bäumchens, der nötige Platz um es aufzustellen, und das entsprechende Klima, in dem es gedeihen kann, dann verwildert es und sieht nicht mehr optimal aus, oder, was wahrscheinlicher ist, es geht ein. Beides, eine nicht optimale Aquariumanlage und ein dahin kümmernder Bonsai, ist eine traurige Angelegenheit und bezogen auf unser Hobby, kann es nicht Sinn der Meeresaquaristik sein, sie auf diese Art zu betreiben.

Mit der selbständigen Planung und Verwirklichung einer derartigen Anlage sind Überlegungen verbunden, die uns das spätere Bewältigen von Problemen erleichtern. Sie verhindert auch in ganz entscheidendem Maße Fehlkäufe zu tätigen, Fehler schon im Vorfeld zu erkennen und rechtzeitig zu beheben. Beim Kauf einer Komplettanlage muß man mit den Unzulänglichkeiten dieser Anlage leben. Sie stellt stets einen Kompromiß dar, der nicht immer der Bestmögliche ist. Die Möglichkeit, daß man auch eine Menge Geld sparen kann, ist dabei auch nicht zu verachten.

***Pavona* spez.**
Diese Korallen bilden auch im Aquarium sehr unterschiedliche Wuchsformen aus. Sie sind anspruchslos und leicht haltbar.

***Pavona* spez.**
Ein idealer Ansiedlungsort für flachwachsende Korallen ist zwischen Acropora-Arten gegeben. Sie verhindern, daß sich Sekundärsiedler in diesem Bereich breit machen. Gegen diese Tiere sind Pavona-Arten sehr empfindlich.

Tracyphyllia spez.
Wulstkorallen sind in Riffbecken mit hermatypischen Steinkorallen nur zu empfehlen, wenn wirklich genügend Platz vorhanden ist. Sie sind in der Lage sich groß aufzublasen und können andere Korallen vernesseln. Wenn sie genügend Licht bekommen, sind auch diese Korallen lange Zeit ohne Fütterung in Riffbecken haltbar.

Anthelia spez.
Diese Gruppe, zu denen auch alle Xeniiden gehören, sind Sekundärsiedler. Sie bevölkern ein Riff erst, wenn es schon geschädigt ist. Sie sind dann in der Lage große Flächen sehr schnell zu überwachsen und ersticken das gesamte Leben darunter. Sie haben jedoch in funktionierenden Riffbecken keine Chance zu überleben.

Blastommussa spez.
Sie gehört zu den Korallen, die kleine Einzelpolypen ausbildet. Sie werden im Aquarium gern gehalten, weil sie durch ihre Farbigkeit, die sie auch im Aquarium beibehalten, das vorherrschende Braun der restlichen Korallen auflockern. Sie vermehren sich problemlos durch Teilung.

Occulina diffusa
Diese Koralle stammt aus der Karibik und muß in jedem Fall gefüttert werden. Sie sollte deshalb nicht in Riffbecken eingesetzt werden.

Der Aufbau der Anlage

Lebende Steine

Ein Riffausschnitt aus einem Aquarium, wie es ideale Ausstattungsbedingungen für die Ansiedlung von Steinkorallen bietet.

Lebende Steine beherbergen in der Regel immer vielfältiges Leben. Hier sehen wir, wie sich zwei neue Korallen ausbilden, die mit diesem Stein »eingeschleppt« wurden. Diese Art der Korallenbeschaffung ist die interessanteste. Sie beinhaltet vielfältige Überraschungen.

Steine, leb. St., Beckenstruktur

Beckeneinrichtung und Pflegemaßnahmen

- **Der Aufbau der Dekoration**
- **Das Einfahren von Meerwasseraquarien**
- **Die Inbetriebnahme der technischen Einrichtungen**
- **Der Erstbesatz eines Meerwasseraquariums**
- **Die Meßtechnik in der Meeresaquaristik**
- **Die Nitritmessung**
- **Die Nitratmessung**
- **Die PH-Messung**
- **Die Dichte**
- **Die Karbonathärte**
- **Pflegearbeiten am Meerwasseraquarium**
- **Futtereinsatz in der Meeresaquaristik?**

Die Technik in der zuvor aufgezeigten Form ist notwendig, um das künstliche Biotop, in dem unsere Tiere leben und sich vermehren sollen, in einem dauerhaft optimalen Zustand zu erhalten.

Es ist aber nicht weniger wichtig, die Umgebungsparameter, einer der abiotischen Faktoren, für diese Tiere so zu gestalten, daß sie riffähnlich werden. Insbesondere sind hier auch die Strukturen in der Dekoration zu beachten, die zum Existieren in diesem Lebensraum ebenso benötigt werden wie die biologischen Faktoren.

Je perfekter wir den Lebensraum Aquarium dem Riff nachzuahmen vermögen, um so größer wird auch der Erfolg und letztendlich die Freude an unserem Seewasseraquarium und den darin lebenden Tieren sein. Dazu gehört in der Reihenfolge als erste Grundlage der innere Aufbau des Beckens.

Da wir diesen Aufbau nach dem Einrichten und dem Besetzen mit Tieren nicht mehr wesentlich umgestalten können und auch nicht sollten, ist hier besondere Mühe und Sorgfalt angebracht. ??

Die Dekoration eines Seewasserbeckens muß in jedem Fall, wie in späteren Kapiteln noch näher ausgeführt wird, aus kalkhaltigem, stark zerklüftetem Gestein sein. Bewährt hat sich hier Travertin oder ähnlich offenes Kalkgestein, wie es z.B. im Altmühltal zu finden ist.

Geschlossene Gesteinsarten verhindern eine biologische Nutzung der Dekoration durch Tiere in unterschiedlicher Weise. Insbesondere ist bei diesen die Fähigkeit der biologischen Filterfunktion nicht gegeben. Andere Gesteinsarten bergen dazu immer die Gefahr in sich, irgendwelche Einschlüsse zu haben, die sich schädlich auf den Chemismus des Wassers auswirken. Mit letzter Konsequenz kann das natürlich bei keiner Gesteinsart ausgeschlossen werden. Erfahrungen haben aber gezeigt, daß die zuvor aufgezeigten die wenigsten Probleme gebracht haben.

Kunststoffdekorationen und künstlich hergestellte andere Fertigdekorationen dürften für jeden ernsthaften Meeresaquarianer, wie ich hoffe, außer Frage stehen. Wer sie doch benutzt, sollte zumindest sehr kritisch sein. *Hartg!*

Wer das Glück hat, sein Becken mit lebenden Steinen, auch aus dem Mittelmeer, einrichten zu können, ist zu beneiden. Dabei ist aber unbedingt darauf zu achten, daß diese Steine nicht zu stark, am besten mit gar keinen sichtbaren sessilen Tieren besetzt sind.

Insbesondere Schwämme stellen hier eine besondere Gefahr dar. Bestens geeignet sind Steine, die keine optisch sichtbaren Tiere als Aufwuchs haben. Sie sollten nur aus sauberem Wasser entnommen werden. Diese Steine beherbergen im Inneren, in Spalten und Rissen, eine große Zahl von Mikrolebewesen, die für ein neues Becken von enormer Bedeutung sind. Wir können bei diesen abgelagerten Steinen auch davon ausgehen, daß sie keine schädlichen chemischen Substanzen mehr einschließen.

Auch bei dieser Art der Dekoration sollten keine zu massiven und auch nicht zu kleine Steine eingebracht werden. Das Becken soll locker, mit vielen Höhlen und Durchgängen, eingerichtet werden.

Beckeneinrichtung und Pflegemaßnahmen

Dekoration

Die Steine müssen vom Wasser umspült werden können, damit möglichst keine toten Zonen entstehen. Die Fische und auch die „Niederen Tiere" brauchen Spalten und Höhlen, um darin siedeln und leben zu können. Es muß des weiteren darauf geachtet werden, daß die Dekoration terrassenförmig, mit Vorsprüngen aufgebaut wird, um später darauf Tierstöcke ansiedeln zu können. Dabei muß der Aufbau aber auch fest sein. Die Fische, oder auch Seeigel können sonst die ganze Dekoration zum Einsturz bringen. Ganz davon zu schweigen, wenn wir in die fatale Situation kommen, Fadenalgen beseitigen zu müssen.

Bodengrund verschiedener Körnung steht zur Verfügung. Korallenbruch sowie auch Coraminiferen Sand sind für die Meeresaquaristik geeignet. Für Riffbecken ist grober Korallenbruch besser geeignet weil er offener ist.

Haben wir den Aufbau unserem Geschmack entsprechend fertig, bedecken wir den restlichen Boden des Beckens mit ca. 3 cm hohem nicht zu grobem, kalkhaltigem Bodengrund. Coraminiferen Sand oder Korallenbruch sind hierzu bestens geeignet. Wobei der Coraminiferen Sand Probleme bringen kann, wenn sich Algen bilden sollten. Das Reinigen bzw. Absaugen des Bodengrundes aus diesem feinen Material hat immer auch einen Verlust an Bodenmaterial zur Folge. Die Reihenfolge, Dekoration und dann Bodengrund, sollte aus Gründen der Standfestigkeit der Dekoration unbedingt eingehalten werden. Das Aufsetzen von schweren Steinen auf zuvor eingebrachten Bodengrund kann zum Platzen der Bodenscheibe bei Glasbecken führen. Auch bei Eterplanbecken führt dies zu einer unzulässig hohen, punktförmigen Bodenbelastung, die eine Beschädigung der PVC-Farbe zur Folge haben kann.

Wasser

Sind diese Punkte beachtet worden, können wir das Wasser einfüllen. Wenn wir Glück haben, können wir Wasser aus eingefahrenen Becken bekommen. Ist dieses in Ordnung und in ausreichender Menge vorhanden, sollte es im Verhältnis von 2:1 (2 Teile Altwasser und 1 Teil Neuwasser) in das neue Becken eingebracht werden. Das ist natürlich der beste und kürzeste Weg, um ein Meerwasseraquarium in Gang zu bringen. Nach ein bis zwei Wochen Betriebszeit kann in diesem Fall schon mit dem Besatz begonnen werden. Für den zweiten Fall, in dem kein altes Meerwasser zur Verfügung steht, muß neues Wasser selbst angesetzt werden. Die Seesalzmischungen sind heute qualitativ gleichwertig. Es sollte aber das Mischen von Salzen verschiedener Hersteller vermieden werden.

Die Dichte des Wassers wird auf einen Wert von ca. 1,024 bis 1.026 mit einem geeichten Aräometer bei der entsprechenden Wassertemperatur eingestellt. Die technischen Einrichtungen werden dann voll in Betrieb genommen, und es beginnt in diesem Fall dann die schwierigste Phase bei der Einrichtung, nämlich die Aufbereitung oder Reifung des neuen Seewassers bis zur Aufnahme der ersten Tiere vorzubereiten und zu erwarten. Hier kann schon eine der Tugenden in der Meeresaquaristik geübt werden - Geduld.

Bei völlig neuem Wasser ist eine Wartezeit von 3 Monaten in der Regel noch zu wenig. Dabei ist unbedingt zu beachten, wie schon erwähnt, daß die technischen Geräte, wie Abschäumer, Lampen und Pumpen, voll laufen müssen. Das heißt, die Lampen täglich 10 Stunden brennen, alles andere ständig. In der Regel wird sich die gesamte Dekoration erst einmal mit einer Kieselalge überziehen, die abgesaugt werden kann, aber auch von selbst verschwindet.

Nach und nach kann schon versucht werden, die Blattalge Caulerpa profilera oder eine andere höhere Alge anzusiedeln. Diese sind fast immer noch im Zoofachhandel zu haben. Obwohl diese Algen in einem Riffkorallenbecken nichts zu suchen haben, sollte man sich später immer einen kleinen Bestand dieser Algen, auch in diesem Beckentyp, halten. Sie sind für einige Tiere eine Art Futterreserve und insbesondere Konkurrenten der absolut unerwünschten Fadenalgen.

Wenn diese höhere Alge dann zügig wächst und keine Fadenalgen in Massen da sind, kann der Bestand an Blattalgen vorsichtig gelichtet und die ersten Tiere eingesetzt werden.

Die Methode, das Becken sofort mit lebenden Steinen voll zu setzen, wie es auch propagiert wird, ist sicher nur etwas für Leute, die viel Geld übrig haben oder zumindest schon ausgeprägte Erfahrungen auf dem Gebiet der Meeresaquaristik vorweisen können. Aber auch dann ist dieses Geld risikoreich eingesetzt. Bei dieser Art der Meeresaquaristik sei wieder auf den Vergleich mit dem Bonsai Bäumchen hingewiesen. Ein solches Bäumchen zu kaufen in der Hoffnung, es wird schon wachsen, ohne daß ich etwas dazu tun muß, außer Geld anlegen, dürfte sich auch hier sehr schnell als Irrtum herausstellen. Der Einsatz von lebenden Steinen als Erstbesatz setzt schon eine relativ große Erfahrung mit der Problematik eines Meerwasseraquariums voraus.

Einsetzen sollten wir in dieser Phase in erster Linie algenfressende Tiere. Ganz wichtig sind Einsiedlerkrebse und algenfressende Schnecken und eventuell ein paar kleine Seeigel. Danach kann schon einmal versucht werden, ob eine Lederkoralle oder auch ein paar Krustenanemonen am Leben bleiben. Wenn dieses erfolgreich war, kann auch der Versuch mit ganz wenigen Fischen begonnen werden. Geeignet wären hierzu zwei kleine Riffbarsche, die etwas Leben ins Becken bringen.

Einsiedlerkrebse sind die besten Algenvertilger in der Meeresaquaristik. Es sollte immer für einen gleichmäßigen Besatz gesorgt werden.

Der weitere Besatz hängt nun ganz wesentlich von der fortschreitenden Entwicklung des Beckens ab.

Diese wenigen Tiere müssen sehr genau beobachtet werden. In neu eingerichteten Meerwasseraquarien muß mit dem Besetzen sehr vorsichtig umgegangen werden. Das Einpendeln der biologischen Faktoren in ein relativ stabiles Gleichgewicht steht erst am Anfang und noch sehr labil. Eine Überbesetzung in dieser Phase kann dieses Gleichgewicht sehr schnell zum Kippen bringen, und das kommt dann in der Regel einem Neubeginn gleich.

In dieser Einfahrzeit des Beckens soll damit begonnen werden, ein Gespür dafür zu entwickeln, was für das Becken noch verträglich ist. Dieses Gespür oder Gefühl ist besonders in der Einfahrzeit, aber auch später, von ausschlaggebender

Bedeutung und läßt sich in dieser Phase besonders gut erlernen. Wenn diese Fähigkeit nicht in der Entwicklungsphase des Beckens erworben wird, dann ist es meist zu spät. Diese Fähigkeit besteht in der Hauptsache in der intensiven Beobachtung der Tiere und zwar von Anfang an. Eine der Hauptaufgabe des Pflegers, auch in späteren Zeiten, wird dieses Beobachten der Tiere und das richtige Reagieren bei Veränderungen sein. Hier liegt der entscheidende Schlüssel zum Erfolg in der Meeresaquaristik.

In diese Phase fallen nun auch die ersten Pflegearbeiten, und es sind auch zur Kontrolle des Wassers erste Analysen zu machen.

Zu den Wasseranalysen ist folgendes vorauszuschicken.

Daß sie in gewissem Umfang notwendig sind, ist nicht bestritten. Es ist aber durchaus möglich, sich mit verschiedenen Meßmethoden und verschiedenen Reagenzien „das" Ergebnis zu ermessen, welches man haben will. Deshalb, hat man sich für eine Meßmethode entschieden, sollte man bei dieser und auch bei den eingesetzten Reagenzien bleiben. Tut man dieses nicht, sind die Ergebnisse völlig wertlos. Die Werte, welche auf verschiedene Weise ermessen werden, sind in keinem Fall vergleichbar. Die Quittung wird ein nie funktionierendes Becken sein. Zur Auswahl von geeigneten Meßverfahren ist auch das Kapitel „Chemie im Seewasseraquarium" zu beachten.

Notwendig sind immer folgende Messungen.

Die Nitritmessung (Reagenzien von Tetra oder Fa. Merk)

Das Nitrit ist die erste Stufe des Stoffwechselprozesses.

Es wird in neu eingerichteten Becken bei entsprechendem Ausgangswasser bei 10 mg/Liter liegen, danach wieder abfallen und sich bei 0.05 mg / Liter einpendeln. Nitrit braucht bei normaler Entwicklung des Beckens dann nicht mehr gemessen werden. Nur bei Störungen des Gesamtsystems ist diese Messung dann wieder notwendig. Sie ist auch dann gefragt, wenn eine Störung im Wasserchemismus vorliegt und kein Nitrat nachweisbar ist. Hier kann eine Reduktion vom Nitrat zum Nitrit ablaufen, die äußerst gefährlich ist, wenn sie auf der Stufe des Nitrits stehen bleibt. Werte über 1 mg/Liter sind für viele Tiere tödlich.

Die Nitratmessung (Stäbchen der Fa.. Merk oder der Nitrat-Test in Pulver Form Nr. 8032 der gleichen Firma).

Nitrat ist die zweite Stufe des Stoffwechselprozesses.

Die Umwandlung des Nitrits zum Nitrat läuft aber erst nach ca. 3 Monaten Betriebszeit des Beckens ab und wird von ca. 5 mg / Liter, je nach Ausgangswasser, auf einen Wert von ca. 35-40 mg / Liter ansteigen und sich danach, bei vermehrtem Algenwuchs, auf einem niedrigen Niveau stabilisieren. Anzustreben ist nach dem Einfahren und Besetzen des Beckens ein Wert um die 10-30 mg/Liter. Diese Werte sind ohne biologische Filterung erreichbar. Bei Überbesetzung des Beckens und Störung des Gesamtsystems steigt dieser Wert dann wieder meßbar an. Die Nitratmessung ist in beständiger Folge zu machen. Die zeitlichen Abstände sind Erfahrungssache.

Die PH-Messung

Der PH-Wert sollte in der Regel bei 8,2 - 8,3 liegen und kann chemisch oder elektronisch gemessen werden. Der elektronischen Messung ist in diesem Falle der Vorzug zu geben, da sie kontinuierlicher ist und sich besser beobachten läßt. Bei der chemischen Messung sollte der Abstand in der Anfangsphase bei einmal wöchentlich liegen. Wenn ersichtlich ist, daß sich der Wert stabilisiert, reicht danach ein zwei Wochen Abstand aus. Absenkungen des PH-Wertes bis 7.8 in der Nacht sind bei HQI-Licht üblich und nicht gefährlich.

Die Dichte

Sie sollte bei ca. 1.024-1.026 liegen und wird mit einem geeichten Aräometer und bei entsprechender Temperatur gemessen.

Die Karbonathärte (KH)

Sie ist ein kritischer Faktor in der Meeresaquaristik. Die KH-Härte soll bei 8 Grad liegen und ist bei eingefahrenen Becken regelmäßig zu kontrollieren. Sie wird noch ausführlicher im Kapitel „Chemie im Seewasseraquarium" beschrieben und spielt in der Anfangsphase eines Beckens bei ausreichend hartem Leitungswasser von ca. 6-8 Grad KH noch keine gravierende Rolle. Dieser Wert kann in neuen Becken sogar auf wesentlich höhere Werte ansteigen, weil keine Kalkverbraucher da sind und durch das Nachfüllen des verdunsteten Wassers beständig auch Kalk zugegeben wird. Ein Auffüllen mit Kalkwasser ist in dieser Phase deshalb nicht notwendig.

Alle anderen Messungen sind für einen Anfänger nicht notwendig und verwirren nur. Insbesondere die Messung des Redoxwertes hat viel zu Verwirrungen in der Meeresaquaristik beigetragen. Die Hauptaufgabe für den angehenden Pfleger von Meerestieren in der Anfangsphase des Beckens, aber auch später im fortgeschrittenen Stadium, ist das Beobachten der Tiere. <u>Schon bei dem Verdacht des Absterbens eines Tieres, ist dieses sofort aus dem Becken zu entfernen</u>; auch dann, wenn es noch so schmerzlich ist. Das Wasser darf in dieser Phase nicht leichtfertig belastet werden. Deshalb auch der unbedingte Rat, in der Anfangsphase nicht zu viele, zu teure Tiere und auch nicht die Tiere zu schnell hintereinander zu kaufen.

Das nächste an Pflegearbeiten ist das Reaktionsrohr des Abschäumers, der auch in dieser Phase schon kräftig zu schäumen anfangen wird. Diesem ist besondere Aufmerksamkeit zu schenken. Häufige Störungen des Beckenzustandes sind auf Funktionsstörungen des Abschäumers zurückzuführen. Dazu zählt vorrangig das Reaktionsrohr, welches immer sauber sein muß. Bei verkrusteten Rohren kommt keine vernünftige Schaumbildung zustande. Siehe auch Kapitel „Abschäumer" und „Biologisch Filtern". Für den Fall, daß Watte unter dem Auslauf des Überlaufrohres liegt, ist diese täglich zu reinigen.

Beim Auftreten von Schmieralgen sind diese mit einem Filtertopf z.B. von der Firma Eheim abzusaugen. Dieser Filter soll mit Watte und später, bei einem eingefahrenen Becken, zusätzlich mit einer guten Aktivkohle, z.B. Hydro Carbon, in der Größenordnung von ca. 50 Gramm bestückt werden. Dieser Filter wird in der Folgezeit dann für alle anfallenden Reinigungsarbeiten im Becken benutzt. Die Watte wird nach dieser Prozedur gereinigt und wieder verwendet, die Kohle wird nach einmaligem Gebrauch weggeworfen.

Zur Pflege des Wassers gehört auch das Füttern der Fische, so fern schon welche im Becken vorhanden sind. Es soll grundsätzlich nur soviel gefüttert werden, wie die Fische fressen, ohne daß zuviel Futter auf den Boden des Beckens fällt. Diese Regel stammt aus der Süßwasseraquaristik und trifft in besonderem Maße für die Meeresaquaristik zu. Insbesondere in der Anfangsphase des Beckens, wenn bei den angegebenen 2 Fischen mit der Fütterung begonnen werden muß, kann das mit Sicherheit nur sehr wenig Futter sein. Werden hier größere Futtermengen gereicht, kommt das Wasser ebenso zum Umkippen, als wenn das Becken überbesetzt wird.

Zu der Futterfrage ist auch das Lesen des Kapitels „Saubermacher" angeraten.

Zum Schluß nun noch eine Anmerkung zur Behandlung von Fischkrankheiten. Es gibt in einem Meerwasseraquarium, besetzt mit „Niederen Tieren" und Fischen, keine Möglichkeit, mit irgendwelchen Medikamenten Fischkrankheiten (parasitärer Art) zu behandeln. Sollte es doch jemand versuchen, so kann er in der Regel von den meisten „Niederen Tieren" im Becken gleich mit Abschied nehmen. Diese Becken kommen in der Regel auch nicht wieder in Gang, wenn die Medikamente über Aktivkohle vermeintlich ausgefiltert worden sind. Deshalb sollte lieber mehr Sorgfalt in die Pflege des Beckens gesteckt werden, damit die Fische optimale Lebensbedingungen haben und gar nicht erst von Parasiten befallen werden; denn Parasitenbefall ist in erster Linie immer eine Folge von Störungen im biologischen Gesamtsystem des Meerwasseraquariums.

Das ist der Einstieg in die Meeresaquaristik, wie er vielfach und mit Erfolg praktiziert worden ist. Die Meeresaquaristik ist kein billiges Hobby. Sie muß aber auch nicht so teuer sein, wie es oft dargestellt wird. Die Versuche, mit überzogener Technik und aufwendigen Filtersystemen größere Erfolge zu erzielen, sind meist gescheitert.

Die erfolgreichsten Meeresaquarien, besonders im Berliner, Frankfurter und Nürnberger Raum, laufen schon über Jahre fast störungsfrei mit der hier beschriebenen technischen Ausstattung. Sie sind besetzt mit den empfindlichsten Meerestieren, den hermatypischen Riffkorallen, die im Laufe der Jahre echte Riffaquarien entstehen ließen, die dem Namen dieser Becken im eigentlichen Sinne auch gerecht werden.

Dieser Abschnitt mit der Einführung in die technischen und einigen abiotischen Grundvoraussetzungen für ein Meerwasseraquarium ist damit beendet. Auf komplizierte Zusammenhänge wurde hier bewußt verzichtet.

Wer weiter in diese Materie einsteigen möchte, dem seien die Bücher von P. Wilkens - „Niedere Tiere" Band 1 und Band 2 empfohlen.

Ganz besonders möchte ich für diejenigen, die sich mit der Steinkorallenproblematik beschäftigen wollen, was ja die Hauptaufgabe dieser und der folgenden Ausführungen sein soll, <u>das Buch von Dr. Kühlmann - **„Das lebende Riff"** -</u> empfehlen. In diesem Buch kann man Zusammenhänge erlesen, die die Riffökologie betreffen. Es ist nach meiner Meinung das einzige Buch, das eine Fülle von Informationen auf wissenschaftlicher Basis über die Riffkorallen vermittelt und doch für uns Meeresaquarianer einigermaßen verständlich ist. Aus der neueren Literatur sind die Bücher von Nilsen und Fossa aus dem Schmettkamp Verlag zu empfehlen.

Dazu kommt als einziges Bestimmungswerk für hermatypische Steinkorallen das Buch **„Corals of Australia and the Indopazifik"** von dem australischen Verfasser J.E.N.Veron. Leider ist dieses Buch nur in englischer Sprache zu bekommen. Zur Bestimmung der Arten ist es aber trotzdem bestens geeignet.

Porites spez.
Von diesen Korallen sind in fast jedem Riffbecken Exemplare zu finden. Sie sind wegen der eingewachsenen Röhrenwürmer schöne Farbflecken.

Chemie in der Meeresaquaristik

- **Das Jod**
- **Das Strontium**
- **Der Wasserwechsel**
- **Die Karbonathärte**
- **Methoden der Kalkwasserzugabe und des Ansatzes**
- **Eine Meßmethode der KH**
- **Die Kalkwassermischanlage – ein neuer Weg?**
- **Vitamine in der Meeresaquaristik**
- **Rezepte für Spurenelemente**
- **Chemische Meßverfahren**

Als Grundsatz sollte gelten, Chemie hat in einem Meerwasseraquarium nichts zu suchen.

Hierzu zählen in erster Linie Medikamente zur Behandlung von Fischkrankheiten aller Art und auch Antibiotika, wie sie zur Schmieralgenbekämpfung empfohlen werden. Diese Medikamente sollten in einem Beckentyp dieser Art tabu sein. Alle anders lautenden Aussagen sollten mit äußerster Vorsicht betrachtet werden.

Dennoch kommen wir nicht ganz davon weg, uns der Zuführung von essentiellen Nährsalzen (Chemie) zu bedienen, um ein Aquarium dieser hier beschriebenen Art über lange Jahre oder überhaupt in einem optimalen Zustand zu erhalten.

Dazu gibt es zwei Komplexe, zum einen die Spurenelemente, zum anderen den Kalk (auch er ist Chemie). Beide Komplexe beinhalten chemische Stoffe, welche die Tiere zum Leben benötigen. Sie werden dem Wasser entzogen und in das körpereigene Gewebe der Tiere eingebaut. Sofern diese Stoffe nicht in geeigneter Form und in ausreichender Menge dem Aquarienwasser wieder zugeführt werden, kommt es zu Mangelerscheinungen.

Die heute bekannten und in einem Meerwasseraquarium mit entsprechendem Tierbesatz auf jeden Fall nachzudosierenden Spurenelemente sind, **Jod, Strontium und Kalzium.** In manchen Gegenden Deutschlands kann auch ein Mangel an Eisen, das in besonderem Maße über den Abschäumer dem Wasser entzogen wird, zu Mangelerscheinungen führen.

Das Jod   × s. S. 101

Jod wird von allen Crustaceen, den Krebstieren, zur Häutung und zum Aufbau eines neuen Panzers benötigt. Auch die Stachelhäuter, Echinodermaten, benötigen Jod zur Festigung und Vergrößerung ihres Abwehrgerüstes. Außerdem hat Jod Einfluß auf den Gesamtstoffwechsel. Negative Auswirkungen bei einem Jodmangel sind besonders bei Garnelen und Einsiedlerkrebsen zu beobachten, bei denen es zu Häutungsschwierigkeiten führen kann.

Es ist auch anzunehmen, daß die früher viel verbreitete sogenannte Glotzaugenkrankheit auf einen Jodmangel zurückzuführen ist.

Störungen der Jodkonzentration können auch bei Ozonisierung auftreten, da es in den so behandelten Aquarien besonders schnell zu elementarem Jod aufoxydiert wird. Jod hat außerdem die Eigenschaft, sich an Proteine anzulagern und wird vermehrt über den Abschäumer aus dem Aquariumwasser entfernt.

Die natürliche Konzentration im Seewasser liegt bei 0.05 mg/Liter. Diese Konzentration sollte in Aquarien keinesfalls überschritten werden, da Jod in einer Überdosierung eine stark toxische Wirkung hat. Zu halten ist diese Konzentration mit einer schwachen Kaliumjoditlösung, die dem Aquariumwasser zugeführt wird.

Die Dosierung aller Spurenelemente muß in jedem Fall sehr vorsichtig und niemals direkt ins Becken erfolgen. Es muß sichergestellt werden, daß die Dosierungsmenge immer erst sehr intensiv vermischt wird, bevor das entsprechende Spurenelement in das Aquarium mit den Tieren gelangt. Ähnliches gilt auch für die Kalziumhydroxidlösung, die eine stark ätzende Wirkung hat. Die Dosierungsmenge ist immer abhängig von der Art und Anzahl der Tiere im Becken, die diese Stoffe benötigen, bzw. verbrauchen.

Die Anfangsdosierung für Jod sollte zu Beginn bei ca. 2.5 ml / 100 Liter Beckenwasser und Woche liegen. Sie kann bei einer entsprechender Anzahl von Tieren bis auf das Doppelte gesteigert werden.

Strontium

Strontium ist ein Element, das insbesondere Steinkorallen für den Skelettaufbau, aber auch Kalkalgen zum Aufbau ihrer ähnlichen Strukturen, benötigen. Strontium und Magnesium sind die größten mit ausgefällten Bestandteile der Skelette der Steinkorallen. Es wird vermutet, daß Strontium daran beteiligt ist, die Kristallform Aragonit des Kalziums in den Skeletten der Korallen aufzubauen und zu stabilisieren. Es hat im natürlichem Seewasser einen Anteil von 8 mg/Liter.

Steinkorallen, welche dieses Spurenelement nicht in ausreichender Menge zur Verfügung haben, reagieren in erster Linie mit einem stagnierenden Wachstum und dem Verblassen der Farben. Auch der Wuchs von Kalkalgen ist in ganz gravierendem Maße vom Vorhandensein dieses Spurenelementes abhängig und wird natürlich auch von diesen verbraucht.

Es wird in einer 10%igen Strontiumchloridlösung dem Beckenwasser zugeführt. Die Dosierung sollte ebenfalls sehr vorsichtig und auf keinen Fall direkt ins Becken erfolgen.

Diese Vorsichtsmaßnahme ist bei Strontium noch wichtiger als bei Jod. Auch die Höhe dieser Dosierung ist von der Anzahl der Korallen abhängig, hauptsächlich der hermatypischen Steinkorallen, die von der Symbiosepartnerschaft mit den Zooxanthellen leben, und sollte zu Anfang bei ca. 0.7 ml/100 Liter Beckenwasser und Woche liegen. Diese Dosis kann ebenfalls bis auf das Doppelte gesteigert werden.

Beide Elemente, Strontium und Jod, sind giftige Substanzen.

Beim Umgang mit diesen Chemikalien ist die nötige Vorsicht geboten. Die Rezepturen für den Ansatz dieser beiden wichtigen Elemente sind am Schluß dieser Abhandlung aufgeführt.

Seltener kann es im Meerwasser auch zu Eisenmangel kommen. Er liegt im Meerwasser bei 0.01 mg/Liter und kann mit dem Eisentest-Set der Firma Merk mit der Nr. 8023 und Nr. 8013 gemessen werden. In der Regel tritt dieser Mangel aber sehr selten ein, da er über den Wasserwechsel mehr als ausgeglichen wird.

Eine Nachdosierungsanleitung gibt Hückstedt in seinem Buch „Aquarienchemie". Ich will deshalb hier nicht näher darauf eingehen. Aber Vorsicht, Eisencitat, welches oft benutzt wird, ist ein hervorragender Algendünger!

Wasserwechsel

Die Spurenelemente allgemein werden, in funktionierenden Seewasseraquarien in unterschiedlichem und für uns nicht kontrollierbarem Maße verbraucht. Aus diesem Unvermögen heraus den Verbrauch zu messen, aber auch deshalb, weil diese sehr geringen Mengen kaum nachdosierbar sein dürften, rate ich immer zu einem geringen Wasserwechsel. Er sollte aber maximal 5% des Nettowasserinhaltes pro Monat nicht übersteigen. Hiermit werden, wie Vergleichsrechnungen gezeigt haben, die restlichen Spurenelemente in ausreichenden Mengen dem Aquariumwasser wieder zugeführt.

Sicher ist dieses auch nur eine theoretische Aussage, aber viele Becken laufen mit diesen Parametern optimal seit langer Zeit, in der die Besitzer nach dieser Methode verfahren sind. Die Vitalität und lange Lebensdauer der Tiere in diesen Aquarien geben zumindest die optische Sicherheit, daß der richtige Weg eingeschlagen wurde. Ein größerer Wasserwechsel ist nicht anzuraten, da dann auch wieder zunehmend schädliche Elemente aus dem Trinkwasser, welches heute auch nicht mehr das Beste ist, in die Becken gelangen können.

Hier sind in der Hauptsache Schwermetalle, Pestizide, Nitrate und Phosphate, aber auch Kieselsäure zu nennen. Die Verwendung von Wasseraufbereitungssystemen (Osmose-Anlagen), die diese Elemente eliminieren würden, sind für die Meeresaquaristik nur eingeschränkt zu empfehlen.

Diese Art der Wasserbehandlung erfordert eine andere Verfahrensweise, besonders beim Nachfüllen des verdunsteten Wassers und beim Wasserwechsel. Auswirkungen, positiver oder negativer Art, sind noch zu wenig bekannt und sollen deshalb hier nicht näher betrachtet werden.

Karbonathärte

Ein besonderer Punkt im Seewasser, der Chemie beinhaltet, betrifft das Nachfüllen des verdunsteten Wassers im Aquarium und dessen Parameter. Da das verdunstete Wasser auch im Meerwasseraquarium nur reines Wasser ohne Salze ist, braucht auch nur gleiches nachgefüllt zu werden. Durch diesen Umstand bietet sich uns nun die einzig sinnvolle und bis jetzt auch erfolgreiche, externe Möglichkeit, die Karbonathärte zu stabilisieren. Sie stellt in jedem funktionierenden Seewasserbecken mit zunehmendem Alter ein Problem dar. Ein Idealer Zustand wäre dann erreicht, wenn die Härte zwischen 8 - 6 Grad stabilisiert würde.

Werte über 8 Grad brauchen nicht angestrebt zu werden, Werte unter 5 Grad sind aber gefährlich. Dieser kann leicht unterschritten werden, wenn im Aquarium viele Kalkverbraucher leben. Hier sind es in erster Linie wieder die wachsenden, hermatypischen Steinkorallen und Kalkalgen, gefolgt von den Weichkorallen und verschiedenen Schalentieren, die in ihre Panzer ebenfalls Kalk einbauen und es somit dem Wasser entziehen. Im nachfolgenden Absatz möchte ich deshalb stark vereinfacht, damit es verständlich bleibt, auf die Zusammenhänge, die die Wasserhärte betreffen eingehen. Die Wasserhärte bestimmen im wesentlichen die Elemente Kalzium (Ca2 +) und Magnesium (Mg2+).

Zu unterscheiden sind hier die Nichtkarbonathärte (NKH) und die Karbonathärte (KH).

Beide zusammen ergeben die Gesamthärte (GH). Die Härte wird in deutschen Graden angegeben. Die Nichtkarbonathärte (NKH) wird durch die Sulfate, Chloride, Nitrate und Phosphate des Kalziums und Magnesiums hervorgerufen.

Auch die Salze des Kaliums und Magnesiums mit ihren organischen Säuren und ihren Hydroxyden wirken sich aus.

Die NKH im Seewasser ist bedeutungslos. Sie beträgt mehre 100 Grad und hat keinen Einfluß auf den PH-Wert.

Die Karbonathärte (KH) wird von den kohlensauren Salzen des Kalziums und Magnesiums hervorgerufen. Das Kalziumkarbonat löst sich bei Zimmertemperatur bis zu einem Sättigungsgrad von 14 mg / Liter im Wasser. Bei Sättigung des Wassers mit Kalziumkarbonat würde die Härte 0.8 Grad betragen. Durch den natürlichen Kohlensäuregehalt des Wassers, der durch die Aufnahme des Kohlendioxyds aus der Luft zustande kommt, werden unter Bildung von Kalziumbikarbonat etwa 45 mg / Liter Wasser in Lösung gehalten. Das entspricht einer Härte von 2,5 Grad. Bei Sättigung des Wassers mit Kohlensäure werden sogar 900 mg Kalk / Liter Wasser gelöst, was einer Härte von 50 Grad entsprechen würde. Hieraus ist ersichtlich, daß die Höhe der Karbonathärte im Wasser von der im Wasser gelösten Kohlensäure abhängig ist.

Kohlensäure und Kalzium sind sowohl gemeinsam als auch im einzelnen in ausgewogener Zusammensetzung von großer Wichtigkeit für das Seewasseraquarium. Gemeinsam halten sie die Bikarbonate im Gleichgewicht und sind somit für die Karbonathärte und damit einem stabilen PH-Wert verantwortlich. Die Kohlensäure sorgt als gasförmiges Kohlendioxid für den Stoffwechsel der Algen im Seewasser. Zu diesen Algen gehören natürlich auch die sogenannten Zooxanthellen der Blumentiere und insbesondere der hermatypischen Steinkorallen. Das Kalzium wird in seiner gelösten Form als Kalziumbikarbonat von den Korallen und unzähligen anderen wachsenden Organismen in beständiger Folge dem Meerwasser entzogen.

Am Tage, wenn die Algen assimilieren, also dem Wasser Kohlensäure entziehen, verläuft dieser Prozeß umgekehrt, und Teile des Bikarbonates fallen als unlösliches Karbonat aus. Dabei kommt es naturgemäß auch in den Riffen zu geringen PH-Wert Schwankungen.

Die Zugabe von Kohlendioxyd direkt ins Aquariumwasser, die diese Schwankungen ausgleichen könnte, ist risikoreich und nicht notwendig. Wer trotzdem damit arbeiten will, sollte dies nur am Tage tun.

Nachts kann es bei unkontrollierter Zugabe, z.B. bei Ausfall der Steuergeräte, von CO_2 und Bewegungsmangel des Wassers zu einem Sauerstoffdefizit, und einem Absinken des PH-Wertes in tödliche Bereiche und im Endeffekt zu einer Kohlensäurevergiftung kommen.

Außerdem muß damit gerechnet werden, daß ein vermehrter Algengenwuchs einsetzt. Das ist, wenn es sich um die Zooxanthellen der Blumentiere handelt, natürlich erwünscht. Jedoch werden vorwiegend die Fadenalgen und Caulerpa-Arten von diesem vermehrten Nährstoffangebot profitieren.

In Aquarien, die mit Fadenalgen zu kämpfen haben, sollten diese Maßnahmen tunlichst unterlassen werden.

In früheren Jahren kam oft der Wunsch nach einer schnellen Besiedlung der Dekoration mit Kalkalgen auf, und hat dazu geführt daß einige Aquarianer den Kalk in Form von Kalziumhydroxyd oder als Kalziumkarbonat dem Aquarium löffelweise zugegeben haben. Es hat dabei, in wenig besetzten Becken, auch Erfolge gegeben. Die Gefahr von unkontrollierten PH-Wert Sprüngen und das Verätzen der Tiere im Becken ist aber zu groß und deshalb nicht zu verantworten. Diese Erfolge sind gefahrloser und eleganter erreichbar.

Kalziumhydroxidlösung, Ansatz

Chemie in der Meeresaquaristik

Wie aus den vorhergehenden Ausführungen ersichtlich wurde, sind große Kalkmengen im Wasser generell nicht in Lösung zu halten. Der größte Teil des Kalkes fällt aus und setzt sich als feiner Staub auf die Aquariendekoration ab. Die damaligen Erfolge beruhten darauf, daß die Kalkalgen auf diesem Kalkuntergrund offensichtlich ein besseres Siedlungssubstrat fanden. Besteht die Dekoration jedoch aus kalkhaltigem Material wachsen sie auch ohne diese riskante, für die Tiere sehr gefährliche, Methode und in vielfältigeren Formen und Farben.

Bei Daueranwendung dieser Vorgehensweise wird den „Niederen Tieren" und vielen anderen, insbesondere sessilen Organismen, infolge von Versiegelung der Dekorationsoberfläche mit lebenden Kalkalgen der Lebensraum entzogen. Außerdem können mit der Zugabe von großen Kalkmengen die lebensnotwendigen Bikarbonate wieder dem Wasser entzogen werden. Das Wasser kann auf diese Weise enthärtet werden. Es wurde dafür der Begriff biogene Enthärtung geprägt. Auf diese Weise wurde in früheren Jahren, als es noch keine Wasserenthärter gab, das Wasser weich gemacht.

Das Kalziumbikarbonat fällt dabei als unlösliches Kalziumkarbonat aus.

$Ca(HCO_3)_2$ = Calziumhydrogencarbonat

Für den Dauereinsatz hat sich bis jetzt nur die Zugabe von Kalkwasser in Form einer Kalziumhydroxidlösung bewährt. Kalziumhydroxid $Ca(OH)_2$ in Wasser gelöst, ist eine basisch reagierende Ca^{2+} Ionen-Lösung. Kalzium ist in Wasser mit 1,26 Gramm pro Liter Wasser löslich und wird dann als gesättigte Lösung bezeichnet. Diese Lösung mit einem hohen Anteil an Ca^{2+} Ionen ist aber instabil, wenn sie mit CO_2 reagieren kann. Es entsteht dann, im Zusammenwirken mit dem CO_2, das unlösliche Kalziumkarbonat, welches ausfällt. Die Lösung, welche wir herstellen, muß aus diesem Grund in einem verschlossenen Behälter aufbewahrt werden. Unter diesen Umständen kann das Kalkwasser dann 3-4 Tage zum Nachfüllen benutzt werden, da es trotz auch hier erfolgender Ausfällung immer noch genügend Ca^{2+} Ionen enthält.

Der Ansatz wird wie folgt hergestellt:

In eine 2 Literflasche werden ca. 50 Gramm Kalziumhydroxid gegeben, das sind ungefähr drei Eßlöffel voll. Die Flasche wird mit Leitungswasser aufgefüllt, verschlossen und gut durchgeschüttelt. Alle 12 Stunden kann das klare überstehende Kalkwasser mit einem Luftschlauch abgezogen und ins Aquarium geleitet werden. Die Flasche wird wieder mit Wasser gefüllt und bis zur nächsten Entnahme gut verschlossen. Nach 6-8 Auffüllungen hat sich der lösbare Anteil verbraucht. Der Bodensatz, Kalziumkarbonat, wird fortgeschüttet und ein neuer Ansatz bereitet. Das gleiche kann auch analog mit einer größeren Wassermenge gemacht werden. Nur sollte dann nach 12 Stunden Reaktionszeit das klare Wasser in einen zweiten Behälter umgefüllt werden und aus diesem das aufgehärtete Wasser ins Aquarium, vorsichtig und in langsamen Schüben, nachgefüllt werden.

Am besten wird diese sanfte Zugabe mit einer stark drosselbaren Dosierpumpe (Schlauchpumpe) erreicht. Sie verhindert weitgehend zu starke PH-Wert Schwankungen.

Das aufgehärtete Wasser hat eine Härte von ca. 100 KH und einen PH-Wert von 12. Es ist 3-4 Tage verwendungsfähig. In dieser Zeit kann die KH bis auf einen Wert von ca. 60 Grad absinken. Danach sollte immer ein neuer Ansatz bereitet und auch der Behälter von Zeit zu Zeit einmal gründlich gereinigt werden. Zur Kontrolle des angesetzten Wassers sollte des öfteren ein KH-Test gemacht werden.

Der Nachfüllbehälter sollte in den Nachfüllpausen, aus den weiter oben beschriebenen Gründen, nicht offen stehen bleiben.

Es erscheint mir notwendig und nützlich, in diesem Zusammenhang auf eine relativ billige Möglichkeit hinzuweisen, wie man die Karbonathärte messen kann, zumal wir diese Messung ziemlich oft machen müssen.

Ich messe sie über das sogenannte Säurebindungsvermögen (SBV). Die Rezepturen und Vorgehensweise sind am Schluß aufgeführt.

Außerdem ist hier auch die Möglichkeit des Nitratnachweises aufgezeigt. Dieser ist einfach zu handhaben und für unsere Zwecke von ausreichender Genauigkeit.

In der Vergangenheit wurde der Ansatz des Kalkwassers in einem Behälter unter Kohlensäuredruck empfohlen. Dieser Weg hat sich nach meinen Erfahrungen nicht bewährt. Die Zugabe von CO_2 in diesem Behälter erhöht zwar den Gehalt an gelösten Bikarbonaten in dem dann unter Druck stehenden Wasser, wird aber der Behälter geöffnet, fällt schon ein Teil des höheren Lösungsanteils als Kalziumkarbonat wieder auf den Boden des Behälters aus. Die Restlösung hat aber immer noch einen relativ hohen Anteil an Bikarbonaten. Bei der Verwendung, des auf diese Art angesetzten Wassers, ist aber ein verstärktes Ausflocken beim Einleiten des Nachfüllwassers ins Beckenwasser zu beobachten.

Aus diesen negativen Gründen stellt die so hergestellte Lösung nur einen zusätzlichen Kostenfaktor mit nur geringer positiver Wirkung dar. Deshalb ist die zuvor genannte Methode bis heute die beste Möglichkeit, die Karbonathärte in Balance zu halten. Sie hat sich über lange Jahre bewährt und ist uneingeschränkt zu empfehlen.

Die Methode, wie Peter Wilkens sie damals oft und ausführlich beschrieben hat, kommt hier voll zum Zuge und ist damals eine der entscheidenden Neuerungen für die Hälterung unseres heutigen Tierbesatzes in Riffaquarien gewesen. Insbesondere für die Hälterung und dem Wachstumsvermögen der hermatypischen Steinkorallen war diese Art der Kalkwasserzugabe ausschlaggebend.

Beachtet werden muß bei der Zugabe des Kalkwassers noch der Zeitpunkt. Er sollte nach Möglichkeit in den Morgenstunden liegen. Zu dieser Zeit ist im Beckenwasser relativ viel Kohlensäure aus der nächtlichen Atmung der Tiere gelöst.

Eine Erweiterung bzw. Optimierung dieser Form des Kalziumausgleichs und Ansatzes wird mit einer sogenannten Kalkwassermischanlage erreicht. Sie basiert auf ähnlicher Basis wie sie von Nielsen beschrieben wurde, ist aber in Zusammenarbeit mit dem Seewassercenter Jago-Aquaristik Berlin und mir optimiert worden. Die Anwendung dieser Art der Kalkwasserzugabe und Aufbereitung hat dazu geführt, daß sich auch in meinem Becken die Karbonathärte wieder bei einem Wert von 8° - 9° KH eingependelt hat. Es ist eine technisch relativ einfache Lösung und benötigt keine Kohlensäure, die ja bekanntermaßen ein recht umstrittener Faktor in der Meeresaquaristik ist.

Wie es heute aussieht, wird sie wieder zu einem wesentlichen Fortschritt in der Riffaquaristik beitragen.

Die technische Beschreibung so einer Anlage wird im Zusammenhang mit der Kalkwasserdosierautomatik gegeben. Sie wird über den Fachhandel oder über Jago-Aquaristik Berlin zu beziehen sein.

Ich erwähne sie hier und heute schon, weil wie mir scheint, die Meeresaquarianer schon wieder in eine falsche Richtung zu laufen drohen. Der Einsatz von Kohlensäure hat in der Vergangenheit schon einmal in eine Sackgasse geführt und ist deshalb beendet worden.

Mir ist eigentlich unverständlich, warum diese Irrwege immer wieder neu beschritten und aufgegriffen werden.

Nielsen hat in seinem Buch eine neue sehr gute Methode der Kalkwasserzugabe beschrieben und viel zu wenige, wie mir scheint, haben sich mit dieser auseinandergesetzt.

Ein falscher Weg, eine falsche Methode wird nicht dadurch verbessert, indem er (sie) immer wieder beschritten und aufs neue propagiert wird. Bewährte Methoden sollte man versuchen zu verbessern. Sie beinhalten für die Tiere in unseren Becken ein kalkulierbares Risiko und stellen keine Gefahr für deren Existenz dar.

Wer will denn ein Patentrezept für die Beseitigung eines vermehrten Fadenalgenwuchses geben, wenn die erneute CO_2 Zugabe doch wieder diese katastrophale Folge hat?

Ein anderer Komplex, der in der Meeresaquaristik immer wieder heiß diskutiert wird, sind die Vitaminzugaben. Aus meiner Sicht und nach meinen Erfahrungen sind sie nicht notwendig. Es hat sich immer wieder gezeigt, daß viele Aquarianer glauben, ihre Tiere würden nach der Zugabe von Vitaminkomplexen besser stehen. Eine Inaugenscheinnahme hat mich aber immer wieder davon überzeugt, daß an dem nichts ist. Andere Becken, in denen die gleichen Tiere ohne Vitaminzugaben optimal gehalten wurden, standen genau so gut. Es ist aber oft nicht möglich dies glaubhaft zu machen. Schon gar nicht dem, der Vitaminpräparate anwendet. Beim Menschen wie bei den Tieren gilt der gleiche Grundsatz, wenn sie gesund leben, sich vernünftig ernähren und sich ausreichend bewegen, dann braucht der eine wie der andere keine Vitaminpillen zusätzlich.

Andere fühlen sich einfach besser wenn sie jeden Tag eine Pille schlucken, auch wenn diese vom Wirkstoff her gar nichts bewirken kann. Denen ist dann auch nicht mit Argumenten beizukommen. Ich habe an meinen Tieren keine Veränderungen, weder am Aussehen noch in der Vitalität nach der Zugabe von verschiedenen Vitaminpräparaten, bemerken können. Deshalb habe ich die weitere Zugabe unterlassen.

Anfügen möchte ich an dieser Stelle einige prägnante Sätze von G. Hückstedt, dem anerkannten Vater der Aquarienchemie:

„Der Erfolg einer fachmännischen Maßnahme kann von einer bestimmten Grenze an nicht durch Geldausgeben erkauft werden".

Und er schreibt weiter in einer kleinen Abwandlung von mir:

„. . .und wenn Sie glauben, Sie könnten durch Befolgung aller (auch meiner) Ratschläge zu einem perfekten Riffaquarium kommen, dann irren Sie!"

„Das hier Gesagte sind nur Voraussetzungen, man muß auch noch etwas von den Tieren verstehen. Dieses Verständnis müssen Sie sich aber selbst erwerben."

Soweit G. Hückstedt.

Die Meeresaquaristik ist schon teuer genug, warum also Geld ausgeben für Dinge, die nichts bewirken. Von Schäden, die man den Tieren mit ungeeigneten Präparaten und Apparaten zufügt, ganz zu schweigen.

Unterwasser-Aufnahmen von Acropora florida. Insel Bohol, Philippinen.

Spurenelementlösungen

Strontium: Gebrauchslösung

100 Gramm Strontiumchlorid in 1000ml destilliertes Wasser lösen. Davon 1ml/ Woche auf 150 Liter Beckenwasser vorsichtig eintropfen.

Dosierungsbeispiel: 100 Liter Seewasser = 0.7 ml Gebrauchslösung.

Jod: Stammlösung

100 Gramm Kaliumjodid in 1000 ml destilliertesWasser auflösen.

Gebrauchslösung

10 ml Stammlösung in 1000 ml destilliertes Wasser verdünnen. Davon 2.5 ml / Woche auf 100 Liter Beckenwasser vorsichtig eintropfen.

Dosierungsbeispiel: 100 Liter Seewasser = 2.5 ml Gebrauchslösung

Messungen und Meßverfahren im Meerwasseraquarium

KH - Nachweis: Meßverfahren: Säurebindungsvermögen gegen Salzsäure

Meßreagenzien:

0.1 molare Salzsäure (3.646 g HCl aufgefüllt mit 1 Liter destilliertem Wasser).

Methylorange

Ansatz: In 100 ml Seewasser, in einem Erlenmayerkolben, drei Tropfen Methylorange unter Schütteln eintropfen und ca. 2 Minuten abwarten bis Gelbfärbung eintritt. Dann mit einer skalierten Pipette 0.1 molare Salzsäure unter beständigem Schwenken in das Seewasser eintropfen bis Farbumschlag nach rot eintritt. Die Anzahl der verbrauchten ml an Salzsäure mit 2,8 multipliziert, ergibt die Karbonathärte im Seewasser.

Zum Beispiel: 5 ml verbrauchte Salzsäure ergeben 5 x 2.8 = 14 KH.

Nitratnachweis: Meßverfahren der Firma Merck - Chemie

Meßreagenzien
Nitrat Test in Pulver-Form
Artikel Nr.8032
Ansatz nach beiliegender Gebrauchsanweisung

Unterwasser-Aufnahme von Pavona cactus mit Lederkoralle. Insel Cebu/Philippinen

Porites spez.
Korallen dieser Art sind mit allen anderen Arten in unmittelbarer Nachbarschaft ansiedelbar. Sie beeinflussen andere Korallen nicht.

Porites spez.
In einer Nahaufnahme sind deutlich die Wachstumsränder zu sehen.

Caulastrea furcata
Eine weitere Variante einer Korallenart.
Diese in meinem Becken befindliche Koralle ist schon eine Sekundärkolonie die aus Ablegern von A. J. Nielsen entstanden ist.

Scheibenanemonen
Diese Tiere sind schmückendes Beiwerk für ein Riffbecken. Sie sind in der Regel in diesen Becken immer haltbar, obwohl man für genügenden Abstand zu den hermatypischen Steinkorallen sorgen muß. Hier muß der Pfleger in bestimmten Fällen und verschiedenen Arten eingreifen. Insbesondere bei Discosoma-Arten.

Unterwasser-Aufnahme: Grüne Acropora, buschförmig wachsend mit Finger-Lederkoralle sowie verschiedene Weichkorallen. Insel Cebu/Philippinen

Dosierautomatik für Kalkwasser

- **Grundvoraussetzungen für den Einsatz technischer Anlagen**
- **Bestandteile einer Nachfüllanlage**
- **Die Elektronik**
- **Technische Ausführung**
- **Geeignete Pumpen für das Kalkwasser**
- **Die Kalkwassermischanlage**

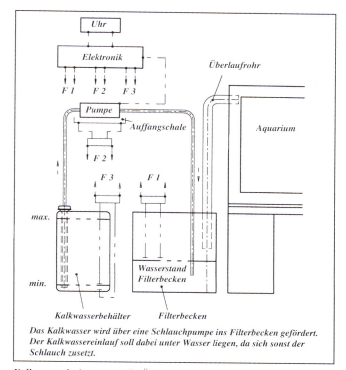

Das Kalkwasser wird über eine Schlauchpumpe ins Filterbecken gefördert. Der Kalkwassereinlauf soll dabei unter Wasser liegen, da sich sonst der Schlauch zusetzt.

Kalkwasserdosierautomatik *(Übersicht) / Skizze 20*

Der Einsatz von sinnvoller Technik am Aquarium wird nicht bestritten. Sie ist immer dann als sinnvoll zu betrachten, wenn sie dieses System effektiv und überwachbar am Leben erhält. Ein weiterer sinnvoller Aspekt ist auch dann gegeben, wenn sie uns Routinearbeiten abnimmt.

Eine dieser Arbeiten ist die regelmäßige Zugabe des verdunsteten Wassers in Form von hochaufgehärtetem Kalkwasser.

Grundvoraussetzung für den Einsatz technischer Anlagen, insbesondere von Elektronik ist eine vertretbare Zuverlässigkeit, wobei der finanzielle Aufwand ausgeklammert bleiben soll. Die Kalkwasserzugabe ist so eine Routinearbeit und im nachfolgenden soll eine Dosierautomatik, die Technik und Elektronik beinhaltet, beschrieben werden.

Die Übersichten nach Skizze 20...27 zeigt, wie so eine Anlage aufgebaut werden kann. Eine Anlage nach diesem zweiteiligen Konzept hat mehrere Vorteile.

Es kann mit einer entsprechenden Pumpe das hochaufgehärtete Kalkwasser langsam und in Intervallen dem Aquariumwasser zugeführt werden. In der zweiten Ausbaustufe wird eine effektive Aufbereitungsanlage mit in diese Anlage integriert. Beide Ausbaustufen arbeiten zuverlässig effektiv und nehmen uns Routinearbeiten ab. Es werden damit zuverlässig zu große PH-Wert-Sprünge beim Nachdosieren vermieden und eine effektive Ausnutzung des Kalziumhydroxids erreicht. Außerdem wird die optimale Versorgung der entsprechenden Tiere mit diesem Mangelelement gewährleistet.

Bei einem entsprechend großem Kalkwasserbehälter (Vorratsbehälter) nach Skizze 21 kann das Wasser von der chemischen Seite her, für eine und in der 2. Ausbaustufe für ca. vier Wochen in Bereitschaft gehalten werden. Der Anschluß eines größeren Behälters ohne Kalkzusatz und entsprechender Wasserbewegung (Belüftung) für die Urlaubszeit ist ebenfalls möglich. Wichtig ist jedoch eine einfache Handhabbarkeit und Zuverlässigkeit der ganzen Anlage. Insbesondere der Elektronik. Mit der nachfolgend beschriebenen Anlage ist beides gegeben.

Die Anlage besteht aus den mechanischen Komponenten, wie einem Kalkwasserbehälter (Vorratsbehälter) mit ca. 25 Litern Inhalt, einer Schlauchpumpe und einer Auffangschale. Zusätzlich in der 2. Ausbaustufe einer Kalkwassermischanlage. Dazu kommt eine Elektronik, die aus ausgereiften Füllstandsmelder-Bausteinen und einem stabilisierten 15 Volt Gleichstrom Netzteil der Firma Conrad-Elektronik aufgebaut wird. Dazu gehören Elektroden aus Edelstahl, die nach den beiliegenden Skizzen 21 und 22 angefertigt werden können. Eine ist für den Wasserstand im Aquarium bzw. Filterbecken, eine für die Überwachung der Schlauchpumpe und eine weitere für den Wasserstand im Kalkwasserbehälter.

Alle diese Teile sind ausgiebig getestet worden und außer der Kalkwassermischanlage langjährig bei mir im Einsatz. Die Kalkwassermischanlage besteht jedoch aus problemlosen mechanischen Teilen, die nicht störanfällig sind. Der effektive Nutzen ist jedoch gegeben. Im nachfolgenden nun Ausführungen zu den einzelnen Komponenten.

Die Füllstandsmelder haben folgende Funktion.

Der erste Baustein fragt den Wasserstand im Aquarium bzw. Filterbecken ab. Fehlt hier Wasser, so schaltet er die Dosierpumpe ein und die fehlende Wassermenge wird ergänzt.

Der zweite Baustein ist ein Sicherheitsbaustein für die Schlauchpumpe.

Förderpumpen dieser Art sind ideal für sehr geringe Nachfüllmengen, haben aber den Nachteil, daß der Schlauch defekt werden kann. Er sollte aus diesem Grund zweimal im Jahr prophylaktisch ausgetauscht werden. Für den Fall, daß das vergessen wird, schaltet der Sicherheitsbaustein die Schlauchpumpe ab, wenn sie durch einen geplatzten Schlauch doch noch Wasser fördert. Der Defekt wird durch eine Leuchtdiode gemeldet.

Der dritte Baustein fragt ab, ob im Vorratsbehälter Kalkwasser (Wasser) vorhanden ist. Sollte dieser leer sein, dann verhindert er das Anlaufen der Dosierpumpe und meldet den Leerstand an eine weitere Leuchtdiode. Der Nachfüllvorgang selbst, wird über eine Zeitschaltuhr bzw.

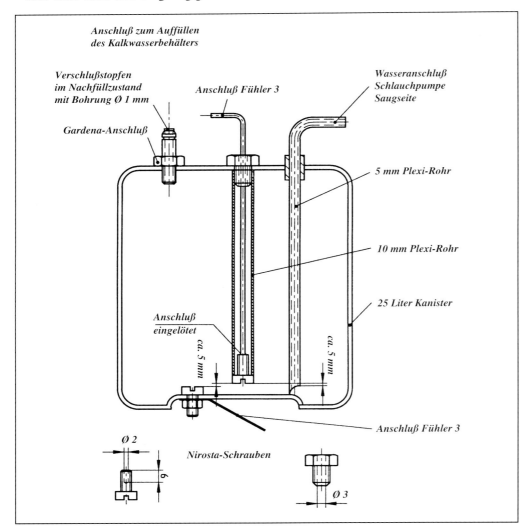

Kalkwasserbehälter / Skizze 21

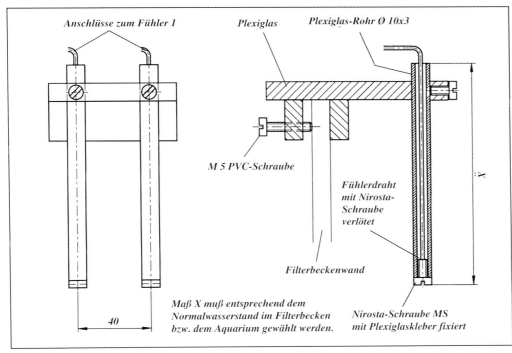

Fühlerelektrode im Filterbecken / Skizze 22

über die Elektronik der Schlauchpumpe der Mischanlage gesteuert. Hiermit wird einerseits verhindert, daß die Elektronik beständig unter Strom steht und außerdem kann mit dieser Uhr die Zeit gesteuert werden, zu der das Kalkwasser ins Aquarium nachdosiert wird. Beim Einsatz der Kalkwassermischanlage kann die Dosierung rund um die Uhr laufen, da die Nachfüllmenge wirklich nur tropfenweise einreguliert werden kann. Eine Zeitschaltuhr kann somit entfallen. Die Elektronik der 1. Ausbaustufe wird aber so geschaltet, daß die Leuchtdioden, welche einen Defekt oder den Leerstand des Kalkwasserbehälters anzeigen in Betrieb bleiben, wenn die Regelelektronik für den Wasserstand abgeschaltet wird. Auf diese Weise bleiben die Anzeigen für Defekte immer sichtbar. Die gesamte Elektronik wird über ein Niedervolt-Netzteil mit Strom versorgt. An den Elektroden, die sich im Wasserkreislauf befinden, fließt nur ein Strom von ca. 4-6 Mikroampere. Er ist also völlig ungefährlich und reicht nicht aus, um eine Elektrolyse und damit eine Materialwanderung zwischen den Elektroden auszulösen. Die Verschaltung der fertigen Füllstandsmelder wird nach Skizze 25 vorgenommen. Leider müssen die Füllstandsmelder-Bausteine selbst verschaltet werden. Das Verlöten der Platinen ist an sich nicht schwer, setzt aber doch einige Übung im Umgang mit dem Elektronik-Lötkolben voraus.

Das 15 Volt Gleichstrom Netzteil ist dagegen fertig verschaltet und braucht nur mit dem Trafo verbunden zu werden. Wer mit diesen Arbeiten keine Erfahrung hat, der sollte sich den Rat oder die Hilfe eines Fachmannes einholen. Hier sind in jedem Fall die VDE-Vorschriften zu beachten, wie bei allen anderen Arbeiten an der Elektrik des Aquariums.

Alle Elektronikteile bekommt man bei der Firma Conrad-Elektronik. Bei sachgemäßer Anfertigung hat man einen zuverlässigen Helfer dessen Wert man erst zu schätzen weiß, wenn man jahrelang ohne ihn auskommen mußte. Auch die Ehefrauen werden dankbar dafür sein, wenn der oft nicht sehr schöne Kalkwasserbehälter aus ihrem Blickfeld verschwindet.

Die drei Fühlerelektroden F1, F2 und F3 sind Doppelelektroden und für die Funktion der Anlage bzw. der Elektronik notwendig. Es hat sich herausgestellt, daß diese simplen Elektroden, den kommerziell angebotenen schwimmenden Elektroden, die oft mit sogenannten Reedkontakten arbeiten im Vorteil sind. Sie haben praktisch keine Schwachstellen.

F1 ist dabei für den Wasserstand im Aquarium bzw. im Filterbecken zuständig und kann nach Skizze 22 angefertigt werden. Besonders zu beachten ist die Abdichtung der Schraube M5 die mit Plexiglaskleber (Acrifix 90) in das Plexiglasrohr eingesetzt, als Kontaktfläche benutzt wird.

Ein Tip dazu.

In die Schraube wird zuerst ein kleines Loch von 3 mm Durchmesser und 3 mm Tiefe gebohrt und ein Kontaktdraht eingelötet. Dann wird der Draht durch das Rohr gezogen und das entsprechende Gewindeende des Rohres mit Kleber Acrifix 90 gefüllt. Danach die Schraube festgezogen. Der Kleber härtet aus und dichtet die Verbindung dauerhaft ab.

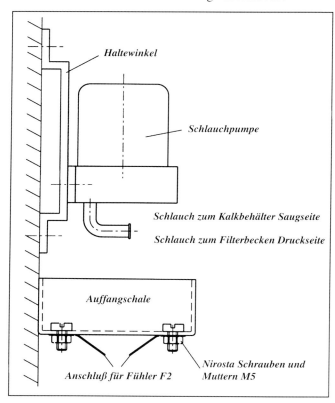

Schlauchpumpe mit Auffangschale / Skizze 23

F2 ist zum Überprüfen der Dosierpumpe bzw. des Förderschlauches und wird nach Skizze 23 angefertigt. Er besteht im wesentlichen aus zwei nichtrostenden Schrauben M5 mit Muttern. Sie werden in die Auffangschale (aus Plastik) geschraubt, die unter der Dosierpumpe angebracht ist. Wenn der Schlauch der Pumpe defekt wird und die Pumpe weiter läuft, kann in bestimmten Fällen Wasser auslaufen.

In diesem Fall wird es von der Auffangschale gesammelt und löst den Melderbaustein aus, der wiederum die Pumpe abschaltet und den Defekt über ein Leuchtdiode meldet.

F3 ist für den Wasserstand im Kalkwasserbehälter (Wasserbehälter) zuständig und ist in Skizze 21 dargestellt. Er ist ähnlich aufgebaut wie der im Aquarium bzw. Filterbecken. Abweichend von diesem ist nur, daß er im Kalkbehälter ange-

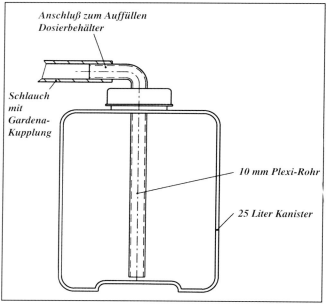

Kalkwasseransatzbehälter / Skizze 24

bracht werden muß. Da der Wasserstand hier eine größere Höhendifferenz hat, wird diese Elektrode zweiteilig ausgeführt und wie in Skizze 21 dargestellt, angebracht.

Als Kontaktfläche wird wieder eine Schraube M5 verwendet, die genauso in das Rohr eingebracht wird wie in den Fühler von Skizze 22.

In das Plexiglasrohr wird jedoch an beiden Enden Gewinde M5 geschnitten. Die zweite Schraube wird zur Befestigung des Fühlerrohres im Vorratsbehälter benutzt. Sie bekommt dazu eine Durchgangsbohrung, durch die der Drahtanschluß des Fühlers nach außen geführt wird. Die Gegenelektrode ist wieder eine Schraube M5 mit Mutter. Zwischen der Mutter und dem Kalkbehälterboden (Wasserbehäl-

Dosierautomatik für Kalkwasser

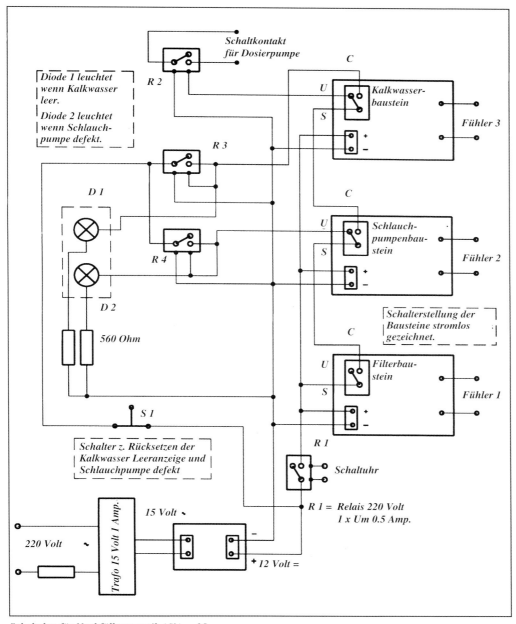

Schaltplan für Nachfüllautomatik / Skizze 25

ter) wird eine Lötfahne als Unterlegscheibe benutzt, an der der zweite Draht des Fühlers angebracht wird. Diese Verbindung muß sehr fest angezogen werden, damit der Schraubenkopf im Kalkbehälter sicher abdichtet.

Der Vorratsbehälter sollte ca. 25 Liter Inhalt haben. Wie dieser bearbeitet werden muß zeigt die Skizze 21. Ein weiterer, gleichen Fassungsvermögens wird zum Ansetzen des Kalkwassers benutzt, siehe Skizze 24 (in der 2. Ausbaustufe kann dieser entfallen). Er soll die gleiche Größe haben, wie der Nachfüllbehälter, damit beim Umfüllen des angesetzten und abgestandenen Kalkwassers in den Nachfüllbehälter dieser nicht überlaufen kann. Auch hier sind schon einige „Unfälle" passiert!

Als Pumpe für eine langsame Dosierung des Kalkwassers kann im Grunde jede Pumpe benutzt werden.

Ideal sind jedoch Schlauchpumpen. Sie haben eine sehr gering einstellbare Fördermenge und sind für unsere Zwecke bestens geeignet. Außerdem verkalken sie durch das hochaufgehärtete Wasser nicht, was bei anderen Pumpen nicht ausgeschlossen werden kann. Bei voller Leistung fördert diese Pumpe in der Regel nicht mehr als 3 Liter pro Stunde!

Sie ist also sehr feinfühlig steuerbar. Die Pumpe der Firma Aqua-Rex hat dazu eine eingebaute Motorelektronik mit der die Förder- und Pausenzeit in gewissen Grenzen einstellbar ist. Außerdem sind diese Pumpen selbstansaugend. Die Pumpen dieser Art können über dem Kalkbehälter angebracht werden.

Kalkwassermischanlage

Die Gesamtansicht der Kalkwassermischanlage. Der Mischzylinder mit dem Kalksud im unteren Teil. Der obere Teil mit dem klaren Nachfüllwasser. Im Betrieb verschiebt sich diese Grenze geringfügig nach oben.

Dieses Zusatzgerät stellt eine Weiterentwicklung des Systems des zuvor beschriebenen manuellen Ansatzes von Kalkwasser dar und basiert ebenfalls auf der bewährten Verwendung von Kalziumhydroxid. Es wird in die vorher beschriebene Anlage integriert. Im wesentlichen besteht dieses Zusatzgerät aus einem Zylinder aus Plexiglas und einer Einheit zum Mischen. Der Sinn dieser Anlage ist, daß das Kalziumhydroxid in einer optimalen Lösungsform gehalten wird. Um das noch einmal darzustellen will ich kurz auf das Verfahren eingehen.

Wie in dem Kapitel Chemie in der Meeresaquaristik schon dargestellt wurde ist es notwendig, dem Aquariumwasser Verbrauchsstoffe in beständiger Form wieder zuzuführen. Dazu gehört das Kalzium.

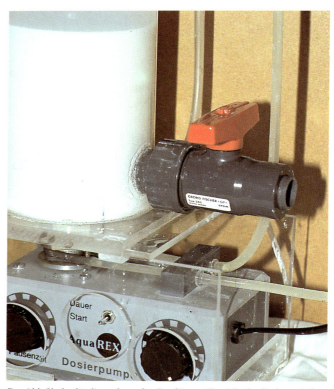

Der Ablaßhahn für die verbrauchte Restlösung. Der Mischzylinder steht lose auf einem Rahmen über der Pumpe und kann zur Reinigung mühelos abgenommen werden.

Um hier eine ausreichende Menge nachfüllen zu können, bedienen wir uns einer Kalziumhydroxidlösung. Sie wird in einem Behälter extern angesetzt und die klare Lösung dem Aquariumwasser in langsamen Schüben zugegeben. Sie hat sich in langen Jahren bewährt und ist auch heute nicht out. Auch wenn immer wieder neue Verfahren vorgestellt werden und neue Versuche mit anderen Methoden propagiert werden, die als neuen Faktor CO_2 ins Spiel bringen. Dieses Gas ist erwiesenermaßen ein ausgezeichneter Dünger für Algen und stellt außerdem eine Gefahr für den PH-Wert dar, wenn die notwendige elektronische Regelanlage einen Defekt hat.

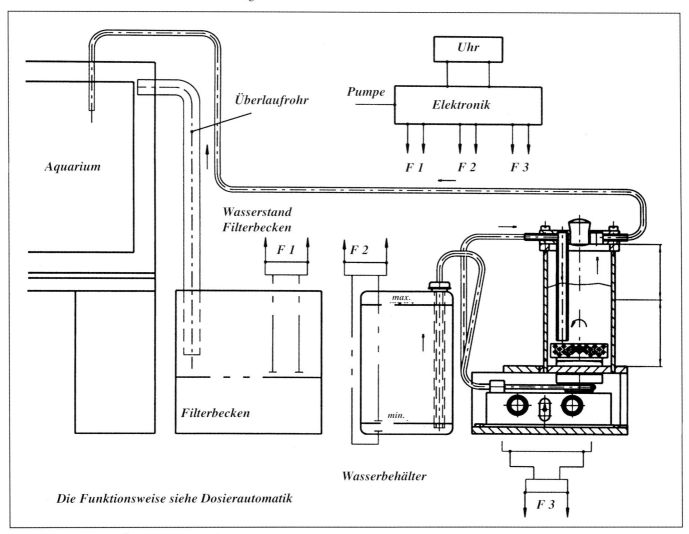

Kalkwassermischanlage *(Übersicht) / Skizze 26*

Dosierautomatik für Kalkwasser

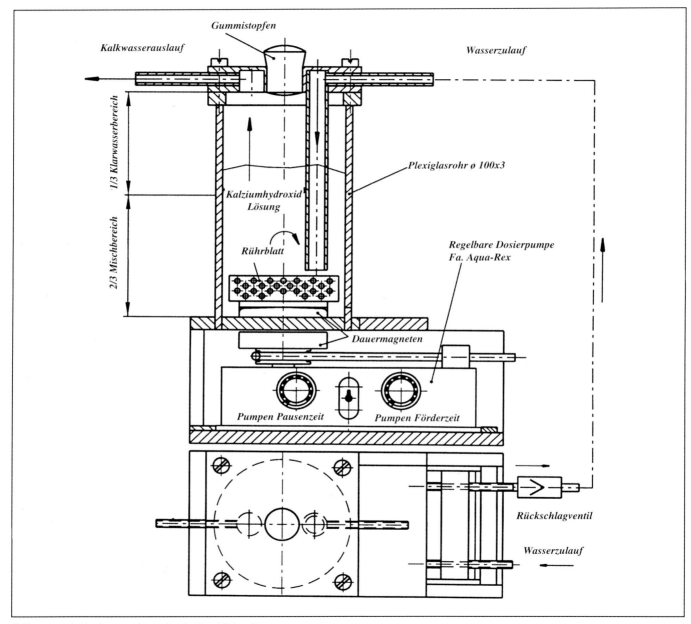

Kalkwassermischanlage *mechanischer Aufbau / Skizze 27*

KW-Mischanlage
Dosierautomatik für Kalkwasser

Das Problem, das sich bei der manuellen Methode mit Kalziumhydroxid stellte, ist eigentlich nur der Ansatz des Kalkwassers der relativ oft und immer wieder neu gemacht werden mußte. Er hatte außerdem bei einem Vorrat für ca. 4 Tage eine KH Verlust von etwa 40 Grad der bewirkte, daß bei stark wachsenden Kalkverbrauchern die KH nicht im optimalen Bereich zu halten war.

Der eigentliche Sinn dieser Anlage ist, daß das Kalziumhydroxid in einer optimalen Lösungsform gehalten, dem Aquariumwasser zugegeben wird.

Der Mischzylinder von oben. In der Mitte der Gummistopfen zum nachfüllen des Kalziumhydroxyds. Rechts der Förderschlauch mit Frischwasser und dem Rückschlagventil. Der grüne Schlauch führt zum Aquarium mit hochaufgehärtetem Kalkwasser.

Mit der nachfolgend beschriebenen Kalkwassermischanlage wird dieses erreicht und der Verlust an KH aufgehoben. Es wird dem Beckenwasser eine immer gleichbleibend gesättigte Lösung zugeführt. Erwiesenermaßen wird damit der KH-Wert des Aquariumwassers angehoben und kann nunmehr mühelos, auch in Steinkorallenbecken, bei 8° gehalten werden. Der Gehalt an Ca 2+ Ionen bewegt sich mit dieser Anlage jetzt bei ca. 420 mg/Liter. Beides sind Ideale Werte.

Der Trick dieser Anlage ist, daß die Bereitstellung des Kalkwassers in einem Mischzylinder erfolgt. Dieser Zylinder befindet sich im Kreislauf der Wasserzuführung und enthält eine hochhaufgehärtete Kalziumhydroxidlösung.

Das Nachfüllwasser wird von unten her durch diesen Lösungssud geführt und reichert sich im Mischzylinder mit Ca2+ Ionen an. Der Absatz des Kalziumhydroxids in diesem Zylinder wird durch ein Rührwerk, das von einer modifizierten Dosierpumpe der Fa. Aqua-Rex mitbetrieben wird, verhindert.

Mischen und Nachfüllen wird mit nur einer Pumpe getätigt.

Es wird hier immer eine an der Sättigungsgrenze befindliche Lösung in Bereitschaft gehalten. Das Nachfüllwasser hat eine gleichbleibendeHärte von ca. 120 Grad KH.

Durch die feinfühligen Einstellmöglichkeiten der Dosierpumpe ist es möglich, rund um die Uhr ganz geringe volumenmäßige Wassermengen zuzuführen. Ein Ansatz reicht für ca. 3 Wochen. Danach wird der Zylinder gereinigt und mit 100 Gramm frischem Kalziumhydroxid beschickt.

Ein Rückschlagventil in der Zulaufleitung verhindert beim Platzen (normaler Verschleiß) des Dosierpumpenschlauches, was nicht auszuschließen ist, ein Auslaufen des Mischzylinders. Die Sicherheit dieser Anlage ist somit gegeben. Wenn man schon eine automatische Nachfüllanlage in Betrieb hat, läßt sich der Mischzylinder ohne Probleme in diese integrieren (siehe Skizze 26).

Diese Anlage stellt eine weitere sinnvolle Ergänzung der technischen Ausrüstung eines Seewasseraquariums dar. Sie ist nicht unbedingt notwendig, nimmt uns aber eine Routinearbeit ab und hat außerdem bewirkt, daß wir nun endlich die KH wieder in einen Bereich angehoben haben, der dem des natürlichen Riffes gleichkommt.

Tridacna spez.
Muscheln dieser Art sind für Riffbecken besonders geeignet. Sie gibt es in verschiedenen Arten und sehr vielen Farbvarianten. Die in letzter Zeit als Essmuscheln importierten und nachgezüchteten Arten entwickeln im Aquarium wieder brillante Farben.

Tridacna spez.
Die Beweglichkeit ist hier sichtbar. Rechts und links der Muschel ist der Boden frei von anderern Tieren. Auch die Acropora mußte des öfteren beschnitten werden. Die Strömung sollte nach der Ansiedlung nicht mehr verändert werden. Dann bleibt sie in der einmal eingenommenen Position liegen.

Tridacna spez.
Die Muscheln benötigen viel Licht und müssen einen Freiraum haben, damit sie sich nach der vorherrschenden Strömung ausrichten können.

Tridacna derasa
Hier sehen wir so eine »Essmuschel«, die nach einem Jahr wieder leuchtende Farben entwickelt hat.

Die Weiterentwicklung eines Niedere Tiere Beckens

Die nachfolgend beschriebenen Hälterungsbedingungen von hermatypischen Steinkorallen sollen nicht die Kompliziertheit der biologischen Zusammenhänge verschleiern helfen.

Wenn wir uns ein wenig Mühe geben, um die Lebensgewohnheiten dieser Tiere besser zu verstehen, und sie nicht als Konsumware ansehen, werden wir mit ihnen einen unserer schönsten Lebensabschnitte verbringen.

Vielleicht wird es uns sogar obliegen, unseren Enkeln einmal zu zeigen, was für wunderbare Tiere in unseren Weltmeeren gelebt haben!

Mit diesem Aspekt will ich nichts dramatisieren, aber wenn die Menschheit nicht bald zur Vernunft kommt wird dieser Fall mit Sicherheit eintreten.

Der zweite Teil dieser Ausführungen soll sich nun intensiver und ausführlicher damit beschäftigen, wie ein Niedere Tiere Becken in ein Riffaquarium im eigentlichen Sinne mit hermatypischen Steinkorallen weiterentwickelt werden kann.

Diese Phase kann mit Erfolg erst nach 1 bis 2 Jahren der Reifung des Aquariums eingeleitet werden. In dieser Zeit sollte gelernt werden, mit dem Aquarium umzugehen, und es sollte auch dann erst entschieden werden, ob man den Weg in Richtung „Riffkorallenbecken" beschreiten will. Dieser Weg ist schwieriger und für diejenigen, die mehr Artenvielfalt (Fische) in einem Meerwasser Aquarium haben wollen, eventuell auch nicht attraktiv genug.

Es gehört dazu, das kann nicht oft genug betont werden, daß in erster Linie die Entwicklung eines Gefühls für den Zustand des „Gesamtsystems Aquarium", technischer und biologischer Art entwickelt wird.

Wir müssen uns auch im klaren sein, daß wir es hier mit Lebewesen zu tun haben, die ganz besonders empfindlich sind. Rückschläge sind hier besonders oft zu erwarten.

Um hier Erfolg zu haben ist es von besonderer Bedeutung, sich in den Lebensrhythmus dieser Tiere hineinzuversetzen. Auf die lange Bank geschobene Fehler enden hier in ganz besonders gravierender Weise mit dem schnellen Tod dieser oft unersetzlichen Tiere. Viele, insbesondere biologische Abläufe in einem so komplexen System, wie es das Meerwasseraquarium ganz allgemein nun einmal ist, können nur mit Meßmethoden technischer oder chemischer Art, mit denen wir mehr oder weniger gut umgehen können, nicht immer rechtzeitig und richtig erkannt und interpretiert werden.

Es ist deshalb wichtig, diese Veränderungen, die meist negativer Art sind, zunächst intuitiv zu erfassen, was bei intensiver Beobachtung der Tiere meist früher erfolgt, als mit den teilweise unzureichenden Meßmethoden.

Lederkorallen, Scheiben- und Krustenanemonen, sind sehr ausdauernde und vermehrungsfreudige Pfleglinge.

Die Weiterentwicklung zu einem Steinkorallenbecken sollte immer von einem Becken mit »weichen« Niederen Tieren aus erfolgen. Von diesem Startpunkt aus sind die wenigsten Schwierigkeiten zu erwarten. Erst wenn ein Becken dieser Art optimal steht, sollte man die Entscheidung dafür oder dagegen fällen.

Wobei keineswegs gesagt werden soll, daß diese nicht notwendig sind. Man bekommt aber über die Intuität rechtzeitiger den Anstoß, die elementaren Faktoren, wie Wassertemperatur, Dichte, PH-Wert, Nitrit - und Nitratgehalt, Amonium und Phosphate und deren Auswirkung intensiver zu überwachen und zu regulieren. Ein Anstieg dieser meßbaren Schadstoffe ist in der Regel immer in den banalen Fehlern der Überbesetzung und der falschen Handhabung (Pflege) oder im Einsatz von nicht geeigneten technischen Geräten zu suchen.

In dieser frühen Phase ist es aber noch relativ leicht, Gegenmaßnahmen einzuleiten, die dann meist darauf beschränkt bleiben, die Watte unter dem Überlaufrohr wieder öfters zu ersetzen und das Abschäumerrohr regelmäßig zu reinigen.

Man kann auch leichter zu der Erkenntnis gelangen, daß der zuletzt gekaufte und eventuell auch noch zu große Fisch zuviel war für das Becken. Dazu gehört aber auch, Experimente mit neuen und ungeeigneten Geräten rechtzeitig abzubrechen. Also fast alles Dinge, die dem Bereich der Nachlässigkeit und Leichtfertigkeit zuzuordnen sind. Hier hilft in jedem Falle die Überwindung des inneren Schweinehundes schneller als falsch anzeigende technische Geräte.

Andere, nicht meßbare Ursachen, für die Verschlechterung des Aquarienzustandes sind im Mangel an Spurenelementen zu suchen. Auch diese Variante der Verschlechterung des Aquarienzustandes ist nicht meßbar. Es ist nur am Aussehen der Tiere zu erkennen, also mehr oder weniger auch eine Gefühlssache.

Wichtig ist auch das Erkennen der Probleme der Raumkonkurrenz der eingesetzten Tiere untereinander, die eine ganz wesentliche Rolle im Wohlbefinden der Tiere dieses Beckentyps spielen.

Dazu dann als letztes der Einsatz von ungeeigneten Filtertechniken für den ganz speziellen Beckentyp Riffaquarium. Auch hier spielt die innere Einstellung eine ganz wesentliche Rolle!

Das sind Punkte, zu denen vielseitige Erfahrungen und vor allen Dingen Einfühlungsvermögen notwendig sind. Zu diesen Punkten sollen im zweiten Teil dieses Buches Erkenntnisse offen dargelegt werden, die in jahrelanger Praxis von erfolgreichen Aquarianern gesammelt wurden. Es sind in sich abgeschlossene Kapitel, die aus Gründen der Verständlichkeit immer ein ganz spezielles Thema zum Inhalt haben. Sie müssen aber letztendlich alle im Zusammenhang gesehen werden.

Da ein Riffaquarium die zur Zeit höchstmögliche Nachahmung eines echten Riffes darstellt und in diesem auch keine isolierten Vorgänge ablaufen, ist es notwendig, an Hand von Erfahrungen Fakten aufzuzeigen, was heute machbar ist und wo die Grenzen liegen. Die Vermittlung dieser Erfahrungen ist ein weiterer, ganz wesentlicher Faktor für den Fortschritt in der Meeresaquaristik. Ich hoffe, daß ich mit diesen Ausführungen etwas dazu beitragen kann.

Acropora aculeus mit rosa Wachstumsspitzen

Unterwasser-Aufnahme: *Seriatopora hystrix*. Insel Cebu/Philippinen

Unterwasser-Aufnahme:
Verschiedene Acropora, Hydnophora sowie im Hintergrund Echinopora mit Weichkorallen auf engstem Raum. Insel Cebu, Philippinen.

Unterwasser-Aufnahme von Forcipiger longirostris. Im Hintergrund flachwachsende Montipora-Arten. Mindanao, Philippinen.

Das Licht und der Nährstoffkreislauf

- **Der Lichteintrag und Abschwächungsfaktoren**
- **Beleuchtungsstärken**
- **Photosynthese und Lichtintensität**
- **Anpassungen an die Lichtintensität**
- **Auswirkungen zu hoher Lichtintensität**
- **Das Nitrat in Riffaquarien**
- **Nährstoffeintrag und Auswirkungen**
- **Algen im Riffaquarium**
- **Fadenalgen und Regulationsfaktoren**
- **Bedeutung der Bakterien in Riffaquarien**
- **Steuerung der Wachstumsraten über den Lichteintrag**
- **HQI - Licht kontra Leuchtstofflampen**
- **Blaulicht über Riffaquarien**

Der Lichteintrag in das Riffaquarium mit hermatypischen Steinkorallen ist neben der Wasseraufbereitung einer der wichtigsten Faktoren, der bei der Hälterung und Vermehrung dieser Tiere beachtet werden muß.

Die speziellen Erfordernisse des Lichtes sind sowohl an die Intensität, als auch an das Spektrum zu stellen. Ideal wäre es, wenn beide Faktoren dem Sonnenlicht äquivalent machbar wären. Da das nicht möglich ist, muß ein möglichst idealer Kompromiß eingegangen werden. Einer dieser könnte z.B. in der Beschränkung auf Tierarten liegen, welche dieses sonnenähnliche Licht nicht benötigen.

Wer das nicht akzeptieren will, muß sicherstellen, daß eine optimale Beleuchtung für die dann gehälterten Tiere in spektraler Zusammensetzung und von ausreichender Intensität installiert wird. Die beste Ausleuchtung von Riffaquarien ist zur Zeit mit den HQI Brennern (der Firma Osram) in der Lichtfarbe "D" in Verbindung mit Blaustrahlern von Osram der Lichtfarbe 67 oder Philips TLD 18 zu erreichen. Diese, sowohl im Spektrum, aber besonders in der Intensität fast als ideal zu bezeichnende Lichtquelle, HQI-D, wird zur Zeit von keiner anderen Lampentype übertroffen. Die Intensität ist deshalb besonders hervorzuheben, weil das Licht, bis es an den Punkt gelangt, wo es in Lebensenergie umgesetzt wird, durch verschiedene Einflüsse Abschwächungen unterliegt. Die Gesamtschwächung im Wasser wird in der Hauptsache durch das Zusammenwirken von Streuung und Absorption verursacht.

Desweiteren sind es die Abschwächungsfaktoren, die von den sogenannten humosen Säuren (Gelbstoffen) verursacht werden. Sie beeinträchtigen durch die Filterwirkung infolge der Gelbfärbung des Wassers in der Hauptsache die spektrale Zusammensetzung des eingestrahlten Lichtes. Aber auch die Trübung des Wassers durch Schwebealgen und andere Schwebstoffe z.B. aus der Mineralisierung, spielen in diesem Zusammenhang eine nicht unerhebliche Rolle.

Dazu kommt das Reflektionsvermögen der Wasseroberfläche. Bei ungeeignetem Reflektor des Lampenkörpers, aber in der Hauptsache bei ungeeigneter Abdeckung in Form und Farbe neben dem Lampenkörper, kann es zu einem erheblichen Lichtverlust kommen. Alle diese Faktoren beeinflussen den Lichteintrag ins Aquarium bis an den Ort, wo es gebraucht wird.

Maßstab für die Beleuchtung von Riffaquarien mit den hermatypischen Steinkorallen, aber auch mit anderen sessilen "Niederen Tieren", sollte der Lichteintrag in das Riff selbst sein. Es ist zwar nicht möglich, aber wie jahrelange Versuche auf dem Gebiet gezeigt haben, auch nicht in letzter Perfektion notwendig, das zu verwirklichen. Anhaltspunkte sollten uns die Messungen, die an verschiedenen Riffen und verschiedenen Tiefen, gemacht wurden, trotzdem bieten. Sie können zumindest als Leitwerte dienen. Dazu nachfolgend einige relevante Werte, die dem Buch "Richtige Aquarien- und Terrarienbeleuchtung" von K. Sauer entnommen wurden und durch eigene Messungen und Erfahrungen erhärtet worden sind.

In 1 Meter Wassertiefe und Küstennähe sind Beleuchtungsstärken von 17600 - 36900 Lux gemessen worden. Die obere Starklichtzone des Meeres von 0-5 Meter Tiefe hat im allgemeinen eine durchschnittliche Beleuchtungsstärke von ca. 50 000-30 000 Lux, wobei unmittelbar über der Wasseroberfläche ca. 100 000 Lux gemessen wurden. Die Tageslänge, die für die Beleuchtungsdauer in unseren Aquarien von Bedeutung ist, liegt in Gebieten mit Korallenriffen, besonders sauberem Wasser und ca. 10 Meter Wassertiefe, bei ca. 13 Stunden. Sie beinhaltet die morgendliche und abendliche Dämmerungsphase. Daraus würde sich für Aquarien mit Riffkorallen und auch anderen Niederen Tieren eine durchschnittliche intensive Beleuchtungsdauer von 9-10 Stunden ergeben. Diese Angaben decken sich auch mit eigenen Beobachtungen.

Die Strahlungsenergie wird beim Eindringen in das Wasser je nach Wellenlänge in unterschiedlichem Maße absorbiert. Verantwortlich hierfür sind, die Wasserinhaltsstoffe (Färbung und Trübungsgrad durch organische und anorganische Stoffe). Besonders die langlebigen organischen Stoffe (Gelbstoffe) üben hier einen starken Einfluß aus und sollten, je nach Anfall, in regelmäßigen Abständen durch den stundenweisen Einsatz von Aktivkohle entfernt werden. Möglich ist auch eine geringe Ozonisierung des Wassers, die ich aber aus grundsätzlichen Erwägungen nicht empfehlen möchte.

Bei der Lichtabsorption wird die Strahlung mit einer Wellenlänge von 475 nm (blaues Licht) prozentual am wenigsten geschwächt. Das Licht dieses Spektralbereiches hat somit die größte Eindringtiefe in das Wasser. Alle anderen Strahlungsbereiche werden mit zunehmender Wassertiefe ausgefiltert. Dabei spielt die Strahlungsintensität der Lichtquelle eine wesentliche Rolle. Die Energiedichte (Intensität) ist, neben dem Spektrum der Lichtquelle, der wesentliche Faktor beim Ablauf der Photosynthese, die im Folgenden vereinfacht dargestellt werden soll.

Bei dem Prozeß der Photosynthese wird Strahlungsenergie des Sonnenlichtes absorbiert und in eine chemische Bindung übergeführt. Mit Hilfe des Pflanzenfarbstoffes Chlorophyll wird Lichtenergie in chemische Energie umgewandelt. Dabei werden 6 Kohlendioxydmoleküle und 6 Wassermoleküle in 1 Glucosemolekül umgewandelt und 6 Sauerstoffmoleküle freigesetzt. Aus diesem Umsetzungsprozeß stammt der Sauerstoff, mit dem das Wasser am Tage zusätzlich durch die Photosynthesetätigkeit der Algen, angereichert wird.

Glucose, auch Traubenzucker genannt, gelangt entweder direkt in den Stoffwechsel oder wird in den Zellen als Polysacharid (meist als Stärke) gespeichert und bei Bedarf abgerufen. Nur den Pflanzen, in unserem Falle den Algen bzw. den Zooxanthellen, und einigen Bakterien ist es möglich, sich durch die Aufnahme von anorganischen Verbindungen unter Zuhilfenahme der Sonnenenergie zu ernähren. Das heißt praktisch gesehen, sie sind nicht auf die Aufnahme von energiereichen Verbindungen, die von anderen Organismen aufgebaut wurden angewiesen. Sie leben autotroph, d.h. fast alles, was sie zum Leben benötigen, produzieren sie selbst. Wichtig ist für sie nur eine beständige Energieeinstrahlung und eine gleichbleibend hohe Wassertemperatur, die im Durchschnitt bei 26 Grad C liegen muß. In den Riffen wird dies gewährleistet durch die Sonne und das Vorhandensein gewisser anorganischer Verbindungen in gelöster Form im Lebensraum Meerwasser.

Zum Vergleich eine Zahl: Der Gewinn an Masse, der aus der Photosynthese resultiert, wird auf 10 Milliarden Tonnen Kohlenstoff pro Jahr geschätzt! Die Umkehrung der Photosynthese, sie wird auch Assimilation genannt, tritt ein, sobald die Pflanze des nachts, wenn der Energiefaktor Licht nicht vorhanden ist, atmet.

Hier wird in erster Linie und unter Umständen auch in größerer Menge Sauerstoff wieder verbraucht, als am Tage produziert wurde. Es darf deshalb des nachts keinesfalls der externe Sauerstoffeintrag ins Aquarium, z.B. über den Abschäumer, unterbrochen werden. Auch dürfte klar sein, daß es durch die Assimilationstätigkeit der Algen nicht möglich ist, den Sauerstoffbedarf im Aquarium ausschließlich durch Algen decken zu lassen. Durch das nächtliche Einatmen des bei der Photosynthese am Tage freigesetzten Sauerstoffs, wird in chemischen Verbrennungsprozessen die chemische Energie, in diesem Falle der Sauerstoff, zum großen Teil wieder verwendet. Als Endprodukt dieser Verbrennung gibt die Alge wieder die gleichen anorganischen Stoffe ab, die als Ausgangsbasis für die Photosynthese dienten, nämlich Kohlendioxyd und Wasser.

Die Atmung ist also ein Umkehrprozeß und hat zur Folge, daß nachts im Aquarium ein Sauerstoffdefizit und ein Kohlensäureüberschuß eintreten kann. Atmungsintensität und Photosynthesekapazität sind temperaturabhängig. Sie steigen innerhalb physiologischer Grenzen mit zunehmender Temperatur an und dürften bei 28 Grad Celsius das Optimum erreicht haben. Das Licht allgemein und die Energiedichte des Lichtmengeneintrags ins Aquarium spielen neben dem Spektrum (der Lichtfarbe) die entscheidende Rolle für die Entwicklung der Tiere eines Riffaquariums. Lichtmangel, wie auch ein falsches Spektrum, führen deshalb zwangsläufig zur Stagnation bzw. zur rückläufigen Entwicklung bestimmter Tierarten im Aquarium, die auf diese Art der Ernährung angewiesen sind.

Im Riff jedoch haben sich verschiedene Tiere weiterentwickelt, auch Korallen, die zu den sogenannten Schattenformen zählen, sind entstanden. Diese Tiere sind nicht mehr ausschließlich auf intensives Licht angewiesen. Sie nutzen Restlicht und zusätzlich Plankton zur Ernährung. Ebenso wie Lichtmangel kann auch ein Überangebot an Lichtenergie besonders bei diesen Tieren zur Schädigung des Chlorophylls führen. Die sichtbare Folge in beiden Fällen ist ein Ausbleichen der Pflanzenfarbe bzw. des Korallengewebes, dessen Farbe in der Hauptsache, aber nicht ausschließlich, von den in dem Gewebe lebenden Algen bestimmt wird.

Lichtmangel, der ja mit zunehmender Tiefe eintritt, hat zur Folge, daß sich bestimmte Tiere hier nicht mehr ansiedeln (entwickeln) können. Wie vorher festgestellt wurde, wird mit zunehmender Wassertiefe das vom Chlorophyll zu absorbierende Licht besonders stark abgefiltert. Ab einer gewissen Tiefe steht dann nur noch das blaue Licht zur Verfügung. Es ist schon von der Optik her ein recht schwaches Licht, üblich in Schattenzonen. Schattenformen ist deshalb auch die Bezeichnung für die in diesen Bereichen lebenden Tiere. Dieses Licht umfaßt einen Wellenbereich von 540-560 Nanometer. Für die Existenz der in diesen Tiefen lebenden Tiere, die sich auch hier noch zum Teil mit Hilfe der Photosynthese ernähren, werden zusätzliche Pigmente eingesetzt. Dadurch sind sie in der Lage das Licht, oder Restlicht, umzusetzen und dem Chlorophyll in verwertbarer Form zuzuführen.

Diese Nebenpigmente, sie werden auch akzessorische Pigmente genannt, bewirken ein Gedeihen von Algen (symbiotischen Algen) bis zu einer gewissen Restlichtgrenze auch in größeren Wassertiefen. Wenn diese Tiere aber abrupt in gravierend helleres Licht gesetzt werden, was im Aquarium ja möglich ist, wird das Chlorophyll der in ihnen lebenden Algen geschädigt. Bei einem zu lange anhaltendem Überangebot einer bestimmten Lichtfülle können die Algen ganz absterben. Das wiederum führt zum Ausfall der Nahrungsquelle für den betroffenen Tierstamm. Ob diese Schattenformen in der Lage sind, zu Lichtformen zu regenerieren, dürfte schwer zu beantworten sein. Ist das nicht der Fall, ist der Nährstoffkreislauf unterbrochen, und das gesamte Tier, soweit keine andere Nahrung zur Verfügung steht oder von diesen überhaupt aufgenommen werden kann, stirbt ab (z.B. Xeniiden).

Wie sieht nun dieser lichtabhängige Nährstoffkreislauf aus? Wenn man den Kreislauf vereinfacht darstellen will, so könnte die 1. Stufe die Bindung anorganischer Stoffe (Licht) in organische Substanzen sein. Hier wird Lichtenergie mit Hilfe der Photosynthese in chemische Energie umgewandelt, und es entsteht Biomasse.

Diese steht in gebundener Form als Nahrung für höhere Konsumenten in der 2. Stufe zur Verfügung. Was diese dann ausscheiden, also nicht gänzlich verwerten, wird in der 3. Stufe von den sogenannten Destruenten (Zersetzern) wie Bakterien und Pilzen in ihren Stoffwechsel aufgenommen und in mineralisiertes Material zerlegt. Als Endprodukt fällt das Material als biologisch nicht mehr verwertbare Restsubstanz aus, und der Kreislauf ist geschlossen. Das Endprodukt dieses Kreislaufes ist der sogenannte Mulm. Er wird in funktionierenden Aquarien sichtbar, wenn sie einmal ausgeräumt werden müssen. Hier ist das fein sedimentierte und zerlegte, völlig geruchlose Material als Mulm auf dem Boden in wenig bewegten Ecken zu finden. Da der Mulm selbst biologisch nicht mehr aktiv ist, kann er auch im chemischen Sinne nicht mehr schädlich sein. Er bildet jedoch ein ausgezeichnetes Siedlungssubstrat für Klärorganismen aller Art und sollte, wenn überhaupt, nicht gänzlich aus dem Becken entfernt werden. Wenn doch, dann sollte das auf keinen Fall in Zusammenhang mit einem Wasser- oder Bodengrundaustausch vorgenommen werden. Hier könnte sonst das biologische Gleichgewicht ganz empfindlich gestört werden und gravierende negative Folgen nach sich ziehen.

Die Energie- und Nahrungskreisläufe werden in Aquarien von vielen Umweltfaktoren physikalischer und chemischer Art beeinflußt. Dazu kommen Faktoren wie die Temperatur, das Licht, die Wasserbewegung und die Wasserdichte (Salzgehalt).

Die chemischen Faktoren setzen sich zusammen aus dem Sauerstoff, das Kohlendioxyd, einigen Stickstoffverbindungen, den Phosphaten und anderen Spurenelementen.

Zu den physikalischen zählen der PH-Wert, der Redoxwert, die Pufferkapazität und die Salinität.

Die anorganischen Nährstoffe sind zusammen mit der Bestrahlungsstärke (Lichteintrag ins Aquarium) kritische Faktoren in der Meeresaquaristik. Überschreitet die Zufuhr organischer Substanzen, z.B. aus der Fütterung, die natürliche Reinigungskraft des Aquariumwassers, so kann die übermäßige Tätigkeit (hohe Populationsdichte) bestimmter Destruenten (Zersetzer der 3. Stufe), wie Bakterien und auch Pilze, das ökologische Gleichgewicht zerstören. Durch die Remineralisierung z.B. des Bakteriums Nitrosomas wird als Stoffwechselprodukt Nitrit produziert. Die Salze der salpetrigen Säure nimmt das Bakterium Nitrobakter als Nahrung auf, wofür es als Stoffwechselprodukt das relativ harmlose Nitrat ausscheidet. Wird dieser Prozeß unterbrochen, und bleibt er bei der Nitrifikation stehen, so kommt es in relativ kurzer Zeit zur Nitritvergiftung aller Tiere. Sie beginnt schon, wenn der Nitritgehalt auf einen Wert über 0.1 mg/Liter ansteigt, was insbesondere bei neuen Aquarien schnell geschehen kann.

In einem gut funktionierenden Aquarium werden durch die natürlichen Reinigungskräfte des Wassers, mit Unterstützung der verschiedenen Umsetzungsbakterien, die Nährstoffe im gleichen Verhältnis abgebaut, wie sie erzeugt werden. Voraussetzung dazu sind ein ausgewogener Tierbesatz und das beständige Einhalten von Pflegegrundsätzen.

Der Hauptstörfaktor ist hierbei eine beständige zusätzliche Fütterung. Bei Beachtung einiger Pflegegrundsätze, wie sie in weiteren Kapiteln noch näher ausgeführt werden, stellt sich ein – wenn auch relativ labiles – Gleichgewicht ein. Werden die grundsätzlichen Regeln nicht eingehalten, dann muß in zunehmendem Maße durch Wasserwechsel für einen Ausgleich gesorgt werden. Hier sind dann Grenzen erreicht, die entweder aus einer Übersetzung des Aquariums resultieren oder auf eine Störung der Umsetzungsprozesse zurückzuführen sind.

In der Regel stammen sie aus den vorher angedeuteten fehlerhaften Denitrifikationsprozessen, resultierend aus Übersetzung oder zu hoher Belastung des Wassers durch externe Fütterung. Notwendig ist deshalb die beständige Messung des Nitratwertes und von Zeit zu Zeit auch des Nitrits. Der Nitritwert insbesondere dann, wenn Störungen erkennbar sind und der Nitratwert besonders gering ist.

Wenn die Störungen von einem Überbesatz mit Tieren ausgehen und man sich von diesen nicht trennen will (was ich nicht tolerieren kann), dann müssen möglichst behutsam andere Filtermethoden eingesetzt werden, mit der Konsequenz, daß in jedem Fall wasserchemische Veränderungen eintreten und dann nicht mehr alle Tierarten in den so gefilterten Aquarien gehalten werden können. Die ersten sichtbaren Folgen sind dann, z.B. bei einem zu hohen Phosphatgehalt, ein vermehrter Fadenalgen-, aber auch Schmieralgenwuchs.

Phosphate und Nitrate gilt es in Meeresaquarien zu begrenzen. Es gilt, zwischen den Extremwerten dieser Elemente die Balance zu halten. <u>Das Phosphat ist mit dem Einsatz von hoch aufgehärtetem Nachfüllwasser durch Ausfällung auf vertretbare Werte begrenzbar.</u> Nitrat ist mit den in verschiedenen Kapiteln beschriebenen Methoden in den aufgezeigten Grenzen von 10-40 mg/Liter zu halten.

In einem Aquarium fallen aber auch noch verschiedene andere Nährstoffarten in unterschiedlichen Mengen an. Diese verschiedenen Nährstoffangebote bewirken den Wuchs von unterschiedlichen Algenarten. Deshalb kann auch das Auftreten (die Häufung) von bestimmten Nährstoffen zu einem explosionsartigen Wachstum einzelner, ganz bestimmter Algenarten führen. Als Beispiel dafür steht, daß in neuen Aquarien relativ viel Kieselsäure, aber im Moment kein verbrauchendes, lebendes Element vorhanden ist. Dies führt in der Folge zu einer enormen Vermehrung der Kieselalgen. Beim Aufbrauch oder Bindung dieser Kieselsäure verschwinden sie aber auch wieder sehr schnell.

Algen sind wirkungsvolle Helfer in der Meeresaquaristik. Sie sind Wegbereiter zur Reifung des Wassers für den ersten Tierbesatz. Hier ist es Caulerpa sertularoides. Nach der Einfahrphase sollten sie aber in Schach gehalten werden.

Das unterschiedliche und schnelle Wachstumsvermögen kann deshalb zur Massenvermehrung bestimmter Algenarten beitragen, wenn bestimmte Nährstoffkonzentrationen eintreten. Das plötzliche Absterben solcher massenhafter Algenmen-

Das Licht und der Nährstoffkreislauf

Vollfunktionsfähige Biotope in Meerwasseraquarien sind heute keine Seltenheit mehr. Sie zeigen daß wir in der Lage sind, die Vorgänge im Riff zu verstehen. Das Licht, die Wasserbewegung und Aufbereitung, ein ausgewogener Besatz mit Tieren, waren wesentliche Voraussetzungen dafür.

Das Wachstum von Acropora-Korallen hat 1983 diese Entwicklung eingeleitet.

Das Licht und der Nährstoffkreislauf

Das Anwachsen auch dieser Korallen an das Grundsubstrat ist möglich. Die Einhaltung der Ansiedlungsparameter, als einer der physiologischen Voraussetzungen, ist hierfür jedoch zwingend notwendig.

gen ist aber dann auch gegeben, wenn die Nährstoffe wiederum plötzlich aufgebraucht sind.

Die abgestorbenen Algen werden in der Regel von Bakterien, aber auch von Pilzen, abgebaut und sind dann in der Lage, sich wegen des massenhaften Nahrungsangebotes (Absterben der Algen) explosionsartig zu vermehren. Eines zieht zwangsläufig das andere nach sich. Eine der Folgen ist dann, daß die verschiedenen Bakterien bei ihrer Tätigkeit vermehrt Sauerstoff verbrauchen. Bei massenhafter Vermehrung wird dieser Sauerstoff dem Aquariumwasser entzogen. Am Ende der Kette tritt ein Sauerstoffdefizit ein, und es überwiegen dann im sauerstoffarmen Wasser die Fäulnisbakterien.

Soweit dürfen wir es nicht kommen lassen.

Hier wäre dann ein Teufelskreis geschlossen, der letztendlich zum Zusammenbruch des Aquariums führen würde. Das Auftreten von planktonischen Algen ist in Meeresaquarien in letzter Konsequenz jedoch nicht gänzlich zu verhindern, und man sollte bei Eintritt des Falles nicht gleich in Panik geraten.

Es ist auch nicht sinnvoll, dieses mit technischen oder chemischen Mitteln zu unterbinden. Stellen sie doch die Nahrungsgrundlage für Kleinstlebewesen und Filtrierer dar. Außerdem stabilisieren sie das biologische Gleichgewicht durch die Aufnahme von im Wasser gelösten Nährstoffen (Nahrungskonkurrenz). Eine Massenausbreitung in Folge von bekannten Parametern (Überfütterung, hoher Besatz, zuviel Licht, Strömungsmangel) ist aber zu vermeiden, da sie dann das Leben von festsitzenden Tieren und höheren Algen behindern können.

Bei einem mit Tieren überbesetzten Aquarium und dazu noch übermäßiger Fütterung kann es zu einer Überproduktion von stickstoffhaltigen Ausscheidungsprodukten kommen, welches dem Phytoplankton als Nahrung dient. Auch dies rechtfertigt eine sorgfältige Balance des Tierbesatzes zur Verhinderung von Massenproduktionen dieses Planktons. Eine Bekämpfungsmethode dieser Algen besteht in der Förderung der Nahrungskonkurrenz bzw. die Produzenten und Verbraucher in einem natürlichen Gleichgewicht zu halten. Die Produktion von Phytoplankton ist nicht, wie es manchmal heißt mit bestimmten Lichtspektren zu bekämpfen. Hier sind andere Methoden erforderlich.

Mit UV-Licht z.B. kann nur sinnvoll die sogenannte Wasserblüte, die ja auch eine derartige Alge ist, erfolgreich bekämpft werden. Da es sich hier um bakterielle Algen handelt und diese durch das UV-Licht zu Klumpen zusammengeballt werden, lassen sie sich anschließend abfiltern.

Der Dauereinsatz von UV-Licht ist aber nicht zu empfehlen, da es unter anderem zur Sterilisation des Wassers führt und bestimmte Aminosäuren in giftige Zustände überführen kann. Hat man sich für eine Lichtart über dem Aquarium entschlossen, die sich sonst bewährt hat, dann sollte man sich bei Auftreten solcher Extremfälle nicht zu einem abrupten Lampenwechsel entschließen. Umstellungen dieser Art erfordern immer eine längere Anpassungsphase und sind meist auch mit Verlusten an Tieren zu bezahlen. Algen sind im Meerwasser allgegenwärtig und nur mit viel Fingerspitzengefühl in Schach zu halten.

Eine Sonderform in der Gruppe der Algen stellen die Bakterienalgen dar. Sie sind in allen Wassergüten lebensfähig, da sie hervorragend anpassungsfähig sind. Sie können dabei alle möglichen Farbvarianten entwickeln. Die Bekämpfung der

Antibiotika ⟶ Pilze ⟶ CO₂

Das Licht und der Nährstoffkreislauf

sogenannten Blaualgen (landläufiger Begriff), wird oft mit bestimmten Antibiotika empfohlen.

Dieser Wirkstoff ist aber auch in der Lage die Bakterienflora im Aquarium in ihrer Vermehrungsfähigkeit zu hemmen oder gar ganz zu unterbinden. Antibiotika können in Extremfällen (Überdosierung) aber auch abtöten. Die Folge ist dann, daß die Abbautätigkeit verschiedener Bakterienarten unterbrochen und somit das biologische Gleichgewicht gestört wird. Die Wiederbelebung mit diesen Bakterienstämmen kann in der Dauer das Durchstehvermögen des restlichen Abbausystems im Aquarium übersteigen und damit ebenfalls zum totalen Zusammenbruch führen. Dazu noch eine interessante Ausführung aus dem Bereich der bakteriellen Umsetzung.

Bei der Abbautätigkeit entsteht neben Energie wieder Kohlendioxyd, das in die Luft bzw. ins Wasser abgeben wird. Pilze sind dabei besonders empfindlich gegen Umweltgifte! Als Umweltgifte sind alle Substanzen anzusehen, die in der normalen Umgebung der Pilze nicht vorkommen und in abnormalen Mengen vorliegen. Medikamente, wie z. B. Antibiotika in einer wirksamen Dosis, stellen in gewisser Weise für diese Pilze auch ein Umweltgift dar. Die Antibiotika sind in der Lage, diese, für die Umsetzung von organischem Material wichtigen Organismen, abzutöten. Die Pilze sind andererseits aber in der Lage, sich allen langsam verändernden, natürlichen Umweltsituationen anzupassen. Sie sind aber machtlos gegen Faktoren, die künstlich und abrupt geschaffen werden. Zu diesen künstlichen Faktoren zählt im Aquarium die externe Dosierung von Antibiotika zur Schmieralgenbekämpfung.

Als weiteres Beispiel dafür steht, daß einige landständige Pilzarten schon bei Schwefeldioxyd-Konzentrationen von 30 Milligramm/m³ Luft absterben. Es wird z.B. von Kraftwerken und den immer noch zahlreich vorhandenen Ofenheizungen in großen Mengen in die Luft geblasen. Im Wasser lebende Organismen reagieren jedoch noch wesentlich empfindlicher auf ähnliche Substanzen.

CO₂ Produktio

Die Mikrofauna in einem Riffbecken stellt einen wesentlichen Faktor für das Funktionieren des Aquarien-Systems dar. Die Ausbildung vielfältiger Formen an Tieren, auch im Aquarium, sind der Beweis dafür.

O₂

90% der pflanzlichen Biomasse werden von Pilzen und anderen Mikroorganismen zersetzt und dem Stoffkreislauf wieder zugeführt. Alle Lebensvorgänge die Kohlendioxyd benötigen, sind von diesen abhängig. Da das Kohlendioxyd auch in der Atmosphäre nicht unbegrenzt vorhanden ist, muß es in einer Art Recyclingverfahren der Atmosphäre wieder zugeführt werden. Diese Aufgabe übernehmen auf dem Land und auch im Meer verschiedene Pilze in Arbeitsteilung oder auch in harter Konkurrenz mit verschiedenen Bakterien.

Für die Farbentwicklung der Korallen ist das Licht ein entscheidender Faktor. Die Zusammensetzung des Spektrums und die Intensität spielen die Hauptrolle. Die Einhaltung der im Text genannten Parameter sind die Grundvoraussetzung für ein Riffbecken.

Eingriffe

Damit soll diese skizzenhaft vereinfacht dargestellte Faktorensammlung beendet werden. Vieles ist weitaus komplizierter und für die meisten von uns nicht verständlich und würde nur zu weiterer Verwirrung beitragen. Verständlich dürfte jetzt aber sein, daß sich in der Natur überaus komplizierte Vorgänge abspielen, die im Aquarium nachzuahmen, bzw. zu beherrschen noch viel komplizierter sein dürfte. Deshalb ist zu allererst jeder abrupte Eingriff in Lebensvorgänge, die sich im Aquarium entwickeln oder entwickelt haben, zu vermeiden. Desweiteren dürfte die Einsicht wichtig sein, daß ein Meerwasseraquarium systematisch und naturähnlich aufzubauen ist. In dieses System können wir, aus Gründen der Aufrechterhaltung einer gewissen Stabilität, von außen nur durch die zuvor aufgeführten, chemischen und physikalischen Faktoren behutsam eingreifen. Die Vergangenheit der Meeresaquaristik hat gezeigt, daß sich fast alle anderen Faktoren, welche die Lebensfähigkeit der in Meerwasseraquarien befindlichen Tiere beeinflussen, bei einem ausgewogenen Besatz und dem Einsatz von behutsamer und dauerhaft gleichmäßig funktionierender Technik von selbst einstellen und sich auch regulieren. Die Möglichkeiten, die wir haben um in ein so empfindliches System erfolgreich von außen eingreifen zu können, sind deshalb sehr gering.

Lux-Stärken
Das Licht und der Nährstoffkreislauf

Eine der Möglichkeiten des Eingriffes ist das Licht. Wie wir gesehen haben, stellt es die Grundlage der Nahrungsproduktion für viele "Niedere Tiere" dar. Wie wir weiter gesehen haben, bewirkt das Licht auch das Entstehen von Regelungsmechanismen im Meerwasser oder Wasser schlechthin, die ein natürliches Gleichgewicht entstehen lassen. Wenn wir das Licht als Energiequelle für Aquarien, also als Sonnenersatz betrachten, ist es als der wichtigste Faktor in der Meeresaquaristik anzusehen.

Die Anlegung eines geeigneten Untergrundes und die selbständige Besiedelung mit Tieren ist ein weiteres Merkmal für ein funktionierendes Riffbecken. Hier sehen wir auf engster Nachbarschaft eine Vielzahl von Tieren.

Eine optimale Beleuchtung für Riffaquarien wird erzielt, wenn die max. Lichteinstrahlung auf der Wasseroberfläche etwa 30-35000 Lux erreicht (gemessen mit Luxmeter). Die Tierbesiedelung mit Korallen bzw. anderen lichthungrigen Tieren soll bei dieser Beleuchtungsstärke in etwa 10 cm Wassertiefe beginnen (Lichtverlust etwa 40 %). Eine wesentlich höhere oder auch wesentlich niedrigere Beleuchtungsstärke schädigt sowohl die höheren Algen als auch die Tiere, welche mit symbiotischen Algen in Gemeinschaft leben, in der einen oder anderen Art. Schädigungen treten häufig bei neuen Tieren ein, die zu dicht unter der Oberfläche ins Aquarium eingesetzt werden. Der Lichtbedarf neuer Tiere entzieht sich oft unserer Kenntnis, da die Entnahmestandorte der Tie-

Vielfältige Korallen wachsen nur mit dem Faktor Licht. Die Strömung und Stabilisierung der Wasserparameter sind weitere Grundlagen.

Lux für Weichkor., Pachyseris

Das Licht und der Nährstoffkreislauf

re in der Regel nicht bekannt sind. Der optimale Eingewöhnungsstandort für neue Tiere ist in der Regel der Beckenboden, direkt unter dem HQI-Brenner. Eine Besiedlung in höheren Bereichen stellt sich von selbst ein, wenn die Tiere sich angeglichen haben. Die einzelligen Algen, die als Symbionten fungieren, benötigen eine relativ genau dosierte Lichteinstrahlung. Das ist in Aquarien daran zu erkennen, daß verschiedene Tiere, z.B. Lederkorallen, bei Lichteinstrahlung von 35.000 Lux noch dem Licht entgegenwachsen. Dies sind jedoch Tiere, die ein breitgefächertes Anpassungsspektrum haben. Dabei sollten aber die dem Licht zugewandten Körperteile

Auch für die Vermehrung sind das Licht, die Strömung und die Wasserparameter Voraussetzung. Hier sehen wir den Ansatz für eine Teilung eines Polyps.

lichtabhängiger Tiere als Anfangsbeleuchtung nicht mehr als 30 000 Lux erhalten. Weichkorallen dagegen kommen im allgemeinen mit wesentlich weniger Licht aus. Auch einige flachwachsende Steinkorallen, wie z. B. Pachyseris-Arten sind ebenfalls mit wesentlich weniger Licht zufrieden.

Bei den Weichkorallen dürfte dies mit dem Stoffwechsel und der Nahrungsaufnahme (planktonische Ernährung) zusammenhängen. Hier dürften Werte von 500-1000 Lux ausreichen. Diese Tiere sind dann, außer auf planktonische Nahrung, besonders auf Strömung und sauerstoffreiches Wasser angewiesen. Lederkorallen z.B. sind in der Lage, mit der Erweiterung ihrer Oberfläche und Ausrichtung auf die Mitte des HQI-Brenners, auch noch mit weniger als 15 000 Lux auszukommen. Sie bilden dann aber eine sehr große Körper-

oberfläche aus und schatten damit hermatypische Steinkorallen vom Licht ab. Sie sind bei diesem Lampentyp als lichtstrebend zu bezeichnen. Diese zuletzt genannten lichtabhängigen Symptome treten bei Aquarien, die mit Leuchtstofflampen beleuchtet werden, nicht in dem Maße auf. Der Lichteintrag bei Leuchtstofflampen ist gleichmäßiger über eine größere Fläche verteilt. Durch die Lichtschichtverteilung über die Länge der Leuchtstoffröhre ist das Licht diffuser.

Die fertig käuflichen HQI-Lampenkörper haben meist aufgrund ihrer Reflektorform einen sehr konzentrierten Lichteintrag (Bündelung), was bei der Benutzung der käuflichen Lampenformen unbedingt beachtet werden muß.

Meßprotokoll - Lichteintrag
Tabelle 1

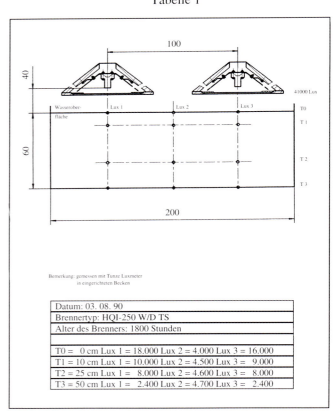

Bemerkung: gemessen mit Tunze Luxmeter in eingerichteten Becken

Datum: 03. 08. 90
Brennertyp: HQI-250 W/D TS
Alter des Brenners: 1800 Stunden

T0 = 0 cm	Lux 1 = 18.000	Lux 2 = 4.000	Lux 3 = 16.000
T1 = 10 cm	Lux 1 = 10.000	Lux 2 = 4.500	Lux 3 = 9.000
T2 = 25 cm	Lux 1 = 8.000	Lux 2 = 4.600	Lux 3 = 8.000
T3 = 50 cm	Lux 1 = 2.400	Lux 2 = 4.700	Lux 3 = 2.400

Meßprotokoll - Lichteintrag
Tabelle 2

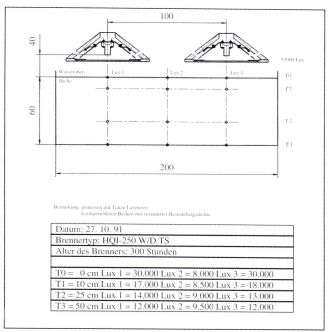

Datum: 27. 10. 91
Brennertyp: HQI-250 W/D TS
Alter des Brenners: 300 Stunden

T0 = 0 cm Lux 1 = 30.000 Lux 2 = 8.000 Lux 3 = 30.000
T1 = 10 cm Lux 1 = 17.000 Lux 2 = 8.500 Lux 3 = 18.000
T2 = 25 cm Lux 1 = 14.000 Lux 2 = 9.000 Lux 3 = 13.000
T3 = 50 cm Lux 1 = 12.000 Lux 2 = 9.500 Lux 3 = 12.000

Es ist nicht von entscheidender Bedeutung, ob HQI-Licht oder entsprechende Leuchtstofflampen zur Beleuchtung von Riffaquarien benutzt werden. Das Farbspektrum von ca. 5000 Kelvin ist auch mit Leuchtstofflampen erreichbar. Entscheidend ist die Beleuchtungsstärke im Aquarium in Lux gemessen, im Bereich des Ansiedlungsortes der Tiere (siehe Tabellen). Die in verschiedenen Wassertiefen vorher angegebenen Werte sind aber, einmal vom Installationsaufwand und auch von der Farbwiedergabe her abgesehen, mit HQI-Brennern leichter und effektiver erreichbar. Auch die Farbwiedergabe

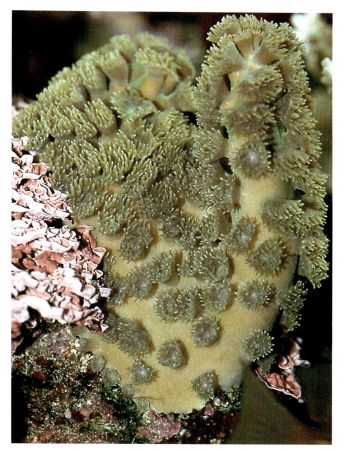

Verbrennungen (Überdosierung des Lichtes) der Tiere können auf Grund dieser Reflektorform besonders leicht eintreten.

In diesem Zusammenhang möchte ich, zum Zwecke der besseren Ausleuchtung, einen Hinweis auf die Montage der Lampenkörper geben. Sie sollten so aufgehängt werden, daß der Brenner quer zur Beckenlänge steht. Im anderen Fall ist die Ausleuchtung wesentlich geringer (Ausleuchtungswinkel).

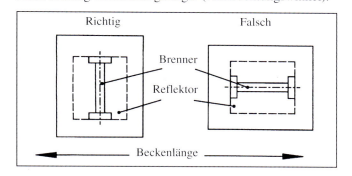

Das agile Aussehen ist immer ein Zeichen für hervorragende Ausgangsvoraussetzungen. Diese Korallen benötigen als hervorstechendes Merkmal optimale Strömung.

der Tiere unter HQI-Licht ist eine Stufe besser als bei Leuchtstofflampen Lumilux Daylight und der Lichtfarbe 22.

Des weiteren sprechen noch einige Details für die Benutzung des HQI-Brenners. 5% der Gesamtstrahlung dieses Brennertyps werden als UV-Licht abgegeben. Die T-Lampenformen dürfen deshalb nicht ohne Abdeckscheiben verwendet werden. Die geringe restliche UV-Strahlung ist aber von Vorteil. Mit HQI-Lampen lassen sich, weil sie ein sehr gebündeltes Licht haben, Sonnenkringeleffekte, wie sie auch im Riff zu beobachten sind, nachahmen.

Der Lichtstrom und die Nutzungsdauer dieser Lampentype ist, im Gegensatz zu den Leuchtstofflampen, nicht von der Umgebungstemperatur abhängig. HQI-Brenner haben eine Nutzungsdauer von ca. 3300 Stunden. Das Lichtstromverhalten ist jedoch etwas ungünstiger als bei Leuchtstofflampen. Es liegt bei 69 Lumen/Watt.

HQI-Brenner sollten auf Grund dieser Werte nach max. 9 Monaten über einem Riffbecken mit hermatypischen Steinkorallen ausgetauscht werden. Besser ist eine Nutzungsdauer von nur 6 Monaten bei etwa 10 stündiger Tagesbrennzeit. Brenner mit extremen Farbabweichungen, grüne Einfärbung des sichtbaren Lichtes, sollen in keinem Fall benutzt werden.

Bei einem Brennerwechsel sind in jedem Falle Vorsichtsmaßnahmen zu treffen (Abdecken des Brenners). Der Lichtstromverlust liegt bei 9 Monaten dann in einem vertretbaren Rahmen von ca. 20 %. Durch Tieferhängen der Lampenkörper läßt sich dieser Lichtverlust teilweise kompensieren. Der Nachteil ist aber ein veränderter Ausleuchtungsbereich, und die variable Gestaltung der Lampenaufhängung muß beachtet werden.

In der Gegenüberstellung dazu einige Werte für Leuchtstofflampen. Die Nutzbrenndauer bei täglich 12 Stunden Einschaltzeit für den aquaristischen Bereich liegt, vergleichbar zur HQI-Lampe, bei etwa 4400 Stunden. In dieser Zeit tritt ein vertretbarer Lichtstromverlust von 10 % auf. Der günstigste Lichtstrom wird bei dieser Lampentype, im Gegensatz zum HQI-Brenner, aber nur bei einer Umgebungstemperatur von 20 Grad Celsius erreicht. Bei 50 Grad Celsius beträgt der Lichtstrom nur noch etwa 80 %. Es ist deshalb bei den Leuchtstofflampen für eine wirkungsvolle Belüftung der Lampenkästen zu sorgen (zusätzlicher Kostenfaktor).

Das Lichtstromverhältnis bei den verschieden starken Lampen ist unterschiedlich und sieht wie folgt aus: L 36 W 75 Lumen/Watt; L 58 W 76 Lumen/Watt; L 18 W 57 Lumen/Watt.

Das Lampenanzahlverhältnis HQI-Brenner 250 W zu Leuchtstofflampe liegt bei gleicher Lichtausbeute somit bei 1:4. Das bedeutet, 4 Leuchtstofflampen L58/11 ersetzen vom Lichtstrom her einen HQI-Brenner 250 Watt.

Wenn diese Fakten, insbesondere die Anschaffungskosten und der Installationsaufwand, kritisch betrachtet werden, dürfte der HQI-Brenner für die Meeresaquaristik die bessere Beleuchtungsart darstellen. Sie ist im spektralen Bereich wesentlich effektiver und im Kostenbereich nur unwesentlich teurer. Schau-Effekte in Meeresaquarien herzustellen ist besonders reizvoll und generell nicht zu verwerfen. Sie dürfen aber nicht auf Kosten des Wohlbefindens der Tiere praktiziert werden. Auch sollten die laufenden Betriebskosten für diesen Schaueffekt nicht aus den Augen verloren werden. Eine Möglichkeit dazu bieten die blauen Leuchtstofflampen von Philips mit der Lichtfarbe TLD 18 oder von Osram mit der Lichtfarbe 67. Diese Lampen bringen die U-V Schutzstoffe, die bei Blumentieren als Schutz gegen U-V Strahlung ausgebildet werden, zu einem intensiven Leuchten.

Die Farbverfälschung der übrigen natürlichen Farben der Tiere ist bei dieser Beleuchtung erheblich, hat aber einen besonderen Reiz für den Betrachter und schadet den Tieren nicht. Daß mit diesem Lampentyp biologische Vorteile verbunden sind, wurde von mir nicht beobachtet, und vermag ich deshalb nicht zu beurteilen.

Der zusätzliche Betrieb des Aquariums mit der Philips TLD 18 hat bei meinen Tieren keinen zusätzlichen, positiven Effekt in dem Sinne gezeigt, daß die Tiere agiler aussehen oder gar besser stehen. Deshalb möchte ich den Nutzen hauptsächlich im Schaubereich belassen. Ich würde auf diese Art der Beleuchtung heute nicht mehr verzichten, stellt sie doch neben dem Schau-Effekt einen guten Übergang zur Nachtbeleuchtung dar. Den gleichen Effekt mit sogenannten Blaufiltern (Folien) erreichen zu wollen, ist auf Grund des hohen Lichtverlustes von ca. 85 % nicht zu empfehlen. Außerdem dürfte der Anschaffungspreis eines derartigen Filters weit über dem einer Leuchtstofflampe mit original blauem Farbton liegen.

Es ist nicht leicht, Faktoren und Zusammenhänge in der Meeresaquaristik sinnvoll und laienhaft verständlich darzustellen. Letztendlich wird uns auch die wissenschaftliche Erkenntnissammlung auf diesem Gebiet wenig nützen, weil wir sie im Ergebnis nicht wesentlich korrigieren können. Gleichwohl sollten wir Erkenntnisse, die auf diesem Gebiet gewonnen wurden, nicht ganz außer acht lassen, sondern, wenn

Eine weitere Detailaufnahme zeigt die gleiche Situation. Stein- und Hornkorallen sind normalerweise im Riff nicht an gemeinsamen Plätzen zu finden. Die Natur trifft hier eine harte Auswahl mit den Tieren. Diese Auswahlfunktion der Natur muß in einem Riffbecken der Pfleger in beständiger Folge übernehmen.

möglich versuchen, daraus Nutzen zu ziehen. Für uns beeinflußbar sind nur die großen Bausteine, die zusammengesetzt zu einem ganz bestimmten Ergebnis führen. Sind wir damit zufrieden, ist es in Ordnung. Sind wir es nicht, so bleibt uns letztendlich nur die Möglichkeit, diese Bausteine anders zusammenzusetzen. Einen weniger erfolgreichen Weg zu verlassen, einen neuen zu versuchen und dieses Puzzle mit unserem Pflegeaufwand wieder neu zusammenzuzementieren.

Dabei sollten wir aber nicht das Ziel aus den Augen verlieren und bedenken, daß Geduld die höchste Tugend in der Meeresaquaristik ist. Es sind auch in der Architektur aus Mauersteinen banale Bauten errichtet worden, die keiner beachtet hat. Es sind aber auch Kunstwerke entstanden, von denen die Welt spricht. In beiden Fällen war der Baustoff der gleiche. Das Kunstwerk hat, banal ausgedrückt, der geschaffen, der die Steine sinnvoll übereinander schichtete. Die Bausteine der Meeresaquaristik sind das Licht, das Wasser, die Dekoration und als wichtigstes die Kreativität des Pflegers. Die Technik kann nur als ein Werkzeug betrachtet werden, das sinnvoll eingesetzt zum Erfolg verhelfen kann.

Wenn wir unsere Umwelt betrachten, in der wir leben, hat auch die Technik nicht immer dazu geführt, daß wir dauerhaft sinnvoller leben. Sie hat nur da etwas für uns Menschen gebracht, wo wir sie für uns sinnvoll eingesetzt haben. Der Vorteil für uns Menschen lag aber darin, daß wir die Technik wieder beiseite legen konnten, wenn sie uns schadete. Die Tiere im Aquarium besitzen diese Fähigkeit nicht. Sie sind uns auf Gedeih und Verderb ausgeliefert. Versuchen wir deshalb wenigstens auch etwas von den Lebensansprüchen dieser Tiere zu verstehen.

Biologische Randbedingungen in der Meeresaquaristik

- **Wissenschaft und Praxis**
- **Temperatur und Lösungsfähigkeit von Gasen**
- **Atmung und Assimilationsvorgänge**
- **Temperatur und Wuchsform**
- **Strömung**
- **Sauerstoffaustausch**
- **Spurenelemente**
- **Ansiedlungsparameter**
- **Salzgehalt und Wachstum**

Zum umfassenden Verständnis der biologischen Vorgänge im Aquarium ist in der Regel ein Wissen erforderlich, das ein spezielles Hochschulstudium voraussetzt. Der theoretische Wissensumfang ist bei uns Aquarianern in der Regel nicht vorhanden und auch nicht in diesem Umfang notwendig. Die Vorgänge in diesem Lebensraum sind andererseits aber auch so komplex und vielfältig assoziiert, daß auch Wissenschaftler oft vor einem Rätsel stehen und mitunter nur Theorien über bestimmte Vorgänge verbreiten können.

Erfolge, die in der Praxis aufgrund von Theorien erzielt werden können, sind eigentlich selten, weil diese in der Regel nur ganz bestimmte, eng umrissene Lebensbereiche der Meeresfauna erfassen.

Diese Theorien sind dazu auch noch aufgrund von Laborversuchen oder relativ kurzzeitigen Biotopbeobachtungen aufgestellt worden.

So wenig einsichtig und verschiedenartig diese Theorien für uns manchmal auch sein mögen, geben sie doch Anlaß zum nachdenken. Dabei sollten aber immer unsere eigenen Erfahrungen mit eingebracht werden, denn auch die Tiere in unseren Aquarien können nicht immer den aufgestellten Theorien folgen! Daß sie nichts Endgültiges darstellen, sagt ja schon das Wort "Theorie" selbst.

Für uns Aquarianer sollten aber einige Fakten, die zum Teil fundiert, also wissenschaftlich nachgewiesen sind, aber auch die verschiedenen Theorien überhaupt, geläufig sein. Sie sind insbesondere dann von Bedeutung und letztendlich auch von Nutzen, wenn man in der Meeresaquaristik etwas mehr als nur eine moderne Form der Hälterung von exotischen Tieren sehen will; aber auch dann, wenn man bei der Bewältigung von Problemen in eine Sackgasse geraten ist. Erst die Kenntnis von grundlegenden Faktoren und die Paarung mit eigenen Beobachtungen, welche die Lebensvorgänge im Meer oder speziell im Riff beeinflussen, werden auch in der Praxis der Meeresaquaristik Erfolge nach sich ziehen.

Ich habe vorher schon als wichtige Faktoren das Licht und den Nährstoffkreislauf auf das Notwendigste beschränkt darzustellen versucht; es sollen nun weitere Aspekte dazukommen, die Biologie im Meeresaquarium im weiteren Sinne beeinflussen.

So, wie für uns Menschen die Zusammensetzung der Luft von Wichtigkeit ist, so hat auch der Gehalt an gelösten Gasen im Meerwasser besondere Bedeutung, folglich natürlich auch in unseren Aquarien. Hervorzuheben sind in diesem Zusammenhang der Sauerstoff, der Stickstoff und die Kohlensäure, die auch im Meer die Lebensvorgänge gravierend beeinflussen. Die ausgewogene Zusammensetzung, sowie die Balance dieser Gase im Aquarium sind grundlegende Bedingungen für eine erfolgreiche Hälterung von Meerestieren im Lebensraum Aquarium. Die Gesamtmenge der im Meerwasser gelösten Gase ist im wesentlichen von der Temperatur und dem Salzgehalt abhängig. Die folgende Aufstellung zeigt die Werte der Luft sowie im Wasser.

In 1000 ml Luft sind enthalten:

790 ml Stickstoff	=	79 %
210 ml Sauerstoff	=	21 %
0,3 ml Kohlensäure	=	0,03 %

Das Meerwasser enthält bei einer Temperatur von 0 °C in 1000 cm^3 insgesamt 22,9 cm^3 an gelösten Gasen. Davon sind:

14,42 cm^3	= 63 % Stickstoff
8,04 cm^3	= 35 % Sauerstoff
0,44 cm^3	= 1,9 % Kohlensäure.

Bei 20 Grad C sind in der gleichen Menge Wasser 16,0 cm³ der genannten Gase gelöst. Davon aber:

    10,42 cm³   = 65 % Stickstoff
    5,36 cm³   = 34 % Sauerstoff
    0,23 cm³   = 1,4 % Kohlensäure.

Der Vergleich der Werte für Sauerstoff und Kohlensäure zeigt, daß die prozentualen Anteile dieser beiden Gase in der im Meer gelösten Luft weitaus größer sind, als in der Luft selbst.

Es ist auch nachgewiesen und bekannt, daß die Lösungsfähigkeit dieser Gase im Wasser mit sinkender Temperatur steigt und umgekehrt, bei zunehmender Temperatur fällt. Das bedeutet für Meerwasseraquarien mit tropischen Tieren, die fast immer eine relativ konstante Temperatur um die 25 Grad benötigen, bei weiter steigender Temperatur eine dann abnehmende Tendenz an lebensnotwendig gelösten Gasen haben.

Die besseren Atmungs- und Assimilationsbedingungen für Tiere und Wasserpflanzen bestehen also in allgemein kühlerem Wasser. Höhere Temperaturen bewirken generell eine Beschleunigung der Lebensvorgänge und sind somit der Grund, warum sie in der Regel in wärmeren Meeren beschleunigt ablaufen. Die Lebensspanne und das Wachstumsvermögen vergleichbarer Tiere ist hier kürzer bzw. schneller, in der Relation also gegenläufig.

Die Beeinflussung dieser Lebensvorgänge über die Temperatur ist aber nur innerhalb enger physiologischer Grenzen möglich. Das heißt, daß dieses beschleunigte Wachstum der Tiere und Pflanzen (Wachstum und Lebensdauer) einem starken Einfluß der im Wasser gelösten Gase unterliegt. Es wird von den Tieren bei zunehmender Temperatur mit steigender Tendenz verbraucht.

Wenn wir hier nur den Sauerstoff betrachten, so dürfte das beste Negativbeispiel im Sommer bei Temperaturen um die 30 Grad C im Aquarium gegeben sein. Das Absterben einiger Tiere, infolge von Sauerstoffmagel ist eine Folge der geringeren Lösungsfähigkeit des höher temperierten Wassers für dieses Gas. Schädigungen, die hierauf beruhen, treten besonders bei Becken mit HQI-Beleuchtung ein, weil diese Lampen eine relativ hohe Wärmeabstrahlung haben.

Im Sommer, bei hohen Außentemperaturen, sollten Sicherheitsmaßnahmen (Einbau eines thermostatgesteuerten Ventilators) ergriffen werden. Hier wirkt sich dann auch ein Überbesatz mit Tieren und besonders wieder mit Fischen äußerst dramatisch aus.

Der negative Einfluß der höheren Temperatur wird etwas begrenzt, je näher und je bewegter (durch starke Oberflächenbewegung des Wassers) die Oberfläche im Verhältnis zum Ansiedlungsort der Tiere, insbesondere der festsitzenden Tiere, ist.

Mit abnehmendem Abstand (je näher die Oberfläche ist) nimmt auch der Gasaustausch durch die Oberflächenbewegung mit der Atmosphäre zu und die Verhältnisse können sich in gewissen Grenzen stabilisieren. Der Besatz eines Beckens mit sessilen Tieren sollte also auch nach diesen Gesichtspunkten ausgerichtet werden. Sichtbar wird an die-

Das Reifen der Steine und die Ansiedlung von Tieren sollte nicht erzwungen werden. Geduld ist hier gefragt und nicht Gewalt.

sem Beispiel die Wichtigkeit der Strömung in Meerwasseraquarien. Mit der Durchmischung des Wassers ist immer auch eine Sauerstoffverteilung im Becken verbunden. Insbesondere der mengenmäßige Besatz mit Fischen, die ja den meisten Sauerstoff benötigen, sollte nach diesen Gesichtspunkten (Wasserdurchmischung) ausgewählt werden, wobei die Fische noch die größere Chance zum Überleben bei höheren Temperaturen haben, weil sie beweglich sind und zur Oberfläche abwandern können. Die festsitzenden Tiere sind aber

Biologische Randbedingungen in der Meeresaquaristik

in dieser Situation zum Tode verurteilt, wenn die hohe Temperatur mit einem Sauerstoffdefizit längere Zeit anhält. Auswirkungen sind hier besonders bei den hermatypischen Steinkorallen zu erwarten. In diesem Zusammenhang gibt es einen vagen Aspekt, mit dem es eventuell möglich ist, diesem Sauerstoffmangel zu begegnen.

In der von starkem Licht durchfluteten Oberfläche des Wassers gedeihen naturgemäß die Algen besonders gut. Aufgrund der Assimilationsvorgänge wird sich hier bevorzugt Sauerstoff ansammeln, der durchaus zur Stabilisierung des Gases im Wassers beitragen kann. Das Negative dabei ist aber, daß mit der Assimilation der Algen ein Rückgang der freien Kohlensäure im Aquariumwasser verbunden ist. Sie wird bei diesem Vorgang verbraucht. Der Rückgang der freien Kohlensäure bewirkt eine Abnahme der Lösungsfähigkeit des Wassers für das Kalzium, und verbunden damit ist dann ein Rückgang der Karbonathärte.

Ein weiterer Negativfaktor, der aus der ungenügender Wasserdurchmischung resultiert, ist der folgende: durch die Tätigkeit der in diesen strömungsberuhigten Bereichen vermehrt lebenden Organismen (Tiere und Pflanzen) und deren Absterben, sowie durch die Tätigkeit der diese abgestorbenen Organismen zersetzenden Bakterien wird zusätzlich Sauerstoff verbraucht. Wird er nicht in ausreichendem Maße z. B durch eine optimale Wasserdurchmischung zur Verfügung gestellt, tritt hier eine vermehrte Kohlensäureansammlung ein, was wiederum zur Beeinflussung des PH-Wertes in diesem Bereich führt. Er tendiert dann zunehmend zum Neutralpunkt (PH 7) hin und kann sogar in tödliche Bereiche absinken.

Schäden die von bestimmtem Algenwuchs ausgehen, sind nicht auszuschließen. Diese hier gezeigten Algen sind jedoch eine Folge von mangelnder Strömung was in jedem Fall unterbunden werden muß.

Die Algen spielen auch im Riff eine ausschlaggebende Rolle. Sie sind zwar für uns nicht immer sichtbar, aber latent immer vorhanden. Sie gänzlich zu unterbinden ist mit dem Funktionieren eines Ökosystems nicht zu vereinbaren. Eine gesunde Balance ist notwendig.

Da andererseits das Eindämmen der Algen in der Meeresaquaristik ein Problem besonderer Art darstellt, sollte nach Möglichkeit die vermehrte Ansiedlung von Algen, zumindest in einem Riffbecken, unterlassen werden. Es dürfte mit Sicherheit einfacher sein, eine Temperaturbegrenzung und eine gute Wasserdurchmischung zu verwirklichen, als die sich stark vermehrenden Algen in Grenzen zu halten. Darstellen wollte ich diesen Vorgang nur deshalb, um die Rolle der Algen bei der Sauerstoffproduktion herauszustellen.

Es ist auch oft zu beobachten, daß in diesen strömungsberuhigten Zonen die Fadenalgen besonders gut wachsen. Durch die Zersetzung der absterbenden Tiere und Pflanzen werden in diesen Bereichen Nährstoffe freigesetzt, die dann wieder das Wachsen bestimmter Algen fördern.

Aber trotz alledem stellen die oberen Wasserschichten das Hauptgebiet der Sauerstofferzeugung und Ansammlung dar. Für die Versorgung der sessilen Tiere in den unteren Schichten ist es deshalb wichtig für eine gute Wasserdurchmischung des gesamten Wasservolumens im Aquarium zu sorgen. Sie ist von lebenswichtiger Bedeutung.

Diese Aufgabe haben die Pumpen im Aquarium zu übernehmen. Sie haben hier ihre Hauptaufgabe. Die Filterfunktion soll von den Pumpen, unter anderem wegen der Leistungsreduzierung, nicht übernommen werden. In tieferen Wasserschichten im Meer oder in zu langsam durchströmten Filterzonen kann dieser Effekt ebenfalls eintreten. Es kommt

Langsamfilter, Spurenelemente

auch hier zu einem Sauerstoffmangel und Kohlensäureüberschuß. Aus diesem Grunde kommt es in sogenannten Schmutzecken, wenig oder gar nicht durchströmten Zonen im Aquarium, aber auch in externen Langsamfiltern unter Umständen zur Bildung von Schwefelwasserstoffherden. Der Grund ist, daß für die Oxydation nicht mehr genügend Sauerstoff zur Verfügung steht.

Viele der im Meerwasser gelösten chemischen Grundstoffe werden von den hier lebenden Organismen aufgenommen und sind für diese von essentieller Bedeutung. Einige dieser Grundstoffe sind für uns in kaum vorstellbarer minimaler Menge im Wasser gelöst, wie z.B. das Eisen mit ca. 0,05 mg/Liter oder das Kupfer mit 0,02 mg/Liter. Sie zählen zu den sogenannten Spurenelementen, sind aber für die Entwicklung von Leben im Wasser Grundvoraussetzung.

Strömungsmangel, Überbesatz und daraus resultierend eine nicht zu vertretende Wasserbelastung ist eine Zwangsläufigkeit. Sichtbarer Ausdruck sind schmierige Überzüge auf Bodengrund und Dekoration. Die Beseitigung der Ursachen ist hier notwendig und nicht der Einsatz von chemischen Mitteln.

Wie der Name schon sagt, sind sie nur in Spuren vorhanden und werden dementsprechend auch nur in sehr geringen Mengen benötigt. Fehlen sie aber ganz oder werden sie durch Umsetzungsprozesse, die auch in externen Filtern ablaufen, extrem gebunden, so kommt es zu Mangelerscheinungen. Die Folge ist, daß die Tiere eingehen oder degenerieren.

Diese geringen Mengen an Spurenelementen sind von uns manuell nicht nachdosierbar, weil einerseits die Menge so gering ist und andererseits von uns meßtechnisch nicht feststellbar ist, welches Element gebunden wird, bzw. fehlt. Sie werden aber im Normalfall in ausreichender Menge über einen ausgewogenen Wasserwechsel ergänzt. Auch er ist deshalb zu den grundlegenden Faktoren in der Meeresaquaristik zu zählen.

Im Meer besteht darüber hinaus für einige bewegliche Tiere die Möglichkeit, diese Elemente über die Nahrung aufzunehmen. Eisen z.B. findet sich in vielen Pigmenten, wie z. B. dem Hämoglobin der roten Blutkörperchen von Wirbeltieren und auch einigen Wirbellosen wieder.

Ein kupferhaltiger Eiweißkörper ist das Hämozyanin im Blut von Schnecken, Tintenfischen, manchen Muscheln und Krebsen. Kalzium ist außer in gelöster Form im Wasser in der Hauptsache im Stützapparat (Skelett) in Form von Kalkspat in Schwämmen, Korallen, Stachelhäutern sowie in Moluskenschalen vorhanden, außerdem in Form von Kalziumphosphat und Kalziumkarbonat in den Panzern von Krebsen und den Knochen von Wirbeltieren. Ferner findet sich Fluorkalzium im Kalk von Korallenstöcken und in den Statocithen von Musidaceen (Garnelen) wieder. Insbesondere die Meeresfische, zu deren Nahrung diese aufgezählten Tiere gehören, weisen deshalb einen weitaus höheren Gehalt an Fluor in Knochen (Gräten) und Zähnen (soweit vorhanden) auf als Süßwasserfische oder Landtiere. Es wird deshalb von den Ernährungswissenschaftlern der Verzehr von Fisch für uns Menschen zur Deckung des Fluorbedarfs empfohlen. Strontium wird im Skelett von Akantharien (Wurzelfüßer) und in der Braunalge Fucus vesiculosus in erhöhtem Maße nachgewiesen.

Ein Mangelstoff im Meerwasser, aber besonders wichtiges Spurenelement, ist das Jod. Es ist in vielen Algenarten nachgewiesen worden. Die Algen dienen bestimmten Tieren als Speicher für dieses Element und werden bzw. können von ihnen bei Bedarf gefressen werden. Zu diesen beiden wichtigen Spurenelementen siehe auch das Kapitel "Chemie in der Meeresaquaristik".

Ob sich ein marines Lebewesen an einen bestimmten Ort im Meer ansiedeln und entwickeln kann, hängt ganz wesentlich von den dort herrschenden abiotischen Bedingungen ab, das heißt, vorrangig von denen, die von der unbelebten Umgebung ausgehen. Sie werden auch als anorganische oder physiographische Bedingungen bezeichnet. Im Meer sind die wichtigsten Bedingungen für die Ansiedlung von Tieren der geologische Untergrund, die Temperatur, der Salzgehalt, die Wasserbewegung und die im Meerwasser gelösten Nährstoffe. Ansiedlungsparameter sind besonders wichtig für die Sied-

Salzgehalt
Biologische Randbedingungen in der Meeresaquaristik

lungsfähigkeit der sessilen Tiere. Zu ihrer Unbeweglichkeit kommt hinzu, daß sie aufgrund ihrer Physiologie wenig anpassungsfähig sind.

Insbesondere auf die Tiere, die auf das Herantragen von Nahrung (planktonischer Art oder im Wasser gelöster Nährstoffe) mit der Strömung angewiesen sind, trifft dies zu. Sie haben, wegen ihrer Seßhaftigkeit keine sehr weit gespannte Anpassungsfähigkeit an zu stark wechselnde Parameter. Dazu kommen, sofern sie von diesen abhängig sind, die Anpassung an wechselnde Lichtverhältnisse. Das sind zwei ganz wichtige Umstände, die eine Beschäftigung mit den Lebensansprüchen der entsprechenden Tiere, die aus dem Riff kommend im Aquarium angesiedelt werden sollen, zwingend voraussetzen.

Bei den Ansiedlungsparametern ist z. B. die Auswirkung des Salzgehaltes auf die Tiere in unseren Aquarien überhaupt noch nicht untersucht worden. In der wissenschaftlichen Forschung wird aber nachgewiesen, daß Meeresorganismen bei abnehmendem Salzgehalt nicht mehr ihre maximal mögliche Größe erreichen. Mit abnehmendem Salzgehalt nimmt nämlich auch der Kalziumgehalt im Meerwasser ab. Die direkte Folge davon ist, daß der Skelettaufbau reduziert wird. Als Beispiel wird hier die Größe der Miesmuscheln in verschiedenen Bereichen der Nord- und Ostsee mit unterschiedlichem Salzgehalt angeführt. Sie reicht von 150 mm Länge in der Nordsee mit einem Salzgehalt von 31‰ bis zu 27 mm im finnischen Meerbusen der Ostsee, wo nur noch ein Salzgehalt von 2‰ vorhanden ist. Mit der Längenabnahme ist auch eine Abnahme der Schalendicke insgesamt verbunden. So gesehen werden die Muscheln aufgrund des geringen Salzgehaltes proportional kleiner. Ähnliches soll auch bei den Fischen zutreffen, die in vergleichbaren Lebensräumen mit unterschiedlichem Salzgehalt vorkommen.

Die nachfolgenden Parameter haben für Aquarienverhältnisse nicht so große Bedeutung, sollen aber vollständigkeitshalber erwähnt werden.

Für das Schweben im Wasser sind die Dichte und die innere Reibung (Zähigkeit und Viskosität) von Bedeutung. Diese beiden Parameter nehmen mit steigendem Salzgehalt zu und bei steigender Temperatur ab. Fischlaich z. B. schwimmt bei normalem Salzgehalt von ca. 30‰, dicht unter der Oberfläche des Wassers und sinkt bei abnehmendem Salzgehalt zunehmend schneller zu Boden. Der Salzgehalt ist somit für die großflächige Entwicklung, das Schweben (die Verbreitung) von planktonischem Fischlaich von besonderer Bedeutung. Ein hoher Salzgehalt bewirkt ein weites Verdriften und trägt zum großflächigen Verbreiten der Arten bei.

Etwas anders sieht es bei den spezifisch schwereren Diatomeen aus. Sie sinken bei unbewegtem Wasser mit normalem Salzgehalt trotzdem zu Boden und bedürfen, um sich in der Schwebe zu halten, wie viele andere Planktonarten auch, eines weiteren Außenfaktors zur Fortbewegung. Hier ist in erster Linie die Strömung im Wasser von Bedeutung. Die Fortbewegungsorgane von marinem Plankton, zu dem übrigens auch die Planula-Larven gehören, bestehen aus kurzen feinen Härchen, den sogenannten Cilien, mit denen die ganze Körperoberfläche bedeckt ist. Durch Schlagen der haarfeinen Stränge bewegen sie sich vorwärts. Wenn man sich die Größe der Larven vorstellt und im Verhältnis dazu die Größe dieser Cilien betrachtet, kann es ihnen nicht möglich sein, sich sehr weit zu verbreiten, zumal ja auch hierzu Energie notwendig ist. Hier ist in jedem Fall die Strömung von größerer Bedeutung.

Wasserbewegung und Salzgehalt sind somit für die Formgebung, Größenentwicklung und Verbreitung von verschiedenen Meerestieren von herausragender Bedeutung. Insbesondere sei hier wiederholt auf die Wasserbewegung in unseren Aquarien hingewiesen, die, wie ich oftmals feststellen mußte, viel zu gering ist. Für aus dem Meer entnommene Tiere ist das insofern von Bedeutung, als daß diese Tiere sich an bestimmte Strömungen angepaßt haben und ab einem gewissen Wuchsstadium diese Strömung zum Weiterleben, auch in Aquarien, benötigen. Das können Tiere ein und derselben Art sein, die aber an unterschiedliche Parameter angepaßt sind. Sie haben oft sogenannte Standortformen ausgebildet und benötigen zum Weiterleben zumindest ähnliche Parameter. Die Kenntnis dieser Merkmale ist bei zunehmender Größe der in Aquarien eingesetzten Tiere für deren Weiterleben von ausschlaggebender Bedeutung und erklärt auch, warum relativ große Tiere ins Aquarium eingesetzt, oft eingehen.

Unterhalb von 100 m Wassertiefe, aber auch in strömungsarmen Höhlenbereichen, nimmt die Strömung, da sie hier nicht mehr so stark ausgeprägt ist, keinen so großen Einfluß mehr auf die Formgestaltung der Tiere. Hier können sich dann die skurilsten und zerbrechlichsten Formen ausbilden. Dazu zählen die Glasschwämme Hexactinellidae, Mollusken mit sehr dünnen Schalen, stelzbeinige Krabben, die trotz Übergröße nicht in den Sand einsinken, wie z.B. die japanische

Riesenkrabbe Kaempfferie kaempfferie, oder auch spitzschwänzige Fische ohne ausgeprägte Schwanzflossen, wie sie zur Fortbewegung in strömungsreichen Zonen benötigt werden. Die Zartheit der Schalen sowie der Innen - und Außenskelette beruht in der Hauptsache auf Kalkarmut. Sie ist zurückzuführen auf die geringere Kalksyntheserate, die mit der geringeren Temperatur des Wassers und dem Ausfall der Wirkfaktoren, im Zusammenhang mit der Photosynthese, in diesen Lebensräumen zusammenhängen. Tiere in diesen Tiefen benötigen aber auch nicht so stabile Stützapparate gegen die hier viel geringeren Strömungsandrücke, welche die Formen der Tiere in den oberen Meeresbereichen prägen. Tiere aus solchen Lebensräumen sind für die Aquarienhaltung aber nicht relevant.

Vielfältige Parameter tragen zum Erscheinungsbild der Unterwasserfauna bei. Sie sind alle gemeinsam wichtig und Voraussetzung für die Entwicklung von bestimmten Tieren an bestimmten Orten. Schon aus diesen wenigen Großparametern ist ersichtlich, daß wir nicht alle Tiere gemeinsam halten können. Zu vielfältig sind unterschiedliche Wirkfaktoren ausschlaggebend für das Gedeihen, als daß wir sie in unseren Aquarien reproduzieren könnten.

Abgesehen davon, daß wir immer nur Teilaspekte beleuchten, untersuchen und teilweise reproduzieren können, sind uns die Feinabstimmungen im Meer weitgehend unbekannt. Die letzten Geheimnisse zu erforschen ist sicher eine reizvolle Aufgabe. Die Lösung wird aber, wenn überhaupt, mehr vom Zufall abhängen, in jedem Falle aber eine größere und speziellere Zusammenarbeit der Aquarianer und auch Wissenschaftler erfordern.

Das Fazit hieraus ist, daß wir beständig bemüht sein müssen zu beobachten, zu vergleichen und zu analysieren, Erfahrungen bei der Hälterung der Tiere auszutauschen. Nur auf diesem Weg können wir, wenn auch nur noch in kleinen Schritten, vorwärts kommen. Die Beherrschung der Grob-Parameter sollte aber jedem Meeresaquarianer zur Selbstverständlichkeit werden. Fehler, die hierbei gemacht werden, sollten heute nicht mehr toleriert werden. Sie grenzen schon an nicht zu entschuldigender Leichtsinnigkeit.

Biologisch filtern im Riffaquarium

- **Das Aquarium als System**
- **Nachteile von biologischen Filtersystemen**
- **Der Abschäumer als biologischer Filter?**
- **Der Abbau organischer Lasten**
- **Die Aktiv-Kohle in der Meeresaquaristik**
- **Die Rolle des Futters in der Meeresaquaristik**
- **Das Nitrat als Hauptbelastungsfaktor**

Meeresaquaristik ist, wie wir aus den vorhergehenden Ausführungen entnehmen konnten, nicht nur ein "Nebenbei Hobby". Die Faszination dieses Hobbys kommt erst dann zum Ausdruck, wenn es optimal und mit der nötigen Ausdauer betrieben wird.

Es ist aber auch ein Hobby, das in hohem Maße von Informationen und vom Erfahrungsaustausch der Aquarianer untereinander abhängt. Ausschlaggebend dabei ist, daß der Informationsaustausch ehrlich und ohne Vorbehalte betrieben wird. Sinn und Zweck dieses Buches deshalb, dieses zu fördern und anzuregen.

In diesem Sinne möchte ich die nachfolgenden Ausführungen zum Thema biologische Filtertechnik in der Meeresaquaristik verstanden wissen.

Trotz der relativ langen Erfahrungen, die ich auf diesem Gebiet gesammelt habe, sind meine nachfolgenden Aussagen sicher nicht für alle Ewigkeit gültig.

Das Aquarium als biologisches System ist Veränderungen unterworfen und stellt eine beständige Herausforderung dar, der wir uns mit Behutsamkeit und Einfühlungsvermögen immer wieder neu stellen müssen. Dazu gehört vorrangig der Umgang und der Einsatz von Filtertechniken, sowie der Besatz mit

Biologisch filtern im Riffaquarium Bio-Filter

Tieren. 12 Jahre gezielte Erfahrungssammlung bei der Hälterung von hermatypischen Steinkorallen und eines künstlichen Riffes im Aquarium ist sicher eine lange Zeit und hat so manche Tatsache, bezüglich der Filtertechnik, erhärtet. Im Aufbau eines Riffes in der Natur stellt sie aber nur einen sehr kurzen Zeitabschnitt dar.

Die Kommunikation auf dem Gebiet der Hälterung von Steinkorallen allgemein ist unter den Praktikern, also den Leuten, die sich letztendlich mit der Problematik dieser Art der Meeresaquaristik auseinandersetzen müssen, in Gang gekommen und läßt hoffen, daß nun mannigfaltige Erfahrungen zusammengetragen werden. In der Zukunft kann nur von diesen Leuten ein aussagekräftiges Urteil über das Für und Wider der einen oder anderen Filtertechnik erwartet werden. Und auch nur von diesen Aquarianern wird zu erwarten sein, daß sie die verschiedenen Filtertechniken an den Ergebnissen vergleichen und ein Urteil darüber abgeben, welches Filtersystem gut ist und welches Nachteile hat.

Vorweg genommen hat sich bis heute gezeigt, daß Aquarien, die extern biologisch gefiltert werden, zumindest für die Hälterung der hermatypischen Steinkorallen nicht das Optimum darstellen. Da dem so ist, kann der Schluß, daß diese Filtertechnik für die restlichen Tiere des Riffs in unseren Aquarien auch nicht das Optimale darstellen, naheliegend sein.

Wenn wir uns das Meer als Lebensraum für eine unermeßlich große Zahl von Lebewesen in seiner biochemischen Beschaffenheit einmal anschauen, so ist es ein autarkes System. So lange der Mensch in dieses System nicht eingreift, funktioniert es problemlos. Die darin lebenden Tiere führen für menschliche Begriffe ein geradezu paradiesisches Dasein. Erst der Besitzanspruch des Menschen, der diesen Lebensraum in erster Linie als Müllkippe betrachtet, hat das System aus dem Gleichgewicht gebracht. Die Tiere dieses Lebensraumes versuchen dagegen anzukämpfen, aber wie wir vielfach aus den Medien hören können, ist ihr Überlebenskampf oft vergebens.

Die negativen Eingriffe des Menschen in natürliche Abläufe der Natur mit den negativen Folgen, sollten uns auch bei der Gestaltung und beim Betrieb eines Meerwasseraquariums immer gegenwärtig sein. Wir sollten versuchen, uns besonders bei der Besetzung und beim Betrieb eines Riffaquariums immer vor Augen zu halten, mit was für einem empfindlichen Biotop wir es hier zu tun haben. Es ist noch nicht lange her, daß es erstmals möglich geworden ist, die hermatypischen Steinkorallen als empfindlichste Bewohner des Riffs überhaupt auch im Aquarium am Leben zu erhalten. Es wurde uns dadurch erstmals möglich, diese Tiere hautnah zu beobachten, ihre Eigenheiten und Ansprüche an das Biotop zu studieren, und es sind im Aquarium erstmals auch Vermehrungsarten beobachtet worden, die uns von manchen Wissenschaftlern heute immer noch als Spinnerei geneidet werden.

Diese Erfolge sind in langen Jahren geduldiger, intensiver Beschäftigung mit den Tieren, dem dazugehörigen Lebensraum und der Technik, die dazu nötig war, um das Biotop in einem stabilen Zustand zu erhalten, möglich geworden. Es kann deshalb nicht angehen, daß wir nun mit Gewalt versuchen, mit immer umfangreicheren und manchmal auch unsinnigen pseudo-biologischen oder vermeintlichen technischen Lösungen, die wir nicht im Griff haben, die Natur zu bezwingen. Wir sollten uns nicht dem Irrtum hingeben zu glauben, daß es mit einer aufwendigen Technik möglich ist, immer mehr und verschiedenartigere Tiere in dem sowieso viel zu kleinen, künstlichen biologischen Lebensraum "Aquarium" zu zwängen. Hier ist behutsames Vorgehen und beständige langfristige Beobachtung der Tiere gefragt. Es ist dringend notwendig, sich Wissen anzueignen, das uns Einblicke in die Lebensansprüche der von uns gehälterten Tiere verschafft. Nur auf diesem Weg ist eine erfolgreiche Meeresaquaristik möglich.

Die nachfolgenden Ausführungen beziehen sich zwar in erster Linie auf die "Filtertechnik" in Aquarien, in denen riffbildende Steinkorallen gehalten werden sollen, sind aber ebenso in anderen Aquarientypen anwendbar. Eine Ausnahme dürften nur die reinen Fischbecken bilden, von denen hier nicht die Rede sein soll. Für Aquarien mit Steinkorallen müssen die Wasseraufbereitungssysteme optimal sein und sollen deshalb beispielhaft betrachtet werden.

Die organische Belastung des Aquariumwassers entsteht in der Hauptsache aus den Umsetzungsprodukten des Ersatzfutters (Trockenfutter und Frostfutter), das wir an unsere Tiere verfüttern. Es geht zum Teil in kolloidale Lösung über und hat als sichtbare Folge eine Trübung des Aquarienwassers zur Folge. Aufgetautes Frostfutter liefert dabei große Mengen wasserlöslicher organischer Substanzen. Die Gesamtheit der organischen Wasserbelastungsstoffe bildet einen hervorragenden Nährboden für Bakterien. Diese sind wiederum die Nahrung für Protozoen. Sie sind letztendlich fakultative Haut-

und Kiemenparasiten und bedrohen unseren Fischbesatz. Der Abbau organischer Lasten im Wasser ist in erster Linie abhängig vom Redoxpotential. Durch starke Belüftung, in unserem Falle im Abschäumer, kann dieser Prozeß positiv beeinflußt werden. Es werden die abschäumfähigen Eiweissubstanzen schon vor der Umsetzung aus dem Wasserkreislauf entfernt, und das Wasser wird außerdem mit Sauerstoff angereichert. Ozon kann in diesem Zusammenhang eine Rolle spielen, weil es diesen Prozeß enorm beschleunigt. Wegen der schwierigen Handhabung und der aufwendigen und anfälligen Regelungstechnik sollte dieses Gas aber in der Meeresaquaristik nicht eingesetzt werden. Fehlerhafte Handhabung kann genau das Gegenteil bewirken und führt zu unkontrollierbaren Reaktionen. Man sollte in diesem Zusammenhang nicht mit Kanonen auf Spatzen schießen, sagt der Volksmund so schön.

Ein der Beckengröße angepaßter Eiweißabschäumer und das Reduzieren des externen Futtereintrages sind die besten Wege, um die organische Wasserbelastung gering zu halten. Bakterien selbst sind im Aquarium nützlich, aber oft auch nicht unproblematisch, wenn sie in zu großer Zahl auftreten. Die Bakteriendichte hat einen unmittelbaren Zusammenhang zur sogenannten Keimzahl, die wiederum ein Maßstab für die Wasserbelastung ist. Die Tiere, die wir in unseren Aquarien halten, stammen in der Regel aus wenig belastetem Wasser mit einer geringen Keimzahl.

Sie sind von Natur aus nicht gegen Einwirkungen, die aus der Wasserbelastung resultieren, geschützt. Dabei sind die sogenannten Tropffilter mit ihrem gewaltigen Bakterienrasen der Hauptnährboden für die Entwicklung einer übermäßigen Bakteriendichte. Das Gleiche gilt aber auch für alle anderen wenig gereinigten Filterarten und auch für die Watte, die zu lange unter dem Überlauf als Grobfilter liegt. Abgesehen von der Schädigung, die unsere Fische betrifft, fördert eine zu hohe organische Belastung des Wassers auch das Wachstum von Schmieralgen aller Farben. Sie sind von der Stellung her auch Bakterien (Algen). Das bedeutet in erster Linie, die Aufbereitungssysteme müssen in ihrer Wirkungsweise beständig und kontrollierbar sein, kontrollierbar in dem Sinne, daß Schadstoffe aus dem Wasserkreislauf für uns sicht- und meßbar entfernt werden. Es muß mit relativer Sicherheit verhindert werden, daß die anfallenden Stoffe nicht in andere, vielleicht noch schädlichere und für uns nicht mehr meßbare Stoffe umgewandelt werden. Resultierend aus meinen Erfahrungen ist nichts schädlicher für ein Meerwasseraquarium als ein Filtersystem, das nicht greifbar ist, wodurch bei Störungen nicht sinnvoll eingegriffen werden kann. Es nützt uns und unseren Tieren nichts, wenn den verschiedenen Systemen die unterschiedlichsten Funktionen zugeschrieben werden, die letztendlich von uns aber nicht nachvollziehbar sind.

Zu diesen Systemen zählen für mich alle bis in heutiger Zeit propagierten sogenannten biologischen Filter, die auf der Basis der Denitrifikation arbeiten sollen. Die Denitrifikation (Nitratabbau) in einem Filtersystem ist generell auf biologischer Basis möglich. Es sind hierzu aber sehr kompliziert zu handhabende Regelmechanismen erforderlich. Dazu zählt die Herstellung und Aufrechterhaltung eines negativen Redoxpotentiales, und die Zuführung von Kohlenstoff oder Alkohol in Abhängigkeit von der jeweiligen Wasserbelastung mit bestimmten Schadstoffen. Die Gefährlichkeit liegt darin, daß der Nitratgehalt im Aquarium beständig schwankt (auch infolge des biologischen Abbaus), und die Regelmechanismen, die technischer Art sein müssen, versagen. Tritt dies ein, dann werden gravierende und nicht reparable Fehlentwicklungen eingeleitet, die nur noch am Absterben der Tiere in unseren Aquarien zu erkennen sind. Die Tolerierung eines leicht überhöhten Nitratgehaltes ist von den Tieren leichter zu ertragen, als eine Anpassung an plötzlich eintretende wasserchemische Veränderungen, wenn nicht gar Vergiftungen, an die eine Anpassung nicht möglich sein dürfte. Nähere Ausführungen zu dem Thema sind in dem Bericht von Dr. Schlüter, der auf dem ersten Meerwassersymposium vom 25.4.91 gegeben wurde, nachzulesen.

Jeder, der Filtersysteme auf biologischer Basis im Einsatz hat, wird zugeben müssen, daß objektiv nicht zu erkennen ist, ob sie funktionieren, und zwar in dem Sinne, daß sie Schadstoffe aus dem Wasser rückstandslos entfernen. Ein Gerät bei dem diese Funktion leicht erkennbar ist, ist der Abschäumer. Er ist bis jetzt immer noch das einzige, wirkungsvolle und leicht beherrschbare Gerät in der Meeresaquaristik, welches das Wasser sichtbar von Schadstoffen entlastet. Speziell bei der Pflege von hermatypischen Steinkorallen kommt dem Abschäumer deshalb besondere Bedeutung zu. Er ist in der heutigen Meeresaquaristik ganz allgemein ein absolutes Muß und ein Gerät, das die überwiegende Menge (80%-90%) der anfallenden Schadstoffe kontrolliert über den Schaumbecher, dem Meerwasser entzieht, bevor, und das ist das Entscheidende, sie in den Reduktionskreislauf gelangen. Peter Wilkens hat schon im Jahre 1973 (!) in seinem Buch "Niedere

Bio-Filter

Tiere" Band 1 geschrieben, daß bei allen Umsetzungsprozessen auf der Grundlage der Denitrifikation von den Reduktionsbakterien, die den Prozeß in Gang halten, als Folge auch hochgiftige Bakterientoxine ausgeschieden werden. Sie können von uns Aquarianern meßtechnisch nicht nachgewiesen werden, und sind somit für uns nicht nachweisbar. Von uns bemerkt werden diese Schadstoffe erst dann, wenn sie Wirkung zeigen und an den Tieren in unseren Aquarien zu Schädigungen führen.

Auch dann dürfte es für uns höchst zweifelhaft sein, ob wir in der Lage sind, die Auswirkungen den Toxinen aus diesen Umsetzungsprozessen zuzuordnen sind, oder ob hier ganz andere schädliche Stoffe zur Auswirkung kommen, die in den Filter erst produziert worden sind. Auch wenn wir es könnten, was sollen wir dann als Gegenmaßnahme machen? Es würde als einzige Konsequenz doch nur bleiben, den Filter abzuschalten.

Diese negative Möglichkeit und der Umstand, daß der Abschäumer in der Lage ist, dies weitgehend zu verhindern, macht ihn so wertvoll. Er entzieht dem Wasserkreislauf Schadstoffe und setzt sie nicht in andere um. Bei vernünftigem Umgang mit dem Besatz eines Riffbeckens macht der Abschäumer andere Filtersysteme in jedem Falle überflüssig. Diesem Gerät, so einfach es auch ist, wird aber von den meisten Aquarianern zu wenig Aufmerksamkeit gewidmet. Es verrichtet in der Regel ja auch seinen Dienst, ohne daß man es besonders beachten muß, darin liegt eine seiner Stärken. Sichergestellt werden muß aber seine Funktionsfähigkeit. Dazu gehört in erster Linie, daß das Schaumrohr stets sauber ist und die Luftmenge sowie der Wasserdurchlauf konstant gehalten werden. Das sind Dinge, die einfach zu kontrollieren sind, aber auch leicht zur Routine werden können.

Routinen verführen erfahrungsgemäß leicht zur Nachlässigkeit. Hier müssen sie jedoch in einen positiven Automatismus übergehen, der zuverlässig ausgeführt wird, ohne darüber nachzudenken.

Der Abschäumer arbeitet zwar auch dann noch, wenn das Reaktionsrohr schon schwarz mit Ablagerungen belegt ist und der Wasserdurchlauf sowie die Luftmenge nicht mehr den Erfordernissen entsprechen. Er spült dann aber den Dreck, den er in den Schaumbecher bringen sollte, wieder ins Beckenwasser zurück und erfüllt seine eigentlichen Aufgabe, das Beckenwasser zu entlasten nicht mehr. Er ist auf das Gesamtsystem gesehen in diesem Fall wirkungslos oder er kann dann auch durch das Rückspülen der hochkonzentrierten und stark giftigen Eiweißkolloide Schaden anrichten.

Die beschriebene, mögliche Fehlfunktion kann bei diesem Gerät aber sehr wohl erkannt und behoben werden. Aus diesem Grund ist wichtig, sich zur Routine zu machen, das Reaktionsrohr des Abschäumers mindestens zweimal die Woche zu reinigen. Dabei sollte es keine Rolle spielen, daß das Rohr nur leicht verschmutzt ist. Wenn man verschiedenen Meinungen folgt, können auch schon bei diesem einfachen Gerät Interpretationsschwierigkeiten auftreten, wann es auf das Gesamtsystem gesehen noch effektiv arbeitet.

Im Gegensatz zu anderen Filtersystemen, die ja Gleichartiges bewirken sollen, kann die Effektivität und Funktionalität des Abschäumvorgangs optisch erkannt werden. Die Einfärbung und Menge abgeschäumter Flüssigkeit stellt einen leicht erkennbaren Indikator für die Funktion dar. Wieviel schwerer dürfte dies bei den sogenannten biologischen Filtern zu erkennen sein, die keinen derartig sichtbaren Indikator haben. Außerdem werden hier keine Schadstoffe aus dem Wasserkreislauf entfernt, sondern nur umgebaut. Mir scheint, daß hier der Glaub, sie werden schon funktionieren, eine nicht zu vertretende Rolle spielt.

Da der Abschäumer den überwiegenden Teil der anfallenden Schadstoffe aufhebt bevor schädliche Auswirkungen zum Tragen kommen, bleibt nur noch ein relativ geringer Rest an wasserbelastenden Stoffen, die auf andere Art und Weise dem Wasser, wenn möglich kontrolliert, entzogen werden müssen. Das sind einmal die humose Säuren oder auch Gelb- oder Urinfarbstoffe genannt.

Die Menge und das Entstehen dieser Gelbstoffe ist in erster Linie vom Fischbesatz im Aquarium abhängig. Bei einem auf die Aquariengröße abgestimmten Fischbesatz werden sie nicht in übergroßen Mengen produziert und zum Teil auf natürliche Weise abgebaut. Der Rest kann sporadisch mit Aktivkohlefilterung entfernt werden.

Anders dagegen sieht es bei den Eiweißstoffen aus, die beständig anfallen und über den Abschäumer entfernt werden müssen. Es reicht in der Regel, die Farbstoffe in einem Rhythmus von drei bis vier Wochen zu entfernen, abhängig natürlich vom Besatz mit Fischen. Ich habe dafür folgende Routine entwickelt: Einmal im Monat ist bei mir "Reinigungstag". Hierzu ist ein externer Eheim-Filtertopf vorbereitet. Er ist mit ca. 50 Gramm guter Aktiv-Kohle (z.B. Hydro Carbon) und Watte bestückt. Die Watte sollte im Filtertopf sehr fest gestopft werden. Am Ansaugstutzen des Filtertopfes wird ein Schlauch mit einem Rohr angeschlossen, mit dem die Reinigungsarbeiten effektiv vollzogen werden können. Zu diesem Rohr habe ich mir zur weiteren Vervollkommnung verschiedene Vorsatzstücke, wie Pinselaufsatz, Mulmglocke usw. angefertigt.

Mit diesen Zubehörteilen und deren verschiedenen Kombinationsmöglichkeiten ist es leicht möglich, die Dekoration, insbesondere tote Ecken, in denen sich immer wieder mal Mulmreste und gelegentlich auch Schmieralgen bilden behutsam aber wirkungsvoll, abzusaugen.

Den Filter lasse ich nach der manuellen Reinigungsprozedur noch ca. 2-3 Stunden weiter laufen und entferne dadurch in einem Arbeitsgang die vorgenannten Farbstoffe. Die Watte wird nach Abschluß der Reinigungsarbeiten ausgewaschen und wiederverwendet, die Kohle wird weggeworfen. Sie hat bei diesem Reinigungsverfahren nur eine rein mechanisch adsorptive Wirkung. Bei dieser Art der Ausfilterung von Schadstoffen werden keine biologischen Mechanismen in Gang gesetzt, die Reduktionsprozesse einleiten könnten.

Damit ist ein weiterer Teilbereich an Schadstoffen dem Wasser kontrolliert entzogen. Lassen Sie mich hier noch einige Worte zum Einsatz von Aktiv-Kohle in der Meeresaquaristik anfügen. Daß sie eine nützliche Hilfe in diesem Bereich der Aquaristik darstellt ist unbestritten. Tatsache ist aber gerade in diesem Hobbybereich auch, daß viele Hilfsmittel in übertriebenen Maße eingesetzt werden und dann zu Schädigungen an den Tieren in diesen Aquarien führen. Eine dieser Gefahren liegt auch im Einsatz von nicht langjährig erprobter Aktiv-Kohle. Es hat hier Unfälle gegeben, die eindeutig auf den Einsatz ungeeigneter Kohle zurückzuführen sind.

Verbürgen kann ich mich deshalb nur für die von mir eingesetzte Kohle, die ich auch schon mehrfach in diesem Buch genannt habe. Das hat nichts damit zu tun, daß es sicher auch noch weitere gute Aktiv-Kohle geben wird, ich selbst habe bisher aber keine andere getestet.

In der Hauptsache sind bis jetzt die Eiweißverbindungen über den Schaum, der im Abschäumer erzeugt wird, und die Farbstoffe, die die Aktiv-Kohle aufgenommen hat und nach dem Einmaleinsatz weggeworfen wird, dem Aquariumwasser entzogen worden. Mulm und Schwebstoffe werden mit der Watte, die relativ oft gereinigt werden sollte, beständig entfernt. Es dürfte doch nun einsichtig sein, daß für den geringen Rest an Schadstoffen, die darüber hinaus nicht beständig anfallen, kein aufwendiger und nicht zu kontrollierender biologischer Filter notwendig ist. Filter dieser Art haben vorweggenommen zwei ganz banale Nachteile. Sie beanspruchen relativ viel Platz und erfordern einen relativ hohen finanziellen Einsatz. Hier ist zu überlegen wie Biologie auf eine andere, sinnvollere Weise eingesetzt werden kann.

Es soll aber auch nicht verharmlost werden, daß der relativ geringe Rest an Schadstoffen noch erheblichen Schaden in einem Riffbecken anrichten kann. Die Schadstoffanreicherung des Aquariumwassers muß verhindert werden. Sie tritt aber nur dann mit gravierenden negative Folgen in Erscheinung, wenn die elementaren Erkenntnisse der Meeresaquaristik und der biologischen Besonderheiten der Tiere nicht beachtet werden. Sie wurden in vorhergehenden Kapiteln schon beschrieben.

Besonders ist in diesem Zusammenhang auf die Entstehung der Nitrate hinzuweisen, die in jedem Fall in einem mit Tieren besiedelten Meerwasseraquarium produziert werden. Nitratanreicherung ist in der Hauptsache eine Folge der Stoffwechselprozesse der Tiere in diesem eng begrenzten Lebensraum. Hier spielt ganz gravierend die Art und Menge des Fischbesatzes und die Art und Menge des extern eingesetzten Futters eine Rolle.

Zusätzliches externes Futter, besonders dann, wenn es nicht artgerecht ist, kann von den Tieren nicht verdaut werden und wird in der Regel nur eine Wasserbelastung darstellen, ohne einen Ernährungswert zu haben. Futter dieser Art ist völlig nutzlos eingesetzt.

Es ist in jedem Fall sinnvoller, ein Biotopaquarium mit der dazugehörenden Mikrofauna zu schaffen, von der sich der Tierbesatz weitgehend selbst ernähren kann. In diesen Aquarien wird ein Nährstoffkreislauf erzeugt, der das entsprechende artgerechte Futter für die Tiere bereitstellt. Es dient sowohl den "Höheren-" als auch den "Niederen Tieren" als Nahrung. Auf diese Weise wird außerdem die Wasserbelastung auf natürliche Weise gering gehalten. Das auf diese Weise bereitgestellte Futter ist artgerecht, weil nur das spezielle Futtertier von entsprechenden Tieren gefressen wird. Es ist vielfältig vorhanden, wird optimal verdaut und belastet nur geringfügig das Wasser, da es aus dem biologischen Kreislauf des System entnommen worden ist, in dem die Verbraucher und "Opfer" in einer biologischen Kette leben. Bei richtiger Zusammenstellung des Fischbesatzes und der in einem folgenden

Kapitel vorgestellten Tiere als Saubermacher, spielt die Futterfrage deshalb eine ganz untergeordnete Rolle. Wie neuere Erkenntnisse gezeigt haben, ist es auch nicht erforderlich, einen gegen Null tendierenden Nitratwert im Aquarium anzustreben.

Einerseits sind mit einem extrem niedrigen Nitratwert keine nennenswert besseren Hälterungserfolge erreicht worden, andererseits ist aber des öfteren beobachtet worden, daß in Aquarien in denen der Nitratwert auf 0 abgesunken ist, die Tiere in ihrer Farbenfreudigkeit nachließen. Insbesondere tritt dies bei Steinkorallen ein.

fen sie alle darauf hinaus, den Abbaubakterien (aerob und anaerob) ausreichend Siedlungsraum zu bieten, damit sie überhaupt etwas bewirken können.

Die Anzahl bzw. die Dichte der notwendigen Bakterien und damit der benötigte Siedlungsraum für eine optimale Bakterienpopulation muß entsprechend der Menge der Schadstoffe genügend groß sein, damit sie ihre Arbeit effektiv verrichten können. Dieser Siedlungsraum braucht außerdem einen Regelmechanismuß. Dazu zählen die regelmäßige Nitratzufuhr, Erhaltung eines dauerhaften negativen Redoxwertes (Abwesenheit von Sauerstoff) und die Zufuhr von leicht abbauba-

Eine bewachsene Aquariendekoration stellt den besten Filter für Riffbecken dar. Das Zusammenspiel einer Vielzahl von Tieren ist für ein biologisches Gleichgewicht wichtig. Wir haben von außen wenig Möglichkeiten einzugreifen. Die Biologie wird im wesentlichen vom Besatz bestimmt.

Filter die eine Nitratreduzierung bewirken sollten, waren mit Aktiv-Kohle bestückt. Die Wirkmechanismen sind bei solchen Filtertypen noch sehr diffus, auch wenn sie eine meßbare Nitratreduzierung zur Folge hatten. Man sollte mit dieser Art der Nitratreduzierung, zumindest bei der Hälterung der hermatypischen Steinkorallen, sehr vorsichtig sein. Das betrifft die Festlegung eines verbindlichen Nitratwertes genauso, wie auch den Einsatz der Aktiv-Kohle als biologisches Filtermedium. Wenn wir die externen biologischen Filtersysteme nun trotzdem einmal etwas näher betrachten, dann lau-

rem organischem Kohlenstoff (Alkohol oder organische Säuren). Wenn ein extern biologisch wirkender Filter nicht mit diesen Parametern praktikabel ist, wie läßt sich dann ein Nitratabbau auf biologisch sanfte Weise verwirklichen, ohne mit Kanonen auf Spatzen zu schießen?

Sicher ist auch in diesem Fall die Mithilfe von Bakterien notwendig, die ebenfalls Siedlungsraum benötigen. Den Siedlungsraum sollte in erster Linie das Aquarium selbst, das heißt die Dekoration bieten. Es hat z.B. keinen Sinn, wenn der Unterbau der Dekoration im Aquarium aus Sparsamkeitsgründen mit biologisch nicht aktivem Material aufgefüllt, und der externe Filter dazu dann mit Plastikmaterial gefüllt wird. Hier wäre der Unsinn komplett.

Mit Sicherheit ist hier in eine falsche Richtung gedacht bzw. Geld falsch eingesetzt worden. Ich bin der Meinung und praktiziere das schon seit langer Zeit so, daß die gesamte Dekoration im Aquarium mit Material angelegt wird, welches biologisch von den entsprechenden Denitrifikationsbakterien und auch anderem Kleingetier, das für die Wasserpflege ebenfalls von erheblicher Bedeutung ist, genutzt werden kann. Nichts anderes soll in den externen Filtern auch gemacht werden. Es ist aus meiner Sicht auch nicht sinnvoll, den Siedlungsraum in einen separaten Behälter zu verlegen. In diesem Fall wird ein Bruch in dem Zusammenspiel der einzelnen Tiergruppen bewirkt, die sich mit der Zeit in einem Meerwasseraquarium entwickeln.

gehalt und das Licht, Dinge, die gesteuert und überwacht werden können. Nur hier ist ein Regelmechanismus zu vermuten, der selbsttätig wirkt und von uns nicht gesteuert werden muß.

Die Voraussetzungen sind nach meiner Meinung in einem externen Filter nicht gegeben. Das biologische Zusammenspiel ist nun nicht so zu interpretieren, daß möglichst viele von den Tieren (Bakterien) vorhanden sein müssen, um das System funktionieren zu lassen. Es ist von ausschlaggebender Bedeutung, daß die Art und Anzahl der "Schau-Tiere", die eine Wasserbelastung im Aquarium verursachen, und der Tiere (Bakterien), die in der Wasseraufbereitung etwas bewirken, in einem ausgewogenen Verhältnis zueinander stehen. Um die Relation aufrechtzuerhalten, bedarf es, wie schon gesagt eines Regelmechanismusses. Er ist für uns extern aber insofern steuerbar, als daß wir die vorgenannten mechanischen Parameter möglichst gleichbleibend erhalten und uns an Besatzregeln halten, wie sie später noch näher aufgezeigt werden.

Es ist wichtig, daß das gesamte System "Aquarium" mit einem ausgewogenen Tierbesatz ausgestattet wird und von allen darin befindlichen Tieren "begehbar" ist. Wir können in diesem Fall auch nur die begründete Hoffnung haben, und auch hier bleibt uns zur Zeit keine andere Wahlmöglichkeit, als daß ein biologisches Regulativ vorhanden ist. Erfolge auf diesem Weg sind jedoch vielfältig und langjährig vorhanden, so daß sie diese Annahme bestärken. Damit das "Filtersystem" in Form der Aquariendekoration problemlos funktionieren kann, sind vom Substrat einige Voraussetzungen notwendig. Es muß optimal gestaltet werden, damit ausreichend Siedlungsraum für die verschiedensten Tierpopulationen vorhanden ist. Das betrifft den Siedlungsraum für die sichtbaren Tiere genauso, wie auch den für die in der Tiefe der Dekoration lebenden Bakterien. Dazu gehört neben dem Dekorationsmaterial, das immer aus porösem, kalkhaltigem Gestein wie Travertin oder ähnlichem bestehen sollte, auch eine sinnvolle Strukturierung mit Spalten und Höhlen. Die hauptsächli-

Steinkorallen reagieren besonders empfindlich auf Eingriffe von außen, die die Biologie des Wassers beeinflussen.

Das Zusammenspiel zwischen Kleingetier, "Höheren-" und "Niederen Tieren", ist der eigentliche und bestimmende Faktor für die Wirksamkeit eines Filtersystems überhaupt. Es werden sich auch hier nur Reduktionszonen entwickeln, wo Voraussetzungen dazu selbsttätig entstanden sind. Sie sind dann aber wirkungsvoll und sehr effektiv. Die vorrangigen mechanischen Wirkfaktoren dazu sind die Wasserbewegung, der Salz-

Dekoration/Strömung
Lebende Steine???
Biologisch filtern im Riffaquarium

che mechanische Komponente ist eine ausreichende Strömungsverteilung, die das ganze Becken nicht nur oberflächlich erfassen muß.

Eine Vernachlässigung, auch nur einer der beiden Faktoren (Kalksteine oder Strömung), kann gravierende Fehlentwicklungen einleiten, bzw. die positive Entwicklung eines Meerwasseraquariums überhaupt verhindern.

Zum Beispiel kann bei einem Dekorationsmaterial, welches aus geschlossenen Gesteinsarten besteht davon ausgegangen werden, daß überhaupt kein anaerober Siedlungsraum zur Verfügung steht, da das Wasser in die Steine nicht eindringen kann und somit auch die entsprechenden Bakterien keine anaeroben Zonen besiedeln können.

Andere Fehlerquellen sind darin zu suchen, daß verschiedene Gesteinsarten chemische Einschlüsse haben, die sich bei Kontakt mit dem Wasser in diesem lösen und die Bewohner des Aquariums vergiften. Beides sind wieder Vorgänge, die wir nicht so ohne weiteres im vorhinein erfassen können. Wir sind hier weitgehend auf Aussagen und Erfahrungen von Aquarianern angewiesen, die auch genutzt werden sollten.

Selbstverständlich sollte auch sein, daß dazu ein geringer, in der Zusammensetzung ausgewählter Fischbesatz gehören muß, was nicht oft genug wiederholt werden kann. Die vorgenannten Einrichtungsmaßnahmen und die Auswahl des Fischbesatzes tragen in ganz wesentlichem Maße zur Wasserentlastung und damit zum Funktionieren eines Riffaquariums bei. Dazu kommt dann eine, dem Besatz entsprechende Beleuchtungsart in spektraler Zusammensetzung und von ausreichender Dauer.

Alle diese vorgenannten Faktoren sind nicht als Einzelfaktoren zu betrachten, sie stehen in einem ganz engen Zusammenhang und sind vorher in Teil 1 dieser Faktensammlung sehr eingehend beschrieben worden. Diesem System, zu dem als technischer Part der Abschäumer, die Strömung und die Beleuchtung gehören, aber besonders die Beckendekoration als biologischer Part, muß natürlich erst einmal ausreichend Zeit zur Reifung gegeben werden, bevor hier überhaupt etwas in Richtung Wasseraufbereitung geschieht, und es den der Beckengröße entsprechenden Besatz an Tieren aufnehmen kann. In dieser Zeit sollte eine optimale Strömungsverteilung eingestellt, die Ausleuchtung optimiert werden sowie weitere technische Fehler am Aquarium behoben werden, so daß nach der Einlaufphase keine weiteren Eingriffe dieser Art mehr notwendig sind. Dabei sind Zeitangaben der biologischen Einlaufzeit differenziert zu sehen. Hierbei spielen verschiedene beckenspezifische Faktoren eine Rolle, so daß fremde Zeitangaben nur einen Anhaltspunkt geben können. Es ist in jedem Falle besser, wenn hier größere Geduld aufgebracht wird. Ein hinausgezögerter Besatz mit Tieren wird in jedem Fall von Nutzen sein. Es sollte außerdem auch klar sein, daß ein so eng begrenzter Lebensraum nur eine begrenzte und abgestimmte Zahl von Lebewesen insgesamt aufnehmen kann.

Den Lebensraum mit Filtersystemen, egal welcher Art, gravie-

Es ist leicht vorstellbar, was sich an strömungsreichen Stellen abspielt, wenn man sich dieses Überlaufrohr anschaut. Dieses Rohr ist über und über mit Tieren besiedelt, die ganz bestimmte Nährstoffe benötigen. Sie finden sie an dieser exponierten Stelle und verringern durch ihr enormes Wachstumsvermögen ganz bestimmte Stoffe im Wasser.

Filterung — Bio-Filter, Licht

Biologisch filtern im Riffaquarium

Eine weitere Filterfunktion übt der Bodengrund aus. Bei diesem feinen Coraminiferensand ist es wichtig, daß er gut bewegt wird. Das können grabende Tiere bewirken, wie hier der Brunnenbauer. Aber auch die Strömung muß ausreichend bemessen werden.

rend erweitern zu wollen, ist einer der großen Irrtümer in der Meeresaquaristik, der auch heute, wie mir scheint, immer noch anhält. Erweiterungen des Lebensraumes sind nur mit einem größeren Aquarium, also mit einer Wasservolumen- und auch Flächenerweiterung zu bewerkstelligen. Die Grenze für die Aufnahmefähigkeit an Tieren in einem Aquarium zu finden, ist nicht leicht und auch nur schwer beschreibbar, macht aber letztendlich den erfolgreichen Meeresaquarianer aus.

Zu den Fragen der Filterung sollte man zwar gerade in unserem Hobby aufgeschlossen sein, aber man sollte nicht nur glauben, was einem hier und da erzählt wird. Entscheidend ist der vorzeigbare langjährige Erfolg. Mit diesem Ziel vor Augen habe ich auch andere Filtersysteme parallel zu der hier beschriebenen Methode versucht. Der Erfolg oder Maßstab für alle Veränderungen ist für mich aber immer mein Becken, mit den darin zur Zeit befindlichen Tieren gewesen. Neuerungen, die ich ausprobiert habe, wurden auf einer Nebenschiene gefahren und auch nur dann, wenn ich die nötige Zeit hatte, um die Experimente durchführen zu können, sie intensiv beobachten konnte, um rechtzeitig einzugreifen, wenn etwas schief zu gehen drohte.

So, wie die Dinge heute stehen, kann ich mit Bestimmtheit sagen, daß Becken, die mit biologischen Filtern betrieben werden, für hermatypische Steinkorallen nicht das Optimale darstellen. Die größten Wachstumserfolge sind mit dem vorher beschriebenen Verfahren, d.h. einer intensiven Abschäumung, dem HQI-Licht mit der Lichtfarbe "D" und einer optimalen Beckendekoration erzielt worden. Insbesondere das Weiterwachsen der Korallen ist nur in Becken gelungen, die ähnlich der hier beschriebenen Art betrieben wurden.

Favites russelli: Favia Korallen werden in letzter Zeit vermehrt auf lebenden Steinen gefunden. Sie sind in Riffbecken dann gut haltbar und regenerieren zu neuen Kolonien. Bei diesen Korallen ist besonders auf den Ansiedlungsort zu achten. Sie strecken in der Nacht sehr lange Mesenterialfilamente heraus und vernesseln insbesondere Acropora-Arten.

Heliofungia actiniformis: Fungia Korallen sind in Aquarien seit einiger Zeit halt- und auch vermehrbar. Diese Art muß jedoch gefüttert werden und benötigt relativ viel Platz. In Riffbecken gehört sie deshalb nicht hinein.

Grundsätzliche Betrachtungen zur Hälterung der hermatypischen Steinkorallen

- *Licht*
- *Ernährung*
- *Spurenelemente*
- *Photosynthese*
- *Kalziumdosierung*
- *Ansiedlungsparameter*
- *Strömung*
- *Raumkonkurrenz*
- *Nesselgifte*
- *Ausgangsvoraussetzungen*
- *Ursachen für Fehlentwicklungen*

Die Hälterung der hermatypischen Steinkorallen im Aquarium wirft vielfältige Probleme auf. Einige grundsätzliche, soweit sie mir bekannt und durch eigene Erfahrungen bestätigt worden sind, will ich hier aufzeigen. Es sind Probleme der technischen Seite und andere, die aus dem Zusammenleben von verschiedenen Tierarten auf engstem Raum entstehen.

Dazu kommen Probleme, die dem Bereich der Ernährung und der Versorgung der Tiere mit den lebensnotwendigen Spurenelementen zuzuordnen sind.

Da das Gebiet der praktischen Hälterung der Riffkorallen Neuland ist und bisher nur wenige Erfahrungen hierüber veröffentlicht wurden, ist es wichtig, einen Anfang zu machen auch dann, wenn sie mit Sicherheit in den nächsten Jahren noch der Ergänzung bedürfen und damit noch unvollständig sind.

Es kann deshalb sein, daß die eine oder andere hier dargelegte Erkenntnis widerrufen werden muß. Ich beschäftige mich aber schon seit 1983 mit der Hälterung dieser speziellen Tiere und glaube deshalb, einigermaßen sichere Erkenntnisse auf dem Gebiet erworben zu haben. Sie können durchaus schon als Grundlage für die Meeresaquarianer, die sich mit solchen Tieren beschäftigen wollen, dienen.

Die Technik, welche diese Aquarien relativ sicher in Gang hält, ist in vorhergehenden Kapiteln beschrieben worden und als gelöst anzusehen. Sie hat in dieser Art entscheidend zur erfolgreichen Hälterung und Vermehrung der hermatypischen Steinkorallen im Aquarium beigetragen.

Bevor ich nun zu den eigentlichen Hälterungsgrundlagen komme, möchte ich einige Erläuterungen zur Problematik der Korallen allgemein geben. Steinkorallen, hierbei besonders die riffbildenden, galten bis vor kurzem noch in Aquarien als nicht haltbar. Es wird auch heute zuweilen immer noch von kompetenter Seite angezweifelt, daß es möglich ist. Aber es liegen gesicherte und vorzeigbare Beweise vor, die derartige Behauptungen widerlegen.

Der Hauptpunkt für Anzweifelungen dieser Art, lag immer darin begründet, daß die Meinung verbreitet war, wir können diese Tiere nicht am Leben erhalten, weil wir sie in erster Linie nicht mit Nahrung versorgen können. Deshalb möchte ich zu dieser Problematik nachfolgend einige Erläuterungen geben. Zuvor ein Problem, das für viele zweitrangig erscheinen mag, aber wegen seiner Grundsätzlichkeit zu einiger Verwirrung beitragen kann. Es ist die Bestimmung der Arten. Sie ist für uns Aquarianer immer dann von Bedeutung, daß, wenn wir über Probleme der Hälterung von Steinkorallen sprechen, wir auch sicher sein müssen, daß wir die gleichen Tiere meinen.

Für eine exakte Bestimmung sind von den Wissenschaftlern besondere Merkmale festgelegt worden. In der Regel sind die Korallen nur eindeutig und endgültig am toten Skelett zu identifizieren. Verwirrend bei der Festlegung des Namens für uns Aquarianer ist, daß die Wuchsform ein besonderes Merkmal für die Bestimmung des Namens ist. Ich habe festgestellt, daß gerade die Wuchsform in gravierender Weise von den Umweltbedingungen, mit denen die Koralle aufwächst, abhängt.

Diese Parameter, zu denen die Strömung, die Beleuchtung und die Wasserbelastung gehören, formen eine Koralle auch im Aquarium ganz unterschiedlich. Da die Namen der Korallen aber immer nur nach "wild" in einem optimalen Lebensraum aufgewachsenen Substrat bestimmt worden sind, kann man sich vorstellen, wie schwierig, wenn nicht gar unmöglich es ist, eine im Aquarium aufgewachsene Koralle lebend zu bestimmen. Es sind nachweisbar die gleichen Arten die in verschiedenen Aquarien unterschiedliche optische Formen ausbilden.

Daß diese Schwierigkeit der Bestimmung auch in der Natur vorhanden ist, belegt die Tatsache, daß man heute von Standortformen spricht. Die Folge wird sein, daß in naher Zukunft die Klassifizierung, auch der Steinkorallenarten, überarbeitet werden muß und die Artenvielfalt reduziert wird.

Ein weiterer Nachteil dieser Bestimmungsmöglichkeit ist, daß das Vergleichsmaterial aus der Natur in der Regel nur aus mehr oder weniger guten Fotos besteht.

Deshalb sollten Klassifizierungen (Namengebungen), zumindest der Arten, die im Aquarium aufgewachsen sind, mit einer gewissen Toleranz gesehen werden. Sie sollten aber möglichst, einen Art- oder Gattungsnamen beinhalten, den man mit relativer Sicherheit finden kann.

Das zweite und eigentliche Problem in der Meeresaquaristik ist die Frage, ob wir die Korallen von der Ernährungsseite her, im Aquarium am Leben erhalten können.

Sie kann, wie wir heute mit Sicherheit wissen, relativiert werden. Es ist inzwischen bekannt, daß die Korallen auch in der Natur wahre Lebenskünstler sind. Sie haben zum Teil verschiedene Ernährungsmöglichkeiten entwickelt, die effektiv je nach Nahrungsangebot, eingesetzt werden können. Jede für sich garantiert ein Überleben der jeweiligen Koralle. Wir haben von dieser Seite her durchaus eine reelle Chance, die Tiere im Aquarium am Leben zu erhalten und bei optimalen Randbedingungen auch zu vermehren.

Die Art der Vermehrung, wenn sie gezielt erfolgen soll, wird zwar in erster Linie immer noch eine mechanische Teilung sein, aber auch diese Art der Vermehrung ist schon ein großer Erfolg, wenn man bedenkt, daß die Tiere bis vor kurzem als noch nicht einmal haltbar galten und zum großen Teil auch nicht waren.

Aber auch die Vermehrung über das Larvenstadium und die selbständige Teilung, auf die wir zur Zeit noch keinen direkten Einfluß nehmen können, wird zunehmend beobachtet und trägt heute in zunehmendem Maße zur Verbreitung von in Aquarien gewachsenen Korallen bei (Acropora, Fungia, Herpolython und Tubastrea Arten). Kommen wir nun zurück zur Ernährung der Korallen.

Die heute bekannten Ernährungsweisen können in fünf große Bereiche aufgeteilt werden, die wie folgt aussehen:

1. Die Korallen fangen das im Wasser schwebende Plankton ein.

Diese Möglichkeit der Nahrungsaufnahme kann den Korallen im Aquarium in der Regel nicht geboten werden. Es sei denn, man hat ein alt eingefahrenes Becken mit einer reichen Mikrofauna und nur sehr wenigen Fischen. Das Zuführen von externem Futter dieser Art würde zu einer sehr hohen Wasserbelastung führen und ist, wie wir später noch sehen werden, nicht notwendig.

2. Die Aufnahme von Futterbrocken größeren Ausmaßes.

Diese Art der Futteraufnahme ist hauptsächlich bei den Solitär- und Blasenkorallenarten zu beobachten. Hierbei werden die Futterbrocken von den Tentakeln zur Mundscheibe befördert und im Gastralraum verdaut. Diese mögliche Futteraufnahme soll aber nicht Gegenstand dieser Abhandlung sein, weil von Korallen dieser Art Schädigungen der hermatypischen Steinkorallen zu erwarten sind. Die Solitärkorallen sollten in der Regel nicht mit Riffbildnern zusammen gehalten werden.

3. Die Aufnahme von mikroskopisch kleinen Nahrungspartikeln, die im Meer bei der Nahrungsaufnahme von größeren Fischen abfallen .

Sie werden dann von den Korallen eingefangen und extern verdaut. Das ist auch bei einigen Arten im Aquarium beobachtet worden. Der optische Eindruck ist, als wenn sich die Koralle hier auflöst.

Mit diesen Nahrungspartikeln sind in erster Linie Blutfermente, Muskel und Gewebezellen, wie auch Geschlechtsprodukte (Larven) gemeint, die im Meer aber auch im Aquarium beim Ablaichen der Tiere anfallen. Auch Trockenfutterpartikel mit denen im Aquarium gelegentlich gefüttert wird, haben den gleichen Effekt, wenn sie auf die Oberfläche der Koralle gelangen.

Das ist schon eine Ernährungsweise, die auch in abgewandelter Form im Aquarium zu beobachten ist und eine zusätzliche Rolle spielen kann.

4. Die Aufnahme im Wasser gelöster organischen Verbindungen.

Bei dieser Art der Futteraufnahme werden organische Verbindungen durch die gesamte Körperoberfläche aufgenommen. Ob diese Art der Nahrungsaufnahme im Aquarium auch zum Zuge kommt, ist für uns Aquarianer nicht nachvollziehbar, aber durchaus denkbar. Leben doch die meisten Korallen lange Jahre in Aquarien, ohne daß sie jemals gezielt gefüttert werden.

Hier scheint besonders das Nitrat eine Rolle zu spielen. Es wurde beobachtet, daß immer dann, wenn der Nitratwert gegen 0 tendierte, das Auswirkungen auf die Ausfärbung, das Wachstum und die Wuchsgeschwindigkeit der Korallen hatte. Auf jeden Fall ist zweifelsfrei, daß Nitratwerte zwischen 10 - 40 mg/Liter keine negativen Auswirkungen auf das Wohlbefinden von hermatypischen Steinkorallen hat.

5. Die Symbiosepartnerschaft mit den Zooxanthellen.

Diese fünfte Ernährungsweise der Korallen ist für uns Aquarianer nun die bekannteste, aber auch die komplizierteste Art der Ernährung in diesem Bereich des Meeres.

Es war lange Zeit die Meinung verbreitet, daß wir den Prozeß des Zusammenspiels der Zooxanthellen mit den Korallen, im Aquarium nicht aufrecht erhalten können. Diese Aussage hat aber heute, aufgrund der Entwicklung von speziellen Lampentypen mit einem Sonnenlicht ähnlichen Spektrum, keinen Bestand mehr. Es hat sich gezeigt, daß gerade diese komplizierte Ernährungsmöglichkeit der Korallen es uns erlaubt die Tiere im Aquarium zu erhalten und sie sogar zu vermehren. Sie ist uns auch von anderen Blumentieren her bekannt, wo sie in ähnlicher Form abläuft. Was aber nicht bekannt war, ist der Umstand, daß fast alle Blumentiere in der Lage sind, sich ausschließlich über die Variante des autotrophen Nahrungserwerbs am Leben zu erhalten. Das hat in der Konsequenz dazu geführt, daß wir die Tiere nicht mehr extern zu füttern brauchten und somit das Beckenwasser nicht mehr so stark belastet wurde. Mit ein Grund, der in der Vergangenheit das Hältern dieser Tiere unmöglich machte. In der Gesamtheit läuft diese Ernährungsform, wegen der Notwendigkeit eines komplizierten Zusammenspiels von biochemischen Abläufen, auf einer sehr hohen Entwicklungsstufe ab.

Gravierende, länger anhaltende Störungen des Wasserchemismusses führen deshalb immer zuerst zum Tod dieser Tiere. Als Grundlage für die autotrophe Ernährung fungieren winzige, mikroskopisch kleine einzellige Algen, die Zooxanthellen. Sie existieren in großer Zahl im Gewebe der riffbildenden Steinkorallen und benötigen für ihre Existenz und Vermehrung intensives Sonnenlicht. Auf einem Quadratzentimeter lebendem Korallengewebe wurden ca. 1 Million Zooxanthellen gezählt. Auch in den mikroskopisch kleinen Planula-Larven sind noch ca. 7400 solcher Algen vorhanden. Sie werden ihnen vom Mutterpolypen mitgegeben und bilden eine Nahrungsgrundlage für den Zeitpunkt vom Ausstoßen bis zur sessilen Ansiedlung.

Bräunlich grün gefärbt tönen hauptsächlich diese Algen die Tiere des Korallenriff. Die Zooxanthellen bieten dem empfindlichen Korallengewebe einen wirksamen Schutz gegen die intensive UV-Strahlung des Sonnenlichtes, hauptsächlich im Flachwasserbereich, und ermöglichen dadurch den Wirtskorallen, auf Substrat zu siedeln, das voll dem Sonnenlicht ausgesetzt ist.

Das Siedeln in hellem Licht, die enorm große Zahl von Zooxanthellen und daraus resultierend der größtmögliche Energieumsatz durch die Photosynthese, ermöglicht den Korallen das enorm schnelle Wachstum, das nötig ist, um sich gegen Raumkonkurrenten im Riff erfolgreich durchzusetzen. Da diese Ernährungsweise die Grundlage für die Hälterung, auch im Aquarium, darstellt, nachfolgend einige Fakten zu diesem Thema.

Betrachten wir einmal stark vereinfacht, worin die gegenseitigen Vorteile der beiden Symbiosepartner bestehen (siehe hierzu auch das Licht und der Nährstoffkreislauf im Riffaquarium). Die Zooxanthellen leben geschützt vor Freßfeinden in der Koralle und nutzen fortlaufend die Stoffwechselprodukte ihrer Wirtstiere für ihre Ernährung. Dazu gehören in

Grundsätzliche Betrachtungen zur Hälterung der hermatypischen Steinkorallen

Das Korallenriff sieht oberflächlich wohl gegliedert aus. Die Tiere stehen wie hingesetzt, jedes an seinem Platz. Auswirkungen von Raumkonkurrenz sind von ferne betrachtet nicht auszumachen.

Ein kleiner Ausschnitt zeigt uns welche Tiere gemeinsam haltbar sind. Hier sind es Weichkorallen, Sinularia brassica, Zooanthus und Parazooanthus Arten, sowie Röhrenkorallen aus der Gattung der Stoloniferen. Allen gemeinsam ist, daß sie eine weiche Körpermasse haben. Hier gibt es selten Probleme. Es sei denn, daß sie sich überwuchern und vom Licht abschatten.

Krusentanemonen: Diese Tiere sind schmückendes Beiwerk für ein Riffbecken. Sie sind in der Regel in Becken begrenzt haltbar, obwohl man immer für genügend Abstand zu den hermatypischen Steinkorallen sorgen muß. Hier muß der Pfleger in bestimmten Fällen und bei verschiedenen Arten eingreifen.

Detailaufnahmen zeigen, daß auch eine bunt gewürfelte Besetzung machbar ist. Die Probleme treten erst später auf, wenn die Tiere zu wachsen beginnen. So gesehen werden wir ein Riffbecken niemals sich selbst überlassen dürfen.

erster Linie das aus der Atmung der Koralle hervorgehende Kohlendioxyd und die bei der Verdauung der Koralle zurückbleibenden Schlackenstoffe, wie z.B. Stickstoff und Phosphorverbindungen. Letztere gehören im Meerwasser zu den Mangelstoffen, können also von den Zooxanthellen nicht dem Wasser entnommen werden. Sie sind für die Algen aber von lebenswichtiger Bedeutung.

Das Kohlendioxyd im Zusammenwirken mit dem Licht verwendet die Alge zur Produktion von Sauerstoff. Dieser kommt der Koralle zugute. Außerdem nutzt die Koralle eine Reihe weiterer Nährstoffe, wie Zucker und Aminosäuren, die bei der Photosynthese der Algen anfallen und von ihr nicht restlos verwertet werden.

Ein ebenfalls wichtiger Faktor bei dieser Zweierbeziehung ist, daß die Nahrungsproduktion auf engstem Raum abläuft. Dadurch werden Stoff- und Energieverluste weitgehend vermieden und die Nährstoffe, die wechselseitig produziert werden, optimal genutzt. Der größte Vorteil jedoch, den die Koralle hat, besteht darin, daß das Skelettwachstum durch das Zusammenwirken der chemischen Abläufe enorm beschleunigt wird. Das fortwährende schnelle Wachstum ist eine der wichtigsten Voraussetzungen zur Arterhaltung der hermatypischen Steinkorallen.

Die chemischen Abläufe hier im einzelnen zu beschreiben würde in diesem Rahmen zu weit führen. Dazu bietet das Buch von Dr. Kühlmann "Das lebende Riff" eine hervorragende und für uns Laien einigermaßen verständliche Möglichkeit.

Außerdem wurde in dem Kapitel "Das Licht und der Nährstoffkreislauf im Riffaquarium" auf die Problematik eingegangen. Für uns wesentlich sei hier nur noch festgehalten, daß die chemischen Abläufe, die das Wachstum der Korallen so beschleunigen, temperaturabhängig sind und bei Temperaturen um die 26 °C ihr Optimum erreichen. Das ist ein Faktor, dem wir im Aquarium Beachtung schenken müssen. Die Kalksyntheserate, als Basis für das lebende Substrat, würden sonst stark eingeschränkt werden.

Wie sehen nun die weiteren Faktoren für das Hältern und Vermehren von hermatypischen Steinkorallen im Aquarium aus? Als wichtigster Faktor, der es uns erst ermöglicht hat, diese Tiere im Aquarium zu halten, ist, wie wir gesehen haben, das Licht zu nennen. Auch im Riff ist das Licht für das Wachstum der Korallen von entscheidender Bedeutung. Es spielt in der Meeresaquaristik, die eine Nachbildung eines Riffes darstellen soll, eine noch größere Rolle, da es ermöglicht, die Korallen ohne externe Fütterung am Leben zu erhalten und in der Folge auch zu vermehren.

Für diese Art der Aquaristik haben wir hier besonderes Glück gehabt, daß wir auf die HQI-Lampe mit der Lichtfarbe "D" der Firma Osram gestoßen sind. Mit dem Spektrum und der Energiedichte dieser Lampe ist es überhaupt erst möglich geworden, hermatypische Steinkorallen im Aquarium längere Zeit am Leben zu erhalten. Wenn man nun aber zurück ins Riff geht und dabei bedenkt, daß ein nicht unerheblicher Teil des Sonnenlichtes von der Oberfläche des Meeres reflektiert wird und bei zunehmender Tiefe immer mehr aufgespalten (gefiltert) wird, ist es eigentlich ein Phänomen, wie es möglich ist, daß Korallen noch in Tiefen bis zu 50 Metern gedeihen. Dabei könnte doch wieder der Gedanke aufkommen, daß auch die Korallen im Aquarium mit weniger Licht auskommen können.

Einmal abgesehen davon, daß die Sonne eine wesentlich höhere Energiedichte ins Meer einträgt, liegt dieses Wachstumsvermögen daran, daß es bei den symbiotischen Algen Licht und Schattenformen gibt. Die Schattenformen besitzen mehr der für die Photosynthese notwendigen Pigmente als die Lichtformen und kompensieren so zum Teil den in größeren Tiefen herrschenden Lichtmangel. Dabei ist es aber nicht so, daß sich die verschiedenen Algenformen auf jedes Restlichtspektrum einstellen können und der Lichtfaktor im Aquarium wieder relativiert werden könnte. Sicher ist für uns Aquarianer die Tatsache, daß Riffbildende Steinkorallen auf Dauer nur mit Leuchtstofflampen als Lichtquelle in Aquarien nicht haltbar sind. Wo hier die Grenze liegt, ist sicher noch nicht abschließend erforscht.

Die maximal mögliche Photosynthese wird im Meer zwar auf diese Weise aufrechterhalten, aber die größte Wachstumsrate ist auch hier auf den oberen sonnendurchfluteten Bereich des Riffes beschränkt und hier am effektivsten. Für die Ernährung der Korallen in den tieferen Bereichen spielen sicher auch noch die anderen zuvor beschriebenen Ernährungsformen, insbesondere das Plankton, eine dann zunehmende Rolle. Die ausschließliche Ernährung über das Licht wird mit Sicherheit nur bei optimaler Lichteinstrahlung im oberen Bereich des Riffes möglich sein. Diesem Umstand müssen wir im Aquarium Rechnung tragen, wollen wir bei der Hälterung der hermatypischen Steinkorallen Erfolg haben. Ein weiterer Bereich, dem wir besonders im Aquarium erhöhte Aufmerksamkeit widmen müssen, ist die ausreichende

Kalzium, Stront., Jod, Barium, CO2

Grundsätzliche Betrachtungen zur Hälterung der hermatypischen Steinkorallen

Bereitstellung einiger weiterer Stoffe, die zum Skelettaufbau benötigt werden, den sogenannten Spurenelementen. Dieser Bereich ist deshalb so wichtig, weil unser Aquarium ein eng eingegrenztes Wasservolumen hat. Es erhält in der Regel von außen keinen automatischen und ausreichenden Nachschub an Elementen, die durch das Wachstum der Korallen und anderer Tiere in deren Skelette eingebunden wird und somit verbraucht werden.

Das Skelett der Steinkorallen besteht in der Hauptsache aus Kalziumkarbonat, das in der Kristallform Aragonit auskristallisiert ist, dazu Beimengungen von Strontium, Magnesium und Natrium in geringerer Menge. Zum Aufbau des Skelettes entziehen die Steinkorallen im Zusammenwirken mit den Zooxanthellen sehr effektiv dem Meerwasser Kalzium-Ionen. Diese, von Dr. Brockmann als Interaktion bezeichnete Kalksynthese, ist so effektiv, daß die Kalziumbildungsrate der hermatypischen Steinkorallen 10x höher ist als die anderer Steinkorallen. Aus diesem Grund sind die hermatypischen Steinkorallen, aber auch stark wachsende Kalkalgen, die größten Verbraucher von Ca+ Ionen. Ein Ausgleich dieses erhöhten Verbrauchs nur über den Wasserwechsel ist somit nicht ausreichend.

Hier hat die Zugabe von Strontium und Jod sowie von sogenanntem Kalkwasser eine Stagnation in der Weiterentwicklung unserer Riffbecken verhindert. Dazu einige Zahlen, die den Verbrauch einiger Elemente verdeutlichen. Der Zuwachs von 1 Gramm Korallenskelett bedeutet den gesamten Verbrauch von Kalzium aus 1,5 Litern, Barium aus 5 Litern und Strontium aus 1,5 Litern Seewasser.

Neben dem Licht sind dies weitere Faktoren, die, wenn sie nicht ausgeglichen werden, über Leben und Tod der Korallen im Aquarium entscheiden. Weitere Ausgangsstoffe für den Skelettbau sind Kalzium und Kohlendioxyd. Beides ist im Meerwasser reichlich vorhanden. Das Kalzium in unserem Aquariumwasser, das vom Volumen her ja nur einen winzigen Tropfen im Verhältnis zum Meer darstellt, wird beim Wachstum der Korallen schnell verbraucht und muß diesem von uns in besonders hohem Maße zum Wachstum der Korallen wieder zugeführt werden.

Das Kohlendioxyd, das benötigt wird, um Kalzium in Lösung zu halten, wird im ständigen Austausch mit der Luft dem Meerwasser, aber auch dem Aquariumwasser durch eine starke Oberflächenbewegung und durch den Abschäumer zugeführt und braucht in der Regel nicht gesondert beachtet zu werden. Es ist nur für eine optimale Wasserbewegung und ausreichend dimensionierte Abschäumer mit ausreichend langer Kontaktzeit des durchfließenden Wassers zu sorgen.

Die Zuführung des Kalziums wird nach der von Peter Wilkens beschriebenen Kalkwassermethode durchgeführt. Siehe auch Kapitel Chemie im Meerwasseraquarium. Dabei wird Kalziumhydroxyd in Süßwasser gelöst und die Lösung (Kalkwasser) dem Beckenwasser als Ersatz für das verdunstete Wasser in langsamen Schüben, am besten mit einer Dosierautomatik, zugegeben. Bei der Zugabe der Lösung ist der PH-Wert zu beachten. Er kann bei Zugabe dieser stark gesättigten und auch aggressiven Lösung schnell in hohe Bereiche ansteigen und zu Schäden an allen Tieren im Aquarium führen. Die Zugabe sollte deshalb langsam und in zeitlichen Abständen erfolgen. Mit dieser Art der Kalziumzuführung ist es möglich, den Korallen, das zum Skelettaufbau nötige Kalzium zur Verfügung zu stellen.

Das ausreichende Vorhandensein von Ca+ ist über die Karbonathärte meßbar und sollte bei 8 Grad KH liegen. Zum anderen sollte auch der Gehalt an freien Kalziumionen mit dem Kalziumtest der Fa. Merk Nr. 11110 gemessen werden.

Der Test ist jedoch nicht einfach zu handhaben. Der ausgemessene Wert soll bei ca. 400 mg/Liter liegen. Die Karbonathärte und der Kalziumgehalt müssen beim sichtbarem Wachstum der Steinkorallen ständig gemessen und reguliert werden. Der KH-Wert darf gefahrlos nur bis ca. 5 °KH absinken. Fällt er weiter, besteht die Gefahr der Stagnation des Wachstums der Korallen. Bei einem Wert unter 3 Grad KH treten in der Regel Schäden an den Korallen auf. Damit verbunden ist dann immer ein Abfallen des PH-Wertes. Die Pufferkapazität ist erschöpft. Das Beckenwasser ist dann auch nicht mehr mit verstärkter Zugabe von Kalkwasser aufhärtbar. Es muß in größeren Mengen Wasser mit all seinen Nachteilen gewechselt werden. Andererseits ist eine Härte über 8 Grad KH auch im Meer selten und braucht deshalb im Aquarium nicht angestrebt zu werden.

In einem Becken mit relativ starkem Korallenwuchs wird aufgrund des ständigen Entzuges des Kalziums durch die Korallen, aber auch der "Kalkalgen" und anderer "Niederer Tiere", eine Härte über 8 Grad KH nur selten erreichbar sein. In wieweit ein weiteres Absinken des Gehaltes an Ca+ Ionen eine Stagnation des Wachstums der Steinkorallen beinhaltet, kann ich nicht konkret sagen. Es liegen hier sehr unterschiedliche Aussagen vor. In den zuletzt dargestellten Fakten der Karbonathärte bzw. dem Gehalt des Aquariumwassers an Kalzium Ionen liegt ein begrenzender Faktor für die Anzahl der kalkverbrauchenden Tiere im Aquarium.

Die Begrenzung liegt darin, daß wir Kalzium nicht in unbegrenzten Mengen nachdosieren können. Wir haben nur die Möglichkeit über das verdunstete Wasser diesen Hauptskelettbaustoff der Korallen im Aquariumwasser auf einen gewissen Pegel zu halten. Möglich wäre hier die Verdunstungsrate zu erhöhen. Aber das ist, wenn sie einen angemessenen Rahmen übersteigt, schon wieder ein unnatürlicher Eingriff, der auch Gefahren beinhaltet.

Für die Umwandlung des Kalziums in Aragonit, dem eigentlichen Baustoff der Korallenskelette sind, wie vorher schon angedeutet, nun noch einige andere Stoffe aus dem Bereich der Spurenelemente nötig. Sie werden in der Natur ebenfalls dem Meerwasser entnommen und sind in geringen Mengen auch in unserem Aquariumwasser, das mit Süßwasser und synthetischen Salzen angesetzt wird, enthalten.

Sie werden aber, ähnlich dem Kalk, beim Wachstum der Korallen, dem Aquariumwasser entzogen (verbraucht). Deshalb müssen die Stoffe ebenfalls nachdosiert werden. Die meisten Spurenelemente werden dem Aquariumwasser jedoch in ausreichender Menge über das Süßwasser, sofern es kein Osmosewasser ist das wir zum Nachfüllen verwenden, ergänzt. Das Leitungswasser enthält fast alle Spurenelemente in ausreichender Menge.

Das ausschließliche Verwenden von Osmosewasser ist zum Nachfüllen aus diesem Grund nicht zu empfehlen. Osmosewasser wird zu über 90% von allen Beimengungen, also auch von Spurenelementen, befreit. Strontium und Jod sind zwei essentielle Elemente, die von den wachsenden Steinkorallen in größeren Mengen verbraucht werden. Nur mit Nachfüllwasser sind sie nicht zu ersetzen.

Diese Elemente werden, wie schon gesagt, von den Korallen, aber auch von den Kalkalgen beim Skelettaufbau verbraucht. Strontium wird in erster Linie von ihnen dazu benutzt, das Aragonit, das sich leicht zu Kalzit zurückbildet, in Lösung zu halten. Es spielt außerdem, wie neuere Untersuchungen ergeben haben, eine noch größere Rolle beim Offenhalten der Membrankanäle, die zur Matrix, an der die Kalkanlagerung stattfindet, führen. Beim Anlegen des Aragonits in Skelettbauform wird das Strontium mitverbraucht (im Skelett gebunden) und muß deshalb dem Aquariumwasser wieder zugeführt werden. Die Dosierungsmenge ist Erfahrungssache und wird im Kapitel "Chemie im Meerwasseraquarium" näher erläutert. Sie ist in erster Linie abhängig von der Wassermenge und den darin gehaltenen kalkverbrauchenden Tieren. Insbesondere das Wachstum der Steinkorallen und Kalkalgen sind Einflußfaktoren für die Nachdosierung im Aquariumwasser.

Die zuvor aufgezeigten Fakten sind theoretische Voraussetzungen, einmal in der Natur und in abgewandelter Form auch im Aquarium auf einen einfachen Nenner gebracht. Eine weitere Grundlage, die in der Meeresaquaristik immer noch zu oft vernachlässigt wird, ist die Strömung. Auch sie spielt wieder besonders bei der Pflege der hermatypischen Steinkorallen eine herausragende Rolle.

Sie ist sehr wichtig für das Herantragen von sauerstoffreichem Wasser und das Abtragen von Stoffwechselabfallprodukten aus dem gestaltlichen Bereich der Korallen. Es muß dabei jedoch bedacht werden, daß wir nicht wissen, aus welchen Bereichen des Riffs unsere Korallen, die wir ins Aquarium einsetzen, kommen. Wir wissen also auch nicht, wie hoch der Bedarf an Strömung für die jeweiligen Tiere ist. In der Regel muß der Bedarf für jedes Tier, Stein- oder Weichkoralle, das ins Aquarium eingesetzt wird, neu ermittelt werden. Man sollte sich hier auch nicht auf Literaturangaben verlassen.

Es gibt Tiere, die sogenannte Standortformen ausgebildet haben und die mit ganz spezifischen Lebensparametern, zu denen besonders die Strömung gehört, aufgewachsen sind. Diese müssen annähernd im Aquarium wieder reproduziert werden, damit ein Weiterleben der Tiere hier überhaupt möglich ist. Grundsätzlich bekannt ist aber, daß hermatypische Steinkorallen allgemein sehr hohe Strömung zu ihrer Entfaltung benötigen. Einmal, damit im Riff genug Nahrung in ihre Tentakel getrieben wird, zum anderen für den notwendigen Wasseraustausch ihres umgebenden Lebensraumes, der im Aquarium besonders zu beachten ist.

Hierbei ist für die meisten Arten das Herantragen von sauerstoffreichem Wasser ein entscheidender Faktor. Außerdem ist die Strömung wichtig beim Abtragen von Abfallstoffen, die die Koralle produziert und die ausgestoßen werden. Sie ist aber auch wichtig, wenn von anderen Tieren Sedimente (z. B. Kotreste, Schwebstoffe) in die Koralle getragen werden. Sie müssen von der Strömung aus den Tieren entfernt werden.

Bei der Strömungsverteilung im Aquarium ist besonders zu beachten, daß der Wasserstrom zuerst über die empfindlichsten Korallen streicht.

Strömung Standorte
Grundsätzliche Betrachtungen zur Hälterung der hermatypischen Steinkorallen

Bei der Wasserbewegung werden Nesselgifte mitbewegt. Viele empfindliche Korallen reagieren sehr feinfühlig auf diese Nesselgifte und können leicht geschädigt werden. Deshalb sollte die Strömungsrichtung, die einmal in einem eingerichteten Aquarium eingestellt wurde, nicht mehr verändert und beim Reinigen der Pumpen unbedingt markiert werden. Eine Außerachtlassung oder wahllose Veränderung kann sonst fatale Folgen haben.

Wenn wir die aufgezeigten Faktoren, die Nahrung, die wasserchemischen Zusätze, das Licht und die Strömung betrachten und in Zusammenhang bringen, so bin ich der Meinung, daß wir trotz der kompliziert erscheinenden Zusammenhänge gute Chancen haben, hermatypische Steinkorallen in unseren Aquarien zu halten und auch zu vermehren.

Eine im Aquarium gemachte Aufnahme zeigt uns einen Auschnitt aus einem Wohnzimmerriff. Die Unterscheidung zur Natur dürfte hier schon schwer fallen. Die technischen Belange sind als gelöst anzusehen und wir können uns heute auf die Tiere konzentrieren.

Die aufgezeigten Fakten sind beherrschbar. Daß es grundsätzlich möglich ist, haben mit mir einige Aquarianer in ausreichend langer Zeit schon bewiesen. Was macht es aber dennoch recht schwierig, Steinkorallen dieser Art naturähnlich im Aquarium zu pflegen?

Es ist in erster Linie der intensive Pflegeaufwand. Mit diesem Aufwand ist nicht nur das manuelle gemeint. Die Beobachtung der Tiere, das Erkennen von Wechselbeziehungen und das Reagieren darauf, ist als ein wesentlicher Bestandteil des Pflegeaufwandes zu betrachten. Die Korallen müssen als erstes, wenn sie ins Aquarium eingesetzt worden sind, intensiv beobachtet werden mit dem Ziel, herauszufinden, ob sie von umgebenden Tieren geschädigt werden, bzw. ob negative Einflüsse der Strömung oder des Lichtes sichtbar werden. Sind die Parameter in Ordnung, zeigen die Korallen positive Lebenszeichen und entfalten sich. Jetzt ist es notwendig, die Parameter zu stabilisieren.

Die Korallen reagieren mitunter nicht nur auf kleinste chemische Veränderungen des Wassers, auch Strömungsveränderungen können den Tod dieser Tiere herbeiführen. Das bedeutet, daß Schadstoffe oder auch anders geartete Nesselgifte von Mitbewohnern im Aquarium, die an die Koralle von der Strömung herangetragen werden, sie zu einer zunächst nur negativen Reaktion veranlassen können. Diese Auswirkungen rechtzeitig zu erkennen ist zwar schwierig und auch sehr zeitraubend, aber durchaus möglich. Einflüsse dieser Art werden besonders deutlich bei Korallen, die neu ins Aquarium eingesetzt werden. Wir wissen bei diesen Tieren in der Regel nicht, aus welchen Strömungszonen, Lichtverhältnissen und anderen Umgebungsparametern (mitbewohnenden Tieren des natürlichen Lebensraumes) sie kommen. Es gilt deshalb zunächst einmal, einen optimalen Standort zu finden, der nicht der endgültige sein muß, an dem sie Überlebensanzeichen im Aquarium zeigen.

Das trifft auch bei Korallen zu, die aus anderen Aquarien umgesetzt werden, also keine Wildformen mehr sind. Das Umsetzen muß notfalls mehrmals vorgenommen werden, bis ein Standort gefunden ist, an dem sie sichtbar weiterleben. Außerdem muß vorsichtshalber die Umgebung der Korallen zunächst freigehalten werden von anderen "Niederen Tieren", die Mitbewohner sein sollen, von denen aber die Nesselfähigkeit in der Regel nicht bekannt ist. Sie könnten an einer im Aquarium durchaus haltbaren Koralle, durch Kontaktieren mit dieser, Schädigungen hervorrufen. Umstände dieser Art begründen, daß wir das Aquarium nach den Ansprüchen der Korallen einrichten, besetzen und verschiedene Faktoren beim Betrieb beachten und überwachen müssen.

Schädigungen, die aus ungünstigen Standorten herrühren, sind meist irreparabel, wenn sie zu spät erkannt werden. Dazu kommen Faktoren, die ich unter dem Aspekt der Raumkonkurrenz beschrieben habe. Allein in diesem Bereich liegt ein enormes Beschäftigungspotential bereit, das den manuellen Pflegeaufwand für ein Riffaquarium übersteigt, in dem aber der Schlüssel für den erfolgreichen Betrieb eines Meerwasseraquariums liegt.

Die Raumkonkurrenz hat in diesem Aquarium zu einer Spezialisierung geführt. Die Steinkorallen haben sich ihren Lebensraum geschaffen und werden ihn behaupten, solange die Wasserparameter stabil und für sie günstig bleiben.

Haben wir nach den vorgenannten Kriterien, für die Korallen einen Standort gefunden, der ihnen zusagt, dann verwachsen sie in der Regel sehr schnell mit dem umliegenden Substrat, was wiederum zur Folge hat, daß so ein Becken nicht dauernd umgebaut werden kann mit der zwangsläufigen Folge, daß zumindest wieder andere Strömungsparameter geschaffen werden. Ein externer Eingriff dieser Art hätte wieder eine Änderung der Wuchsparameter zur Folge und würde mit Sicherheit zu einer erneuten Stagnation führen. Das beständige Hantieren im Becken hat grundsätzlich immer einen schädlichen Einfluß auf alle Tiere und sollte deshalb auf ein Minimum beschränkt bleiben. Das Wachstum der Korallen wird über kurz oder lang dazu führen, daß wir auch bei einigen "Niederen Tieren" eine Auslese treffen müssen, um z. B. Platz zu schaffen für Korallen, die zu wachsen anfangen.

Das Becken verwandelt sich in dieser Phase sichtbar.

Die Steinkorallen bestimmen zunehmend nicht nur optisch, das Bild. Auch der Chemismus des Wassers stellt sich nach einer gewissen Zeit und bei Vorhandensein einer gewissen Masse von lebendem Korallsubstrat auf diese Tiergruppe ein. Erst jetzt haben wir den Zeitpunkt erreicht, an dem wir von einem Riffaquarium sprechen können. Wir werden in der Folgezeit beobachten, daß verschiedene weiche "Niedere Tiere" in ihrem Wachstum behindert und einige auch ganz verschwinden werden. Dabei spielt es keine Rolle, daß sich diese Tiere gar nicht körperlich berühren. Hier wird eine Auswirkung der Raumkonkurrenz, des freien Nesselgiftes, sichtbar. Auch dieser, oft langwierige Umstand ist ein Grund, weshalb nicht jeder Aquarianer Steinkorallen halten kann oder möchte. Die Phase des Mischmaschbeckens ist dann beendet, und es wird sich ein Biotopaquarium im echten Wortsinn entwickeln.

Wenn wir ein intaktes Riff in der Natur betrachten, in dem überwiegend Steinkorallen wachsen, so werden wir feststellen, daß auch dort nicht alles durcheinander wächst. Es leben nur ganz bestimmte Tiergruppen auf einer gemeinsamen Siedlungsfläche. Sicher gelten für Aquarienverhältnisse z.T. andere Maßstäbe, aber wir sollten Auswirkungen, wie ich sie im Kapitel der Raumkonkurrenz beschrieben habe, beachten. Über diese Auswirkungen muß man sich im klaren sein, bevor man sich mit der Pflege dieser Tiergruppe (Steinkorallen) befassen will. Haben wir den Punkt erreicht, an dem alle diese Faktoren optimal zusammentreffen, und können wir diesen Zustand weitgehend erhalten, dann wachsen Korallen, die in der Natur gemeinsam vorkommen auch in unseren Aquarien. Zwar nicht problemlos, weil hier zusätzliche Schädigungsfaktoren wirken können, die ganz speziell bei Steinkorallen Arten und besonders in der Enge des Aquariums, auftreten können. Auch hier muß rechtzeitig erkannt werden, wann es genug ist, und man sich beschränken muß. Es ist durch intensives Beobachten der Korallen herauszufinden, welche Tiere zueinander passen. Das Becken darf nicht mit zu vielen verschiedenen Arten von Korallen besetzt werden.

Alle Korallen setzen, wie ich schon sagte, verstärkt auch im Aquarium Nesselgifte zur Abwehr von Raumkonkurrenten ein und geben diese auch an das umgebende Wasser ab. Werden es besonders im Aquarium zu viele und zu verschiedenartige, dann ist die Herrlichkeit zu Ende, bevor sie richtig begonnen hat. Nähere Ausführungen zu diesem Thema sind, wie ich schon gesagt habe, in den Kapiteln Raumkonkurrenz,

Schädigungsfaktoren und Überlebensstrategien im Riff aufgeführt, soweit sie für Aquarienverhältnisse schon bekannt sind. Die Art und die Stärke der Nesselgifte ist für uns nicht erfaßbar (meßbar). Auswirkungen sind zur Zeit erst bei der Einwirkung auf die mitbewohnenden Tiere und deren Reaktion darauf erkennbar. Es sollen aus diesem Grund auch nur ähnliche Arten gemeinsam in unmittelbarer Nachbarschaft gehalten werden. Anders geartete Tiere sollten immer mit einem ausreichenden Sicherheitsabstand zu stark nesselnden Tieren angesiedelt werden.

Blastomussa spez.: Kleine, solitär wachsende Steinkorallen aus der Gattung *Blastomussa* sind mit hermatypischen Steinkorallen gemeinsam haltbar. Sie haben ein relativ geringes Wachstum und benötigen wenig Platz. Sie brauchen nicht gefüttert werden und sind trotzdem sehr vermehrungsfreudig.

Trachyphyllia spez.: Diese Korallen können sehr große Oberflächen ausbilden, so daß sie als Steinkorallen nicht so ohne weiteres erkennbar sind.

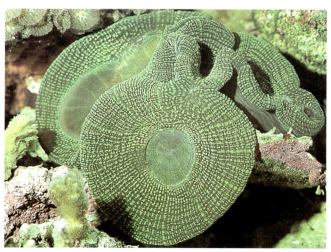

Lobophyllia spez.: Diese Korallenarten sind schon Grenztiere, die sich in Riffbecken noch halten lassen. Bei dieser Art kann sehr schön beobachtet werden, wie sich ein neuer Polypenteil bildet.

Die Zusammenstellung von Steinkorallenarten die gemeinsam haltbar sind, habe ich in dem Kapitel der Raumkonkurrenz anzugeben versucht. Trotz alledem zeigt sich der Meister in der Beschränkung. Des Weiteren darf nicht gezögert werden, wenn Fehler erkannt werden, diese unverzüglich zu beseitigen. Das betrifft besonders den Fall, daß, wenn ein Tier (Fisch oder Niederes Tier) eingesetzt wurde, das die übrigen, wenn zunächst auch nur geringfügig schädigt, dieses sofort zu entfernen ist.

Fehlbesetzungen dieser Art können in diesem Beckentyp "Riffaquarium" nicht toleriert werden. Es kann zum Verlust einer ganzen Tiergruppe führen, wenn z.B. Fische eingesetzt werden, die verschiedene Tiere in diesem Becken als Futter betrachten. Da Riffaquarien in der Regel gut strukturiert sind, dürfte es fast unmöglich sein, diese Fische wieder aus dem Becken herauszufangen, ohne gravierende Eingriffe in die Dekoration vorzunehmen. Auch der Einsatz von Fischfallen verschiedener Art hat hier nicht immer zum Erfolg geführt. Gründliche vorhergehende Information ist hier unbedingt angeraten.

Fassen wir nun noch einmal in Kurzform zusammen, was die Grundvoraussetzungen für die Hälterung der hermatypischen Steinkorallen sind:

- Als Ausgangsbasis ist ein alteingefahrenes Becken, mindestens 2 Jahre alt, mit einem relativ stabilen Chemismus des Wassers notwendig. Mit der Stabilität des Wassers sind in erster Linie die schädlichen Wasserinhaltsstoffe, wie z.B. das Nitrat, das Phosphat die Dichte der KH- und der PH-Wert gemeint.
- Der Nitratgehalt sollte innerhalb der Grenzen von 10-30 mg/Liter tendieren und in der Hauptsache nicht zu stark schwanken.
- Die Karbonathärte muß in der Folgezeit möglichst stabil gehalten werden und soll einen Minimalwert von 6 - 8 Grad nicht unterschreiten. Beachtet werden muß auch der Ca+ Gehalt des Wassers, der bei ca. 400 mg/Liter liegen soll. Dieser Wert muß in jedem Fall gemessen werden, wenn die KH einen Wert unter 6 Grad anzeigt.
- Dazu kommen ein konstanter PH-Wert in den aufgezeigten Grenzen von 7,8 - 8,3, eine Temperatur um die 26 Grad und eine Dichte von ca. 1.024.
- Es sollten dazu keine Faden- oder gar Schmieralgen im Becken sein.
- Mäßiger und artgerechter Besatz mit Fischen ist selbstverständlich.

Dazu muß eine perfekte und der Beckengröße angepaßte Abschäumung und eine den Tieren angepaßte, optimale und ausreichend starke Strömung kommen, außerdem HQI-Licht der Lichtfarbe "D" und ca. 10 Stunden Beleuchtungsdauer. Zu diesen allgemeinen Punkten kann man ganz konkret einige andere anfügen, die häufig weitere Ursache für Fehlentwicklungen sind:

- Kalzium und Strontium werden nicht regelmäßig und in ausreichender Menge zugegeben.
- Das Absinken der Karbonathärte unter 5 Grad KH und in diesem Zusammenhang der Abfall des PH-Wertes wird nicht bemerkt.
- Die Scheiben der Lampen sind verkrustet und damit verbunden ist eine Abnahme der Strahlungsintensität des Lichtes.
- Absaugen eventuell vorhandener Schmieralgen wird nicht regelmäßig durchgeführt, bzw. die Ursachen hierfür werden nicht beseitigt.
- "Niedere Tiere" vernesseln die Korallen und werden zu spät entfernt.
- Die Dichte sinkt unbemerkt zu weit ab und wird zu schnell wieder angehoben.
- Zu viele Fische werden eingesetzt und belasten das Wasser zu stark.

Wenn wir alle diese Faktoren rückblickend beurteilen, sind es zwar arbeitsintensive, aber keine unüberwindlichen Hindernisse zur Hälterung von hermatypischen Steinkorallen. Sie sind in der Regel von jedem ernsthaften Aquarianer zu bewältigen. Die größte Hürde dürfte in dem Zusammenhang in der Beständigkeit liegen. Als oberstes Gebot steht über alle Bemühungen um die Pflege dieser kostbaren Tiere, Geduld, Einfühlungsvermögen und als wichtigstes Beharrlichkeit.

Acropora spez.: Die Vollendung ist erreicht, wenn sich hermatypische Steinkorallen über das Larvenstadium vermehren. Diese Art ist recht groß geworden und zeigt helle Wachstumsspitzen, die eine weitere Vergrößerung erwarten lassen.

Grundsätzliche Betrachtungen zur Hälterung der hermatypischen Steinkorallen

Elisella spez.: Es werden immer wieder Hornkorallen wie diese Art eingeführt. Hier muß man sich im klaren sein, daß diese Tiere gefüttert werden müssen. Dieser Umstand begründet, daß sie in einem Riffbecken nichts zu suchen haben.

Parazooanthus grazilis: Hier haben wir einen Vertreter der die Korallen sehr schädigt. Offensichtlich haben diese Krustenanemonen besonders gute Überlebenschancen in Riffbecken. Sie entwickeln hier ohne Fütterung enorme Wachstumszunahmen. Sie sind sehr stark nesselfähig und gegen alle Abwehrsysteme immun. Sie müssen unbedingt rechtzeitig in Schach gehalten werden.

Elisella spez.: Das relativ schnelle Öffnen der Polypen in einem Riffbecken ist kein Garant dafür, daß diese Tiere ohne Futter auskommen. Sie öffnen diese bis zum Untergang, der sich durch das zunehmend schnellere dünnerwerden des lebenden Substrates um das Hornskelett bemerkbar macht.

Parazooanthus grazilis: Hier sehen wir die mediterrane Art, wie sie auf einen Schwamm gewachsen ist.

Grundsätzliche Betrachtungen zur Hälterung der hermatypischen Steinkorallen

Lithophyton arboreum: Diese Tiere sind stark nesselfähig und vermehren sich ganz enorm. Ein typisches Merkmal für Sekundärsiedler. Sie sind deshalb für Riffbecken nicht geeignet.

Cataphyllia spez.: Auch diese Arten sind als kleiner Stock gekauft sehr ansprechend im Aquarium zu plazieren. Sobald sie aber einen zusagenden Siedlungsplatz haben, entfalten sie sich zu enormer Größe. Sie sind Raumkonkurrenten erster Klasse.

Verschiedene Hornkorallenarten, wie die hier gezeigten, ernähren sich über Zooxanthellen in ihrem Gewebe. Horn-, Weich- und Lederkorallen sind gemeinsam haltbar. Probleme treten auf, wenn diese im Bild dargestellten Arten zusammengesetzt werden. Über kurz oder lang werden sie von der *Cataphyllia* jardnei ausgehen. Diese muß gefüttert werden und ist stark nesselfähig.

Schwämme: Das gleiche Schicksal ereilt auch diese Tiere. Röhrenwürmer und Schwämme sind Filtrierer. Sie sind auf Nahrung aus dem Wasser angewiesen. Die Röhrenwürmer dauern selten länger als 1 Jahr aus. Schwämme dagegen, die von selbst zahlreich entstehen, haben gute Überlebenschancen.

125

Handwritten note at top: Nesselgifte bei Scheiben u. Krustenanem., sowie bei St. Koral

Die hermatypischen Steinkorallen im Aquarium
– Auswirkungen der Raumkonkurrenz –

- **Regelmechanismen zur Lebensraumbehauptung**
- **Gifteinsatz**
- **Auslösefaktoren**
- **Beispiele der Auswirkungen zur Raumkonkurrenz**
- **Schädigungsfaktoren und Abhilfemaßnahmen**
- **Allgemeine Tierauswahl**
- **Kriterien für den Tierbesatz**
- **Nicht geeignete Tierarten**
- **Nahrungseinsatz in Riffaquarien**
- **Symbiosepartnerschaft**
- **Mögliche Partnerschaften in Riffaquarien**
- **Lichtbedarf und Vermehrung**
- **Fadenalgen in Riffaquarien**
- **Auswirkungen der Strömung**

Probleme in der Meeresaquaristik sind, trotz aller Fortschritte auf diesem Gebiet nach wie vor vielfältig vorhanden, und je nach Interessenlage werden sie aufgezeigt; von einigen Autoren werden auch Lösungen angeboten. Daß diese oft aufwendig und kompliziert angeboten und dargestellt werden, ist in der jeweiligen Interessenlage des Autors zu suchen.

Das Anliegen meiner Ausführungen ist es, aus der Praxis Lösungsmöglichkeiten darzustellen und anzubieten, die mit geringstmöglichem, insbesondere technischem Aufwand, nachvollziehbar sind. Aber auch auf die Problematik der biologischen Seite wird eingegangen, und es sollen auch hier praktikable Lösungsmöglichkeiten angeboten werden. Die größten Probleme, gerade in der Meeresaquaristik und hier besonders im technischen Bereich, schaffen sich die Aquarianer oft selbst.

Die technischen Probleme habe ich im ersten Teil dargestellt und Lösungsmöglichkeiten aufgezeigt, deshalb sollen sie nicht noch einmal angesprochen werden. Es ist aber wichtig, immer wieder darauf hinzuweisen, daß hier relativ einfache Möglichkeiten bestehen, diese in den Griff zu bekommen. Es gibt aber genügend Probleme biologischer Art, die nicht so einfach beherrschbar sind, zum Teil deshalb, weil sie nicht beachtet werden oder zu wenig Erkenntnisse vorliegen, und diese wenigen nicht publiziert werden. Eines der Probleme ist die Behinderung der Tiere untereinander in der Enge des Aquariums.

Kurz zusammengefaßt werden können sie unter dem landläufigen Begriff der Raumkonkurrenz. Das Konkurrenzverhalten und dessen Auswirkungen in Meerwasseraquarien ist ein oft unterschätzter, aber vielfach auch nicht beachteter Faktor, der, wenn er außer acht gelassen wird, zum sogenannten "Verheizen" der Tiere führen kann. Er bezieht sich auf Fische, die ihr Revier verteidigen und dabei andere in den Tod treiben genauso, wie auch auf Algen, die den "Niederen Tieren" den Lebensraum streitig machen und großes Wachstumsvermögen, das in letzter Konsequenz auch zum Tod einiger Tiere führen kann.

Diese Beispiele beinhalten Raumkonkurrenz, die bekannt sein sollte, weil sie leicht zu beobachten ist. Auch Scheiben- und Krustenanemonen, die sich gegenseitig zu überwuchern versuchen, um möglichst viel von ihrer mit symbiotischen Algen durchsetzten Körperoberfläche dem Licht zuwenden zu können, sind unter dem Aspekt der Raumkonkurrenz zu betrachten und zu beachten.

Bei den letztgenannten Tierarten, und insbesondere bei den Steinkorallen, kommt aber noch eine weitere Komponente zu der räumlichen Verdrängung und der Abschattung vom Licht von Raumkonkurrenten ins Spiel, das Nesselgift. Mit speziellen Giften (chemischen Abwehrstoffen) können verschiedene Tiergruppen ihren Lebensraum behaupten, ohne daß sie mit Tieren ihrer unmittelbaren Umgebung um die Wette wachsen müssen. Viele der "Niederen Tiere" wären dazu gar nicht in der Lage und hätten von vornherein keine Chance, sich in entsprechenden Lebensräumen am Leben zu erhalten. Ihre von Natur aus kleine Wuchsform stellt jedoch keinen Nachteil in der Behauptung ihres Siedlungsraumes dar. Der Fortbestand der Art wird mit chemischen Regelmechanismen gesichert.

Erst durch diese Fähigkeit können sie nicht von den größer werdenden Tieren durch Überwuchern erstickt werden. Aber auch Freßfeinde, die ja gleichartiges bewirken könnten, werden davon abgehalten, die Tiere durch die Art der Nahrungsaufnahme auszurotten. Eine weitere Wirkung des Giftes ist die, daß entweder die konkurrierende Tierart zum Teil oder auch gänzlich durch Gifteinwirkung vernichtet wird, oder was die Regel ist, daß eine Wachstumshemmung eintritt. Auswirkungen in die eine oder andere Richtung treten um so krasser in Erscheinung, je verschiedenartiger die Tiere sind. Diese Abwehrgifte werden einerseits ins freie Wasser abgegeben und wirken dann auf alle Tiere in der näheren Umgebung je nach Empfindlichkeit, oder es wird bei Kontakt mit fremden Tieren direkt in diese injiziert und hat dann eine noch krassere Wirkung als das freie Nesselgift im Wasser.

Je nach Empfindlichkeit des jeweiligen Tieres und der Menge des injizierten Giftes, tritt dann als Folge eine Stagnation im Wachstum oder als unmittelbare Folge der Tod ein. Die Gifte sind sehr unterschiedlich in der Wirkung und auch sehr differenziert abgestuft. Die Abwehrstrategien, bzw. der Gifteinsatz als solcher, werden später in einem weiteren Kapitel noch eingehender dargestellt, da sie nicht nur eine Abwehrfunktion haben.

Die Natur hat jedes Tier im Riff mit einer ausgewogenen Vielfalt von Abwehrmechanismen, wie z.B. schnelles Wachstum, großer Körpermasse oder eben das zuvor genannte Nesselgift, ausgestattet. Dadurch wird es jedem Tier ermöglicht, am angestammten Platz im Riff zu überleben und sich in begrenztem Umfang zu vermehren. Es ist deshalb auch im Riff nicht jedes Tier, an jedem beliebigen Ort zu finden. Hier hat ein Ausleseprozeß in der vorher beschriebenen Art stattgefunden, und nur die Arten, die untereinander verträglich, also keine Raum- bzw. Nahrungskonkurrenten oder Freßfeinde sind, siedeln an gemeinsamen Plätzen. Bei fremden, nicht verträglichen Arten wird schon das Entwickeln der Larven durch die verschiedenen Abwehrstrategien verhindert.

Diese Aussagen betreffen vorrangig den angestammten Platz im Riff. Voraussetzung ist auch hier natürlich wie so oft, daß der Mensch der Natur nicht ins Handwerk pfuscht und durch unverantwortliches Handeln unnatürliche Umweltbedingungen schafft. In Meerwasseraquarien, in denen wir ein Riff möglichst naturgetreu nachahmen wollen, gelten ähnliche Gesetzmäßigkeiten. Wir können aber, wegen der hier vorhandenen räumlichen Enge, nicht davon ausgehen, daß die eingesetzten Tiere sich schon ihrer Natur entsprechend wehren werden, sich ihren Platz erobern und dann auch verteidigen. Hier muß der Pfleger (Aquarianer) bei sichtbar werden von Abwehrreaktionen vermittelnd eingreifen. Das Meerwasseraquarium entspricht in diesem Fall keineswegs einem natürlichen Biotop. Dazu ist es viel zu klein und die Tiervielfalt, die wir darin halten möchten, ist viel zu groß. Würden wir der Natur hier ihren Lauf lassen, bzw. unsere Wünsche nicht bezähmen, dann hätten wir schon in kurzer Zeit Monokulturen in unseren Aquarien.

Das können nur Fische und Algen sein, die sich gegenseitig wenig behindern, oder nur Lederkorallen und Scheibenanemonen, die auch in der Natur einen gemeinsamen Lebensraum benutzen. Je nach dem, welche Tierart die besseren Ausgangslebensbedingungen und in dem kleinen Biotop die besseren Abwehrmechanismen hätte, würde dann dominieren. Sicher wäre dieses Biotopaquarium optimal für die dann überlebende Tierart, aber es wäre auf Dauer langweilig und würde uns nicht einmal annähernd die Vielfalt des Lebens im Riff zeigen, wie sie wirklich vorhanden ist, und wie wir sie auch ausschnittsweise durchaus im Aquarium reproduzieren können.

Was ist nun zu tun, um die Auswirkungen der Raumkonkurrenz in einem Rahmen zu halten, der es uns erlaubt, eine größere Anzahl von verschiedenartigen Tieren in Aquarien zu halten und trotz der Enge auch maßvoll zu vermehren. Dieses würde einerseits zeigen, daß die Tiere optimal gehalten werden und in einem annähernd artgerechten Biotop leben. Es kann grundsätzlich ein Tierbesatz in einem Riffaquarium, seien es nun "Fische" oder auch "Niedere Tiere", nicht ausschließlich nach dem äußeren Erscheinungsbild zusammengestellt werden. Darüber müssen wir uns auf jeden Fall im klaren sein.

Es ist weiter wichtig, um hier Informationen zu erhalten, der Natur auf die Finger, bzw. in das Riff zu schauen. Das ist absolut notwendig, um bei der Zusammenstellung eines Tierbesatzes beurteilen zu können, welche dieser Tiere zusammenpassen. Nur so können wir einen Besatz finden, der ein

Die hermatypischen Steinkorallen im Aquarium – Auswirkungen der Raumkonkurrenz –

Beispiel Galaxea /. Led

langfristiges Zusammenleben der Tiere im Aquarium ermöglicht. Um dieses zu erlernen, bietet in erster Linie das Riff selbst, das Studieren von Biotopaufnahmen oder als letztes Mittel, funktionierende Aquarien, Gelegenheit.

Ein prägnantes negatives Beispiel für die Auswirkungen der Raumkonkurrenz möchte ich nachfolgend an einem Beispiel aus meinem Aquarium darstellen. Es zeigt das Konkurrenzverhalten einer Steinkoralle, Galaxea fasciatus, mit drei Sarcophyton Lederkorallen. Das Sichtbarwerden solcher Auswirkungen kann sich über eine längere Zeit hinziehen. Die kontrahente Beziehung dieses Beispiels dauerte zwei Jahre und ist nur dadurch glimpflich beendet worden, daß die gegensätzlichen Tiere räumlich getrennt wurden. Hier ist ein sehr deutliches Beispiel dafür gegeben, vorher zu überlegen, was für Tiere gekauft bzw. eingesetzt werden, wo und mit wem sie im Aquarium vergesellschaftet werden müssen. Zur Vorgeschichte und zur Verdeutlichung einige Worte. Aus den Riffen der Malediven brachte ich mir einen bizarr geformten Stein mit. Er war besetzt mit den vorher erwähnten Lederkorallen. Dazu kam ein kleiner Stein, ca. 2 cm lang und 1 cm breit, besetzt mit Resten einer Galaxea Art. Da Steinkorallen zu diesem Zeitpunkt bei mir noch nicht im Vordergrund standen, nahm ich den Stein mehr aus Neugierde mit, nur um zu sehen, was sich daraus entwickeln würde. Der große Stein mit den Lederkorallen wurde gleich dekorativ im Aquarium plaziert, und das Steinchen mit den Resten der Galaxea landete zur Beobachtung auf dem Boden meines Aquariums, wie ich es übrigens immer bei neuen, mir noch nicht so geläufigen Tieren mache, um sie erst einmal intensiv beobachten zu können.

Beide Steine, jeder an seinem Platz und weit genug voneinander entfernt, entwickelten sich prächtig. Nach ca. einem Jahr kam mir dann die verhängnisvolle Idee, den Stein mit der Galaxea, die sich sehr gut entwickelt hatte, in den Stein mit den Lederkorallen zu integrieren, weil sich das optisch gut machen würde.

Das Verhängnis hatte aber genau hier seinen Ursprung.

Diese als Sandanemonen bezeichneten Tiere sind, wie alle Anemonenarten, sehr stark nesselfähig. Zu dieser Unart kommt hinzu, daß sie sehr oft den Standort wechseln. Sie sind gänzlich ungeeignet für Riffbecken.

Anemonen kleinerer Art, wie diese unbekannte, werden oft eingeschleppt und können dann, wie auch die Aiptasien, zur Plage werden. Bei dieser Art ist besondere Vorsicht walten zu lassen, da sie keine Freßfeinde hat. Beim Auftauchen sind sie sofort zu entfernen. Später hat man keine Chance mehr dazu.

Galaxea fascicularis: Die Koralle in der Grundstellung. Sichtbar auf diesem Bild ist nur, daß die Lederkoralle im Vordergrund die Polypen nicht geöffnet hat. Für sich betrachtet ist eine Einflußnahme der Galaxea nicht zu vermuten.

Ein halbes Jahr standen beide Tierstöcke in voller Blüte. Die Lederkorallen hatten ihre Tentakeln voll entfaltet, und die Galaxea, nun näher am Licht, wurde zusehends größer. Sie breitete sich aus und verwuchs mit dem Untergrund, was zunächst nicht erkennbar war. Was ich aber zunehmend beobachtete war, daß sich die Tentakel der Lederkorallen nach einiger Zeit nicht mehr voll entfalteten. Mein Mißtrauen begann zu keimen, und ich wollte vorsorglich die Galaxea etwas weiter entfernt aufbauen. Da sie aber mit dem Untergrund, wie ich nun feststellen mußte, verwachsen war, verschob ich diese Aktion immer wieder. Am Tage waren auch keine gegenseitigen negativen Einwirkungen der Tiere untereinander zu erkennen, die auf einen Konkurrenzkampf der beiden unterschiedlichen Tiere schließen ließen.

Euphyllia ancora: Die gleichen Voraussetzungen bringen auch alle Korallen aus dieser Gattung mit. Sind sehr stark nesselfähig und benötigen sehr viel Platz im Aquarium. Sie sind keine Tiere für Riffbecken mit hermatypischen Steinkorallen.

Die Galaxea stand am Tage mit ihren normalerweise kurzen Tentakeln, welche die Lederkorallen bei weitem nicht erreichen konnten, an ihrem Platz in voller Blüte. Die Lederkorallen waren am Tage auch noch voll entfaltet, zeigten aber schon erste Anzeichen von Unbehagen indem sich die Kronen nicht mehr öffneten. Äußerlich nur kleine braune Flecken auf dem Stamm. Das scheinbar friedliche Nebeneinander am Tage täuschte. Insgeheim spielte sich hier des Nachts ein Konkurrenzkampf um Siedlungsraum ab. Mehr durch Zufall habe ich die Tiere des Nachts beobachtet, und da sah dieses, am Tage scheinbar so friedliche Nebeneinander, ganz anders aus. Die Galaxea schiebt des Nachts ungefähr 6-8 cm lange Fäden, sogenannte Mesenterialfilamente, heraus. Mit diesen Fäden, die mit einem Verdauungsferment geladen sind, ver-nesselt sie alles, was sie in ihrer unmittelbaren Umgebung an lebenden Tieren erreichen kann. Diese werden mehr oder weniger geschädigt, sofern sie dem Nesselgift nicht gewachsen sind. Sie schafft damit Platz, um sich ausbreiten zu können, und verhindert, daß z.B. die Lederkorallen sie nicht vom Licht abschatten.

Geschädigt werden in diesem Fall bis zur totalen Vernichtung die Lederkorallen, da die Galaxea das stärkere Nesselgift hat. Der Kampf um Siedlungsraum konnte in der Folgezeit an diesen Tieren im Aquarium sehr gut beobachtet und dokumentiert werden. Er fand, als die Galaxea größer geworden war, in zunehmendem Maße auch am Tage statt; insbesondere dann, wenn Futter irgendwelcher Art ins Wasser kam, oder auch dann, wenn der Bodengrund aufgewühlt wurde und Schwebstoffe durch das Aquarium zogen. Durch den Futterreiz streckt die Galaxea innerhalb ganz kurzer Zeit ihre Nesselfäden auch am Tage heraus, mit denen sie sicher auch Futter einzufangen versucht. Nach dem Abklingen dieses Reizes kann hier ganz besonders die Abwehrstrategie beobachtet werden, welche die anderen Tiere in Mitleidenschaft zieht. Die Strömung treibt die sehr weichen und anschmiegsamen Schläuche, z.B. in Richtung der Lederkorallen, und bei Berührung mit diesen bohren sich die Spitzen der Schläuche, wie von einem Magneten angezogen, in den Stamm der Lederkorallen.

Galaxea fascicularis: Diese Aufnahme aus größerer Distanz läßt erkennen, daß die Lederkorallen eindeutig geschädigt sind. Der rote Schmieralgenbelag zeigt, daß die Häutung der Oberfläche nicht mehr funktioniert.

Galaxea-/-Lederkoralle (Kümmerwuchs)

Die hermatypischen Steinkorallen im Aquarium – Auswirkungen der Raumkonkurrenz –

Daß dies nicht nur eine Zufallsberührung, verursacht durch die Strömung ist, kann beobachtet werden, wenn die Strömung abgeschaltet wird. Auch dann tastet die Koralle eigenständig mit ihren Nesselfäden förmlich die Umgebung nach fremden sessilen Tieren ab. Sie sucht förmlich den Kontakt zu den Nachbartieren, in diesem Fall waren es die Lederkorallen. Sie reagieren auf diesen Kontakt sofort, indem sie die Tentakelkronen einziehen.

Das Nesselgift dieser Steinkoralle ist zwar nicht so stark, daß es die Lederkorallen sofort abzutöten vermag, aber sie werden deutlich im Wachstum gehemmt und der Zeitraum, der zwischen dem Einziehen der Tentakelkronen und dem Wiederöffnen liegt, wird immer größer. Es würde im Endeffekt dazu führen, daß sich die Lederkorallen gar nicht mehr öffnen. Ein Absterben, oder im günstigsten Fall einen Kümmerwuchs wäre die Folge. Kümmerwuchs mit einem langjährigen Überleben ist, wie dieses Beispiel in der Folgezeit gezeigt hat, möglich. Die Lederkorallen blieben trotz dieser massiven Schädigung mehrere Jahre am Leben, obwohl sich die Tentakel nicht mehr öffneten. Sie wuchsen jedoch nicht mehr weiter.

Offensichtlich sind diese Lederkorallen, wie andere auch, in der Lage, über ihren Außenmantel minimale Nahrung aufzunehmen und so zu überleben.

Abhilfe war hier nur zu schaffen, indem die Tiere räumlich getrennt wurden. Die Lederkorallen haben sich aber, nach nunmehr drei Jahren, immer noch nicht wieder regeneriert. Es deuten sich zwar schon wieder Tentakelspitzen an, aber sie entfalten keine gefiederten Kronen mehr.

Dieses Beispiel ließe sich noch mit anderen gegensätzlichen Tierpaaren weiterführen und betrifft in abgemilderter Form auch verschiedene Arten von Krusten- und Scheibenanemonen, tritt aber auch mehr oder weniger heftig bei den hermatypischen Steinkorallen untereinander in Erscheinung. Am krassesten ist der Überlebenskampf aber im Steinkorallenbecken immer dann zu beobachten, wenn die Kontrahenten verschiedenen Gattungen angehören.

Auch diese Blastomussa-Art entwickelte sich zwischen fremden Arten aus sehr kleinen, stark geschädigten Resten. Auswirkungen von Raumkonkurrenz sind hier nicht zu befürchten. Sollte es dazu kommen, werden sich die Arten zunächst selbst im Wachstum beschränken. Danach ist dann aber immer wieder die Aufmerksamkeit des Pflegers notwendig.

Die nachfolgenden Bilder zeigen eine Reihe von gesunder Raumkonkurrenz. Hier auf diesem Bild sehen wir eine Vielzahl von hermatypischen Steinkorallen, die sich alle trotz der Raumenge vertragen. Sie sind lebensfähig, bis sie sich körperlich berühren. Insbesondere wird hier eine Schädigung von der Solitärkoralle ausgehen.

Mit diesem ausführlichen und offensichtlichen Beispiel wollte ich einmal deutlich machen, wie wichtig es ist, sich im vorhinein Gedanken beim Kauf neuer Tiere darüber zu machen, ob sie sich mit denen der näheren Umgebung, in der sie angesiedelt werden sollen vertragen. Außerdem sollte man bedenken, daß die Tiere in einem gut gepflegten Riffaquarium auch wachsen, größer werden und somit zunehmend mehr Platz beanspruchen.

Umstellung auf Steinkorallen

Die hermatypischen Steinkorallen im Aquarium – Auswirkungen der Raumkonkurrenz –

Acropora-Arten reagieren in der Regel besonders empfindlich auf Berührungen von Scheiben und Krustenanemonen. Diese Art beeinträchtigt sie jedoch nicht. Es ist deshalb nicht immer eindeutig zuzuordnen, welche Tiere ein Konkurrenzverhalten auslösen und welche nicht. Dieses herauszufinden sind markante Aufgaben eines Pflegers.

Die Steinkorallen, wie z.B. Acropora- und Seriatopora Arten sind nicht schutzlos den benachbarten Tieren ausgeliefert. Sie sind in der Lage, aktiv Gifte, die aus ihrem Stoffwechsel resultieren, an die Umgebung ihres Wasserraumes abzugeben. Die freischwebenden Gifte, in Form von Nesselkapseln, sind ebenfalls in der Lage, das Wachstum von Raumkonkurrenten zu behindern, bzw. ganz zu verhindern. Wirkungen des Gifteinsatzes sind trotz der enormen Verdünnung im Meerwasser mit zunehmender Entfernung vom produzierenden Tier noch sichtbar zu erkennen. Besondere Bedeutung erlangt diese Abwehrstrategie gegen Raumkonkurrenten in der Enge eines Meerwasseraquariums. Ab einer gewissen Besatzdichte mit Tieren, die die Gifte produzieren, wird eine gleichbleibenden Konsistenz dieses Giftes im Aquarienwasser erhalten. Es wird deshalb nicht mehr möglich sein, die sogenannten Sekundärsiedler, wie z. B. bestimmte Krusten- und Scheibenanemonen, Xeniiden, Anthelien und auch einige Lederkorallen in Gemeinschaft mit den hermatypischen Steinkorallen zu halten. Hierzu zählen in erster Linie die Riffbecken, die vorwiegend mit hermatypischen Steinkorallen besetzt sind.

Die Natur hat die Tiere des Riffs mit Mitteln ausgestattet, die es ihnen ermöglichen, sich beim Vorliegen weiterer, ganz bestimmter Parameter zu behaupten, aber jedes Tier nur an

Räumliche Abstände wie auf diesem Bild durch einen »Raumteiler« wie diese Tridacna Muschel, sind machbar und oft sinnvoll. Sie bieten dann, wenn alle Tiere eine gewisse Größe erreicht haben, ein naturähnliches Abbild des Riffs.

Heliopora coerulea: Auf diesem Bild sehen wir eine Heliopora, die sich zwischen Krustenanemonen schiebt. Diese Koralle kann sehr gut ihren Lebensraum behaupten. Sie hat zumindest gegenüber dem »weichen« Bereich der Mitbewohner keine Schwierigkeiten. Probleme bereiten ihr aber die hermatypischen Steinkorallen. Sie sollten deshalb getrennt von diesen gehalten werden.

Die Raumkonkurrenz tritt nun nicht nur dahingehend auf, daß bestimmte Tierarten, wie die vorgenannte Galaxea und auch andere, Abwehrmechanismen, wie z.B. Nesselfäden von beachtlicher Länge zur Behauptung ihres Lebensraumes einsetzen. Viele Tiere aus diesem Lebensraum, insbesondere Steinkorallen, die diese Eigenart der Nesselfäden nicht haben, wehren sich auf andere Art gegen Raumkonkurrenten.

Xeniiden, s. S. 139

seinem angestammten Platz und in angemessenem Rahmen. Aber trotz alledem, in einem optimal gepflegten Meerwasseraquarium ist es heute möglich, eine Vielzahl von "Niederen Tieren" und auch Fischen, trotz der Raumkonkurrenz gemeinsam zu pflegen, ohne daß dieses Abwehrvermögen negative Auswirkungen hat. Nötig ist dazu nur, sich ein Wissen über die zu pflegenden Tiere und ihre Lebensansprüche anzueignen und sich danach zu verhalten. Da die Erfahrungen (das Wissen) noch immer große Lücken aufweisen, sollte man sich

Auf diesem Bild sehen wir eine Ansiedlung von zwei neuen Korallen, die sich als Larven gebildet haben. Hier haben wir nur sehr geringe Einwirkungsmöglichkeiten. Es handelt sich um eine Pocillopora und eine Porites. So wie es heute, nach 6 Monaten aussieht, wird die Porites diese Raumkonkurrenz nicht überleben.

Hier können wir eine weitere positive Art der Raumkonkurrenz erkennen. Kalkalgen haben eine geschädigte Stelle im Geäst der Acropora besiedelt. Sie verhindern zuverlässig, daß sich hier Fadenalgen oder andere Sekundärsiedler ansetzen.

Die Nahaufnahme zeigt den Ansatz der Kalkalgen, wie sie einen schmierigen Belag, der von Algen herrührt, unterwachsen.

aber auch nicht wundern, wenn einige Tierarten überhaupt nicht wachsen wollen. Das ist dann häufig eine Auswirkung der Raumkonkurrenz in der einen oder anderen Form. Hier gilt es dann, neue Erfahrungen zu sammeln und, was ganz wichtig ist, sie auch zu veröffentlichen. Auswirkungen dieser Art und deren Folgen bedeuten aber nicht, daß verschiedene Tierarten im Aquarium absolut nicht haltbar sind. Sie sind oft nur nicht haltbar in der dann jeweils speziell vorliegenden, konkurrierenden Zusammensetzung.

Das beste Beispiel dafür sind die Xeniiden, die für die Aquarienhaltung durchaus geeignet sind, nur eben nicht im Zusammenleben in Aquarien, die überwiegend mit hermatypischen Steinkorallen besetzt sind. Das ist in der Natur so und kann schon gar nicht in Aquarien anders sein. Die Raumkonkurrenz ist nur zu umgehen, indem eine naturähnliche Auswahl im Tierbesatz eines Meerwasseraquariums generell, und ganz speziell in Riffaquarien, getroffen wird. Da zur Zeit noch keine allzugroßen Erfahrungen im Zusammenleben der hermatypischen Steinkorallen mit anderen "Niederen Tieren" vorliegen, will ich hier einen ersten Versuch machen. Es sind Erfahrungen, die ich in erster Linie in meinem eigenen Becken gesammelt habe, die aber auch von anderen Aquarianern, die sich mit diesen Tieren beschäftigen, bestätigt wurden.

Die hermatypischen Steinkorallen im Aquarium – Auswirkungen der Raumkonkurrenz –

Das Gegenteil bewirken Kalkalgen aber dann, wenn sie ausufernd wachsen und dann den Tieren den Lebensraum entziehen. Diese Krustenanemonen hatten in der Folge keine Chance zum Überleben gehabt. Sie sind von den Kalkalgen überwuchert worden. Abhilfe schaffen hier eine begrenzte Anzahl von Seeigeln.

Meine Erfahrungen beziehen sich auf einen Zeitraum von mehr als 10 Jahren und dürften daher schon einigermaßen untermauert sein. Im Vordergrund stehen dabei die empfindlichsten Tiere des Riffs, die hermatypischen Steinkorallen.

Daß die Auswahl an diesen Tieren relativ klein ist, liegt zum einen daran, daß ich nur Erfahrungen wiedergeben möchte, die ich selbst in mehreren Jahren gesammelt habe und die von anderen Aquarianern mir bestätigt wurden; zum anderen ist es heute nicht mehr möglich bestimmte Tierarten bei Händlern zu erwerben. Dem stehen die Einfuhrverbote im Rahmen des Artenschutzes entgegen.

Die Beschäftigungsmöglichkeit mit diesen Tieren ist deshalb aber nicht beendet. Es kommt immer wieder vor, daß man auf lebenden Steinen Restsubstrat von Steinkorallen irgendwelcher Art findet. Dadurch ist es durchaus möglich aus diesen Resten, was immer es auch für Arten sein mögen, neue Steinkorallen heranzuziehen. Aus meiner Sicht, und ich praktiziere das schon immer so, ist das sowieso die interessanteste Art, ein Aquarium mit Tieren zu besetzen, und zwar deshalb, weil dann immer eine gewisse Spannung da ist, was sich aus diesen unscheinbaren Resten entwickelt. Zum anderen hat man zu den Tieren ein besonders intensives Verhältnis, und der Lerneffekt dieser Aufzuchtmethode ist besonders hoch. Es bedeutet also nicht, daß heute durch das Artenschutzgesetz die Beschäftigung mit diesen Tieren nicht mehr möglich ist. Es macht nur mehr Mühe, sich die Steine zu beschaffen und natürlich auch mehr Mühe die darauf siedelnden Korallen aufzuziehen. Dafür ist aber diese Art der Meeresaquaristik wesentlich interessanter. Da ich diese Art der Aufzucht von Korallen schon von Anfang betreibe, beziehen sich meine Aussagen auf Korallenarten, die ich schon sehr lange in meinem Becken pflege. Betrachten wir deshalb diese Gemeinschaften etwas näher und auch unter dem Aspekt der Raumkonkurrenz.

Die übergeordneten Tiere in der Betrachtung sind, wie schon gesagt, die hermatypischen Steinkorallen, also die eigentlichen Riffbildner. Dazu zählen in erster Linie die ästig wachsenden Acropora Arten, buschförmige Seriatopora, tellerförmige Montipora und trichterförmig wachsende Turbinaria Arten. Dazu kommen noch die flach wachsenden Pachyseris und die gedrungenen Merulina Arten. Als Hauptkonkurrenten treten die Krusten- und Scheibenanemonen aus der Gruppe der Zoanthus und Parazoanthus in verschiedenen Variationen auf. Als Besonderheit dazu die Parazoanthus grazilis. Sowie als letztes eine Randgruppe der Lederkorallen, wie z.B. Sarcophyton, Sinularien und Lobophyton-Arten.

Eine Randgruppe stellen diese Tiere deshalb dar, weil sie keine allzu hohe Nesselfähigkeit besitzen. Sie sind deshalb, mit einigen Einschränkungen, als ideale Mitbewohner eines Steinkorallenbeckens zu betrachten. Auch sollte mit den letztgenannten Tieren ein Riffbecken eingefahren werden.

Wie schon erwähnt, ist die Raumkonkurrenz in einem Meerwasseraquarium und speziell in einem Riffbecken in ganz besonderem Maße vorhanden. Der Pfleger muß sich hierauf einstellen und größte Aufmerksamkeit in dieser Richtung walten lassen. Es ist mit unseren heutigen Erfahrungen aber möglich geworden, die Raumkonkurrenz dahingehend zu beeinflussen, daß es möglich wird, verschiedenartige Tiere auch in

Pleroy., Galaxea, Goniopora

Die hermatypischen Steinkorallen im Aquarium – Auswirkungen der Raumkonkurrenz –

der Enge des Aquariums zu halten, und was noch wichtiger ist, auch zu vermehren. Dazu ist es im wesentlichen nur notwendig, sich Tiere bzw. Tiergruppen zusammenzustellen, die auch im Riff gemeinsam vorkommen. Allein schon deshalb ist es wichtig zu wissen und zu studieren, was draußen im Riff in unmittelbarer Nachbarschaft lebt. Wenn wir auch das Riff nicht nachahmen können, so ist es doch vorteilhaft, sich an entsprechenden Biotopen des Riffs zu orientieren. Auch wenn dies vorwiegend aus "optischen" Gründen nicht immer der einzige Maßstab für eine Tierbesetzung in einem Riffaquarium sein kann, wird uns letztendlich doch nichts anderes übrigbleiben, wenn wir Erfolg haben wollen.

Ein weiterer wichtiger Faktor ist die Tiere, die ausgewählt und zusammengesetzt wurden, intensiv zu beobachten, ob sie sich untereinander auch im Aquarium vertragen, was durchaus nicht immer gegeben ist. Es liegen auch bis heute noch keine gesicherten Erkenntnisse vor, ob die Tiere, die im Riff gemeinsam leben, sich auch in der Enge des Aquariums vertragen. Dazu spielen zu viele Einzelfaktoren, die in jedem Aquarium anders geartet sein können, eine oft entscheidende Rolle. Sie sind trotz aller Erfolge nicht ausreichend erkannt, dokumentiert und manchmal auch nicht beherrschbar, wenn sie erkannt werden. Aus den negativen Auswirkungen bzw. der Nesselfähigkeit verschiedener Tierarten sind deshalb einige Tierarten schon von vornherein für ein Riffaquarium auszuschließen. Grob gesagt sind das bei den Steinkorallen alle großpolypigen Arten, die unter dem landläufigen Begriff der Blasenkorallen zu finden sind.

Dazu alle Galaxea-Arten und einige Goniopora-Arten aus Gründen, wie ich sie vorher schon ausführlich dargestellt habe. Hier spielt die Fähigkeit der Nesselfädenausbildung eine nicht beeinflußbare Rolle. Ansonsten wären diese Tiere für ein Riffbecken durchaus geeignet. Welche Tiere das des weiteren noch sind, muß durch individuelles Beobachten herausgefunden werden. Dauerhafte Beobachtung ist hier gefragt, da auch oft unscheinbare Korallen diese Art der Abwehr erst bei Bedarf einsetzen, also beim Eintreten von Auslösefaktoren, wie z.B. räumliche Enge durch Zusammenwachsen.

Beobachtungen auf diesen Aspekt hin sollten des öfteren auch in der Nacht stattfinden. Zu den unscheinbaren Korallen zählen flachwachsende Arten wie z.B. die Pachyseris Arten. Korallen, die diese Abwehrmöglichkeit haben, setzen sie früher oder später ein und stellen dann eine erhebliche Gefahr für die anderen hermatypischen Steinkorallen dar. Sie haben mit den Mesenterialfilamenten die effektivere Möglichkeit des Gifteinsatzes und vernichten fremde Arten in jedem Fall. Werden auf diese Weise nesselnde Arten doch eingesetzt, was durchaus möglich ist, müssen sie entsprechend ihrer Abwehrmöglichkeiten einen besonderen Platz im Aquarium bekommen. Dazu sollten sie jedoch immer von uns im Auge behalten werden, weil sie oft noch gänzlich unbekannte Möglichkeiten entwickeln können, die dann auch wieder zu einer Schädigung von Tieren anderer Art führen können.

Wie man sieht, kann dies zu einem Teufelskreis werden. Bei den "weichen" Tieren sind alle Anemonen-Arten und Zylinderrosen für ein Riffaquarium gänzlich ungeeignet. Zu der Nesselfähigkeit kommt bei diesen Tieren noch die Fähigkeit der aktiven Wanderung. Außerdem ist das Nesselgift der Tiere um ein Vielfaches höher als das der Steinkorallen allgemein. Eine Ausnahme hiervon dürfte nur das Gift der Feuerkorallen, z.B. das der Millepora palmata sein, was in seiner Wirkung auf mitbewohnende Aquarientiere noch weitgehend unbekannt ist. Es scheint aber keine unmittelbaren Auswirkungen auf Nachbartiere zu haben, die diese Korallennart jedoch nicht berühren dürfen.

Auszuschließen sind auch alle Tiergruppen, die "Niedere Tiere" als Futter betrachten. Hierbei sind besonders wieder die Fische in großer Stückzahl und in wahlloser Zusammensetzung zu nennen. Damit bleiben nur die Arten von "Niederen Tieren" übrig, die nicht zu stark nesseln. Bei den Fischen sind es die Arten, die ihren Nahrungsbedarf mit lebender Mikrofauna oder auf pflanzlicher Basis decken. Die Deckung des Nahrungsbedarfs ist, wie an anderer Stelle schon erwähnt, neben der Raumkonkurrenz ein weiterer ausschlaggebender Faktor zum erfolgreichen Betrieb eines Riffaquariums.

Bei den "Niederen Tieren" ist die Symbiosepartnerschaft mit den Zooxanthellen für die Nahrungsbedarfsdeckung ausschlaggebend und über das entsprechende Licht leicht zu beherrschen. Bei den Fischen aber, die sich über Kleingetier und Mikro-Algen, welche in Riffbecken vielfältig vorhanden sind ernähren, ist das nicht ganz so einfach. Sorgfältige Auswahl der Arten und die Anzahlbegrenzung ist hier unbedingt notwendig, um nicht eine Katastrophe herbeizuführen. Die Gründe hierfür sind in dem Kapitel der Fische aufgeführt.

Hier, an dieser Stelle könnte nun die Vermutung aufkommen, daß es sich nicht mehr lohnt, wegen der relativ wenigen Tiere ein Riffaquarium im eigentlichen Sinn zu unterhalten. Dem ist aber nicht so. Wenn ich hier von wenigen Tieren für ein Riffaquarium spreche, dann sind das immer noch mehr Tiere, als ein einzelnes normal großes Riffaquarium überhaupt beherbergen könnte. Allein bei den hermatypischen Steinkorallen gibt es von der Gattung Acropora ca. 300 verschiedene Arten, die in vielen tropischen Meeren wachsen. Auch, wenn wir an die meisten niemals herankommen werden, kann man doch ermessen, daß ein normal großes Riffaquarium nicht annähernd in der Lage ist, eine repräsentative Auswahl allein nur dieser Gattung zu beherbergen.

Es sind aber die Arten, die als die Haupttriffbaumeister gelten und die oberen Zonen des Meeres besiedeln. Sie bringen deshalb die besten Voraussetzungen zur Aquarienhaltung mit und werden, wegen der weiten Verbreitung, relativ oft an lebenden Steinen zu finden sein.

Beginnen wir deshalb auch mit diesen Korallen die vergleichende Gegenüberstellung der Auswirkungen der Raumkonkurrenz.

Acropora-Korallen sind die Bewohner der obersten Lichtzone im Riff. Sie sind auch, ob dieser Lebensweise, relativ gut anpassungsfähig und stellen nicht die allergrößten Ansprüche an die Wasserqualität. Sie vertragen in geringem Maße Schwankungen der schädlichen Wasserinhaltsstoffe, wie sie nun einmal auch in einem noch so gut gepflegten Riffaquarium nicht zu vermeiden sind. Sie sind, wenn sie als Steinkoralle allein im Aquarium leben, in erster Linie empfindlich gegen starke, durch Kontaktieren wirkende Nesselgifte, wie sie z.B. bei direktem Kontakt mit Scheibenanemonen der Art Actinodiscus zur Wirkung kommen können.

Diese vernesseln die Acropora sofort. Sie haben stärkere Nesselgifte und wachsen auf alle Acropora-Arten zu. Wenn die Koralle aber von sich aus an andere weniger stark nesselnde Tierarten heranwächst, wird das Wachstum der Koralle in diese Richtung begrenzt. Es stellt sich ein Sicherheitsabstand bei etwa gleichartig nesselnden Tieren von selbst ein. Das äußere, sichtbare Anzeichen für Acropora-Arten ist das Verblassen der blauweißen Wachstumsspitzen, die dann zunächst die normal braune Färbung des Stammes annehmen. Wachsen jedoch andere Tierarten an die Koralle heran, von denen die Nesselfähigkeit nicht bekannt ist, und eine Wachstumshemmung nicht rechtzeitig sichtbar wird, so muß vom Aquarianer eingegriffen werden. Diese, die Koralle bedrängenden Tiere, müssen dann vorsichtshalber aus der unmittelbaren Umgebung entfernt werden.

Keine Schädigungen für diese Korallen gehen von einigen Krustenanemonen aus der Zoanthus-Gruppe aus. Sie beeinträchtigen die Acropora-Arten nicht. Angaben um welche Arten es sich dabei handelt können nicht mit Sicherheit gemacht werden, da die sichere Identifikation nicht gewährleistet ist. Dazu sind in beschränktem Umfang Lederkorallen der Art Sarcophyton und bedingt auch Sinularien für die Vergesellschaftung geeignet. Wobei ich empfehlen möchte, die Sinularia brassica mit Vorsicht zu betrachten, insbesondere dann, wenn sie schon sehr groß geworden ist. Auch die Lobophyton crassum hat einen schädlichen Einfluß auf hermatypische Steinkorallen, was aus der Wirkung des Giftes, das diese Lederkoralle absondern kann, zu erklären ist. Es wird vornehmlich dann freigesetzt, wenn sie zu einer beständigen, wenn auch nur geringfügigen Kontraktion veranlaßt werden. Das kann z.B. dann der Fall sein, wenn die Koralle in den Ausströmbereich einer Pumpe hinein wächst.

Die Lederkorallen allgemein sind aber bei normalen Wachstumsverhältnissen nur als Raumkonkurrenten in dem Sinne zu verstehen, als daß sie den Steinkorallen im wahrsten Sinne des Wortes den Platz streitig machen oder indem sie diese vom Licht abzuschatten vermögen. Acropora-Arten zeigen im Aquarium das größte volumenmäßige Wachstum aus dem Bereich der hermatypischen Steinkorallen. Sie sind somit auch die größten Verbraucher an Spurenelementen und Kalzium.

Die nächste hermatypische Steinkorallenart, die in Gemeinschaft mit der Acropora wächst und auch wachsen kann, ist eine Seriatopora Spezi (calendrium). Diese filigrane Korallenart ist unter Aquarienbedingungen sehr gut halt- und auch vermehrbar. Die Vermehrung sowohl über Larvenstadien und auch über die mögliche Vermehrung durch mechanische Teilung, ist in Aquarien schon oft praktiziert und beobachtet worden. Sie ist, trotz ihrer filigranen Struktur, sehr robust im biologischen Sinne und behauptet ihren Lebensraum gegen Raumkonkurrenten sehr effektiv. Da sie solitär, buschförmig wächst und der untere Bereich relativ schnell infolge von Abschattung abstirbt, könnte sie von Sekundärsiedlern, wie z.B. Krustenanemonen, die sehr schnell jeden freien Raum wieder besetzen, beeinträchtigt werden. Das dem aber auch ansatzweise nicht so ist, zeugt davon, daß diese Koralle mit ihren Nesselgiften in der Lage ist, sich ihren Lebensraum freizuhalten. Hier ist ein deutliches Beispiel für die Wirkung des freien Nesselgiftes allgemein zu erkennen. Es wird aber auch deutlich, wie schnell dieses Gift seine Wirkung im Aquarium

Die hermatypischen Steinkorallen im Aquarium – Auswirkungen der Raumkonkurrenz –

verliert, da schon in einem Abstand von 10 cm zu der Koralle fremde Tiere nicht mehr geschädigt werden. Im Gegensatz dazu habe ich bei der Acropora beobachtet, daß sie von einigen "Niederen Tieren", z.B. Lobophytum crassum, Sinularia brassica sowohl aus der Ferne als auch direkt geschädigt bzw. beeinträchtigt wird.

Die Nesselgifte der Steinkorallen und die der "weichen" Korallen haben unterschiedliche Wirkbereiche. Die Seriatopora und die Acropora können aber auf Grund dessen, daß sie sich selbst rechtzeitig im Wachstum beschränken, in unmittelbarer Nachbarschaft siedeln. Es ist hier außerdem so, daß die unterschiedlichen, aber scheinbar doch gleichartigen Nesselgifte rechtzeitig dafür sorgen, daß der Sicherheitsabstand immer gewahrt bleibt. Diese beiden Korallenarten dominieren in meinem Becken, wobei die Seriatopora zeitweise die Acropora im Wachstum übertrifft.

Als weiteren Mitbewohner aus dem korallinen Bereich wäre die Montipora monasteriata zu nennen. Sie wächst tellerförmig zwischen den beiden vorgenannten Korallenarten, wird aber auf Grund des schnellen und ausladenden Wachstums der Acropora von dieser bedrängt und bei Kontakt dann auch vernesselt. Die sichtbaren Zeugen davon sind die zahlreichen Höcker auf der Oberfläche des Tellers, die von diesen Kontakten herrühren. Hier ist also Vorsicht geboten. Bei Annäherung der beiden Korallenarten muß in jedem Fall und rechtzeitig eingegriffen werden, da sonst die Montipora vernichtet wird. Dies tritt aber nur dann ein, wenn sich die beiden Korallen körperlich berühren. Auch diese Koralle wird ganz stark von Nesselgiften der Lederkorallen, die bei beständiger Kontraktion abgesondert werden, beeinträchtigt. Die Kontraktion wurde in diesem Fall von starker Strömung ausgelöst.

In Nachbarschaft mit anderen hermatypischen Steinkorallen gedeiht die Montipora sehr gut. Die kleinen markanten Höcker auf dem Teller der Koralle rühren, wie schon gesagt, von "körperlichen" Kontakten mit der Acropora her. Die geschädigten Stellen werden, wenn man rechtzeitig die Acropora entfernt, wieder überwachsen, das heißt, die Koralle baut über der geschädigten Stelle, die ja immer flächenartig ist, neues Substrat wie einen kleinen Turm auf. Ab einer gewissen Höhe von 3-4 cm wird dieser Turm dann oben geschlossen. Die Höhe des Turmes richtet sich nach der Größe der geschädigten Stelle. Sind die flächenartigen Schädigungen aber zu groß, wird die Fläche von einem tellerartigen Auswuchs überdeckt. Das abgestorbene Substrat wird in der Regel

nicht mehr besiedelt. Die Montipora wird auch von Scheibenanemonen aller Art bedrängt und vernesselt. Diese sind, wie schon erwähnt, auf jeden Fall von allen hermatypischen Steinkorallen fernzuhalten. Steinkorallen sind aber bei genügend großer Körpermasse und dem Vorliegen idealer Lebensbedingungen, in der Lage alle Tiere mit "weicher" Körpermasse, die ja in der Regel Sekundärsiedler sind, aus ihrem Lebensraum zu verdrängen, oder wenigstens im Wachstum zu begrenzen, damit sie dann keine Gefahr mehr darstellen. Mit der Montipora in unmittelbarer Nachbarschaft wachsen jedoch die Krustenanemonen Parazoanthus grazilis. Sie schädigen die Montipora nicht direkt und umgekehrt auch nicht. Hier scheint ein Gleichgewicht der Nesselfähigkeit der unterschiedlichen Tiere vorzuliegen. Die Steinkoralle wird nur daran gehindert in Richtung der Parazoanthus-Kolonie weiter zu wachsen. Das ist deutlich an einer Auskerbung (Wachstumshemmung) am Tellerrand der Montipora zu erkennen. Die Krustenanemonen sind ihrerseits nicht in der Lage, den unteren Bereich zu besiedeln oder das lebende Gewebe in irgendeiner Art direkt zu schädigen.

Auch diese beiden verschiedenen Tiergattungen haben und behaupten in unmittelbarer Nachbarschaft ihren Platz. Sie respektieren sich gegenseitig, es ist aber Vorsicht geboten, auch mit Rücksicht auf andere Tierarten bei der Ausbreitung dieser Parazoanthus Art. Sie ist allgemein sehr stark nesselfähig und in der Lage, andere Tierarten (nicht nur Steinkorallen) mit ihrem recht starken Nesselgift zu schädigen. In einem Riffaquarium mit hermatypischen Steinkorallen scheint diese Art ideale Lebensbedingungen zu haben. Das Wachstum in diesem Lebensraum ist enorm, und man könnte sie fast als Unkraut betrachten.

Die Montipora monasteriata ändert, wie viele andere kurzpolypigen Steinkorallen auch, ihre Wuchsrichtung, wenn die Gefahr des Kontaktierens mit besiedeltem Substrat droht. Nicht nur in Wuchsrichtung stehende Steinkorallen lösen diesen Vorgang aus, auch Lederkorallen können unter bestimmten Umständen die gleiche Wirkung auslösen.

Eine andere teller- bzw. trichterförmig wachsende Koralle ist eine Turbinaria Spezi. Auch diese ist in unmittelbarer Nachbarschaft zu anderen Steinkorallen in meinem Becken angesiedelt und wird, bis auf eine Ausnahme, von keiner anderen Art behindert. Sie wächst sehr dicht, aber in normaler Wuchsform, mit einem kleinen Ableger der Seriatopora, die sich hier über das Larvenstadium an einem recht ungünstigen

Platz für die Larve angesiedelt hat. Die Seriatopora wird hier offensichtlich von der Turbinaria, die schon einen recht großen Teller bzw. Kelch ausgebildet hat, im Wachstum behindert. Der Grund für diese Wachstumsbeschränkung ist aber nur schwer auszumachen. Die kleine Seriatopora Larve wurde hier mehrere Jahre von dem relativ großen Kelch der Turbinaria in der Hauptsache von der Strömung abgeschattet. Die Seriatopora, die nun schon mehr als 3 Jahre an diesem Platz steht, ist ca. 2/3 kleiner als weitere Korallen dieser Art an anderen Plätzen im Aquarium, die sich später entwickelt haben. In Betracht zu ziehen ist auch die Möglichkeit, daß die Turbinaria Nesselgifte abgibt, welche die Seriatopora im Wachstum behindern.

Der Urstock der Seriatopora wächst ca. 15 cm weiter entfernt und etwas tiefer ungehindert zu einer riesigen Kolonie heran. Diese unterschiedlichen Wachstumsverhältnisse, auch im Aquarium, sind oft zu beobachten. Wenn es möglich ist, sollte in so einem Fall ein behutsamer Standortwechsel beim Erkennen auch von nur geringfügigen Schädigungen vorgenommen werden. In dem Bereich der Turbinaria wachsen nun noch ungehindert Porites Arten mit den kleinen, bunten eingewachsenen Kalkröhrenwürmern.

Diese Korallen werden in keiner Weise und von kaum einem anderen "Niederen Tier" behindert. Unterhalb dieser Koralle sind noch weitere kleinere Arten aus der Gruppe der Montiporen angesiedelt, deren Lebensweise sich aber nicht auf den Lebensrhythmus der Turbinaria auswirkt, so wie diese selbst auch nicht im Wachstum behindert werden. Da die Polypen der Turbinaria innerhalb ihres Kelches entfaltet werden, hat sie einen recht wirksamen Schutzschirm gegen Raumkonkurrenten ausgebildet. Sie sind so auch geschützt gegen Aufwuchstiere (Algen und Scheiben- und Krustenanemonen) solange die äußere Schale von lebendem Gewebe überzogen ist. Dazu ist es erforderlich, daß dieses genügend Strömung, auch im inneren Bereich des Kelches, erhält. Die mitbewohnenden "Niederen Tiere" der näheren Umgebung können dieser Koralle deshalb wenig anhaben. Sie ist problemlos zu halten und hat auch im Aquarium bei ausreichender Strömung und Licht ein enormes Wachstum. Die Koralle ist aber, wie schon gesagt, aufgrund ihrer Wuchsform (trichterförmig) ganz besonders auf intensive Strömung angewiesen, da sich sonst in ihrem Trichter Sedimente ansammeln, die das Gewebe schädigen, und es dann infolge von Fäulnisprozessen zum großflächigen Absterben im Grund des Kelches führt. Faden-

algen, die sich auf abgestorbenen Korallenflächen besonders gerne ansiedeln, führen dann meist sehr schnell ein vorzeitiges Ende der Restkoralle herbei. Auch diese Koralle besiedelt kein eigenes, abgestorbenes Substrat mehr; sie überdeckt diese Fläche nur wieder, wie die Montipora monasteriata, mit einem neuen tellerartigen Auswuchs.

Gemeinsam mit den vorgenannten Korallen sind alle flachwachsenden Korallenarten halt- und auch vermehrbar. Hier sind es hauptsächlich die Merulina und Pachyseris Arten, die an verschiedenen Stellen in meinem Aquarium wachsen. Da diese Arten nicht so lichtbedürftig wie die vorher beschriebenen sind, wachsen sie auch noch im Halbschatten. Sie besiedeln, wenn man so will, auch im Aquarium ökologische Nischen. Diese Eigenart hat dazu geführt, daß sich Reste unbemerkt an Stellen angesiedelt haben, die von der Sichtseite des Aquariums nicht einsehbar sind. Diese Arten wurden bisher im Aquarium vermehrt, indem sie mechanisch geteilt wurden. Da sie im Aquarium wachsen, das heißt ihr Substrat vergrößern, ist es auch möglich, von ihnen Stücke abzubrechen und diese Teile wieder neu anzusiedeln.

Wenn diese Korallen vermehrt werden sollen, muß der Untergrund, auf dem sie siedeln entsprechend strukturiert sein. Da sie keine Äste, wie z.B. die Acropora, ausbilden, die leicht abgebrochen werden können, muß das Siedlungssubstrat entsprechend bruchfähig sein. Die Erfahrung hat aber gezeigt, daß der Unterbau, auf dem diese Korallen siedeln sollen, fest sein muß. Sie vergrößern ihr lebendes Gewebe nicht auf losem Geröll.

Diese Art der Vermehrung ist recht mühsam, aber auch schon recht oft von mir praktiziert worden. Merulina- und Pachyseris Arten sind durch Teilung schon recht weit, auch in anderen Aquarien, verbreitet worden. Man muß sich dabei aber immer vor Augen halten, daß diese Tiere alle von einem meist nur pfenniggroßen Stück Urkoralle abstammen und das Wachstumsvermögen nicht aller Korallenarten enorm groß ist.

Die Verbreitung von Korallen aus dieser Gattung und auf diese Art wird deshalb nicht so schnell gehen wie z.B. das der Acropora. Alle vorgenannten Korallen sind jedoch schon als Aquarientiere zu betrachten. Die Vermehrung von Korallen mit der mechanischen Methode ist zwar nicht im Sinne der Biologen als artgerecht zu betrachten, aber wir haben hiermit erstmals die Möglichkeit gehabt, diese Tiere überhaupt zu vermehren und Erfahrungen über ihre Lebensweise in verschiedenen Aquarien zu sammeln. Auch dürften wir im Sinne des

Die hermatypischen Steinkorallen im Aquarium – Auswirkungen der Raumkonkurrenz –

Artenschutzes einen Beitrag geleistet haben, daß wir uns weiterhin mit diesen Tieren beschäftigen können. Die Vermehrung von Korallen über das Larvenstadium oder der selbständigen Teilung ist bisher trotz einzelner, aber zunehmender Erfolge, immer noch als die Ausnahme zu betrachten. Sie hat zwar steigende Tendenz, aber wir können auf die natürliche Art der Vermehrung immer noch keinen reproduzierbaren Einfluß ausüben. Hier gilt es weiter, intensiv zu beobachten, und Erfahrungen zu vergleichen. Vorrangig sind aber optimale und gleichbleibende Lebensbedingungen zu schaffen, damit hier Einflüsse reproduzierbar werden, die diesen Vorgang auslösen.

Die flach wachsenden Korallen sind relativ unempfindlich gegen die Nesselgifte der mitbewohnenden Korallen, sowohl aus dem "harten" als auch aus dem "weichen" Bereich. Das liegt in der Hauptsache daran, daß sie an Stellen siedeln, die von anderen nesselnden Tieren nicht so stark als Lebensraum beansprucht werden, bzw. von diesen aus Gründen der Lichtabhängigkeit nicht besiedelt werden können. Das sind Stellen, die als sogenannte ökologischen Nischen bezeichnet werden können, die mit der Zeit nun auch schon in alteingerichteten Aquarien zu finden sind. Neuere Beobachtungen haben gezeigt, daß auch diese Korallen trotz ihres relativ dünnen Gewebes Mesenterialfilamente zur Verteidigung ihres Lebensraumes einsetzen. Das wurde erst jetzt sichtbar, als verschiedene gleichartige Korallenspezies im Aquarium stärker zu wachsen begannen und Aus-lösefaktoren (Annäherung verschiedener Substrate) zur Wirkung kamen.

Auch bei diesen Tieren ist also räumliche Vorsicht angebracht. Diese Korallen sind besonders empfindlich gegen mechanische Beschädigungen, bedingt durch die relativ dünne lebende Substratschicht, die übrigens ein Merkmal aller kurzpolypigen, flachwachsenden Steinkorallen ist. Zu diesen Korallen zählt von der Struktur her auch die Heliophora. Sie, die eigentlich mehr mit den Lederkorallen verwandt ist, sollte in einem Riffbecken mit den hermatypischen Steinkorallen in möglichst großem Abstand zu diesen angesiedelt werden. Sie hat in Riffbecken nach meinen Beobachtungen keine optimalen Lebensbedingungen und wird in der Regel im Wachstum behindert. Der Grund dürfte in der Empfindlichkeit gegen freie Nesselgifte der hermatypischen Steinkorallen zu suchen sein. Eine nicht zu unterschätzende Gefahr stellen auch kleine Seesterne dar, die sich oft in Riffbecken in Massen vermehren. Insbesondere dann, wenn die Korallen zeitweise keine optimalen Lebensbedingungen haben und ihre

chemischen Abwehrwaffen nicht einsetzen können. Die Seesterne fallen dann in großer Zahl über die geschwächten Tiere her und fressen das lebende Substrat ab. Oftmals sieht es nur so aus, als wenn sie nur den Häutungsbelag abweiden. Hier ist in jedem Fall Vorsicht angebracht. Besondere Aufmerksamkeit sollte man in diesem Zusammenhang bei den Millepora-Arten walten lassen. Sie sind bevorzugt Opfer dieser Seesterne. Diese sind offenbar in der Lage das sehr starke Nesselgift der Korallen in diesem Zustand zu überwinden. Sie rufen damit weitergehende Schädigungen an diesen speziellen Korallen hervor.

Da die flachwachsenden Korallen generell relativ langsam wachsen, also Substrat aufbauen, haben sie auch entsprechende Schwierigkeiten, so geschädigte Stellen wieder mit lebendem Gewebe zu überziehen. Diese werden sehr schnell von Faden- oder im günstigsten Fall von Kalkalgen besiedelt. Es ist erstaunlich zu beobachten, wie schnell sich diese Algen hier ansiedeln. Dabei kann der Kampf der Koralle mit der Alge, die geschädigte Stelle wieder mit lebendem Gewebe zu überziehen, sehr lange dauern. Ich habe des öfteren schon beobachten können, daß sie versucht, mit der Fadenalge um die Wette zu wachsen. Wenn sie erfolgreich ist, dann schnürt sie die Alge über der Basis ab und schließt die Lücke wieder. Besonders ist dies bei Montiporen zu beobachten. In diesen Konkurrenzkampf sollte man aber in jedem Fall eingreifen, denn recht oft ist sonst die Koralle der Verlierer. Fadenalgen sollten bei Auftreten in einem Riffbecken in jedem Fall sofort beseitigt werden und zwar nicht nur, indem sie nur mechanisch entfernt werden, sondern es müssen die Ursachen eines vermehrten Algenwuchses gesucht und beseitigt werden.

In erster Linie wird das immer auf starken Fischbesatz zurückzuführen sein. Verbunden damit ist meist eine zu intensive externe Fütterung. Auch ungeeignete, schlecht gewartete Filtersysteme können eine negative Rolle spielen. Fadenalgen sind für die Blumentiere die eigentlichen und auch gefährlichsten Raumkonkurrenten, da sie einmal aufgetreten, am schwersten wieder in den Griff zu bekommen sind. Patentrezepte gegen Fadenalgenwuchs gibt es aber leider nicht, auch wenn das manchmal so dargestellt wird. Das Wachsen dieser Algen resultiert aus einer Wasserbelastung mit Schadstoffen.

Freimachen sollte man sich auch von der Vorstellung, algenfressende Tiere könnten einen ausufernden Fadenalgenwuchs ausschließlich in Schach halten. Wer daran

glaubt, oder damit argumentiert, verwechselt die Wirkung mit der Ursache. Auch chemische Bekämpfungsmethoden beseitigen nicht die eigentlichen Ursachen!

Eine Koralle, die sehr hohe Ansprüche an die Wasserqualität und an das Licht, sowie an einen optimalen Standort stellt, sind Stylophora Arten, vornehmlich aus dem Roten Meer. Diese Arten wachsen nur sehr langsam und müssen sehr sorgfältig umhegt werden. Sie sind äußerst empfindlich gegen Nesselgifte aller Art, seien es welche von anderen Steinkorallen oder auch von Blumentieren anderer Art. Ihre Umgebung muß absolut von Raumkonkurrenten jeglicher Art freigehalten werden. Auch ist ein besonderes Augenmerk auf die Strömung zu richten, die verschiedenartige Nesselgifte herantragen kann. Dazu muß für eine optimale Lichteinstrahlung, wie sie nur mit den HQI-Brennern möglich ist, gesorgt werden. Erst dieses Licht bewirkt die natürliche Ausfärbung der Koralle in ein zartes Rot. Der jeweilige Brenner, der für das Licht der Koralle sorgt, darf nicht länger als 6 Monate für die Beleuchtung dieser Arten benutzt werden, da sonst der Lichtschock, wie er beim längerfristigen Austausch der Brenner eintreten kann, die Koralle vernichten würde. Diese Koralle ist nur unter äußerst optimalen, gleichförmigen wasserchemischen Bedingungen im Aquarium zu halten. Da aber auch hier schon Erfolge in der Vermehrung über das Larvenstadium, zu verzeichnen sind und zu erwarten ist, daß diese dann herangezogenen Tiere nicht mehr so empfindlich sind, ist es den Aquarianern zu verdanken, die hier Pionierarbeit leisten, daß diese Art auch in Aquarien weiterer Aquarianer Verbreitung finden wird.

In der Gemeinschaft mit den Steinkorallen, die das Bild meines Aquariums bestimmen, leben nun aber auch noch einige andere Tierarten. Es sind Röhrenkorallen, sogenannte Stoloniferen, verschiedene Krusten- und Scheibenanemonen. Dazu kommen die verschiedenen Krusten- und Schalentiere, wie ich sie als "Saubermacher" vorstellen werde. Die Tiere leben aber, wie im Riff auch, als Sekundärsiedler. Sie sind an schattigen Stellen in den Randzonen des Aquariums angesiedelt. Dabei haben die Stoloniferen, als licht- und strömungsabhängige Tiere in diesen Becken keine idealen Lebensbedingungen. Einige Scheiben- und Krustenanemonen dagegen gedeihen hervorragend und versuchen, immer wieder größere Flächen zu besiedeln. Absolut nicht passende Tiere für ein Riffaquarium mit den hermatypischen Steinkorallen sind einige Xeniiden und die verschiedenen Anthelia Arten. Sie haben in einem Riffaquarium keine Überlebenschancen. Es sind Sekundärsiedler besonderer Art, die auch in intakten Riffen der Natur, an dem überwiegend Steinkorallen wachsen, nicht zu finden sind. Versuchen wir nicht, hier die Natur zu vergewaltigen. Auch das sind Tiere, mit denen wir uns ganz speziell, in einem für sie gestalteten Aquarium, befassen sollten, wenn wir sie pflegen wollen. In Steinkorallenbecken haben sie nichts zu suchen. Sie siedeln im Riff nur da, wo sich infolge von Störungen des Wasserchemismusses ein Mischbewuchs eingestellt hat und beherrschen dann auch diesen Lebensraum. Außerdem sind sie mit ihrem enormen Wachstumsvermögen dann in der Lage, diesen Lebensraum schnell zu besetzen und den restlichen Steinkorallenwuchs zu zerstören. Andererseits bedingen die Wasserparameter für einen guten Steinkorallenwuchs, daß die Tiere in Steinkorallenbecken keine Chance zum Überleben haben. Sie dürften mit ihrem Wachstum, bzw. ihrem Kümmerwuchs in einem Riffbecken, nur einen Indikator für den Zustand der Wasserqualität für die Steinkorallen darstellen. Dazu sollten wir aber diese Tiere nicht benutzen.

Die hier beschriebenen Tierarten, insbesondere Steinkorallen, bilden eine lebensfähige Gemeinschaft auch in der Enge eines Aquariums. Sie sind untereinander verträglich und in dieser Zusammensetzung auch in der Lage, sich zu vermehren. Dort, wo die eine oder andere Art zu wuchern beginnt, ist in jedem Fall die ordnende Hand des Pflegers notwendig. Andernfalls würden sich die Negativfaktoren der Raumkonkurrenz auswirken und in jedem Fall zum Zusammenbruch des Lebens im Becken führen. Bei rechtzeitigem Eingriff bietet sich hier jedoch die Möglichkeit, Tiere in andere, ähnlich geführte Becken zu geben und so einen Beitrag zur Verbreitung der nicht der Natur entnommenen Tiere, zu leisten. Die so vermehrten Tiere sind außerdem für die Aquarienhaltung besonders geeignet, da sie nicht mehr so empfindlich sind. Neben diesem Aspekt haben wir mit Sicherheit einen nicht unwesentlichen Beitrag zur wissenschaftlichen Erforschung der Lebensumstände dieser Tiere geleistet und auch zum Naturschutz beigetragen.

Mit der Haltbarkeit und der Vermehrung der Steinkorallen im Aquarium ist es erstmals möglich geworden, sie längere Zeit hautnah zu beobachten und die Lebensumstände und Wirkfaktoren ihres Wachstums zu studieren, die Voraussetzungen für die erfolgreiche Hälterung sind. Die hier beschriebenen Steinkorallen sind bis auf wenige Ausnahmen schon stark vermehrt und in andere Becken gegeben worden. Sie sind der lebende Beweis für die Richtigkeit dieser Hälterungsaspekte.

Fortpflanzung und Vermehrung der hermatypischen Steinkorallen

- **Parameter für die Entwicklung einer Koralle**
- **Korallen, die sich in Aquarien vermehrt haben**
- **Mechanische Teilung als Alternative zur Natur!**
- **Fungia-Korallen im Aquarium**
- **Lebensformen der Fungia-Korallen**
- **Vermehrungsformen im Aquarium beobachtet**
- **Fadenalgen – eine Bedrohung für Steinkorallen**

In der Meeresaquaristik hat sich in den letzten Jahren ein Wandel vollzogen. Es hat sich mehr und mehr die Erkenntnis durchgesetzt, daß dieses Hobby allein mit aufwendiger Technik nicht voranzubringen ist. Es wurde allzuoft und allzugern vergessen, daß wir es hier mit Lebewesen zu tun haben, die aus einem äußerst speziellen und komplexen Lebensraum stammen, zu deren Funktionieren vielfältige Einzelfaktoren beitragen. Veränderungen dieses Lebensraumes oder einzelner Faktoren haben die hier lebenden Tiere in der Regel nicht schadlos überstanden.

Es wurden durch verschiedene Eingriffe auch Arten ausgerottet, die in ihrer Erscheinungsform und Lebensweise uns Menschen großenteils noch gar nicht bekannt waren. Die Eingriffe in äußerst empfindliche Lebensräume, die auch von uns Aquarianern möglichst vermieden werden sollten, stimmen mich auch im Zusammenhang mit der Meeresaquaristik oft nachdenklich. Ich beobachte dabei oft mit Sorge, wie unbekümmert Aquarianer mit den einmal geschaffenen Lebensbedingungen für Tiere aus dem Riff in unseren Aquarien umgehen. Es dürfte sich eigentlich keiner wundern, wenn die Tiere, zumal noch in den beengten Verhältnissen des Aquariums, diesen Eingriffen damit begegnen, daß sie nicht mehr wachsen, sich nicht mehr vermehren und nur noch ein trauriges Abbild eines einstmals blühenden Aussehens bieten. Viele dieser Tiere bezahlen unsachgemäße Eingriffe darüber hinaus noch mit ihrem Leben.

Leider hat diese Erkenntnis immer noch keinen umfassenden Durchbruch erfahren. Es heißt dann immer, die Tiere sind in Aquarien nicht haltbar. Ausgehend von den vorgenannten Fakten sind nur die Aquarianer bei der Hälterung und Vermehrung von "Niederen Tieren", insbesondere der hermatypischen Steinkorallen, vorangekommen, denen die Problematik bewußt geworden ist. Sie betreiben die Meeresaquaristik kontinuierlich, naturnah mit behutsamen, aber optimalem Einsatz von technischen Geräten. Dazu haben sie ein ausgeprägtes Einfühlungsvermögen und ein umfassendes Verständnis für die Lebensansprüche der Tierarten, die sich in ihren Aquarien befinden, entwickelt. Mit dieser Einstellung ist es einigen Aquarianern, und es werden immer mehr, gelungen, hervorragende Riffbecken mit einem vorwiegenden Besatz an hermatypischen Steinkorallen dauerhaft zu unterhalten. Dabei hat sich gezeigt, daß die Technik nur eine Helferrolle übernehmen kann und auf relativ einfache Weise gelöst worden ist.

In diesen echten Riffbecken entwickeln und vermehren sich hermatypische Steinkorallen, die zu halten bis vor kurzem noch unmöglich erschien. Es sind in der Anzahl schon so viele, daß die Hälterungserfolge dieser Aquarianer nun wirklich nicht mehr als Zufälle betrachtet werden sollten. In einigen Aquarien konnte erstmals die Vermehrung von verschiedenen hermatypischen Korallenarten über das Larvenstadium bewußt verfolgt werden. Von einer Entwicklung, die schon mehrfach an einer Seriatopora-Art beobachtet worden ist, soll hier als erstes beispielhaft berichtet werden.

Als Ergänzung dazu folgen Beschreibungen von anderen Vermehrungsarten, die im Aquarium zum Erfolg geführt haben, zu denen zwei ungewöhnliche Varianten gehören. Hier sind besoners zu erwähnen die Vermehrung durch Teilung bei einer Steinkoralle (Herpolithon limax) und die Fortpflanzung einer Fungia (repanda) über das Larvenstadium. Als Fortsetzung dieser Vermehrung hat sich hier eine Besonderheit gezeigt, die nur im Aquarium in dieser Form zu beobachten war. Im Gegensatz zum Wachstum der Korallen, die sich bisher nur durch Verzweigungen quantitativ vermehrt haben, was

Seriatopora calendrium: Vermehrungsarten zeigen sich in ganz unterschiedlichen Formen, auch im Aquarium. Hier sehen wir eine aus einer Larve entstandene Koralle auf einem ganz exponierten Substrat, dem Auslauf einer Power Head.

leicht zu beobachten war, stellt sich die Beobachtung der Entwicklung einer Koralle aus einer Planula-Larve schon etwas schwieriger dar. Es beginnt schon damit, daß der Koralle nicht anzumerken ist, wann und ob Larven ausgestoßen werden. Und es ist auch nicht einfach, die Orte, an denen sich die Larven festgesetzt haben, rein optisch zu finden. Es wäre leichter, wenn die Theorie, daß die Korallen sich alle gemeinsam, zu einem ganz bestimmten Zeitpunkt im Jahr vermehren auch im Aquarium zutreffen würde. Es wäre dann möglich, sich darauf einzurichten und erhöhte Aufmerksamkeit walten zu lassen.

Dieser Aussage kann ich aber, zumindest für die Aquarienhaltung, nicht zustimmen. Die Vermehrung über das Larvenstadium habe ich in meinem Becken schon mehrere Male beobachtet, wobei zwei Vermehrungsstadien nacheinander in einem Jahr stattfanden. Die dritte Vermehrung war ein Jahr zuvor, aber auch zu anderen monatlichen Zeiten.

Vermehrungen dieser Art wurden auch in anderen Becken und zu ganz verschiedenen Jahreszeiten beobachtet. Auslöseparameter hierfür müssen also auch noch anders, als jahreszeitlich, definiert sein. Sie sind für die Larvenabgabe eines Korallenstockes im Aquarium bisher noch nicht eindeutig identifiziert worden. So wie auch das Ausstoßen der Larven im Aquarium noch nicht beobachtet werden konnte, so war auch das Heranreifen der Larven bis zum Eistadium in der Koralle nicht erkennbar. Das wird besonders deutlich, wenn man sich die Koralle, von der hier die Rede ist, im ausgewachsenen Zustand betrachtet. Die Seriatopora als Beispiel hat recht große Polypen, die im Verhältnis zum Durchmesser von 2 mm, eine Länge bis zu 15 mm haben. In dem Körper, obwohl er relativ transparent ist, die winzig kleinen Eier heranreifen zu sehen, ist unter normalen Umständen nicht möglich.

Seriatopora calendrium: Auf diesem Auslauf sind sogar zwei verschiedene Larvenentwicklungen zu sehen. Sie zeigen auch für den letzten Zweifler, daß eine Vermehrung auf diese Art auch im Aquarium stattfinden kann.

Leptoseris spez.: Auch diese flachwachsenden Arten sind in Aquarien vermehrbar. Ganz kleine ruhig angesiedelte Plättchen von diesen Tieren können eine beachtliche Größe erreichen.

Eine indirekte Beobachtung konnte ich aber schon mehrfach machen. Dem Entstehen einer neuen Koralle aus einer Larve ist immer das Auflösen eines Korallenzweiges der sich vermehrenden Art vorausgegangen. Möglicherweise ist das ein Anzeichen für die Larvenabgabe. Betrachten wir nun einmal etwas eingehender am Beispiel einer Seriatopora, die Parameter, die für die Entwicklung eines neuen Korallenstockes (aus einer Larve) maßgebend sind. Viele Korallen, zu der auch

141

die Seriatopora gehört, sind auch ausgewachsen nicht sehr auffällig gefärbt. Die meist verbreitete Ausfärbung ist fleischfarben bis grünlich irisierend. Aus diesem Grund hat man auch bei der Entdeckung einer winzigen neuen Koralle erhebliche Schwierigkeiten, da sie sich farblich nur sehr wenig vom Untergrund abhebt. Auch die minimale Größe trägt nicht gerade zur rechtzeitigen Entdeckung bei.

Leptoseris spez.: Im Hintergrund das Ursubstrat und im Vordergrund die Ausläufer des neuen Korallensubstrates.

Pavona spez.: Auch diese Arten wachsen zuweilen in flacher Form in Aquarien weiter. Sie bilden hier Standortformen aus. Hier sehen wir im Hintergrund das Ursubstrat, das in der Folge zu einer relativ großen Fläche ausgelaufen(!) ist. Es bilden sich hier nur sehr kleine Erhebungen. Diese Koralle wird von abfallender Strömung erfaßt.

Eine weitere Schwierigkeit liegt darin, daß die winzige neue Koralle in diesem Stadium eine große Ähnlichkeit mit einer Anemone hat. Ich habe die neue Koralle immer erst bemerkt, wenn sie schon einen Basisfleck von ca. 3-4 mm Durchmesser ausgebildet hatte. Sie dürfte zu diesem Zeitpunkt schon ca. 1 Monat alt sein. Da meine Beckendekoration reichlich mit verschiedenfarbigen Kalkalgen überzogen ist, habe ich diese eigentlich nur entdecken könne, indem ich die winzig kleinen Tentakelkronen bemerkte.

Pavona spez.: Hier sehen wir die gleiche Koralle ein Jahr später. Eine Montipora spez. ist ihr inzwischen von der anderen Seite entgegengewachsen. Deutlich sichtbar ist hier die Wachstumsgrenze.

Nemenzophyllia spez.: Hier mit einer sich entwickelnden Acropora, die von dieser Koralle nicht behindert wird.

Hilfreich für das Auffinden war anfangs für mich, daß sich die Larven immer an sehr exponierten Stellen, wie z. B. Spitzen von sauberen Steinen die waagerecht ins freie Wasser ragten, festsetzten und sich entwickelten. Diese Steine waren zum Glück immer an sehr hellen Stellen, etwa in halber Becken-

Ansiedlung Larve, Entwicklung einer Koralle

Fortpflanzung und Vermehrung der hermatypischen Steinkorallen

höhe und nahe der Frontscheibe, da hier die Ansiedlungsparameter Strömung und Licht in idealer Weise zusammen kommen. Aber auch dieser günstige Umstand macht es ohne Hilfsmittel, wie z.B. einer Lupe, unmöglich, die Korallenlarven zu entdecken. Das ist auch der Grund, warum ich nach der ersten unbemerkten Entwicklung einer Korallenlarve, jetzt mein Becken des öfteren nach verborgenem, sich gerade entwickelndem Leben mit einer Lupe absuche. Nur auf diese Art ist es möglich, solche Entwicklungen rechtzeitig zu bemerken und sich darauf einzurichten.

Nemenzophyllia spez.: Typisch für diese Koralle ist, daß sie ihr Substrat sehr weit aus dem Skelett herausstreckt. Sie ist sehr transportempfindlich, aber sonst leicht zu halten. Vermehrungen sind durch Teilung schon praktiziert worden.

Einsichtig ist eigentlich auch, daß sich neue Korallen oder Leben überhaupt nur in sauberen Aquarien, in denen nicht ständig herumhantiert, umgebaut und geputzt wird, entwickeln können. Andernfalls würde man garantiert den Aufwuchs zerstören, ohne ihn überhaupt zu bemerken.

Aus diesem Grund sollen auch nicht zu viele grasende Fische (Doktorfische) in einem Riffaquarium sein, die diesen Aufwuchs bewußt oder unbewußt mit abgrasen. Dazu gehören auch Nager, wie z. B. Seeigel in zu großer Anzahl und besonders die ständig pickenden Lippfische, die in einem Riffbecken eigentlich nichts zu suchen haben.

Sichere Erkenntnisse liegen bei der Entwicklung einer Koralle aus Larven von einer Seriatopora, Stylophora und Fungia vor. Aber auch andere Korallen, wie z. B. Acropora Spezi machen eine ähnliche Entwicklung durch. Die Larven der Seriatopora setzen sich an günstigen, strömungsreichen Stellen auf dem Substrat fest und wachsen hier zunächst flächenartig bis zu einem Basisdurchmesser von ca. 10 mm. In ca. 3 Monaten ist diese Ausgangsbasis erreicht, und sie beginnen dann merklich in die Höhe zu wachsen.

Es bildet sich zunächst nur eine Art Buckel aus, der ca. 8 mm hoch wird. Danach entwickeln sie die ersten zwei Äste, indem sich der Buckel teilt. Die beiden noch recht dicken Äste wachsen dann wieder in ca. 3 Monaten bis zu einer Gesamthöhe von 15 mm, bei gleichzeitiger Erweiterung der Basis auf einen Durchmesser von 15 mm. Die sich danach dann nicht mehr vergrößert. Erst jetzt beginnt die Koralle ihre eigentliche Form zu bilden. Fein verzweigte, filigrane Ästchen, die den Reiz dieser Koralle ausmachen, formen sich aus. Sie haben eine gleichförmige Dicke, egal wie lang sie werden und entwickeln sich aus drei relativ dicken Ästen, die als Basis dienen. Der ganze nachfolgend entstehende Stock baut sich auf dieser auf, egal wie groß die Krone im Laufe der Zeit wird. Die Basis selbst stirbt bei Vergrößerung der Krone infolge Lichtmangels schnell ab (siehe hierzu Bildtafeln).

Hydnophora spez.: Diese Korallen sind ebenfalls sehr transportempfindlich und in der Regel nur auf Restsubstraten zu finden. Aus diesen sind sie in entsprechenden Becken relativ leicht aufzuziehen. Wachsen sie einmal, sind sie durch Teilung leicht vermehrbar.

Das Gleiche geschieht mit dem unteren Teil der Äste. Lebendes Substrat bedeckt nur das Astende ca. 20 mm lang, je nachdem, wie dicht die Krone wird. Die Äste insgesamt, also der lebende und tote Bereich, erreichen eine Länge von ca. 100 mm. Bei diesem offensichtlichen Mißverhältnis von Dicke und Astlänge wäre ein Ast allein nicht stabil genug, um heranzuwachsen. Dadurch, daß aber eine Krone ausgebildet wird und sie sich verzahnt, manchmal auch quer zusammenwächst, erreicht sie eine relativ große Stabilität. So zart und zerbrechlich, wie die Seriatopora von der Skelettstruktur her ist, um so härter ist sie in der Behauptung ihres Lebensraumes. Sie setzt sich mit ihren Polypen und deren Fähigkeit Nesselgifte an die Umgebung abzugeben, gegen Raumkonkurrenten, wie z. B. Lederkorallen, einigen Krustenanemonen und auch großpolypigen Steinkorallen, wie z. B. Lobophylia Arten, durch.

Einmal angesiedelt, ist sie eine recht standhafte Koralle und wächst im Aquarium in einem Zeitraum von 3 Jahren zu einem Durchmesser von 20 cm und einer Höhe von 15 cm heran. Die Form könnte man mit der eines Blumenkohls treffend umschreiben. Das Wachstum der Koralle ist damit aber nicht beendet. Begrenzende Faktoren für das Wachstum in meinem Aquarium sind die Wasseroberfläche und mechanische Einwirkungen.

Es bleibt abzuwarten, wie sich Form und Größe mit der Zeit im Aquarium entwickeln werden. Da sie im Grunde keine Raumkonkurrenten hat, ist es möglich, daß sie sich übermäßig ausbreitet und dann eine Gefahr für andere Korallen darstellt. Deutlich sichtbar wird nach drei Jahren, daß der Korallenstock bei den angegebenen Abmessungen im unteren Bereich infolge der Lichtabschattung abgestorben ist. Die lebende Substanz der Korallenkrone erstreckt sich auch bei dieser Größe im äußeren Bereich bis zu einer Tiefe von max. 4 cm. Innen überschreitet die Wachstumszone selten die Grenze von 2 cm.

Heliopora coerulea: Diese Koralle ist vor ca. 10 Jahren schon importiert worden. Sie war damals türkisfarben. Sie hat sich aber schon sehr bald im Aquarium umgefärbt und nahm die hellbraune Farbe an. Diese Korallen sind in Riffbecken nicht so gut haltbar. Sie wachsen bei überwiegend hermatypischen Steinkorallenbesatz nur sehr langsam.

Duncanopsamia axifuga: Hier haben wir einen Vertreter der Korallen, die sich durch Knospung vermehren. Sie haben ein relativ großes Wachstumsvermögen und sind deshalb umsichtig anzusiedeln. Aus zwei Kelchen haben sich innerhalb eines Jahres acht entwickelt. Der Einfluß des überwiegenden Besatzes macht sich dann auch hier in einer Wachstumshemmung bemerkbar.

Diese Korallenart vermehrt sich nicht durch Kontakt mit dem umliegenden Dekorationsmaterial, wie z.B. die Acropora-Arten. Die Äste des Gesamtstockes, die an eine im Aquarium befindliche Begrenzung heranwachsen, stellen das Wachstum in diese Richtung ein. Im Gegensatz zu den Acropora Arten, die an solchen Stellen kontaktieren, eine neue

Heliopora coerulea: Hier sehen wir eine im Aquarium gewachsene Art, die die typische braune Farbe hat. Diese Korallen entfalten oftmals Tentakelkronen. Sie sind aber nicht lebensnotwendig. Sie benötigen relativ viel Strömung, da sie sich von Zeit zu Zeit häuten. Ein Zeichen der nahen Verwandschaft zu den Lederkorallen.

Seriatopora

Fortpflanzung und Vermehrung der hermatypischen Steinkorallen

Basis ausbilden und neue Äste austreiben. Das Wuchsbild in meinem Becken ist, im Gegensatz zur Acropora, die einen regelrechten Wald an Ästen ausbildet, solitär zu nennen. Andere, hauptsächlich Strömungs - und Ansiedlungsparameter, lassen aber weitere niedrigere und auch kompaktere Formen entstehen.

Duncanopsamia axifuga: Hier kann man die Verzweigung der Äste nach einem Jahr sehen.

Diese Koralle läßt sich auch, wie die Acropora-Arten, mechanisch vermehren, indem Äste vom Gesamtstock abgebrochen und neu angesiedelt werden. Die Wuchsform der angesiedelten Äste ist danach aber immer ähnlich der des Muttertieres.

Der Ort der Neu-Ansiedlung muß immer eine exponierte Stelle, hauptsächlich mit günstiger Strömung, sein. Das Licht spielt eine nicht so große Rolle. Daraus ist zu schließen, daß die Koralle auch im Aquarium nicht ausschließlich von der Lichteinstrahlung (Photosynthese) lebt. Der Vergleich mit anderen Korallen bezüglich des Lichtes, wie z. B. Acropora und besonders bei Stylophora Arten, sprechen für diese Vermutung. Ratsam ist deshalb, eine gelegentliche allgemeine Fütterung mit staubfeinem Futter.

Die Dauer vom "Einpflanzen" bis zum Anwachsen liegt mit ca. 3 Monaten erheblich höher als z.B. bei Acropora Arten. Bei ungünstig ausgesuchten Standorten wächst die Koralle nicht an, was aber für das Weiterleben der Koralle allgemein nicht unbedingt notwendig ist. Der hier angesiedelte Ast geht zwar nicht ein, wird aber auch nur unwesentlich größer. Abhilfe ist hier durch "Umpflanzen" zu schaffen. Aber auch in dieser Zeit an einem Standort, der der Koralle nicht zusagt, ist sie im Gegensatz zu anderen Arten mit ihren Polypen voll entfaltet und zeigt keine äußeren Anzeichen von Unbehagen. Selbst unabsichtlich abgebrochene Äste, die auf unzugängliche Stellen des Beckenbodens fallen, führen ein eigenständi-

ges Leben, auch an ungünstigen, fast dunklen Stellen im Aquarium. Auch hier sind die Polypen voll entfaltet. Sie wachsen aber nicht mehr und bleichen mit der Zeit, wenn extremer Lichtmangel herrscht, aus. Dieses führt erst nach längerer Zeit zum Absterben der Koralle.

Duncanopsamia Axifuga:
Auf dem linken Stamm kann man eine neue Knospe erkennen.

Duncanopsamia axifuga: Vier Monate später sieht man schon die Entwicklung weiterer Polypenkelche am gleichen Stamm. In dieser Form pflanzen sich diese Korallen fort.

In letzter Zeit habe ich gezielt Versuche gemacht, die abgebrochenen Äste auf dem Boden des Beckens anzusiedeln. Hier zeigt sich einerseits die Anspruchslosigkeit in Bezug auf das Licht und andererseits auch der Einfluß der veränderten Strömungsverhältnisse. Die Koralle hat am Boden eine ganz andere, kompaktere Wuchsform. Dabei macht es ihr offensichtlich nichts aus, von bodenbewohnenden Tieren umgestoßen zu werden. Sie zieht dabei noch nicht einmal ihre Tentakel ein.

Da sie auch hier bei ausreichend starker Strömung weiterwächst, ist zu vermuten, daß sie am Boden, wo des öfteren Schwebstoffe aufgewühlt werden, zu einer anderen Ernährungsform übergegangen ist.

Eine weitere Vermutung ist, daß diese Lebensweise, aufgrund ihrer zerbrechlichen Skelettform, eventuell die Normalform ist. Die Bedingungen in diesem Bereich des Aquariums erzeugen eine fast runde Wuchsform mit dickeren, kürzeren Ästen. Sie wird durch die kleine Wuchsform vom Strömungsandruck oftmals umgewälzt, was der Koralle jedoch nichts ausmacht.

Der Strömungsandruck im Meer bricht einen festgewachsenen Stock von der vorher beschriebenen Wuchsform und Größe (20 cm Durchmesser, 15 cm Höhe) ab und bestätigt diese Vermutung eigentlich. Auch diese Koralle ist, als Sekundärstock, schon in anderen Aquarien angesiedelt worden und breitet sich bei dem enorm schnellen und unproblematischen Wachstumsvermögen, ähnlich wie die Acropora cardenae, aus. Sicher spielt hier eine große Rolle, daß die weitergegebenen Exemplare keine Wildformen mehr sind, da sie im Aquarium zum Teil echt "geboren" wurden oder aus einer mechanisch geteilten, alten Koralle, aufgezogen wurden. Dabei muß bedacht werden, daß ja auch diese "Urkoralle" nur ein ca. 20 mm hoher, sich gerade entwickelnder Stock auf der Schale einer Tridacna gewesen ist.

Die Koralle in einer etwas früheren Wachstumsphase. Sie hat ganz kleine Polypen und recht bunt ausgefärbte Wachstumsspitzen.

Die Seriatopora hat sich jetzt schon in der dritten Generation über das Larvenstadium auch in verschiedenen Aquarien vermehrt. Die Vermehrungen über das Larvenstadium auch in anderen Aquarien sollte als ein positives Zeichen dafür gewertet werden, daß bei anders gearteten Umweltbedingungen, die in jedem Aquarium trotz aller Bemühungen vorliegen, kein negativer Einfluß auf das Fortpflanzungsvermögen sichtbar geworden ist. Voraussetzungen für dieses Fortpflanzungsvermögen in Aquarien sind in den weiteren Kapiteln nachzulesen.

Auch die Aufzuchterfolge mit dieser Koralle sind als Beweis dafür anzusehen, daß wir auf dem richtigen Weg sind. Diese zuvor beschriebene Art der Vermehrung ist die normale, häufigste und auch wohl bekannteste. Die Tiere des Riffs haben aber im Evolutionsprozeß eine Entwicklung durchgemacht, die uns, gerade in bezug auf ungewöhnliche Entwicklungsformen, auch heute noch immer wieder in Erstaunen versetzt und uns bestätigt, daß wir noch längst nicht alles über diese Tiere wissen. Insbesondere ihre Lebensweise und ihre unterschiedlichen Fortpflanzungsmöglichkeiten geben uns noch große Rätsel auf.

Zu diesen Rätseln zählen auch neue, uns bis dahin noch unbekannte Entwicklungs- und Fortpflanzungsformen. Sie werden erst jetzt, da sie im Aquarium sozusagen hautnah miterlebt werden können, transparent.

Weitere flachwachsende Korallen sind diese Arten, die vermutlich den Pavona- oder Leptoseris Arten zuzuordnen sind. Sie sind in Aquarien auch an schattigen Plätzen mit mehr Strömung haltbar. Sie dürfen aber nicht von anderen Tieren durch Überwachsen gänzlich vom Licht abgeschattet werden. Dieser Koralle wurde so ein Schicksal zuteil.

Pavona + Leptoseris

Fungia
Fortpflanzung und Vermehrung der hermatypischen Steinkorallen

Acropra spez.: Die Vermehrung von Acropora-Korallen hat 1983 seinen Anfang genommen. Sie ist durch das Abbrechen von Astspitzen vom Mutterstock eingeleitet worden. Diese Vermehrungsart hat sich bis heute fortgesetzt und ist immer noch die effektivste. Die Vermehrung über das Larvenstadium ist bei diesen Korallen eigenartigerweise nur selten beobachtet worden.

Acropra spez.: Eine weitere Art, die schon steil in die Höhe wächst.

Acropra spez.: Die Abbildung zeigt einen auf diese Art angesetzten Ableger ca. 5 Monate alt. Deutlich kann man hier die Ausbildung der Basis sehen und es beginnen sich neue Äste aus dieser zu entwickeln.

Auch die sogenannten Standortformen, die durchaus als variabel und zuweilen auch ungewöhnlich zu bezeichnen sind, können nun im Aquarium beobachtet und erstmals zuverlässig bestätigt werden. Zu diesen unterschiedlichen und ungewöhnlichen Formen, die sich in Aquarien ausbilden, zählen die nächsten beiden Beispiele. Sie haben im Aquarium zum Entstehen von neuen Korallen in großer Zahl geführt.

Fungia Korallen sind eine Besonderheit unter den Steinkorallen. Sie unterscheiden sich in der Form und auch in der Lebensweise von den herkömmlichen Steinkorallen, und sind im Riff während ihrer zweiten Lebensphase lose aufliegend, sowohl auf Sandböden als auch auf Geröllhalden, zu finden.

Die zweite Lebensphase beginnt bei diesen Tieren ab ca. 1 Jahr und einem Tellerdurchmesser von ca. 2,5 cm. Dann geben sie ihre bis dahin sessile Lebensform auf und liegen lose auf verschiedenen Bodenformen im Riff. Das Leben in dieser Region des Meeres ist hart für die Tiere, die hier leben müssen, da alle losen Geröllteile, Sand und dergleichen immer wieder versuchen, diese einzugraben und zu verschütten. Das würde normalerweise für viele Tiere das Ende bedeuten.

Daß diese Korallen aber trotzdem hier leben können, liegt daran, daß sie diesem Lebensrhythmus angepaßt sind. Sie sind in der Lage, sich vom Sand und von lose aufliegenden Geröllteilen bis zu einer gewissen Größe zu befreien. Auch sind sie in der Lage, durch "Aufblasen" ihrer lebenden Substratschicht in gewisser Weise aktiv zu wandern und sich bis zu einem gewissen Grad aus einer Umklammerung von lose aufliegenden Geröllteilen zu befreien.

Tatsachen, die durch Aquarienbeobachtungen bestätigt wurden, sprechen dafür, daß diese Korallen, entgegen früheren Aquarienbeobachtungen, sehr robust sind.

Die Lebensumstände bzw. Anpaßmechanismen der Korallen sind schon lange bekannt. Es war aber trotzdem bis vor wenigen Jahren nicht möglich, Fungia-Korallen über einen längeren Zeitraum im Aquarium zu halten. Die Gründe dafür sind mit Sicherheit in dem mangelhaften Wissen um die Lebensbedingungen der Tiere, der Wasserbelastung, dem Lichtspektrum und im Mangel an Spurenelementen, eventuell im Zusammenhang mit dem Betrieb von verschiedenen Filtern, zu vermuten.

Einige Mängel sind heute erkannt und behoben worden. Seit einigen Jahren habe ich diverse Fungia und die Verwandten Herpolython-Arten in meinem und auch in anderen ähnlich betriebenen Becken beobachtet und deren Entwicklung verfolgt. Sie sind zunehmend längere Zeit am Leben geblieben, sowie auch im Skelettdurchmesser gewachsen. In meinem Becken geht das soweit, daß ich mich aus Platzgründen bis auf je eine von jeder Art trennen mußte.

Geblieben sind eine Fungia (repanda) und eine Herpolithon (limax). Diese beiden unterschiedlichen Korallen haben sich danach im Aquarium auf zwei verschiedene Arten vermehrt. Sie sind beide als ungewöhnlich zu betrachten.

daß hier wohl wieder das Altbekannte bzw. Unbekannte zu wirken begann, das es uns in der Vergangenheit unmöglich machte, diese Korallen in unseren Aquarien längere Zeit zu halten. Zweifel kamen mir an dieser Vermutung, weil die Fungia in ihrer unmittelbaren Nachbarschaft, nur ca. 8 cm entfernt, weiterhin hervorragend stand, und die Korallen aus dieser Gattung sich gegenseitig nicht behinderten. Raumkonkurrenz konnte hier nicht der Auslösefaktor gewesen sein.

Auch sich verschlechterndes Wasser konnte nicht als Auslösefaktor angesehen werden, da die Fungia repanda und alle anderen Korallen nachweisbar gut standen. Nach einigen Überlegungen und Abwägungen beschloß ich, die geschädigte Koralle umzusetzen.

Acropra spez.: Eine weitere Variante der Ansiedlung von Ablegern ist das Aufbinden mit Kabelbindern. Sie können dann an sehr dekorativen Stellen angebracht werden und helfen, eine natürliche Umgebung zu schaffen. Der Kabelbinder wird mit der Zeit überwachsen.

Acropra spez.: Grundvoraussetzung für die Ansiedlung ist sauberes Grundsubstrat und passende Einstecklöcher. Hier sind Seepockenschalen benutzt worden. Für die Weitergabe ist aber nicht Bedingung, daß die Ableger auf Substrat aufgewachsen sind. Die Bruchstelle muß nur "ausgeblutet" sein. Diese Äste sind dann besser in andere Dekorationen zu integrieren. ???

Der neue Standort war in unmittelbarer Nachbarschaft zu einer Sarcophyton-Art, von der sie zeitweise auch vom Licht abgeschattet wurde. Die Auflösungserscheinungen gingen danach zunächst nicht weiter, und es trat eine Stagnation ein.

Inzwischen hatte sich aber auf den entblößten Skelettstellen Fadenalgen angesiedelt. Das ist eine typische Erscheinung, wenn geschädigte Korallen abgestorbene Skeletteile nicht mehr mit lebendem Substrat überziehen können. Wahrscheinlich hängt das damit zusammen, daß in der Tiefe des Skelettes die Reste des Gewebes anfangen zu faulen und den allgegenwärtigen Sporen der Fadenalgen einen idealen Nährboden bieten. Kommt noch Strömungsmangel hinzu, wachsen die Fadenalgen schneller als das lebende Substrat und sie

Die Korallen standen an ihren neuen optimierten Standorten ein Jahr hervorragend, bis die Herpolython nach diesem Jahr, sie war nun ungefähr 3 Jahre in meinem Aquarium, anfing, sich an der, der Frontscheibe des Aquariums zugewandten Seite, ganz langsam aufzulösen.

Die kleinen Tentakel kamen nicht mehr heraus und vereinzelt wurde das Skelett sichtbar. Ich war zuerst der Meinung, gewinnen die Überhand. Die konkurrierenden Algen in Bezug zu den Fadenalgen sind die verschiedenen Kalkalgen. Wenn diese Algenart auf dem abgestorbenen Skelett zu dominieren beginnt, ist die Koralle, wenn sie sonst in Ordnung ist, gerettet. Das Skelett wird wie mit einer Schutzschicht überzogen und bleibt sauber. Das lebende Restgewebe, wenn es noch lebensfähig ist, kann diese Alge später wieder überwachsen, bzw. mit Sekreten auflösen und das darunterliegende Substrat neu besiedeln. Sie stehen also nicht in unmittelbarer Konkurrenz zu bestimmten Steinkorallen.

Für "weiche Korallen" und Krustenanemonen können Kalkalgen jedoch zu einem Problem werden.

Acropra spez.: Auf diesem Bild sehen wir abgebrochene Astenden, die schon wieder zugewachsen sind. Auf diesen Bruchstellen wachsen wieder neue Äste nach, die die gleiche Form bekommen, wie der ursprüngliche Ast.

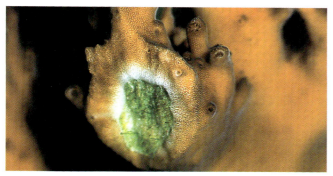

Acropra spez.: Hier sehen wir eine Bruchstelle nach ca. 6 Tagen. Die Ränder überziehen sich schon wieder mit lebendem Gewebe. In der Mitte kann man die grüne Einfärbung mit Algen erkennen. Sie haben aber nicht das Wachstumsvermögen der Koralle und werden von dieser normalerweise eingeschlossen.

Acropra spez.: Die Stelle ist nach ca. 10 Tagen geschlossen. Die Dauer richtet sich nach der Dicke des Astes.

Die eigentliche Ursache für die Schädigung der Herpolython-Koralle war vermutlich der, daß sich im Laufe der Zeit über dieser ein neuer Acropora Stock ausgebreitet hat. Als dieser eine gewisse Größe erreichte, sind wahrscheinlich von der Strömung zu viele Nesselzellen auf die Herpolython gespült worden, welche diese dann nicht mehr verkraften konnte. Das würde auch die begrenzte Schädigung erklären.

Die Fadenalgen stellten in der Folgezeit eine weitere Bedrohung der Restkoralle dar. Da sich die Auflösungserscheinungen nicht mehr fortsetzten, begann ich meine Rettungsversuche damit, daß ich die Septen der Herpolython mit einer feinen Wimpernbürste regelmäßig in kurzen Abständen von den Fadenalgen befreite. Dabei ist mir aufgefallen, daß in diesen Septen zum Teil noch lebendes Gewebe vorhanden war, zwar nur in Resten und Fetzen, aber es sah noch so aus, als wenn die Reste noch leben würden. Eine etwas seltsame Erscheinung.

Ich habe die Reste des Substrates in den Septen belassen und die Koralle mit der beschädigten, aber nicht mehr schön anzuschauenden Seite, wieder zur Frontscheibe gedreht. Ich wollte nun sehen, ob die Reste wirklich noch lebten. In der Folgezeit habe ich dann mit einer Lupe die geschädigte Stelle beobachtet und dabei besonders die, in denen noch die unscheinbaren Gewebereste vorhanden waren. Dabei stellte ich fest, daß sich nach ein paar Tagen die lebende Restsubstanz wulstartig aus dem Grund der Septen heraushob. Das war nun ein untrügliches Zeichen dafür, daß hier tatsächlich noch Leben vorhanden war.

Ab diesem Zeitpunkt habe ich nun jeden Abend dieses Phänomen mit der Lupe verfolgt. Nach einiger Zeit und einem beständigen Kampf mit den Fadenalgen bemerkte ich, daß sich hier so etwas wie ein kleiner Polyp bildete. In den anderen Septen, die ich danach auch näher untersuchte, zeigten sich ähnliche Erscheinungen.

Was war hier geschehen?

Von anderen Aquarianern hatte ich schon gehört und auf Abbildungen auch gesehen, daß Fungia-Korallen Larven ausstoßen und diese im Aquarium kurze Zeit auch weiter wachsen. Von einer Vermehrung, begleitet durch Auflösungserscheinungen, hatte ich bis dahin noch nichts vernommen und auch nichts derartiges gelesen.

Wenn man sich einmal die Anatomie der Fungia Korallen betrachtet, führen die Septen alle zum Gastralraum in der Mitte der Koralle. Ähnlich ist dies auch bei der Herpolython, auch wenn der Unterschied in einer langgezogenen Mundform liegt. Auch hier führen alle Septen zur Mundöffnung. Ich erinnerte mich dabei an Seesterne, von denen ja bekannt ist, daß sich wenn ein Arm abgetrennt wird und ein Rest von der Mundscheibe an ihm haften bleibt, ein neuer Seestern heranbildet.

Ist das aber bei Korallen auch so?

Der Unterschied zu der Seesternvermehrung bestand jedoch darin, daß diese Restfetzen nur ein Teil des Gewebes in einem Teilstück der Septen waren. Sie hatten keine Verbindung zum Gastralraum mehr.

Die Entwicklung ging voran, und es hatten sich in der Folgezeit ca. 60 kleine Einzelpolypen bis auf einen Durchmesser von etwa 6 mm vergrößert und waren deutlich als kleine Teller zu erkennen. Diese kleinen Polypenkränze für sich betrachtet, hatten zu diesem Zeitpunkt mit der Herpolython gar keine Ähnlichkeit. Eher schon konnte man auf eine kleine Anemone schließen.

Nach fast einem Jahr hatte sich der Rest der Herpolython auch in einzelne Polypen geteilt.

Von der ursprünglichen Koralle war nichts mehr als zusammenhängendes Gewebe vorhanden.

Inzwischen hatte ich Literatur gewälzt und herausgefunden, daß Veron, ein ausgezeichneter Kenner der Australischen und Indopazifischen Riffwelt, von so einer Teilung, die im Riff beobachtet wurde, berichtete. Es war damit also unwahrscheinlich, daß sich Larven, zeitgleich mit der Auflösung, angesiedelt haben konnten. Auch meine erste Theorie mit der Teilung in der Art der Seesterne traf nicht zu.

Hier hat eine echte Teilung des Korallengewebes stattgefunden. Was dabei aber nach wie vor im Dunkeln bleibt, ist der Auslösefaktor für diesen Vorgang.

Insgesamt sind bei der Teilung aus einer Koralle ca. 60 neue kleine Herpolython-Korallen entstanden. Die kleinen Skelette dieser Korallen sind zwar noch rund und sehr flach, wie die von den tellerförmigen Fungia-Korallen, aber schon deutlich vom Grundsubstrat abgehoben. Ein vorsichtiges Betasten der kleinen Kelche zeigte dann auch, daß sich hier wirklich kalkhaltiges Substrat unter dem lebendem Gewebe aufbaute. Sie wuchsen also.

Das Problem der Fadenalgen, die ja eine beständige Gefahr für diese kleinen Korallen darstellten, hat sich in der Art gelöst, daß mit zunehmender Ausbildung von neuen Korallenpolypen auch das Wachstum der Kalkalgen zunahm, wodurch die weitere Ausbreitung der Fadenalgen verhindert wurde. Das ursprüngliche Skelett ist heute vollständig mit Kalkalgen überzogen.

Nach einem Jahr hatten die kleinen Ursprungspolypen einen Durchmesser von ca. 1 cm, hoben sich dabei aber nur etwa 2 mm über dem Grundsubstrat ab. Das Wachstum der Teller war in der Folgezeit sehr unterschiedlich. Die Kalkalgen haben im Laufe der Zeit die neuen Korallen unterwandert und sie zum Teil vom Grundsubstrat abgesprengt (eine Vermutung!), zwei davon in einem sehr frühen Stadium.

An den beiden Korallen, die ja nun selbständig lebten, war ein unterschiedliches Wachstum zu verfolgen. Obwohl beide Korallen gleichaltrig waren und in der sessilen Phase gleichmäßig wuchsen, war die Größenzunahme danach unterschiedlich.

Einer dieser Teller ist nach zwei Jahren auf ca. 2 cm Durchmesser gewachsen und begann nun schon, die ovale Form der Herpolython Koralle auszubilden. Der zweite und auch alle noch festsitzenden Kelche haben ein wesentlich geringeres Wachstum gehabt und auch nach diesen zwei Jahren immer noch eine runde Form. Auffallend ist an den Korallen, daß sie sehr bruchempfindlich sind.

Ein weiteres Phänomen trat ein, nachdem mehrere Teller auf dem Boden des Aquariums in unmittelbarer Nachbarschaft lagen. Die Vielzahl dieser Korallen auf einer kleinen Fläche bedingte, daß sie zuweilen sehr eng beieinander lagen. Die Folge war, daß sich zwei dieser Teller vereinigten. Sie wuchsen zusammen und bildeten eine neue Koralle.

Auch diese Korallen werden nicht gezielt gefüttert. Sie leben, wie alle anderen Korallen in meinem Becken auch, von den Stoffwechselprodukten der Zooxanthellen, also direkt vom Licht.

Von der normalen Vermehrung der Fungia-Korallen in Aquarien, die ja auch als Pilze des Meeres bezeichnet werden, hatte ich schon sporadisch gehört, jedoch haben die Fungia Korallen, wie ich vorher schon sagte, nicht lange gelebt, und ihre Vermehrung konnte in Aquarien nicht verfolgt werden. Deshalb sind auch spezielle Entwicklungsformen unbekannt geblieben.

Es wurde bisher immer angenommen, daß die Korallen auf einem Stiel als Teller aufwachsen und dieser ab einer gewissen Größe abbricht. Er führt dann ein Eigenleben, und damit ist die Entwicklung an diesem Stiel beendet. So wurde bisher immer sinngemäß berichtet. Dem ist aber nach neuesten Beobachtungen nicht so, der Entwicklungsvorgang läuft etwas anders ab.

Vor ca. drei Jahren (1991) beobachtete ich auf einem relativ lange schon in meinem Aquarium befindlichen Stein die Entwicklung eines neuen Polypen. Anfangs dachte ich, es sei eine Anemone. Vorsichtig geworden bei Reinigungsarbeiten in meinem Becken, weil ähnliche Entwicklungen schon des öfteren zu neuen Steinkorallen geführt haben, entwickelte sich dieser Polypenkranz stetig weiter. Es war bis zu einem halben Jahr nicht auszumachen, ob es sich hier nun tatsächlich um eine Anemone handelte, oder aber eine neue Steinkoralle im Entstehen war. Nach ca. 6 Monaten hob sich die Krone des Polypen vom Grundsubstrat ab, und es wurde ein kleiner Teller auf einem Stiel sichtbar. Es deutete sich die typische Vermehrungsart der Fungia-Korallen an, die diesmal von Anfang an verfolgt werden konnte.

Der Teller wuchs in den nächsten drei Monaten, also relativ schnell, bis auf einen Durchmesser von etwa 2,5 cm, am Skelett gemessen, heran, also wesentlich schneller als die zuvor beschriebene Entwicklung der Herpolython-Korallen. Da sich das lebende Substrat nachts eng an den Teller zurückzog, waren jetzt die runde Tellerform und die typische Teilung der Septen deutlich zu erkennen. Es zeigte sich hier, wie sich später dann auch bestätigte, die Entwicklung einer Fungia-Koralle an. Sie muß in diesem Fall aus einer Larve entstanden sein.

Die Strömung und das Licht, in ca. 30 cm Wassertiefe am Rand des Strahlungskegels des HQI-Brenners, war an dieser Stelle im Aquarium nicht mehr sonderlich intensiv. Die Koralle hat sich hier selbständig angesiedelt und entwickelte sich relativ schnell.

Ich habe in diesem Zusammenhang die Erfahrung gemacht, daß diese Korallen nicht unbedingt im Strahlungskegel des HQI-Brenners stehen müssen, um sich zu entwickeln. Sie sind in der Regel nicht so enorm lichtbedürftig und mögen auch keine allzu harte Strömung. Eine Fütterung könnte deshalb angeraten sein, ist aber nicht unbedingt notwendig. Nach genau 8 Monaten ist der Teller mit einem Durchmesser von 3 cm abgebrochen und führt jetzt ein eigenständiges Leben. Die zuvor beige-braune Färbung hat sich jedoch, auf Grund größerer Lichteinstrahlung auf dem Boden nun zu einer hellweißen und knallroten Farbe umgewandelt. Die Ausfärbung entspricht jetzt der Färbung des Muttertieres. Die Zuordnung der Larvenentwicklung war damit eindeutig möglich. Auch bei dieser Koralle zeigte sich in der Folge eine weitere Ungewöhnlichkeit, die ich erst bei einer erneuten Entwicklung einer gleichen Koralle entdeckte.

Eine neue Fungia-Koralle entwickelt sich schon bevor ein neuer Teller abbricht. Hier sehen wir die neue Koralle ca. 3 Tage nach dem Abbrechen.

Nach dem Abbrechen des ersten Tellers wächst aus dem Rest des Stieles sofort ein neuer Teller heran. Es war am darauf folgenden Tag schon zu erkennen, daß der zurückgebliebene Stumpf wieder mit lebendem Substrat überzogen war. Ein kleiner Teller von ca. 8 mm Durchmesser wurde sichtbar. Dieser war erheblich größer als der Durchmesser des zurückgebliebene Stieles und konnte somit mit einer Lupe schon als solcher identifiziert werden.

Die erste Koralle ist also nicht direkt am Stiel abgebrochen. Da der Stiel sehr kurz war, konnte ich jedoch nicht erkennen, wie dick er absolut gewesen ist. Aber es sieht so aus, als wenn unter dem vorher abgebrochenen Teller schon ein neuer herangewachsen ist, der diesen dann abgesprengt hat. Das bedeutet, daß aus einer Larve nicht nur eine Koralle heranwächst, zumindest bei dieser Korallenart nicht. Nach dem Heranreifen einer neuen Fungia aus der Urlarve entsteht aus dem Restsubstrat der ersten Larve wieder eine neue kleine Scheibe.

Im gewissen Sinn kann diese Art der Vermehrung ähnlich verlaufen wie die der Herpolython. Aus Resten der Ursprungspolypen entstehen immer wieder neue Korallen, nur mit dem Unterschied, daß der Ursprung dieser Entwicklung eine Larve gewesen ist. Ein weiterer Unterschied ist darin zu sehen, daß es sich bei dieser Art der Vermehrung beim Ausgangstier nicht um ein Alttier handelte, bei dem eventuell das normale oder durch andere Umstände erzwungene Lebensende, gekommen war.

Auch diese Entwicklung zu beobachten ist im Aquarium möglich geworden. Sie setzt sich heute, im Januar 1994, weiter fort und ist in keinem Falle durch den Tod des Ursprungstieres unterbrochen worden.

Die aus einer Larve gewachsene Seriatopora hat inzwischen Abmaße erreicht, bei denen zu befürchten ist, daß sie durch unvorsichtiges Hantieren oder Strömungsandruck abbrechen wird.

Der untere Bereich ist bei dieser festsitzenden Form deutlich abgestorben. Die zuvor beschriebene Entwicklungsform hat sich in allen Einzelheiten bestätigt.

Auch die Bodenformen haben sich in der beschriebenen Art entwickelt und sind als ca. 5 cm große Stöcke in andere Aquarien gegeben worden. Die Korallen haben in dieser bodenständigen Entwicklungsform dickere Äste ausgebildet als die festsitzenden Korallen. Sie sind insgesamt kompakter gewachsen. Die Herpolython-Korallen sind im Durchmesser weiter gewachsen, fast alle Teller sind vom Grundsubstrat abgebrochen und führen ein eigenständiges Leben, auch schon in weiteren Aquarien.

Der dritte Fungia-Teller ist inzwischen auf dem gleichen Stiel wieder bis auf einen Durchmesser von 3 cm herangewachsen, und ich erwarte das erneute Abbrechen in nächster Zeit. Die ersten beiden Teller dieser Koralle haben jetzt in entfaltetem Zustand ca. 4 cm Durchmesser und sind sehr schön rotweiß ausgefärbt. Sie lassen sich eindeutig dem ursprünglichen Muttertier zuordnen. Das Muttertier selbst hat das gleiche Schicksal ereilt wie die Herpolython. Auch sie begann sich nach ca. 3 Jahren Aquarienaufenthalt in Teilen aufzulösen, und auch aus diesen Resten sind wieder neue kleine Korallenkelche entstanden. Es sind von ihr, zum Zeitpunkt der Niederschrift dieser Zeilen, zwei verschiedene Entwicklungsformen im Aquarium beobachtet worden.

Einmal die Larvenentwicklung, wie zuvor beschrieben, und die Entwicklung aus Resten aus der ebenfalls neue Korallen in großer Zahl entstehen, genau wie auch bei der Herpolython zu beobachten war.

Korallen verschiedener Gattungen entwickeln sich in Becken mit HQI-Licht, intensiver Abschäumung und optimaler Wasserbewegung, was ganz besonders für die bodenbewohnenden Fungia-Arten von lebenswichtiger Bedeutung ist.

Für das Wachstum von Korallen sind weiter die regelmäßige Zugabe von Kalziumhydroxyd und Strontiumchlorid notwendig. Dazu kommen die Beckendekoration als Filtermedium und andere abiotische Faktoren, die aus Verständlichkeitsgründen hier nicht näher ausgeführt werden sollen. Sie sind in dem Kapitel "Biologische Randbedingungen für die Meeresaquaristik" nachzulesen.

Seriatopora

Fortpflanzung und Vermehrung der hermatypischen Steinkorallen

Seriatopora calendrium: Die Entwicklung einer Seriatopora Koralle aus einer Larve. Hier sehen wir die Larve ca. 3 Monate nach dem Ansiedlungszeitpunkt. Eine sehr exponierte Stelle an der Spitze eines Steines, der gut umströmt wurde.

Seriatopora calendrium: Hier eine Nahaufnahme. Drei Äste sind sichtbar, aus denen sich der ganze Stock später entwickeln wird.

Seriatopora calendrium: Die gleiche Larve ca. 3 Monate später. Die ersten Äste bilden sich aus.

Seriatopora calendrium: Wieder drei Monate später haben sich schon weitere Äste gebildet und die Wuchsform der Koralle zeichnet sich ab.

Fortpflanzung und Vermehrung der hermatypischen Steinkorallen

Seriatopora calendrium: Hier kann man deutlich sehen, wie sich die weiteren Äste aus den unteren bilden.

Seriatopora calendrium: 1 Jahr später hat diese Koralle dann ihre Endform erreicht. Auf diesem Bild sieht man noch, wie das lebende Substrat bis zum Boden erhalten ist.

Seriatopora calendrium: Eine weitere typische Wuchsform in einem anderen Becken. Es bleibt immer die runde kugelförmige Krone erhalten.

Seriatopora calendrium: Hier sehen wir, wie sich die untere Seite in Folge von Lichtmangel aufzulösen beginnt.

Fortpflanzung und Vermehrung der hermatypischen Steinkorallen

Seriatopora calendrium: 3 Jahre später ist diese Aufnahme entstanden. Die Koralle wächst immer weiter und hat hier schon einen Durchmesser von 25 cm erreicht Sie steht immer noch auf der dünnen Astbasis, die wir vorher gesehen haben. Der Zeitpunkt des Abbrechens steht jetzt unmittelbar bevor.

Seriatopora calendrium: Hier eine Nahaufnahme der Polypen dieser Koralle.

Seriatopora calendrium: Hier sehen wir eine Ansammlung von abgebrochenen Ästen. Sie sind auf diese Art sehr dekorativ anzuordnen, verwachsen auch untereinander, stellen aber keine normale Wuchsform dar.

Seriatopora calendrium: Das Seriatophorafeld in der Umgebung der restlichen Tiere des Aquariums. Sie müssen sorgfältig ausgewählt werden, da diese Koralle starke Nesselgifte absondert.

Stylophora damicornis: Eine ähnliche Koralle ist diese im Bild dargestellte Art. Sie hat jedoch dickere Äste und bildet bei genügender Lichteinstrahlung rosafarbene Astspitzen aus.

Stylophora damicornis: Auch hier ist eine Larvenentwicklung dokumentiert worden. Sie begann auf einem teilweise abgestorbenen Astende einer Gorgonie. Die Larve hat sich hier festgesetzt und entwickelt. Dies beweist wieder einmal mehr, welch ungewöhnliche Ansiedelungsorte ausgewählt werden. So eine Entwicklung in einem frühen Stadium zu bemerken ist nicht einfach.

Stylophora damicornis: Hier sehen wir die Koralle wie sie schon relativ große und dicke Äste ausgebildet hat. Sie ist in diesem Stadium erst von der Seriatopora zu unterscheiden. Im Hintergrund kann man noch den intakten Gorgonienast sehen. Dieser ist in der Folgezeit jedoch von der Koralle immer weiter geschädigt worden und heute gänzlich abgestorben.

Stylophora damicornis: Zwischen den folgenden drei Bildern liegen immer jeweils drei Monate.

Fortpflanzung und Vermehrung der hermatypischen Steinkorallen

Stylophora damicornis: Hier sehen wir, wie sie deutlich auch in der Breite zugelegt hat. Zwischen der ersten und dieser Aufnahme liegen etwa 1 Jahr. Ein ähnliches Wachstum wie die Seriatopora. Die Zukunft wird zeigen, ob es sich hier um Standortformen gleicher Korallen handelt.

Stylophora damicornis: Die weitere Umgebung, in der diese Koralle sich entwickelt hat. Kurz nach dieser Aufnahme ist die Stylophora vom Gorgonienast abgefallen. Es zeigte sich hier, daß die Larve keine feste Verbindung mit dem Hornskelett eingegangen ist. Sie ist heute zu einem beachtlichen Stock herangewachsen, von dem weitere Ableger gemacht werden können.

Herpolython limax: Die Vermehrung der großpolypigen Steinkorallen ist in Aquarien ebenfalls möglich geworden. Wir sehen in dieser Bildfolge die Vermehrung durch Teilung. Das Anfangsstadium beginnt mit einer Auflösung der Mutterkoralle.

Herpolython limax: Die neuen Polypen haben schon deutlich an Größe zugenommen aber auch die Kalkalgen stellen allmählich eine Gefahr für die neuen Korallen dar. Sie können die Korallenkelche, die nicht schnell genug mitwachsen, überwuchern. In der Bildmitte ist so etwas zu sehen. Hier muß eingegriffen werden.

Herpolython limax: Die Kalkalgen beginnen das Restsubstrat zu versiegeln. Die gesamte Koralle löst sich auf und es bilden sich eine Vielzahl von neuen Individuen.

Herpolython limax: Der gesamte Korallenstock hat sich in Einzelpolypen geteilt. Das Muttertier ist nicht mehr vorhanden.

Fortpflanzung und Vermehrung der hermatypischen Steinkorallen

Herpolython limax: dicht bei dicht stehende, neue Herpolython-Korallen

Herpolython limax: Einige dieser neuen Korallen, sind zu A. J. Nielsen nach Norwegen gegangen.

Herpolython limax: Eine Teilausbeute dieser Korallen. Es sind insgesamt 60 neue Korallen aus dieser Vermehrung entstanden.

Herpolython limax: Eine weitere Variante der Vermehrung der gleichen Art ist die der Abschnürung von Tellern. Normalerweise geschieht dies nur bei Vermehrungen über das Larvenstadium. Aber auch bei der vorher beschriebenen Art der Vermehrung durch Auflösung ist dieses beobachtet worden. Diese Art der Vermehrung ist ungeheuer produktiv.

Fungia spez.: Die ersten Anzeichen der Schädigung von Fungiakorallen sind das Hellerwerden des lebenden Gewebes. Sie wurden in der Vergangenheit spätestens zu diesem Zeitpunkt aus dem Becken entfernt, um Wasserbelastungen zu vermeiden. Wie wir heute wissen, kann dies jedoch der Auslöser einer Larvenabsetzung sein.

Fungia spez.: Die Mundöffnung so einer Fungiakoralle. Sie öffnet sich bei jedem Futtereintrag. Aber auch diese Korallen brauchen nicht gefüttert zu werden.

Fungia spez.: Die restlichen Gewebepartien sind voll intakt und in keiner Weise geschädigt.

Eine neue Acropora wächst heran. Deutlich sichtbar ist die große Fußflächenausbildung. Sie entwickelt sich, obwohl sie als 1 cm langer Ableger zwischen anderen, fremden Arten angesiedelt wurde.

Fortpflanzung und Vermehrung der hermatypischen Steinkorallen

Fungia spez.: Hier sehen wir die Ansiedlung einer Fungialarve. Sie hat die Färbung des Untergrundes angenommen und ist deshalb nur sehr schwer zu erkennen.

Fungia spez.: Der Teller ist nach ca. 1 Jahr abgebrochen und liegt lose auf der Dekoration. Vor diesem Ereignis muß dafür gesorgt werden, daß er hier nicht in eine Spalte rutschen kann und dann verloren ist. Die weitere Aufzucht sollte deshalb immer auf dem Boden erfolgen.

Fungia spez.: Die Entwicklung der Larve geht relativ langsam vor sich. Es ist deshalb unbedingt notwendig ein Becken zu haben, in dem nicht zu oft saubergemacht werden muß. Diese Larve ist ca. 8 Monate alt und wird in kurzer Zeit abbrechen.

Fungia spez.: Das Muttertier und die neue Koralle. Beide Tiere haben eine bunte Färbung, die es ermöglichte sie zuzuordnen.

Seriatopora hysterix: Die Wildform hat sehr schön ausgefärbte rote Spitzen. Diese Art ist sehr empfindlich und hat als Wildform im Aquarium nicht überlebt.

Seriatopora hysterix: Die Astenden mit den hellen Wachstumsspitzen. Sehr schön ist hier zu sehen, wie regelmäßig die Polypen angeordnet sind.

Seriatopora hysterix: Hier sehen wir eine weitere Art dieser Gattung, die als Aquarientier weitergezogen worden ist. Hier haben die Hamburger Meeresaquarianer Pionierarbeit geleistet. Es ist mit Sicherheit die Seriatopora hysterix in der Aquarienform. Sie ist aber auch in dieser Variation sehr empfindlich geblieben. Die hellen Flecken sind Schädigungen von Parasiten.

Fortpflanzung und Vermehrung der hermatypischen Steinkorallen

Tubastrea faulkneri: Diese Korallenarten sind nur in speziellen Aquarien haltbar. Nicht wegen der Empfindlichkeit, sondern weil sie beständig gefüttert werden müssen.

Tubastrea faulkneri: Es sind Korallen, die gefüttert werden müssen. Sie sind offensichtlich nachtaktiv. Diese Art hat seit einiger Zeit in einem Berliner Becken überlebt, in dem relativ viel mit Lebendfutter gefüttert wird. Die Nitratbelastung ist durch Einsatz eines Nitratfilters gering, so daß abzuwarten bleibt, wie sich andere Korallen hier entwickeln werden.

Tubastrea faulkneri: Ohne Futter vereinzeln sie immer weiter und sind nach einiger Zeit verschwunden.

Tubastrea faulkneri: Wenn sie gefüttert werden, sind sie auch vermehrbar. Diese Aufnahme zeigt einzelne Polypen, die immer wieder an strömungsreichen Stellen zu finden sind. Wird genügend externes Futter eingebracht, können diese Korallen bis zu einem gewissen Grad weiterleben. Einflußnahmen werden nur die Wasserbelastung für diese Tiere bringen.

Montipora capricornis: Ein Restsubstrat entwickelt sich. Beim Erwerb ist nicht auszumachen, um was für eine Koralle es sich dabei handelt.

Montipora capricornis: Nach zwei Jahren entsteht diese runde Basis, die eine spätere Form erahnen läßt.

Montipora capricornis: Ganz bizarre Formen entwickeln sich, bis die Urform wieder sichtbar wird.

Montipora capricornis: Wieder ein Jahr später ist dann die runde Kelchform erkennbar, die diese Korallen auszeichnen. Sie ist im Wachstum von der Acropora cardenae überrundet worden, wie sich aber später herausstellte, nicht zum Nachteil.

Fortpflanzung und Vermehrung der hermatypischen Steinkorallen

Montipora capricornis: Der hintere Bereich dieses Kelches ist bis heute offen geblieben, weil hier Einflüsse der Seriatophora erkennbar sind, die oberhalb dieser Koralle wächst. Ein Vorteil dabei ist, daß sich im Grund dieses Trichters keine Sedimente ansammeln können.

Montipora capricornis: Der volle Kelch, so wie er sich heute darstellt. Er hat einen Durchmesser von 28 cm und eine Tiefe von 18 cm. Die Acropora-Äste stützen diesen Kelch, der an der Basis nicht angewachsen ist. Bemerkenswert ist auch, daß sich die lebende Schicht des Gewebes bis weit nach unten hin fortsetzt. Auswirkungen eines optimalen Ansiedlungsortes.

Montipora monasteriata: Eine ähnliche Koralle ist diese Art, die 1984 in mein Becken am Fuß einer Xenia kam. Sie entwickelte sich in rund acht Jahren zu einem prächtigen Exemplar.

Montipora monasteriata: Eine ehemals runde Ausgangsform entwickelt sich aufgrund von Einflüssen benachbarter Tiere zu einem bizarr geformten Teller beachtlicher Größe. Vielfältige Einflüsse auch weicher Mitbewohner, nahmen Einfluß auf die Wuchsform. Sie hatte aber ein gesundes Durchstehvermögen.

Montipora monasteriata: Hier sehen wir die Endform mit Abmessungen von 30 x 40 cm. Die Narben, Höcker, schichtartig überwachsenen Flächen stammen alle von Einwirkungen, hauptsächlich der Acropora cardenae ab.

Fortpflanzung und Vermehrung der hermatypischen Steinkorallen

Turbinaria mesenterina: Restsubstrate liefern uns immer wieder Blickfänge für unsere recht einfarbigen Riffaquarien.

Turbinaria-Arten: Sie haben ein enormes Wachstumsvermögen und sollten deshalb nicht zu nahe an Acropora-Arten angesiedelt werden. Beide sind jedoch weitgehend in der Lage, sich selbst zu begrenzen.

Acropora-Arten an optimalen Standorten anzusiedeln, ist oftmals recht schwierig. Bei diesen Korallen sollte man bedenken, daß sie zum einen recht schwer zu bekommen sind, und zum anderen, einmal angewachsen, kaum noch vom Untergrund zu lösen sind. Der Ansiedlungsort muß deshalb der Endgültige sein.

*Montipora monasteriata:
Ein größerer Ausschnitt zeigt so eine Wachstumskonkurrenz.*

Turbinaria mesenterina: Probleme kann es hier geben. Die Turbinaria versucht hier eine Oulophyllia zu überwachsen und es besteht keine Eingriffsmöglichkeit mehr.

Turbinaria mesenterina: Hier sehen wir eine beschädigte Stelle, die von Einwirkungen der Parazooanthus grazilis herrührten. Diese Krustenanemonen können sehr gravierende Fehlentwicklungen herbeiführen. Sie scheinen sich besonders gut in Riffbecken zu entwickeln und dann zu ähnlichen Parasiten wie die Aiptasien zu werden. Vorsicht ist hier angebracht.

Turbinaria mesenterina: Die volle Schönheit dieser Koralle. Sie wird jeden Betrachter in ihren Bann ziehen.

Unterwasser-Aufnahme verschiedener Acropora-Arten mit Pocillopora sowie Xenia-Weichkorallen. Mindoro, Philippinen.

bes. geeignete Korallen

Eine Betrachtung zur Lebenserwartung von hermatypischen Steinkorallen

Eine Betrachtung zur Lebenserwartung von hermatypischen Steinkorallen

- **Korallen im Aquarium**
- **Anpaßmechanismen und Formveränderung unter Aquarienbedingungen**
- **Wachstumsverhalten im Meer**
- **Einflußfaktoren für das Wachstum und das Lebensalter**
- **Sekundärsiedler und Fadenalgen**
- **Die Rolle der Kalkalgen**
- **Ansiedlungsparameter im Aquarium**
- **Einflußmöglichkeiten zur Lebensverlängerung**

Da es heute möglich ist, Korallen, und hierbei besonders die hermatypischen Steinkorallen im Aquarium zu halten, ist es naheliegend zu fragen, ob es möglich ist, ein echtes Riff in einem Aquarium entstehen zu lassen. Hierbei dürften zwei Faktoren eine Rolle spielen, die auch draußen im Riff von Bedeutung sind, das Wachstumsvermögen und die Lebenserwartung der Riffbildner.

s.S. 172 II

Es werden heute Acropora-Arten, sowie Seriatopora, Porites, Merulina, Pachyseris, Pectina, Favia und Fungia Korallen, die sich als besonders geeignet gezeigt haben, in Aquarien gehalten, und was noch viel wichtiger ist, sie werden in diesem künstlichen Biotop auch schon in nennenswertem Umfang vermehrt. Besonders die Fungia-Arten, die sehr lange Zeit als nicht einmal haltbar galten, werden heute ausdauernd gepflegt und in Aquarien in verschiedenen Varianten vermehrt. Alle diese Korallen finden immer größere Verbreitung,

und der Erfahrungsschatz in der Hälterung auch dieser Tiere wird zunehmend größer.

Alle die vorgenannten Korallen, als Ableger von ehemaligen "Wildfängen", sind keine der Natur entnommenen Tiere mehr und mit ihnen in Bezug auf die Haltbarkeit nicht mehr voll vergleichbar. Das haben einige vergleichende Untersuchungen von mir schon gezeigt. *← welch*

Weitere Erkenntnisse auf diesem Gebiet haben hervorgebracht, daß diese Tiere in Aquarien ganz unterschiedliche Formen entwickeln und auch veränderte Lebensparameter gegenüber den "Wildtieren" haben. Dabei haben sich besonders die verringerten Pflegeansprüche im Aquarium positiv ausgewirkt. Es ist deshalb heute nicht mehr nur den Spezialisten unter den Meeresaquarianern möglich, diese Tiere zu halten. Das gereicht uns auf verschiedene Weise zum Vorteil und macht es möglich, gesicherte Erfahrungen in größerem Umfang zu sammeln. Nicht mehr vergleichbar mit "Wildformen" sind diese Tiere in erster Linie deshalb, weil sie, in Aquarien nachgezogen, nicht mehr so empfindlich in Bezug auf die Wasserqualität sind, was ja zunehmend ein Problem war und ist. Es sind dem Biotop Aquarium angepaßte Tiere. Auch die Form, ein Faktor der für die Artbestimmung ausschlaggebend ist, dürfte bei diesen Tieren nicht mehr original sein. Es zeigt sich im Aquarium, daß es verschiedene Formen ein und derselben Art gibt. Sie sind in Abhängigkeit von beckenspezifischen Parametern entstanden. *?*

Diese Auswirkung von unterschiedlichen Wachstumsparametern wird zunehmend auch im Riff beobachtet und dazu führen, daß die Anzahl der zur Zeit bestimmten Arten in Zukunft abnehmen wird. Dabei ist es äußerst interessant zu verfolgen, wie die Korallen in verschiedenen Aquarien auf Grund von unterschiedlicher Wasserzusammensetzung, von unterschiedlicher Strömung und von anderen Lichtverhältnissen, aber auch von verschiedenartigem Siedlungssubstrat her, ihre Form verändern.

Das geht mitunter soweit, daß eine in Aquarien gewachsene Art, die nachweislich von meiner Urkoralle abstammt, von Außenstehenden nicht als die gleiche erkannt wird. Hier sind einmal die Wissenschaftler gefragt, anhand von Skelettuntersuchungen nachzuweisen, inwieweit sich diese Tiere von den Wildformen unterscheiden, und wie sich andere Lebensparameter auf die Struktur der Skelette ausgewirkt haben. Außerdem könnten sie uns auch Hinweise geben, was wir an unseren Hälterungsbedingungen noch verbessern sollten.

Eine Betrachtung zur Lebenserwartung von hermatypischen Steinkorallen

Acropra cardenae: In diesem Ausgangsbiotop hat sich die Acropora cardenae aus einigen einzelnen Polypen entwickelt.

Acropra cardenae: Die erste Aufnahme wurde 1984 gemacht. Die Koralle hatte hier schon vielfältige Verzweigungen ausgebildet und eine Höhe von 12 cm erreicht. Rechts am Boden sieht man den ersten Ableger.

Acropra cardenae: 4 Jahre später sieht man die Ausmaße, die die Koralle erreicht hat. Sie hat eine Höhe von ca. 60 cm und bedeckt eine Fläche von ca. 40 cm². Eine Unmenge von Ablegern wurden von dieser Koralle gemacht.

Acropora, Seriatopora, Stylopora

An dieser Stelle soll nun einmal die Frage nach dem Lebensalter der Korallen aufgeworfen werden. Für die Lebensaltersbestimmung sind die in Aquarien gezogenen Tiere besonders geeignet. Wir haben von ihnen alle Faktoren, die dazu notwendig sind, und sie sind im Aquarium besonderen Streßfaktoren unterworfen, die sicher denen im Riff ganz nahe kommen oder sie sogar noch übertreffen. Das Entwicklungsalter ist exakt nachweisbar.

Der Umstand, daß diese Korallen vermehrt und schon frühzeitig aus meinem Aquarium verteilt wurden und daß die Empfänger wiederum vermehrte Korallenableger verteilt haben, läßt nach nunmehr 10 Jahren die Frage aufkommen, wie die Lebenserwartung der Riffkorallen allgemein und unter Aquarienbedingungen angesetzt werden kann.

Im Vordergrund steht natürlich die Frage nach der Lebenserwartung im Aquarium. Das Alter von Steinkorallen allgemein wird besonders gern am Aufwuchs dieser Korallen auf Wracks nachgewiesen, weil von diesen meistens das Untergangsdatum bekannt ist, und damit eine Altersbestimmung relativ leicht ist.

Der Nachweis bezieht sich dann immer auf eine solitär wachsende Koralle. Der exponierte Aufwuchsort gibt der sich hier entwickelnden Korallen-Art, zumindest in der Anfangsphase, ideale Umweltbedingungen zur Entwicklung. Sie wird in der Regel nicht von anderen Tieren der gleichen Art oder auch von konkurrierenden Arten bedrängt und muß sich auch nicht ihren Lebensraum erkämpfen, wie es in der normalen Riffumgebung üblich ist. Ein Nachweis auf dieser Basis ist zumindest als nicht optimal anzusehen. Zumindest dann nicht, wenn in diesem Zusammenhang auch immer noch Aussagen über Wachstumszunahme und Formentwicklung gemacht werden.

Es ist jetzt erstmals gegeben, das Wachstum von Korallen im Aquarium sozusagen beständig, hautnah und unter verschärfenden Bedingungen aus der Raumkonkurrenz über einen Zeitraum von 10 Jahren zu beobachten. Diese Lebensdauer dürfte, nach den in diesem Zeitraum gemachten Erfahrungen, auch im Riff für einen einzelnen Korallenstock (mit Einschränkungen) zutreffend sein. Im Aquarium konnte die Entwicklung der verschiedenartigen Formen von Verzweigungen unter verschiedenen Strömungseinflüssen und der Ausbildung von regelrechten Kronen ebenso beobachtet werden, wie die Einfluß-Faktoren aus dem Bereich der Raumkonkurrenz und der Wasserbelastung, die eine Koralle in der Wuchsform und dem Längenwachstum gravierend beeinflussen. Die Entwicklung in so intensiver Form zu beobachten, ist aus verständlichen Gründen nur in einem Aquarium möglich. Hier konnte erstmals beobachtet werden, daß ein Korallenstock zwar beständig wächst und sich vergrößert, daß er aber auch nach einer gewissen Zeit des stetigen Wachsens ebenso kontinuierlich abstirbt. Der Zeitraum für das als normal zu bezeichnende Wachsen und Absterben unter normalen Umweltbedingungen ist nämlich abhängig vom Wachstumsverhalten der Korallen selbst.

Schneller Aufwuchs, Verzweigungen, Abschattungen und nicht, wie früher vielfach vermutet wurde, instabile Wasserverhältnisse des Aquariums sind die Ursachen für diesen Lebensrhythmus, das heißt, "Wachsen" und "Vergehen" laufen nebeneinander ab. Diese in Aquarien gemachten Beobachtungen treffen sicher auch im Riff zu.

Es kann deshalb auch für Tiere, die im Riff aufwachsen, nicht die pauschale Aussage gemacht werden, eine Koralle könne z.B. 100 Jahre alt werden. Solche Aussagen sollte man besonders nicht bei den astförmig wachsenden Korallen-Arten (Acropora, Seriatopora Stylopora) machen, die besonders schnell wachsen und eine relativ große Fläche besiedeln. Hier liegt das Wachsen und Absterben besonders eng beisammen.

s.S. 170.

Bei dem Wachstum eines Acropora-Astes von 16 cm im Jahr, wie es im Aquarium nachgewiesen wurde, würde diese Koralle bzw. ein Ast von ihr in 100 Jahren 16 Meter hoch werden. Das ist natürlich Unsinn. Die meisten Korallen können von der Festigkeit ihres Skelettes her gar nicht so hoch wachsen. Es sind also natürliche Grenzen gesetzt.

Das Wachstum mit dieser Zuwachsrate von 16 cm im Jahr ist zwar in meinem und auch anderen Aquarien beobachtet worden, es setzt sich aber nicht beständig auf einen Ast bezogen fort. Irgendwann wird das Wachstum des Astes, sowohl im Meer als auch im Aquarium, aus vielerlei Gründen gestoppt, sei es, daß dieser die Wasseroberfläche erreicht hat, oder daß er in Regionen des Aquariums hineinwächst, wo die Strömung eine andere Wuchsrichtung oder auch Wuchsform erzwingt. Im Meer sind es Freßfeinde, Einwirkungen von Stürmen, Raumkonkurrenz.

Umbauten in Aquarien, haben gleiche Auswirkungen wie Stürme im Meer und können das Wachstum auf mechanische Weise ebenfalls beeinflussen. Dieses enorm geradlinige Wachstum ist auch nur bei neuen Korallen, solange sie sich allein in einem Aquarium befinden, zu beobachten. Bei stärkerem Besatz und zunehmenden Auswirkungen aus der Raum-

Eine Betrachtung zur Lebenserwartung von hermatypischen Steinkorallen

Acropra hyacinthus: Eine Schädigung der Montipora in Folge von hoher Temperatureinwirkung im Sommer 1986 bewirkte einen enormen Wachstumsschub innerhalb von 6 Monaten. Die Koralle nahm in der Länge um 25 cm zu.

Acropra hyacinthus Hier sehen wir die plattenförmige Ausbildung der Äste, die dann zur Abschattung und dem Absterben der unteren Bereiche der Korallen führte.

Acropra hyacinthus: Die Form der Äste ist gedrungen und relativ kurz.

Acropra hyacinthus: Ein weiteres Jahr später hat diese Koralle einen Teller von 30 cm ausgebildet. Die zweite Etage des Tellers auf diesem Bild ist dann ein weiteres Jahr später ausgebildet worden. Hier war eine ganz deutliche Auswirkung der Raumkonkurrenz sichtbar, die nicht auf körperlichen Kontakt beruhte. Nesselgifte waren hier im Spiel.

konkurrenz, wird die geradlinige Wuchsrichtung verändert, und in der Folge verzweigt sich dieser Ast dann zunehmend.

Diese Art der Wuchsrichtung und damit auch das sicht- und meßbare, auf einen Ast bezogene Wachstum, ist damit beendet. Die Längenzunahme oder die Wachstumsrate verteilt sich danach auf alle neuen Äste. Dann würden z.B. 16 neue Äste nur noch je 1 cm pro Jahr wachsen.

Ein weiterer Einflußfaktor auf die Lebensdauer eines Korallenstockes ist, daß er in der Folge z.B. von Strömungseinflüssen sich oft fächerartig verzweigt und somit eine große Angriffsfläche für die Strömung bietet. Ist diese fächerartige Ausbildung nicht stabil genug, so kann der Ast dann relativ leicht von dem Strömungsandruck abgebrochen werden. Damit wäre, so könnte man behaupten, das Leben der Urkoralle oder

Die Lebenserwartung der Korallen in Aquarien beträgt heute mehr als zehn Jahre. Vielfältige Faktoren sind ergründet und es ist heute nicht mehr zwangsläufig, daß die Korallen im Aquarium nur langsam sterben! Die Fortpflanzung auf vielerlei Art ist das beste Beispiel dafür.

zumindest von Teilen dieser Koralle beendet. Dem ist nun aber absolut nicht so.

Spätestens an dieser Stelle ergibt sich, daß eine Lebensaltersbestimmung an Riffkorallen anders betrachtet werden muß. Wenn man diesen mechanischen Einfluß weiter verfolgt, so ergibt sich aus dieser gewaltsamen Teilung ein enorm großes Regenerationsvermögen, aus dem ein wesentlicher, lebensverlängernder Faktor resultiert. Aus der gewaltsam in zwei Stücke geteilten Koralle werden in der Regel zwei neue Korallen entstehen, die völlig unabhängig voneinander weiterleben. Hier ist eine Vermehrungsart zu erkennen, die sowohl im Meer als auch im Aquarium zutrifft, und von uns praktiziert, dazu geführt hat, die Tiere für die Aquaristik nachzuziehen.

Wenn nun aber der Unterbau und die Astdicke stabil genug sind, was ja im Meer immer die Norm ist, die Krone dabei aber sehr dicht zuwächst, tritt durch die Abschattung vom Licht für die Koralle ein negativer Faktor auf, der die Lebensdauer beeinflußt und den Ursprung für das Entstehen der Riffmasse darstellt. In der Folge wird der untere Bereich des Korallenstockes relativ schnell absterben. Er bietet dann in einer anderen Form wieder Lebensraum für Sekundärsiedler, die wiederum ihren Teil für das Weiterwachsen des Riffes beitragen. So etwas ist im Aquarium beobachtet worden, dürfte aber auch im Meer nach dem gleichen Schema ablaufen.

Ein besonders deutliches Beispiel für den Einfluß der Abschattung auf die Lebensdauer der unteren Korallenpolypen ist bei den Seriatopora Korallen zu beobachten. Hier wie dort führen Einflüsse dieser Art zum Absterben der Korallenbasis. Es ist aber auch generell der einzige Fall, wo das Leben des den Stock begründenden Polypen, der die Koralle einmal entstehen ließ, beendet ist.

Eine künstliche Verlängerung der Lebensdauer, der den stockbegründenden Polypen müßte möglich sein, wenn die Krone, die diese Abschattung bewirkt, beständig gezielt abgebrochen wird. So erhält man immer wieder neu einen wenig verzweigten Stamm ohne große Krone. Da dies aber keine normale Lebensentwicklung ist, sollte dieses nicht zu oft praktiziert werden. Die Koralle stellt nämlich ihr Wachstum ein, solange die Bruchstelle nicht wieder geschlossen ist. Das bedeutet in der Praxis, daß auch der Korallenstock insgesamt in dieser Zeit nicht mehr wächst. Die abgestorbenen Teile der Basis können in der Regel sehr schnell von Sekundärsiedlern besetzt werden, die mitunter ihren Teil zum Absterben derselben mit beitragen. Im günstigsten Fall werden die abgestorbenen Teile von Kalkalgen besiedelt. Zur Katastrophe führt es aber, wenn die Sekundärsiedler Fadenalgen sind. Dann ist die Koralle sehr bald an einem vorzeitigen Ende angelangt. Dies sind Auswirkungen die von Wasserbelastungen herrühren und deren Ursprung auf Unkenntnis des Pflegers zurückzuführen ist.

Mit der Besiedlung von Kalkalgen wäre wenigstens die Basis versiegelt und der Koralle, wenn sie sonst noch intakt ist, ein Überleben gesichert. In dem Fall wäre für die Koralle ein nor-

Eine Betrachtung zur Lebenserwartung von hermatypischen Steinkorallen

Acropra cardenae: Die Astspitzen mit den Wachstumskelchen. Einige von diesen sind mit Tentakeln besetzt.

Acropra hyacinthus: Die Ansiedluag einer weiteren Acropora-Koralle als Ableger. Sie ist schon angewachsen und bildet neue Äste aus.

Acropra hyacinthus: Ein Jahr später ist diese Koralle nicht wesentlich gewachsen, sie wird von der Montipora monasteriata im Wachstum gehemmt.

males Lebensalter erreichbar. Außerdem wäre dies dann auch ein Beitrag dazu, im Aquarium ein riffähnliches Wachstum der Dekoration zu erreichen.

In der Regel aber, wenn Strömungsmangel eintritt und keine algenfressenden Tiere präsent sind, siedeln sich hier, aufs Aquarium bezogen, Fadenalgen an, die dann nur schwer bzw. gar nicht zu entfernen sind und das Leben, auch des restlichen Teiles der Koralle, vorzeitig beenden.

Im Aquarium kommt deshalb den algenfressenden Tieren, wie verschiedenen Fischen und Schnecken, aber auch, wenn das Geäst der Koralle nicht zu dicht ist, Seeigeln und Einsiedlerkrebsen besondere Bedeutung zu. Sie sind in diesem Stadium die einzigen Tiere, die das sonst fortschreitende Wachstum der Algen verhindern können, damit der Korallenstock von diesen nicht überwuchert wird. Voraussetzung ist natürlich, daß wir diese Tiere in ausgewogener Anzahl ins Aquarium eingesetzt und danach eine gewisse Populationsdichte erhalten haben.

Die Einwirkung von Strömung und in der Folge das Abbrechen des Astes hat im Meer dazu geführt, daß eine neue Koralle entstanden ist. Negativeinflüsse, wie sie oben beschrieben wurden sind hier nicht zu erwarten. Es begann hier eine der möglichen Entwicklungen von neuen Korallenstöcken. Die Entwicklungen laufen im Meer, und bei Vorliegen der entsprechenden Voraussetzungen auch im Aquarium in gleicher Weise ab. Sie haben uns damit erstmals die Möglichkeit gegeben, Korallen im Aquarium überhaupt zu vermehren und eine Aussage über das Lebensalter von Korallen zu machen.

Es ist aus diesen kurzen Ausführungen ersichtlich, daß das Leben der den Korallenstock begründenden Polypen nur beendet wird, wenn die Basis abstirbt. Die kleinen Lebewesen, die den ursprünglichen Stock einmal begründet haben, können, physiologisch begründet, bei zunehmendem Wachstum den Stamm nicht mit hinauf wachsen. Wie ja bekannt ist, wird das Wachstum der Korallen durch Teilung des Urpolypen eingeleitet und setzt sich in der Folge immer so fort. Es wird deshalb ein Teil der Polypen, welche den Stock gegründet haben, immer an der Basis bleiben, an der die Erstansiedlung war.

Nur, wenn diese abstirbt, stirbt mit Sicherheit auch der Urpolyp oder das, was von ihm zu diesem Zeitpunkt noch vorhanden ist. Das tritt in dem Moment ein, wenn ihm die Lebensgrundlage entzogen wird (Licht oder Futtermangel). Diese immer gleich ablaufende Entwicklung wurde an verschiedenen Korallen beobachtet und läuft in einem Zeitraum von ca. 5 Jahren ab. In dieser Zeit der Entwicklung der Korallenstöcke standen sie in der Regel relativ frei als solitärer Stock in meinem Aquarium und hatten sich nicht in nennenswertem Umfang gegen Raumkonkurrenten durchsetzen müssen.

Daß das aber nun auch kein endgültiger Maßstab für das Lebensalter der Korallen ist, soll folgendes Beispiel verdeutlichen.

Die agilen Wuchsformen, das Ausbilden von neuem Polypengewebe sind sichere Zeichen für ein langes Leben im Aquarium und auch von guten Umgebungsparametern.

Beim Neubau meines Eterplan-Aquariums war es mein Bestreben, das neue Aquarium in der gleichen Art vom Besatz her mit Tieren zu gestalten. Die Tiere (Korallen) sollten nach Möglichkeit die gleichen Standorte und Umgebungsparameter erhalten, um Störfaktoren, die das Wachstum behindern konnten, auszuschließen.

Gesagt getan. Es war aber leider nicht möglich, die Acropora in einem Stück aus dem Aquarium zu heben, weil der Stock vielfach verzweigt und angewachsen war. Er mußte geteilt werden. Der zerlegte Stock kam deshalb nur zum Teil wieder an die ursprüngliche Stelle in das neue Aquarium. Die

Eine Betrachtung zur Lebenserwartung von hermatypischen Steinkorallen

Acropra hyacinthus: Ein Ableger an einer anderen Stelle, nahe der Frontscheibe angesiedelt, hat dazu geführt, daß die Äste an der Scheibe angewachsen sind.

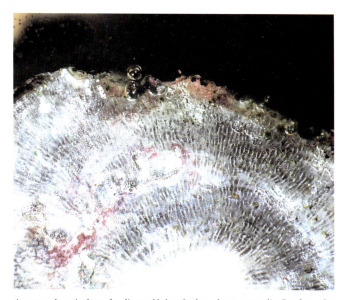

Acropra hyacinthus: Eine Kontaktierung mit der Scheibe löste einige Befürchtungen aus. Würde das Siedlungssubstrat in der Lage sein, die Oberfläche der Scheibe anzugreifen?

Acropra hyacinthus: In dieser Nahaufnahme kann man die Struktur der Basisplatte erkennen. In der Mitte der helle Fleck, begrenzt den Stamm. Auf der Innenseite wachsen wieder neue Äste aus dieser relativ dünnen Basis heraus. Die Fußscheibe ist jedoch nicht in der Lage das Glas anzulösen. Deshalb will ich die Koralle einmal so wachsen lassen.

Lebensalter — Seriatopora

Eine Betrachtung zur Lebenserwartung von hermatypischen Steinkorallen

abgetrennten Äste wurden aber aus vorgenannten Gründen in unmittelbarer Nachbarschaft zueinander angesiedelt und wuchsen auch problemlos an. In der nachfolgenden Zeit zeigte sich, daß einige der neu plazierten kurzen Äste offensichtlich einen besseren Platz bekommen hatten. Sie entwickelten sich wesentlich besser und schneller als die alten relativ großen Äste der gleichen Koralle. Diese Tiere sind in einem Jahr wieder bis zu einer Gesamthöhe von 25 cm herangewachsen und haben eine Längenzunahme von etwa 16 cm erreicht. Damit waren die Astspitzen aber in einen Bereich starker Strömung gewachsen und bildeten, auf Grund des Wasserandruckes, vielfältige Verzweigungen aus.

Von oben auf die Koralle gesehen, ist heute der Beckenboden nicht mehr zu erkennen und Auswirkungen auf die darunter lebenden Tiere, auch auf die Basis der Koralle selbst, sind leicht vorstellbar und real zu sehen.

An der Urkoralle, die mit der ursprünglichen Basis an ihrem alten Platz wieder angesiedelt wurde und inzwischen eine Höhe von 60 cm (Beckenhöhe) erreicht hatte, begann sich die Basis etwa ein halbes Jahr nach dem Umsetzen, allmählich aufzulösen. Zuerst starb flächenartig, infolge der Abschattung durch die benachbarten gleichartigen Korallen, die Basis ab, und danach begannen sich auch die Polypen an den Stämmen bis zu einer Höhe von 10 cm über dem Beckenboden aufzulösen. Ab diesem Bereich wurden die Strömungsparameter und auch der Lichteinfall, also die entscheidenden Lebens-parameter, wieder günstiger, und das Leben der Koralle setzte sich normal fort.

Hier sind Wachstum und Absterben in unmittelbarer räumlicher Nachbarschaft und in total unterschiedlichen Zeitabständen abgelaufen (Urkoralle und neu angesiedelte Äste). Deshalb meine zuvor gemachte Aussage, daß man nicht im landläufigen Sinne von der Lebenserwartung einer Koralle sprechen kann.

Wieviele Jahre ein Korallenstock lebt, hängt in erster Linie davon ab, wie sich die umgebenden Lebensparameter (Strömung und Licht) und die von der Koralle geschaffene Form stabil halten. Hieraus resultieren die Fakten, die für das Lebensalter der Korallen sowohl im Meer als auch im Aquarium ausschlaggebend sind. Dabei sind es nicht nur die negativen Wasserinhaltsstoffe des Aquariums, sofern sie in Grenzen gehalten werden, die hier Einfluß ausüben. Es ist auch aufgrund der vielfältigen Ernährungsmöglichkeiten kein Nahrungsmangel, der das Lebensalter der Korallen im Aquarium ausschließlich bestimmt. Wie wir gesehen haben, können auch die positiven Umstände, die das eigentliche Wachstumsvermögen der Koralle bestimmen dazu führen, daß Teilbereiche des Urstockes absterben.

Aus diesen Erkenntnissen heraus und unter diesen Umständen ist das Lebensalter der Korallen zu sehen. Das einzelne Individuum (der Polyp) wird sicher nicht so enorm lange leben, aber der Stock als solcher kann schon ein biblisches Alter erreichen.

Ähnliche Beobachtungen, wie ich an der Acropora cardenae gemacht habe, konnte ich auch an der Seriatopora, einer ganz anders gearteten Koralle, machen, auch hier wieder von Anfang an in verschiedenen Becken und an verschiedenen Aufwuchsformen.

Die unterschiedlichen Wuchsformen sind bei dieser Koralle noch ausgeprägter als bei der Acropora. Sie gehen so weit, daß die Koralle von Außenstehenden nicht mehr der gleichen Art zugeordnet wird, und reicht von flächenartig bis buschförmig, dünnästig bis fast plattenartig. Alle unterschiedlichen Wuchsformen aber nachweislich von meiner Urkoralle ab und sind eine Folge von unterschiedlichen Wachstumsparametern.

Betrachten wir nun einmal die Lebensparameter dieser ganz anderen Koralle etwas näher. Durch Teilung bildet sich aus einem einzelnen Polypen, einer Planula-Larve, ein etwa 15 mm dicker Ast, der auch die Basis der ganzen späteren Koralle bildet. Hieraus entwickeln sich dann strahlenförmig Äste. Die Form könnte man treffend mit der Krone eines Baumes mit ganz kurzem Stamm beschreiben. Diese Wuchsform, die die Koralle unter bestimmten Wuchsparametern immer beibehält, führt dazu, daß die Äste sich ineinander verzahnen. Sie geben damit einerseits dem Korallenstock eine große Stabilität, bewirken aber infolge der eng stehenden Polypen eine Abschattung des unteren Korallenbereiches vom Licht. Die Folge ist, daß die Polypen des unteren Bereiches der Koralle infolge von Energiemangel (Lichtmangel) zwangsläufig absterben.

Auch hier ist die Koralle selbst an der Beendigung des Lebens ihrer, den Stock begründenden Polypen, beteiligt. Sie führen bei dieser Korallen-Art, bezogen auf den Stammpolypen, nur ein aktives Leben von ca. 1 Jahr. Durch die enge Verzahnung und starke Nesselfähigkeit der darüber lebenden Korallenpolypen, siedeln sich an der abgestorbenen Basis so gut wie nie Sekundärsiedler an, die das weitere Absterben noch beschleu-

Eine Betrachtung zur Lebenserwartung von hermatypischen Steinkorallen

nigen könnten. Die Ausnahme bilden auch hier die Kalkalgen, die einen stabilisierenden Faktor darstellen. Fadenalgen, die ja lichtabhängig sind, haben hier in der Regel keine Chancen sich anzusiedeln, da die Seriatopora von Hause aus an schon etwas schattigeren Plätzen siedelt. Den Rest an Licht schattet der dichte Wald der polypenbesetzten Krone von der Basis ab.

Das Lebensalter des einzelnen Polypens, auch aus dem Kronenbereich, dürfte bei stetigem Wachstum auch hier nur bei ca. 1 Jahr ganz allgemein liegen. Der Gesamtstock jedoch wird durch ständige Fortpflanzung ein relativ langes Leben haben (bis jetzt zu beobachten waren 8 Jahre). Bei dieser Koralle gibt es aber noch eine andere Möglichkeit der Lebensverlängerung der unteren Polypen. Sie wird von einer weiteren Variante der Wuchsform bestimmt. Ich habe folgende Beobachtung gemacht.

Der Gesamtstock bildet bei normaler Entwicklung, wie schon gesagt, eine baumkronenartige Wuchsform aus. Da die Basis (der Stamm) aber, ab einer gewissen Größe nicht mehr wächst, die Krone aber immer größer wird, muß im Riff unweigerlich der Moment kommen, wo sie von einer stärkeren Strömung oder vom Wellenschlag abgebrochen wird. Eine Ausnahme werden nur die Aquarienformen machen, wo die Strömung relativ sanft ist. Wird die Krone aber nun von der Strömung abgebrochen, so bleibt eine fast runde Kugel übrig. Sie wird, so könnte ich mir vorstellen, unter bestimmten Umständen von der Strömung wie ein Ball durch das Riff getrieben. Durch die beständige Umwälzung haben die Polypen des unteren Bereichs der ehemaligen Basis eine Überlebenschance.

In diesem Fall würde dann nur das Innere der "Korallenkugel" für uns unsichtbar absterben. Beobachtungen aus dem Riff, ob dies nicht sowieso die normale Lebensform dieser Koralle ist, liegen uns nicht vor. Daß dies aber zutreffen könnte, bestätigen mir folgende weitere Beobachtungen, die ich in meinem Aquarium gemacht habe.

Wenn z.B. ein abgebrochener Ast auf den Boden des Aquariums fällt und hier entsprechend lange liegen bleibt, entwickelt sich daraus ebenfalls eine Koralle mit der typischen Baumkronenform, nur mit dem Unterschied, daß kein Stamm vorhanden ist. Die Äste werden sowohl vom Pfleger als auch von bodenbewohnenden Tieren oft recht unsanft behandelt, umhergestoßen und umgewälzt, ohne daß dies der Koralle etwas auszumachen scheint. Für die Robustheit der Koralle spricht weiter, daß selbst, wenn die Koralle dabei auf stark nesselnden Tieren, wie z.B. Parazoanthus grazilis, liegenbleibt, dies der Koralle nichts ausmacht.

Das Herausheben des Stockes aus dem Wasser hat zur Folge, daß die Koralle teilweise die Polypen einzieht, sie sind aber nach dem Einsetzen ins Wasser in spätestens einer Minute wieder voll entfaltet. Die starke Nessel- und Anpassungsfähigkeit trägt zu diesem ungewöhnlichen Verhalten bei.

Das Lebensende von Korallen im Aquarium wird im wesentlichen von den chemischen Parametern bestimmt. Weitere Faktoren sind die Wasserbewegung und das Licht. Das Absterben von Korallen ist aber dennoch gegeben, wenn die Koralle von einem dieser Parameter abgeschirmt wird. Hier auf diesem Bild ist es das Licht. Dieser Umstand wird aber durch die Wuchsform der Koralle herbeigeführt und stellt einen natürlichen Vorgang dar.

Andere Korallen, wie z.B. Acropora-Arten reagieren auf diese Torturen wesentlich empfindlicher. Sie schleimen stark ab und brauchen danach dann mindestens 6 Stunden, bis sie wieder ihren normalen Stand erreicht haben. Viele dieser Korallen sind aber weitaus empfindlicher, und man sollte sie solchen Torturen tunlichst nicht aussetzen.

Beide Beispiele denke ich, haben einen kleinen Einblick in die Lebensumstände, das Wachsen und Vergehen von zwei Korallenarten im Aquarium gegeben.

Als Fazit aus diesen Beobachtungen kann man sagen, daß eine Aussage über das Lebensalter von Korallen allgemein nicht nach den Kriterien von Wirbeltieren gemacht werden sollte. Bei den hermatypischen Steinkorallen liegen das Leben und auch das Sterben viel enger zusammen und haben auch eine etwas andere Bedeutung.

Das Absterben einzelner Polypen geht ja nicht einher mit dem Untergang eines ganzen Stockes bzw. einer ganzen Art. Auch stirbt in diesem Fall nicht ein ganzes Individuum, wie z.B. ein Fisch, sondern nur ein Teil eines ganz komplexen Gebildes. Dieses stirbt in erster Linie deshalb, weil es seine Funktion als Einzeltier zum Wohl der Lebensgemeinschaft, in der es sich entwickelte, erfüllt hat.

Prof. Dr. Schumacher und auch Dr. Kühlmann haben über die Lebensmöglichkeit eines einzelnen Korallenpolypens einmal sinngemäß folgendes geschrieben:

"Die Korallen und damit eine ganze Armada von Einzelpolypen haben in der Lebensgemeinschaft Korallenriff eine Aufgabe übernommen. Obwohl der Einzelpolyp einer Koralle durchaus in der Lage wäre, allein zu leben, tut er es nicht, er ordnet sich in das Leben der Korallenstruktur ein. Er lebt bildlich gesprochen, so lange, wie es für das Fortbestehen des Korallenstockes notwendig ist, dem er angehört".

Sicher ist diese Aussage sehr auf menschliche Empfindungen oder Bezugsmaßstäbe für das menschliche Leben schlechthin ausgelegt, was wir auf Tiere bezogen eigentlich nicht machen sollten. Sie scheint mir aber sehr treffend, für eines der Wunder in der Natur zu sein, das im Aquarium zu beobachten, faszinierend ist.

Die Nahrungsaufnahme der hermatypischen Steinkorallen

- **Nahrungsangebot im Meer**
- **Variable Ernährungsformen**
- **Symbiosepartnerschaft**
- **Sinn und Unsinn des externen Futtereintrags**
- **Die Rolle des Lichtes und der Strömung**

Die Meeresfauna mit ihrem unendlichen Artenreichtum hat viele Varianten an Überlebensstrategien entwickelt. Anpassungen an Umweltbedingungen, Tarnung und Entwicklung von Abwehrgiften gegenüber Freßfeinden sind nur einige davon.

Da in der Natur allgemein und ganz besonders im Meer die Devise gilt, leben um gefressen zu werden, gehört es ebenso zum Überleben, daß Schutzmechanismen gegen das Gefressenwerden entwickelt werden. Beweis dafür ist die Erhaltung von unermeßlich vielen und verschiedenen Tierarten auf engstem Raum, speziell im Riff.

Zu diesen Schutzmechanismen der Wirbeltiere, aber besonders der sessilen "Niederen Tiere", zählen neben Größe und Schnelligkeit die Gifte und Toxine, wie sie in vielfältiger Form, besonders im Riff entwickelt wurden und zur Abwehr von Freßfeinden eingesetzt werden.

Andererseits müssen aber auch vielfältige Fähigkeiten, gerade im Marinen Bereich entwickelt werden, um diese Artenvielfalt auf engstem Raum zu ernähren. Eine dieser Varianten ist die Nahrungsaufnahme der hier lebenden Tiere. Da Pflanzen wie auch Tiere Mechanismen gegen das übermäßige Gefressenwerden entwickelt haben, setzt dieses zwangsläufig voraus, daß die Gifte und Toxine wiederum nur von bestimmten Individuen überwunden werden können. Nur durch mannigfaltige Fähigkeiten in der einen oder anderen Art, wird keine der im Riff vorkommenden Arten im Endeffekt durch die Art der Nahrungsaufnahme ausgerottet. Sie haben hier eine reelle Überlebenschance.

Die beiden Wechselbeziehungen, Entwicklung von Abwehrgiften und Überwindung dieser Gifte zum Überleben, sind zwei Aspekte, die wie Feuer und Wasser sind. Wie aber in dem Kapitel "Überlebensstrategie im Riff" dargestellt wird, sind hier Varianten entwickelt worden, die uns verblüffende Lösungen für diese Probleme aufzeigen.

Die Fauna des Meeres hat die beiden eigentlich unvereinbaren Elemente in Einklang gebracht. Was hierbei die Nahrungsaufnahme angeht, sind dazu sehr rabiate Ernährungsformen, aber auch sehr sensible und anpassungsfähige Varianten entstanden. Dazu gibt es außerdem Formen, die sowohl in der einen als auch in der anderen Art ablaufen können.

Für die Variabilität möchte ich als Beispiel anführen, daß großpolypige Korallen-Arten (z.B. Blasenkorallen) durchaus in der Lage sind, sich von relativ großen "Fleischbrocken" zu ernähren. Sie sind aber auch ebenso in der Lage, wie wir im Folgenden noch sehen werden, sich über die Symbiose und den daraus resultierenden Stoffwechselprodukten nicht nur am Leben zu erhalten, sondern sich auch über lange Jahre weiter zu entwickeln.

Die Großmeister in der Variabilität der Ernährungsformen sind jedoch die hermatypischen Steinkorallen. Sie haben es geschafft, einen Lebensmechanismus zu entwickeln, der sie in die beneidenswerte Lage versetzt, ein Leben wie im Schlaraffenland zu führen. Dabei sind sie in der Hauptsache nur auf warmes, sauberes und sauerstoffreiches Wasser und das Licht als Energiespender angewiesen. Da es sessile Tiere sind, wären sie auch nicht in der Lage, dem Nahrungsangebot, das ja durchaus nicht immer gleichmäßig vorhanden ist, zu folgen. Sie müssen an dem Ort, an dem sie aufgewachsen sind (Ansiedlungsort) mit dem auskommen, was dort vorhanden ist.

In der Wüste des Meeres, man soll sich da nicht täuschen, ist das oft weniger als nichts, und auch dieses muß noch vielfach mit anderen Lebewesen geteilt werden. Was jedoch an

Eng verbunden mit der Lebenserwartung von Korallen im Aquarium ist die Versorgung mit den lebensnotwendigen Stoffen, zu denen auch die Nahrung gehört. Diese Koralle ist zum Zeitpunkt dieses Buches mehr als acht Jahre in meinem Aquarium. Sie wurde in dieser Zeit bis auf ein Jahr nicht gefüttert.

diesen Siedlungsplätzen in großer Dichte vorkommt, ist in der Regel das Sonnenlicht. Dieses ist der eigentliche Lebensfaktor, der die hier vorkommenden Lebensformen, zu denen auch die hermatypischen Steinkorallen zählen, am Leben erhält.

Das Licht und die vorher genannten Grundparameter reichen aus, wenn sie kontinuierlich vorhanden sind, die bizarrsten tierischen Gebilde auf unserer Erde am Leben zu erhalten. Die Ernährungsformen der Riff-Korallen habe ich vorher schon ausführlich dargestellt, und sie sollen deshalb hier nur noch einmal grob in den Zusammenhang gebracht werden.

1. **Die Kompakternährung, wie z.B. alles Fleischige, das durch irgend einen Umstand als "mundgerechter" Brocken in die Korallen getrieben wird.**

2. **Die planktonische Nahrung, die ebenfalls von der Strömung herangetragen werden muß.**

3. **Die hochspezialisierte Art der Ernährung, die auf Symbiosepartnerschaft mit den Zooxanthellen beruht.**

Bei der letztgenannten Variante haben die Korallen im Nahrungserwerb praktisch einen Grad erreicht, wo sie zum Selbstversorger geworden sind. Das heißt, alles was sie zum Leben benötigen, außer Licht und Wasser, erzeugen sie in Gemeinschaft mit den Zooxanthellen, die in ihrem Gewebe leben. Diese eigenständige und sehr variable Ernährungsform erklärt auch, warum die Tiere so weit und in vielfältigen Formen verbreitet sind.

Die Verbreitung der Korallen hat eine lange, entwicklungsgeschichtliche Zeit hinter sich und zeigt, daß diese Art der Ernährung sehr effektiv sein muß. Die Symbiose selbst läuft in einem sehr komplizierten Prozeß ab. Es ist deshalb naheliegend, auf Grund der Kompliziertheit anzunehmen, daß sie nur eine Art Rettungsanker für die Arterhaltung der Korallen darstellen könnte.

Denkbar wäre es in dem Fall, daß andere Nahrung nicht ausreichend zur Verfügung steht oder vorübergehend ausfällt. Das war lange Zeit eine hypothetische Annahme, die sich sehr lange gehalten hat. Wie wir aus vielen Beispielen gera-

Beim Futtereintrag ins Beckenwasser wird auf jeden Fall ein Futterreiz ausgelöst. Sichtbar wird dies am Öffnen der Munscheibe. Hier auf diesem Bild ist es die weiße Linie.

de in letzter Zeit gesehen haben, laufen aber gerade im Meer immer mehrere Ernährungsformen nebeneinander ab. Sie werden von vielen Tieren aus diesem Bereich vielfältig genutzt.

Eine Frage, die mich vor einiger Zeit in diesem Zusammenhang besonders interessierte war, müssen sie in dieser Vielfältigkeit genutzt werden, um zu überleben, oder sind die Tiere in der Lage, sich auch über nur eine dieser Ernährungsformen, nämlich der Symbiosepartnerschaft, am Leben zu erhalten?

Die Ernährungsform nur über die Symbiosepartnerschaft hätte in Bezug auf unsere Aquarien eine enorme Belastungsreduzierung des Wassers bedeutet.

Zunächst hatte ich mich an die praktische Lösung dieser Frage vorsichtig herangetastet, indem ich die ausgewählten Tiere immer weniger fütterte.

Bei entsprechendem Licht und der genauen Kontrolle und Einhaltung der vorher genannten Wasserparameter, war ein Weiterleben der Tiere zu beobachten. Es war, wie sich mit der Zeit zeigte, nicht nur ein "Dahinvegetieren" sondern es zeigten sich sehr agile Lebenszeichen. Sie vermehrten sich und, was sehr wichtig war, die Tiere wuchsen trotzdem auch mit ihrem Skelett. Der Zeitraum der Beobachtung umfaßt inzwischen etwa 10 Jahre.

Die Tiere lebten, vermehrten sich und wuchsen auch.

Ich bin heute mehr denn je der Meinung, daß gerade dieses Nichtfüttern eine der Voraussetzungen gewesen ist, daß diese Tiere im Aquarium überhaupt zu halten waren. Die vorhergehende beständige Fütterung mit tierischem Plankton oder anderen Ersatzfutterstoffen fleischlicher Natur hatte eine große Wasserbelastung zur Folge, zumal die Verwertbarkeit des Ersatzfutters, das wir diesen Tieren verabreichten, immer noch fraglich geblieben ist.

Auch rigoroser Wasserwechsel, wie er in der Vergangenheit immer wieder empfohlen wurde, löste das Problem nicht. Er ist aus anderen Gründen wichtig, aber insgesamt gesehen nur ein Teilaspekt.

Die Folge war, daß die Lebensdauer der entsprechenden Tiere in unseren Aquarien in der zurückliegenden Zeit immer

Das Mundfeld ist voll geöffnet.

nur sehr kurz war. Es ist bekannt und es wurde darüber schon vielfach berichtet, daß Xeniiden trotz ihrer Pumpbewegungen, die als Nahrungseinfangen interpretiert wurden, auch in der Natur gar nicht in der Lage sind, aktiv zu fressen. Auch dieses war in der Anfangsphase der Hälterung der Tiere in Aquarien eine Fehlinterpretation, die damals eine Fütterungswelle unsererseits auslöste.

Wir haben den Tieren mit diesem vermeintlichen Füttern mehr geschadet als genutzt. Die Bewegung der Tentakel hat nur die Aufgabe, Frischwasser (Sauerstoff) an die Polypen heranzuführen.

Diese Tiere sind in der Lage, und das ist inzwischen nachgewiesen worden, sich mit Hilfe des Lichtes und der Symbionten in ihrem Körpergewebe zu ernähren. Dazu wird noch die Fähigkeit kommen, Nahrung in gelöster Form aus dem umgebenden Wasser über eine Art Osmose aufzunehmen.

Einen Hälterungsversuch, ohne externe Fütterung, den ich in meinem Aquarium durchführte hatte zum Ziel, ob diese Theorie an einem praktischen Beispiel mit einem Tier aus meinem Aquarium nachweisbar war. Das Ziel war dabei, festzustellen, ob eine Koralle, die nachweisbar im Aquarium fütterbar ist und das Futter auch angenommen hatte, dieses nach 8 Jahren Futterpause wieder annehmen würde. Den Beweis, daß sie diese Zeit ohne zusätzliche Nahrung optimal überstanden hat, ist von ihr schon erbracht worden.

Ausgewählt zu diesem Versuch wurde eine Pavona Spezi. Die Pavona zählt zu den großpolypigen Korallen, bei denen der Vorgang der Nahrungsaufnahme deutlich zu sehen ist. Sie wurde nur im ersten Jahr ihres Aquarienaufenthaltes aktiv gefüttert.

Seit 1985, also seit nunmehr 9 Jahren kommt diese Koralle ohne zusätzliches Futter aus, wie übrigens alle anderen "Niederen Tiere" dieser Art in meinem Becken auch. Zum Beginn des Versuches sollte zunächst erst einmal versucht werden, die Koralle zu füttern. Sichtbar geworden wäre dann zum einen, ob sie noch fütterbar ist und ob sie sich dann bei anhal-

Jegliches Futter wird zunächst festgehalten, wie hier eine eingeweichte Futtertablette.

tender Fütterung noch besser entwickeln würde. Bei dieser Koralle ist auch nach der langen Futterpause immer noch sehr deutlich der Freßreflex am Öffnen der Mundscheibe zu erkennen.

Bei jeder Art des Futtereintrages in das Aquariumwasser ist diese Reaktion deutlich zu beobachten. Die Art des Futters spielt dabei keine Rolle. Mysis, Staub- oder Flockenfutter, das gelegentlich für die Fische eingesetzt wird, oder auch nur das Aufwühlen des Bodengrundes und als Folge daraus das Umherziehen von Mulmwolken im Aquarium, löst diese Reaktion aus. Zur Auslösung des Freßreflexes habe ich als erstes Dorswal Staubfutter ins Aquariumwasser gegeben, da dieses besonders starke Duftstoffe enthält und die Koralle sich sehr schnell öffnet. Danach habe ich die gesamte Strömung abgeschaltet und eine zuvor in Seewasser eingeweichte Futtertablette (Tetra Tip), mit denen mein Mirakelbarsch seit 12 Jahren gefüttert wird, auf den Rand der Mundscheibe gelegt. Nach dem Auflegen der Futtertablette zeigte die Koralle eine deutliche Freßreaktion, indem die Tablette festgehalten wurde und das Mundfeld langsam kontaktierte. Eine vorsichtige Berührung der Futtertablette mit einem Holzstab zeigte, daß die Tablette fest auf dem schleimigen Mundfeld klebte. Diese Eigenart im Zusammenhang mit der Nahrungsaufnahme war also noch immer vorhanden. Die Tablette wurde danach ganz langsam in Richtung Gastralöffnung gezogen. Nach ca. 2 Minuten stagnierte dieser Transport aber, und es konnte deutlich beobachtet werden, daß die Tablette abkippte und auf der noch geschlossenen Gastralöffnung liegen blieb. Danach kehrte sich die Transportrichtung um, und sie wurde wieder nach oben geschoben. Die eigentliche Mundöffnung zum Inneren der Koralle schloß sich vollständig und schob die Tablette aus deren Bereich heraus. Die Futtertablette wurde also nicht angenommen.

Der gleiche Versuch ist auch mit Mysis und mit Muschelfleisch gemacht worden, im Prinzip mit dem gleichen Effekt. Der Unterschied lag darin, daß das Muschelfleisch zwar noch bis in den Gastralraum befördert wurde, aber am nächsten Tag wurde es als zusammengeballter, eingeschleimter Klumpen wieder ausgeschieden. In der Schleimhülle war das unverdaute Muschelfleisch deutlich zu erkennen.

Eine naturgetreue Wanderung des Futters in Richtung Gastralraum ist zu beobachten.

Montipora

Die Nahrungsaufnahme der hermatypischen Steinkorallen

Das bedeutet also, daß, obwohl der Freßreflex der Koralle immer noch vorhanden ist, die Koralle aber aufgrund der langen Futterpause (6 Jahre) das aktive Fressen "verlernt" hat. Den Beweis, daß sie trotzdem ohne externe Futtergaben lebensfähig ist, hat sie in den zurückliegenden Jahren erbracht. Sie ist am Leben geblieben mit kräftigen Farben und einer der Natur entsprechenden Form.

Das Wachstum ist nicht übermäßig gewesen, aber für die Aquariengröße als normal zu bezeichnen. Auch diese großpolypigen Korallen sind somit in der Lage, sich über die Lebensgemeinschaft mit den Zooxanthellen zu ernähren. Man kann auch nicht behaupten, daß die Koralle im Aquarium nur noch so dahinvegetiert. Dazu ist die Gesamtlebensdauer im Aquarium schon zu lange und das Erscheinungsbild in Form und Farbe zu agil.

Ein anderer gegenteiliger Beweis bei der Nahrungsaufnahme von Korallen, kann deutlich an der Montipora monasteriata erbracht werden. Auch sie lebt schon seit 1984 in meinem Aquarium und wird ebenfalls nicht gezielt gefüttert. Sie ist von der Art her eine ganz andere Koralle und zählt zu den echten Riffbildnern. Die Koralle hat in dieser Zeit, im Gegensatz zu der vorigen Art, ein enormes Wachstum entwickelt und bedeckt eine Fläche von 25x30 cm. Sie hat damit eine sehr große tellerartige Oberfläche ausgebildet (Substratbildung). Von der Größe der Einzelpolypen her ist sie, im Gegensatz zu der Pavona Spezi, nicht in der Lage, größere Futterbrocken aufzunehmen. Ich bin deshalb auch nicht auf den Gedanken gekommen, die Koralle gezielt zu füttern.

Beobachtungen haben aber ergeben, daß wenn beim Füttern der Fische Partikel bis zu einer Größe von etwa 3 mm Durchmesser auf den Teller fallen, diese festgehalten und, wie es scheint, extern verdaut werden.

Das Erscheinungsbild sieht folgendermaßen aus. Die Partikel werden mit einem weißlichen Schleim überzogen, der ca. 3 Tage als milchige Blase zu sehen ist. Bei Betrachtung mit der Lupe, soweit das auf Grund des relativ großen Abstandes zur Frontscheibe möglich ist, entsteht der Eindruck, die Koralle löst sich auf. Versuche, diesen eingeschleimten Fleck

Das Futter wird jedoch nicht gänzlich in den Gastralraum, wo die Verdauung normalerweise stattfindet, befördert. Das Futter wird nicht angenommen und wieder nach oben befördert und fällt dann von der Oberfläche ab.

mit relativ starker Strömung von der Koralle zu blasen, sind erfolglos geblieben. Das eingeschlossene Futter wird ähnlich festgehalten wie der Futterbrocken bei der Pavona Spezi auf dem ausgestülpten Mundfeld. Der milchige Fleck ist völlig strukturlos, und es ist auch kein Polyp unter diesem Schleim zu erkennen. Vermutlich wird hier eine Kapsel aus Schleim gebildet, in der das Futter verflüssigt und dann über eine osmoseähnliche Funktion von der Koralle aufgenommen wird. Ziemlich abrupt ist dieser Schleim nach etwa 2 bis 3 Tagen verschwunden, und die Koralle hatte wieder ihre ursprüngliche Form und Farbe.

Soweit die Fütterungsversuche mit zwei unterschiedlichen Korallen. Die beiden Versuchstiere waren damals in der Lage, sich sowohl mit der aktiven Futteraufnahme als auch über die Symbiosepartnerschaft zu ernähren. Der Unterschied zwischen den beiden Arten lag nur darin, daß die Pavona Spezi das aktive Fressen offensichtlich verlernt hat, die Montipora dagegen nicht. Daß die letztgenannte Koralle weiterhin extern Futter aufnimmt, liegt sicher daran, daß sie beständig die Möglichkeit nutzte und geboten bekam, Partikel, die durch das Aquariumwasser ziehen, einzufangen, zu verdauen und somit zu verwerten. Sie ist also beständig im "Training" gewesen, obwohl sie nicht gezielt gefüttert worden ist.

Ausnahmen in der externen Fütterung bilden bei den haltbaren Korallen die Tubastrea Arten, sowie alle anderen, die in der Regel auch in der Natur nicht voll im Licht siedeln, also für die ausschließliche Ernährung über die Zooxanthellen nicht ausgerüstet sind. Bei regelmäßiger Fütterung sind einige dieser Korallen durchaus halt- und vermehrbar, wie es sich verschiedentlich in Aquarien zeigte. Auch wurde bei den Tubastrea- Arten schon relativ oft die Vermehrung über das Larvenstadium beobachtet, und es sind mit Sicherheit von dieser Koralle schon Sekundärkolonien in Aquarien zu finden. Die Tiere müssen aber in jedem Fall gefüttert werden und sollten aus Gründen der Wasserbelastung nicht in einem Riffbecken mit den hermatypischen Steinkorallen angesiedelt werden.

Die Pavona hatte sich an einem günstigen Platz im Aquarium mit optimaler Beleuchtung und Strömung auf die hochspezialisierte Ernährungsform der Symbiose mit den Zooxanthellen umgestellt, was an diesem Beispiel deutlich zu dokumentieren war. Die Montipora aber nutzt offensichtlich beide Ernährungsformen, die Symbiosepartnerschaft und das aktive Fressen durch das Einfangen von feinsten Futterpartikeln. Da die Fütterung mit diesem Futter in meinem Aquarium nur einmal wöchentlich erfolgt und dabei relativ wenig Partikel auf dem Teller der Montipora liegen bleiben, wird die Ernährungsform bei dieser Koralle keine große Rolle spielen. Aber immerhin zeigt das Beispiel, daß die Koralle die beschriebene Art der Ernährung noch nutzen kann.

Die feinstrukturierten Korallen, wie z.B. die Acropora-Arten ernähren sich vermutlich auf gleiche Weise wie die Montipora. Nur ist das bei ihnen nicht nachweisbar. Die Acropora und auch die Seriatopora mit ihren recht langen Tentakeln, können sicher auch Futterpartikel der vorgenannten Art einfangen. Wenn sie es tun, dann muß die Verdauung aber anders ablaufen. Ein Freßvorgang wie bei der Montipora-Art ist bei ihnen nicht erkennbar. Da ich aber in meinem Aquarium die "Niederen Tiere" und speziell die Korallen nicht gezielt füttere und auch alle anderen spezifischen "Niederen Tiere" sehr gut wachsen und sich vermehren, kann man die Ernährungsform über die Symbiosepartnerschaft im Aquarium als gegeben ansehen. Sie ist, wie die Beispiele zeigen, in der Lage, die Tiere optimal am Leben zu erhalten.

Es ist deshalb, entgegen anders lautenden Meinungen, nicht notwendig, in einem "Niedere Tiere" Becken, speziell in einem Steinkorallenbecken, extern in nennenswertem Umfang Futter irgend welcher Art einzusetzen. Dieses würde nur unnötig das Beckenwasser belasten und damit den Tieren mehr schaden als nützen. Der Nutzen des externen Futters ist aus einem anderen Grund auch noch zweifelhaft. Wir können in der Regel immer nur Ersatzfutter anbieten und deshalb auch nie sicher sein, ob die Tiere des Marinen Bereiches, mit ihrem oft sehr unterschiedlichem Futterbedarf, dieses Ersatzfutter überhaupt verwerten können, auch wenn es optisch gefressen wird.

Aus den zuvor angeführten Gründen dürfte das Wachstumsverhalten der Tiere im Aquarium nicht in erster Linie vom externen Futterangebot abhängen. Hier spielen die Raumkonkurrenz und die wasserbelastenden Stoffe sicher eine größere Rolle.

Aus Gründen und Auswirkungen der Raumkonkurrenz kann es andererseits auch nicht unser Ziel sein, die fütterbaren Tiere in unseren Aquarien durch spezielle Methoden zu einem den Aquarienverhältnissen nicht angepaßtem Wachstum zu veranlassen. Das ist einerseits nicht wünschenswert, weil das Einzeltier dann zu groß werden würde und den Gesamteindruck des Beckens stört. Andererseits würden die speziell gefütterten oder fütterbaren Tiere zu schnell den Lebensraum

Aquarium erobern und benachbarte Tiere, die nicht fütterbar sind, verdrängen. Oftmals werden sie sogar vernichtet. Beides dürfte nicht in unserem Sinne sein.

Unterwasser-Aufnahme von Acropora nasuta. La Union, Philippinen.

Die Wuchsform der hermatypischen Steinkorallen

- *Parameter für die Formgebung*
- *Wuchsformen im Meer und im Aquarium*
- *Abweichende Wuchsformen*
- *Grenzen des Lebensraumes*
- *Wuchsformen welche die Lebensdauer beeinflussen*
- *Beleuchtungsstärken in Abhängigkeit von der Beckenhöhe*
- *Auswirkungen der Lichtintensität*

Die Formenvielfalt gleichartiger Tiere im Korallenriff ist genauso enorm groß wie die Artenvielfalt. Jede Form, es sei hier nur einmal die Umrißgestalt von Tierarten als solche betrachtet, ist nicht, wie man annehmen könnte, Ausdruck einer Laune der Natur. Die Formen haben sich so entwickelt, weil sie für das Leben oder besser gesagt, für das Überleben in diesem Lebensraum, notwendig waren. Sie sind also zweckbestimmt.

Erkenntnisse im wissenschaftlichen Bereich bei der Erforschung der Unterwasserfauna und Flora und die zunehmend erfolgreiche Hälterung von immer mehr und verschiedenartigeren Tieren in Aquarien haben dies bestätigt. Vielfältige neue Zusammenhänge sind uns bewußt geworden.

Sie alle spielen in der Ökologie und den damit zusammenhängenden Faktoren, bezogen auf die Tiere des Riffs, eine besondere Rolle.

Durch die Erkenntnissammlung in Aquarien und Auswertung von wissenschaftlichen Erkenntnissen soweit sie uns zugänglich waren, ist es uns zunehmend möglich geworden, die Zusammenhänge auf den Lebensraum "Aquarium" zu übertragen. Nur so haben wir den hohen Standard erreichen können, den wir heute vorzuweisen haben. Der sichtbare Ausdruck dafür sind die Erfolge, die wir bei der Hälterung und Vermehrung von Korallenfischen und "Niederen Tieren", und besonders bei den hermatypischen Steinkorallen, erzielt haben.

Die ausgewogene Kombination von "Fischen" und "Niederen Tieren" in unseren Aquarien schaffte die Grundbedingungen dafür, daß wir heute auch wesentliche Fortschritte in der langzeitlichen Pflege von empfindlichen Steinkorallen zu verzeichnen haben.

Die Erkenntnisse aus dem Zusammenleben dieser beiden Hauptgruppen der Tiere des Riffs haben bewirkt, daß wir nun auch die Entwicklung von einigen unterschiedlichen hermatypischen Korallen-Arten, die in verschiedenen Aquarien angesiedelt worden sind, beobachten konnten. Dabei sind besonders in der Entwicklung der Formen vielfältige Beobachtungen gemacht worden. Insbesondere waren diese Beobachtungen bei der Acropora cardenae, die als erstes in meinem Becken gewachsen ist und sich vermehrt hat, zu verfolgen. Von dieser Koralle sind sehr viele Ableger gemacht worden, und die verschiedensten Wuchsformen sind daraus entstanden.

Einige Aquarien, in denen Korallen angesiedelt wurden, beobachte ich schon seit langer Zeit und mit zunehmendem Interesse. Sind doch in diesen verschiedenen Becken so unterschiedliche Wuchsformen entstanden, daß es einem Außenstehenden schwer fällt, sie der gleichen Art zuzuordnen. Von solchen Wuchsformen soll im Folgenden die Rede sein.

Für Betrachtungen dieser Art ist es notwendig, sich einen Bezugsmaßstab zu schaffen. Da die in der Hautsache betrachtete Koralle, die Acropora cardenae, in meinem Becken zum Zeitpunkt des ersten Aufwuchses eine sehr naturnahe Form entwickelt hat, will ich sie als Ausgangspunkt, als die Urkoralle, betrachten.

Der Grundstock, aus dem die Korallenableger der Acropora cardenae entstanden sind, ist in der ursprünglichen Form lebend nicht mehr vorhanden, da das Becken aus Sicherheitsgründen umgebaut wurde und der Korallenstock wegen der Größe, als Ganzes nicht aus dem Becken zu heben war. Er wurde deshalb geteilt.

Die zerlegte Koralle bzw. deren Teilstöcke wurden wieder unter gleichen Umgebungsparametern im neuen Aquarium angesiedelt. Auch die nähere Umgebung der Koralle (Dekoration) wurde sowohl in der Struktur als auch vom Substrat her (es wurden die gleichen Steine benutzt) dem alten Becken ähnlich gemacht.

Lichteinfall, Strömungsverhältnisse und die Umgebungstiere entsprachen in etwa wieder den alten Verhältnissen. Die in mehrere Einzelstöcke zerteilte Koralle, ich will die Ableger wegen ihrer nun entstandenen Formen einmal so bezeichnen, wuchsen in der gleichen Form weiter, wie das Muttertier. Sie haben schlanke, hoch aufragende Äste mit relativ wenig Verzweigungen.

Die Koralle hatte nach dem Umsetzen in kurzer Zeit eine Höhe von 60 cm und damit die Wasseroberfläche erreicht. Ihr Höhenwachstum war damit beendet. In diesem Stadium bedeckte sie eine Grundfläche von 30x40 cm.

Infolge der Vielzahl von Korallen in meinem Becken war es mein Bestreben, die verschiedenen Arten möglichst auf bestimmte Stellen zu konzentrieren, damit sie sich untereinander möglichst wenig behinderten. Es ist aber nicht ausge-

Pocillophora-Arten haben oft ebenfalls stockartige Formen, sind jedoch ebenfalls abhängig von Lichtparametern. Hier sehen wir einen neuen Ableger, frisch eingesetzt.

blieben, daß infolge der Teilung des ursprünglichen Korallenstockes und aus Platzgründen Ableger in meinem Becken an verschiedenen weiteren und auch ungünstigeren Stellen angesiedelt wurden. Diese waren eigentlich zum Weitergeben gedacht.

Verschiedene Gründe haben es zuweilen verhindert, und die Folge war, daß diese Korallen dann auch an relativ ungünstigen Stellen mit dem Untergrund verwuchsen und dadurch lange Zeit im Becken geblieben sind. An diesen Korallen sind erstmals von der Norm abweichende Formen beobachtet worden. Sie wurden in erster Linie von anders gearteten Umgebungsparametern (Licht und Strömung) geprägt.

Wenn wir nun davon absehen, daß die Form auch von anderen Korallen bzw. von "Niederen Tieren" und deren Nesselgiften beeinflußt wird, so hat die in meinem Aquarium bis zu einem bestimmten Zeitpunkt wachsende Acropora - Koralle in der Regel die gleiche stockartige Wuchsform beibehalten. Einflußfaktoren aus den vorgenannten Bereichen waren nicht oder nur wenig vorhanden.

Anders geartete "mechanische" Einflüsse (Strömung und Lichteinfall), die bedingt waren durch die Umgestaltung der Dekoration, haben in meinem Becken neue Wuchsformen entstehen lassen. Es sind in der Regel, auf Grund von Strömungseinflüssen, kompaktere Formen, die gedrungener, auffallend niedriger sind und nicht das Bestreben haben, in die Höhe zu wachsen. Die Äste sind wesentlich kürzer, dicker, an manchen Stellen nur 2 cm lang und bilden hier schon wieder waagerechte Knospen, die zu neuen Ästen führen, aus.

Zuweilen wachsen Acropora-Korallen, flach, fast tellerartig über dem Boden, und auch unter der Wasseroberfläche kann die gleiche Wuchsform entstehen.

Diese bilden unter den vorgenannten Einflußparametern, wenn wir mal unseren Wald als Vergleich heranziehen, einen "Unterholzbewuchs" aus oder unter der Wasseroberfläche tellerartige Gebilde. Dabei ist der Abstand zur "Urkoralle", aufgrund der beengten Aquarienverhältnisse, damals nicht so erheblich groß gewesen, daß eine so gravierende Formabweichung gerechtfertigt war.

Ein Jahr später ist dieser Stock zu einer riesigen Kolonie herangewachsen und erst jetzt beginnen die Äste dicker zu werden. Hier ist das Lichtstreben besonders ausgeprägt und erzwingt eine schlanke Wuchsform.

Die Ansiedlungsorte der abweichenden Wuchsformen liegen hauptsächlich in Bereichen, in denen die Strömung unterschiedlich geartet ist. Das betrifft besonders die am Boden wachsenden Formen, weil hier nicht nur der Beckenboden eine Grenze bzw. eine Strömungsumleitung bewirkt, sondern auch die Art und Form des Bodengrundes und die darauf siedelnden Tiere eine nicht unerhebliche Rolle spielen.

Eine natürliche Barriere stellt auch die Wasseroberfläche dar. Die nach oben wachsenden Korallen werden von dieser nicht nur im Längenwachstum begrenzt, sondern auch die starke Bewegung der Wasseroberfläche hat Auswirkungen auf das Längenwachstum und Ausbildung der Form des Astendes.

Der Urstock, der die Ausgangsform dieses Vergleiches ausbildete, lag in einer sanften, aufsteigenden Strömungszone. Die "Unterholzkoralle" dagegen wird von einer abfallenden, relativ harten Strömung geprägt. Sie wird in diesem Fall von der Frontscheibe und dem groben Bodengrund umgelenkt und verstärkt. Die Korallenäste verzweigen sich hier auf Grund der Grenze ihres Lebensraumes und den damit zusammenhängenden veränderten Strömungsparametern. Hier sind zwei wesentliche Faktoren sichtbar, die das Wachstum der Korallen gravierend beeinflussen.

Die abfallende Strömung hindert die Korallen im Bodenbereich daran, daß sie aufstrebende Äste uneingeschränkt ausbilden können. Die Wasseroberfläche begrenzt das Wachstum auf natürliche Weise. Eine von oben drückende Strömung hält also die Korallenäste auffallend kurz, von unten aufsteigende Strömung erzeugt stockartig, aufstrebende Äste.

Wenn man den starren Körper des Skelettes betrachtet, fragt man sich zwangsläufig, wie diese Auswirkungen nur durch die Strömung möglich sind.

Dabei ist folgendes zu betrachten: Die Matrix, an der Kalk abgelagert und in der Folge ein neuer Ast geformt wird, befindet sich am Ende des festen Skelettes. Die blauweißen Wachstumsspitzen sind das sichtbare Zeichen jener Ablagerungen und bestehen aus einer sehr weichen und damit leicht formbaren Masse. Die Strömung ist in diesem Stadium in der Lage, hier eine prägende Wirkung auszuüben. Die Astspitzen können dabei in jede beliebige Richtung geschoben werden und bilden dabei vielfältige Formen aus. Die Ausrichtung der Äste wird logischerweise in Strömungsrichtung erfolgen. Außer der Strömung und den natürlichen Grenzen des Lebensraumes bewirken natürlich auch noch anders geartete extreme Lichtverhältnisse eine Wuchsformveränderung. Deutlich sichtbar wurde dies an Korallen, die auf dem Boden angesiedelt wurden. Sie sind in der Hauptsache von der zunehmend dichter werdenden Krone des Muttertieres vom Licht abgeschattet worden. Auch wirkte sich hier der größere Abstand zur Lichtquelle und damit die abnehmende Lichtintensität aus. Der Abstand vom Boden bis zur Lampe betrug hier schon 90 cm und die Luxzahl nahm von ca. 30 000 auf ca. 12 000 Lux ab. Diese Lichtintensitätsabnahme ist im Meer erst in etwa 5 Metern Wassertiefe zu beobachten, die auch hier Formveränderungen an Korallen erkennen lassen. Sie wachsen an den tieferen Standorten dichter (bilden mehr Äste aus), gedrungener, um die Abnahme der Lichtintensität durch die Ansiedlung von mehr Zooxanthellen, in einer dann größeren Körperoberfläche, zu kompensieren.

Die größere Körperoberfläche ist notwendig, damit ausreichend symbiotische Algen in ihrem vergrößerten Körpergewebe angesiedelt werden können, um den Nährstoffbedarf zu decken, der aus der Symbiosepartnerschaft resultiert. Daß Korallen bei dieser Lichtintensitätsabnahme immer noch gute

Porites-Korallen sind uns als kugelförmige Haufen bekannt. Sie können aber auch »auslaufen« wie dieses Bild zeigt. Sie wächst in diesem Fall der Strömung nach.

Lebensbedingungen auch im Aquarium finden, zeigen die enorm vielen Wachstumsspitzen, die sie wie Knospen austreiben. Da die vorgenannten Faktoren für uns im Aquarium manipulierbar sind, können mit diesen beiden Parametern (Strömung und Licht) Korallen mit sehr variablen Wuchsformen herangezogen werden. Sie würden vom Bestimmungsmerkmal Form bzw. Gestalt nicht mehr der Art-typischen Form entsprechen und könnten leicht zu Verwechslungen bei der Bestimmung einer so entstandenen Wuchsform beitragen.

Auf diesem Bild sehen wir, wie sie jeder Bodenerhebung folgt und diese mit lebendem Substrat überzieht. Diese Koralle hat danach nicht mehr die typische Kugelform.

Da die Bestimmung der Korallenarten in letzter Zeit von diesen Merkmalen her in Zweifel gezogen wurde und man schon von Standortformen spricht, ist dieser Nachweis im Aquarium sicher von einiger Bedeutung. Wie überhaupt die Beobachtungen von aufwachsenden Korallen in Aquarien sicher noch einige neue Erkenntnisse über die Lebensweise dieser Tiere und ihren Lebensformen bringen werden. Beobachtungen über bestimmte Vorgänge haben aber immer erst dann Bestand, wenn sie mehrfach gemacht wurden und nicht als Einzelfall angesehen werden können.

Gehen wir deshalb einmal in ein ganz anders aufgebautes Aquarium und sehen uns da an, wie sich hier die Formen der nachweislich gleichen Koralle entwickelt haben. Auch hier sind die prägenden Parameter, die Strömung und der Lichteintrag, in der beckenspezifischen Form.

Das Becken hat folgende geometrische Abmessungen: Es ist quadratisch mit ca. 1 Meter Kantenlänge und 60 cm hoch. Die technische Ausrüstung besteht aus einem Gegenstromabschäumer, dazu 2 Tausender Turbellen zur Wasserbewegung. Beleuchtet wird es mit dem original Lampengehäuse der Firma Sill und dem HQI Strahler 250 Watt TS mit der Lichtfarbe "D" aus ca. 110 cm Höhe über dem Beckenboden.

Das Becken selbst ist mit Deckscheiben abgedeckt und ohne Rahmen ausgeführt, d.h. es ist nach oben hin offen. Die Folge ist in erster Linie, daß relativ viel Licht durch Reflexion verlorengeht und die Intensität des sehr stark konzentrierenden Sill-Strahlers abgeschwächt wird. Der Ableger, der in dieses Becken kam, war recht klein, etwa 4 cm lang. Er wurde in ca. 10 cm Wassertiefe unter der Wasseroberfläche angesiedelt und ist in diesem Becken in relativ kurzer Zeit als erste hermatypische Steinkoralle mit dem Substrat verwachsen.

Bedingt durch die geringe Wasserhöhe über der Koralle und einer sanft aufsteigenden Strömung, die überdeckt wurde von einer starken Oberflächenströmung, wuchs die Koralle in dem Becken zunächst auch stockartig in die Höhe. Beim Wirksamwerden der Oberflächenströmung entwickelte sich aber auch hier eine nicht Art-typische Form, eine fast plattenartige Koralle entstand.

Die starke Oberflächenströmung in dem Becken hat einen besonderen Einfluß auf die Wuchsform der Koralle genommen. Die Turbelle, welche die relevante Strömung für die Ausprägung erzeugte, befand sich in einer Ecke und blies relativ stark, diagonal durch das Becken. Dabei zieht die Strömung zuerst waagerecht, oberflächennah über die Koralle hinweg. Sie hinterläßt aber schon in der Anfangsphase des Aufwuchses einen erkennbaren Einfluß auf die spätere Formentwicklung der Acropora. Durch den einseitigen Strömungsandruck ist die Ausbreitungsrichtung der Koralle geprägt. An den gegenüberliegenden Eckpunkten der Strömungszone bricht sich die Strömung an der Front und Seitenscheibe, wird größtenteils auf den Boden des Aquariums umgeleitet und erreicht die Dekoration, auf der die Koralle angesiedelt ist.

Die Zergliederung der Dekoration bewirkt, daß sie stark abgeschwächt zur Oberfläche aufsteigt, und erzeugt dadurch unter der Koralle eine relativ schwach aufsteigende Strömung. Sie sorgt dann für die entsprechende Ausbildung der Äste. Sie sind auch in diesem Falle stockartig. Deutlich erkennbar sind in dem Becken Auswirkungen des Lichtes. Sie beziehen sich in der Hauptsache auf die Ausbildung der Wachstumsspitzen, der Anordnung der Polypen und deren Färbung.

Bedingt durch den geringen Abstrahlwinkel der Lampe, konzentriert sich das Licht auf die Mitte des Beckens. Deutlich sichtbar ist deshalb eine Konzentration der Wachstumsspitzen zur Mitte des Strahlungskegels hin. Ebenfalls deutlich sichtbar ist eine erheblich größere Zahl von Polypen auf der Seite der Korallenäste, die dem Licht zugewendet sind.

Ebenso ist eine intensivere Färbung des lebenden Gewebes an dieser Seite zu beobachten. Die intensivere Färbung setzt sich nach unten hin soweit fort, wie der Lichteinfall Auswirkungen auf die Lebensmöglichkeit der Symbiosepartner hat. Sobald die tellerartige Ausbreitung der Krone Abschattungen verursacht, wird das Gewebe heller und in diesen Bereichen als erstes absterben. Ebenfalls mit zunehmender Tiefe wird auch die Anzahl der Polypen auf den Ästen geringer. Sie besiedeln aber hier nur den Bereich, der dem Licht zugewandt ist.

In diesem Becken wird ein weiterer Faktor, der Einfluß auf die Wuchsform nimmt, deutlich, das Licht. Es wird hier die Form, aber in der Hauptsache die Farbe und die Ausbildung von Verzweigungen beeinflußt. Das Fazit der Wuchsparameter in diesem Becken ist:

1. Deutliche Konzentration der Ast- und Polypenbildung, sowie der Ausfärbung des Korallengewebes zur Mitte des Beckens bzw. zum Lichteinfall hin.

2. Deutliche einseitige Ausrichtung der Äste entlang der Hauptströmungsrichtung.

Das dritte Becken, das ich zu Vergleichszwecken heranziehen möchte, hat wieder ideale geometrische Abmessungen. Es ist 2 Meter lang, 70 cm hoch und 80 cm tief. Betrieben wird es mit zwei Gegenstromabschäumern, 2 HQI-Lampen 250 Watt mit der Lichtfarbe "D" in den original Lampenkör-

Feuerkorallen haben vielfältige Formen. Sie können massive Platten ausbilden aber auch ganz filigrane Fächer formen. Hier sehen wir ganz massive Basisplatten

Einige Zeit später sind diese Formen verwachsen und eine filigrane Form wird sichtbar. Was kann dieses Verhalten auslösen? Mit Sicherheit hat dies einen pragmatischen Grund. Spielerische Formen gibt es in der Natur nicht.

pern der Firma Sill. Da diese Lampen relativ hoch über dem Becken angeordnet sind und es keine Abdeckscheiben hat, ist eine normale, nicht zu konzentrierte Ausleuchtung, gegeben.

Als Besonderheit in dem Becken ist die Strömungserzeugung zu nennen. Sie wird von zwei externen Strömungspumpen der Firma Eheim, mit einer jeweiligen Leistung von ca. 8000 Litern pro Stunde erzeugt. Die Pumpen laufen in einem Rhythmus von jeweils 6 Stunden.

Die Strömungseinleitung ist rechtwinklig von der Breitseite des Beckens her, wird von der Dekoration optimal aufgegliedert und verteilt sich gleichmäßig. Die vorherrschende Strömungsrichtung ist von unten her sanft aufsteigend. Die Koralle, die hier angesiedelt wurde, ist in der Mitte des Beckens im unteren Drittel eingesetzt worden. Sie hatte hier optimale Bedingungen, sowohl von der Strömung als auch vom Lichteinfall her. Dabei wurde sie allseitig von einer wechselnden, sanft aufsteigenden Strömung erfaßt, bekam dazu Licht von allen Seiten und die Ausbreitung ihrer Äste in diesem Becken wurde von keinem anderen Tier durch Kontaktieren beeinflußt.

Einige Zeit später zeigt sich das auch in der Wuchsform. Sie wird lockerer und filigraner.

Hier eine Acropora die engstehende, dicke Äste ausgebildet hat. Eine mögliche Variante ist, daß sie normalerweise sehr starken Strömungen standhalten muß. Im Aquarium ist das aber nicht notwendig.

Diese idealen Voraussetzungen bewirkten eine artgerechte, gleichmäßige Entwicklung, wie ich sie vorher spezifiziert habe. Schlanke, relativ wenig verzweigte Äste in aufstrebender Form, allseitig mit Polypen besetzt, an den Spitzen der Äste eine ständige blauweiße Wachstumsspitze, die immer nach oben, also dem Licht zugewendet ist, zeigen dies an. Auch hier kann eine normale, naturähnliche Entwicklung beobachtet werden.

Die Ausnahmen sind aber auch in diesem Becken gegeben, an Stellen, die diese idealen Parameter verfälschen. Sie treten besonders in Randzonen auf, in denen dann wieder ganz spezifische Formen entstehen, die von der Idealform abweichen. Auch hier wirken sich in erster Linie verschiedene Strömungsverteilungen und Lichtverhältnisse aus. Zusammenfassend kann gesagt werden. Die Hälterung und auch die Vermehrung von hermatypischen Steinkorallen ist heute kein gravierendes Problem mehr. Die entscheidenden Faktoren sind das HQI-Licht in der Lichtfarbe "D" mit einer Leistungsabgabe von 250 Watt bei 60-70 cm Wassertiefe und einer möglichst großflächigen, nicht zu konzentrierten Lichteinstrahlung und einer ausreichend starken, am besten aufsteigenden Strömungseinleitung.

Dazu natürlich sorgfältig ausgewählte Mitbewohner aus dem "Niederen Tiere" Bereich, die in der Regel die Koralle nicht körperlich bedrängen dürfen. Wie die Beispiele gezeigt haben, ist es möglich, mit der Variation des Lichtes und der Strömung Wuchsformen entstehen zu lassen, die durchaus nicht immer uniform sein müssen.

Auch war an den Beispielen direkt erkennbar, welchen gravierenden Einfluß nur diese beiden, leicht beherrschbaren Parameter auf das Wachstum der Tiere ausüben. Wieviel schwerer muß es dann erst sein, andere Einflußfaktoren zu finden, die das Wachstum der Tiere negativ beeinflussen oder gar unmöglich machen.

Dazu zählen die Wasserbelastung aus chemischen Umsetzungsprozessen genauso wie auch von außen eingebrachte Wirkstoffe in einer kaum bekannten Konzentration und Zusammensetzung. Das kann z.B. mit einem zu üppigen Wasserwechsel geschehen. Aber auch Wirkfaktoren aus dem häuslichen Bereich, z.B. der Nikotineintrag in Raucherhaushalten hat Auswirkungen auf die Qualität des Aquariumwassers die noch wenig bekannt sind.

Die Schutzfunktion der ästigen Korallen

- **Lernfähigkeit der Bewohner des Riffs**
- **Formen des Riffs**
- **Bedeutung der Dekoration im Aquarium**
- **Wuchsformen der Korallen im Riff und Aquarium**
- **Raumkonkurrenz der Fische**
- **Fressen und Gefressen werden**
- **Schutzbedürfnis und Auslösefaktoren**

Konrad Lorenz hat einmal geschrieben, daß kein anderer Lebensraum, was die Vielfalt seiner Lebewesen angeht, das Korallenriff übertrifft.

Dr. D. Kühlmann analysiert in seinem Buch "Das lebende Riff" die Umstände, die dazu führten, daß abertausende von Lebewesen der unterschiedlichsten Arten, Formen und Größen auf so engem Raum existieren können, ohne sich gegenseitig auszurotten und ohne daß dieses so komplexe Ökosystem ins Wanken geraten ist. Hierbei führt er aus, daß die Zooxanthellensymbiose die wichtigste Voraussetzung für das Funktionieren des Systems ist.

Eine Gruppe der Tiere im Riff und damit in diesem System, sind die hermatypischen Steinkorallen. Sie sind es, die einerseits in großem Maße von der Symbiose profitieren, andererseits aber durch die beschleunigte Kalksynthese den Lebensraum gestalten bzw. erst schaffen, damit hier viele und verschiedenartige Tiere auf engstem Raum leben können. Sie bieten Schutz und Nahrung zugleich und sind auch noch die Baumeister der Schutzeinrichtung "Riff".

An das Leben und Sterben der Riffbaumeister ist das Leben bzw. das Überleben unzähliger Tiere in mannigfaltiger Form gebunden.

Die Schutzfunktion der ästigen Korallen

Ein Korallenbewuchs dieses Ausmaßes kann ein natürliches Riff ersetzen mit all seinen vielfältigen Funktionen, zu denen auch der Schutz vor Freßfeinden gehört.

Eine, nun auch im Aquarium zu beobachtende Funktion der Korallen im Zusammenleben von verschiedenen Tieren soll hier einmal beispielhaft aufgezeigt werden. Es ist dies die Schutzfunktion, die Korallen in diesem Lebensraum für die hier lebenden Fische übernehmen.

Sicher wird es noch eine Weile dauern, bis die Korallen in einer größeren Zahl von Aquarien zur schutzfähigen lebenden Dekoration heranwachsen. Aber, wer hat schon vor einigen Jahren daran geglaubt, daß es jemals möglich sein würde, hermatypische Steinkorallen in Aquarien überhaupt am Leben zu erhalten, wachsen zu lassen oder gar zu vermehren

Heute, in relativ kurzer Zeit ist das möglich geworden. Sie wachsen und gedeihen, und wir können davon ausgehen, daß wir auch dem übrigen Beckenbesatz mit Tieren des tropischen Korallenriffs immer bessere Lebensbedingungen bieten können. Eng verbunden damit sind dann auch immer wieder neue Beobachtungen, die uns weitergehende Einblicke in diesen so faszinierenden Lebensraum bieten. Sie sind wesentliche Voraussetzung dafür, wenn wir weitere Fortschritte bei der Hälterung der Tiere des Riffs erlangen wollen.

Es sind im Grundsatz keine revolutionierenden technischen Erfindungen gewesen, die diese Fortschritte nach sich gezogen haben. Die Technik ist hierbei immer nur ein Hilfsmittel geblieben, notwendige aber nicht einzige Voraussetzung. Die Grundlagen für die enormen Fortschritte bei der Hälterung und Vermehrung von hermatypischen Steinkorallen waren das konsequente Anwenden von gemachten Erfahrungen und das Erkennen von Zusammenhängen, die aus diesen Erfahrungen resultierten.

Schutzmöglichkeiten im Riff bieten sich den hier lebenden Tieren in vielfältiger Form an. Dabei sind die Schutzräume artspezifisch. Jede hier lebende Kreatur hat sich den Möglichkeiten dieser mehr oder weniger starren Formen der vorhandenen Schutzräume im Riff in langer Zeit angepaßt und dieses war eine der wesentlichen Voraussetzungen, um diese Artenvielfalt auf so engem Raum überhaupt überleben zu lassen.

Bei der Gestaltung dieser Schutzräume spielen die hermatypischen Steinkorallen mit ihren zuweilen bizarren Wuchsformen eine herausragende Rolle. Sie sind sowohl lebend, als auch nach ihrem Tod für die höher entwickelten Tiere im Riff "der" Schutzwall, in erster Linie gegen Freßfeinde. Speziell für einige Fische in diesem Lebensraum übernehmen die Korallen eine Schutzfunktion.

Da in unseren Aquarien Fische schwimmen, die aus Wildfängen stammen und diesen ein Schutzinstinkt angeboren ist, kann das Verhalten, welches aus diesem angeborenen Schutzinstinkt herrührt, auch im Aquarium beobachtet werden. Voraussetzung dafür ist, daß Schutzraum und in diesem speziellen Fall genügend lebende Korallenmasse vorhanden ist, die dieses Verhalten offensichtlich bevorzugt auslöst.

Vielfältige Nischen, Spalten und Unterschlupfmöglichkeiten bilden sich auch im Aquarium mit der Zeit. Auch für einen außenstehenden Betrachter lösen sich mit der Zeit auch hier die Formen der Bewohner auf.

Wie haben die Tiere, die in der Regel ganz unterschiedlichen Arten angehören und zuweilen einer des anderen Nahrung darstellt, gelernt, miteinander zu leben, ohne sich gegenseitig auszurotten. Im Grunde genommen ist das nichts weiter als ein langwieriger Anpassungsprozeß gewesen, ein aufeinander Abstimmen von Lebensrhythmen, Nahrungsansprüchen und die Benutzung von artspezifischen Lebensräumen.

In einer langen Reihe von Evolutionsprozessen hat sich das Leben im Meer mit seiner fast unendlichen Weite bis in die kleinsten Nischen des Korallenriffes entwickelt. Auch die Fische haben sich je nach Art zu der einen oder anderen Seite hin entwickelt. Einige von ihnen sind Riesen geworden und leben im freien Wasser der Meere, andere sind Winzlinge geworden und bevölkern die Riffe in einer Gemeinschaft mit unzähligen anderen Tieren. Manche von diesen schwimmen nach wie vor scheinbar schwerelos im Wasser, andere sind zum Bodenleben übergegangen und führen hier ein Leben im Schutz der Korallen oder deren zu Stein gewordenen Resten. Alle diese Lebensformen sind notwendig für die jeweilige Art um hier zu überleben.

Die klein gebliebenen Arten sind heute die Bewohner unserer Riffaquarien.

Insbesondere die Fische, die für unsere Aquarien geeignet sind, stellen nun aber auch die Hauptnahrungsquelle für größere Fische dar, die ebenfalls in der weiteren Umgebung des Korallenriffs leben. Damit in dieser Konstellation das Gleichgewicht gewahrt bleibt, mußte hier ein Regulationsfaktor entstanden sein. Dieser ist global als Anpassung zu bezeichnen. Insbesondere die kleinen Fische, um die es hier ja besonders geht, haben sich, für uns nun auch im Aquarium anschaulich beobachtbar, dem Leben in diesem Lebensraum in besonderer Weise angepaßt. Da es ein angeborener Instinkt ist, hat das Ausleben dieses Verhaltens für das Wohlbefinden der Fische auch im Aquarium eine besondere Bedeutung.

In diesem Zusammenhang spielt die Dekoration in Meerwasseraquarien eine besondere Rolle. Anpassungsarten sind besonders bekannt geworden bei Anemonenfischen, die Schutz vor Freßfeinden in den mit Nesselkapseln bewehrten Tentakeln ihrer Wirtsanemone finden. Andere Fische leben im Stachelwald von Diadem-Seeigeln und wieder andere bevorzugen das Innere von Seewalzen.

Diese Beispiele sind bezogen auf relativ wenige Tiere und zeigen ganz spezifische Schutzeinrichtungen für auch nur ganz spezielle Tiere. Sterben die schutzgebenden Tiere, sind in der Regel auch die Partner dem Tod ausgeliefert, sofern sie nicht in sehr kurzer Zeit einen neuen Wirt, eine neue gleichartige Schutzeinrichtung finden. Das ist in der Regel der Fall, weil von diesen schutzgebenden Tieren immer viele auf gleichem Raum leben. Ein Aussterben ganzer Gattungen könnte nur eine Folge von ökologischen Katastrophen mit umfassenderen Folgen sein.

Die schützende Funktion der lebenden Korallen, die ja auch die Fähigkeit des Nesselns haben, sind dagegen für eine sehr viel größere Zahl von Tieren effektiv nutzbar. Insbesondere spielen sie eine größere Rolle im Überlebenskampf der kleineren Fische.

Wer schon einmal über ein tropisches Korallenriff geschnorchelt ist, der wird sicher schon einmal beobachtet haben, wie oft schlagartig die ganze Riffkante, die zuvor von abertausenden von Fischen bevölkert war, leer gewesen ist. Der Grund dafür ist in der Regel das Auftauchen eines Freßfeindes gewesen. Jeder Fisch hat vorsorglich in diesem Moment seinen artspezifischen Schutzraum aufgesucht. Das können Spalten im Gestein sein, die zuvor beschriebenen Anemonen, die Diadem-Seeigel oder die Seewalzen, aber auch und in großem Maße die Korallen selbst.

Wenn wir diesen großen globalen Lebensraum das Riff einmal näher betrachten und den Radius unserer Betrachtungen enger ziehen, dann kommen erstaunliche Lebens- und Anpassungsvarianten zum Vorschein. Auch in einem kleiner gezogenen Radius gibt es ja immer wieder große und kleine Tiere, die Schutz voreinander brauchen.

Zebrasomas flavescens: Dieser Fisch besetzt die Acropora des nachts allein. Er hat ein sehr ausgeprägtes Ortsgedächtnis und ist geschickt im Durchschwimmen des Geästes aller Korallen im Becken.

Wenn man einen Korallenstock für sich als Lebensraum betrachtet, so gibt es auch innerhalb des Stockes große und kleine Tiere, die nur hier, in diesem artspezifischen Lebensraum (Koralle) existieren können. Auch diese sind sich untereinander nicht immer wohl gesonnen. Sie haben aber innerhalb des Korallenstockes einen Lebensraum gefunden, in dem sie überleben können, auch gemeinsam mit Freßfeinden. Sie teilen sich diesen Lebensraum und jeder für sich hat hier sein Auskommen und nur hier eine Überlebenschance. Sie sind alle gemeinsam in zwingender Weise voneinander abhängig.

Auch hier im Korallenstock haben sich die Lebensformen angepaßt. Sie haben gelernt, miteinander und auch voneinander zu leben, aber so, daß sie sich gegenseitig nicht ausrotten.

Das kann so aussehen, daß die einen zurückgezogen in Nischen schlafen, während die anderen wach und auf Nahrungssuche sind. Sie können dabei die schlafenden Tiere in ihren Schutzräumen nicht erreichen.

Andere wiederum haben Gifte zur Abwehr von Freßfeinden entwickelt, welche die Mitbewohner dieses Lebensraumes nicht vertragen können. Sie werden aus diesem Grunde in Ruhe gelassen und haben ein relativ sicheres Leben. Dann gibt es wiederum so kleine Tiere, die in winzig kleinen Kavernen eines Korallenastes leben, in denen sie von ihren Freßfeinden nicht erreicht werden können. Sie sind aber auch selbst nicht in der Lage, diese Kavernen zu verlassen, und sind damit ganz eng an das Leben der Koralle gebunden. Eine Zerstörung der Korallen bzw. des Biotops der Korallen, aus dem sie ihre Nahrung beziehen, bedeutet deshalb auch den Tod dieser Tiere.

Die Kette der Bewohner und die Zusammenhänge mit ihren spezifischen Lebensräumen ließe sich beliebig fortsetzen. Beispiele für das Zusammenleben sind in dem vorgenannten Buch von Dr. Kühlmann in einer Vielzahl von Varianten dargestellt und sollen hier nicht weiter ausgeführt werden.

Ich möchte nun wieder auf das Aquarium, denn von diesem Lebensraum soll ja hier die Rede sein, zurückkommen. Alle im Korallenriff lebenden Tierarten sind, wie wir gesehen haben, in überragender Weise von der Struktur ihres Lebensraumes abhängig. Das trifft deshalb in besonderem Maße auch für unsere Aquarien zu. Je mehr verschiedenartigere Tiere wir zusammen halten wollen, um so mehr müssen wir uns auch um die Belange ihrer Lebensräume kümmern. Das heißt in erster Linie müssen wir besondere, den hier lebenden Tieren entsprechende Anforderungen an die Dekoration stellen und in die Praxis umsetzen. Wir setzen auch in diesen Lebensraum "Aquarium" Tiere ein, die auch im Riff nicht unbedingt freundlich aufeinander eingestellt sind. Ihre Eigenarten behalten sie auch im Riffaquarium bei, und wir müssen uns, wenn wir mit ihnen Erfolge haben wollen, darauf einstellen.

Ein Überleben der insbesondere kleinen Tiere, die wir in der Regel oft nicht bewußt einsetzen, stellt nebenbei auch noch einen wesentlichen Faktor dar, der ein Meerwasser-Aquarium überhaupt erst zu dem macht, was wir uns unter diesem Begriff vorstellen. Die Dekoration ist deshalb ein besonderer Faktor und aus diesem Grund ist sehr sorgfältig auf eine den Arten entsprechende Gliederung zu achten.

Denn erst, wenn es uns gelingt eine große Anzahl von Tieren des Riffs in unsere Aquarien zu holen und sie am Leben zu erhalten, können wir davon ausgehen, daß wir einen funktionierenden Lebensraum geschaffen haben. Die Dekoration hat erst an letzter Stelle ästhetischen Ansprüchen zu genügen.

Eine der vielfältigen Schutzfunktionen, nämlich die der Korallen, konnte ich nun seit einiger Zeit in meinem Aquarium mit einem ausgewählten Fischbesatz beobachten.

Seit 1983 wächst ja, wie ich des öfteren schon in Fachzeitschriften berichtet habe, in meinem Aquarium unter einigen anderen, auch eine Acropora-Koralle mit ihren vielfältig verzweigten Ästen heran. Sie hat trotz der vielen Ableger, die von dieser Koralle schon gemacht worden sind, eine Größe erreicht, die es auch den in diesem Aquarium lebenden Fischen ermöglicht, sie als Schutzraum zu betrachten.

Gegenstand dieser Abhandlung soll es sein, aufzuzeigen, daß die Schutzfunktion der Korallen im Aquarium auch wirksam ist und bevorzugt genutzt wird. Die Instinkte der Fische, zu denen unter anderem das Schutzbedürfnis vor Freßfeinden gehört, und die auch im Riff in Korallen vor diesen Schutz suchen, bleibt beim Einsetzen in ein Aquarium und beim Eintreten entsprechender Auslösefaktoren, erhalten. Sichtbare Auslösefaktoren sind das Auftauchen von Freßfeinden oder das Eintreten der Dunkelheit.

Beobachtet wurden diese Verhaltensweisen im Aquarium an Doktorfischen, wie Zebrasoma flavescens, Zebrasoma veliferum und Acanthurus japonicus, und als einziger echter Riffbarsch, der ausschließlich in Korallenstöcken lebt, der Eupomacentrus leucostictus (der Gelbbauch-Riffbarsch). Dazu der Pfauenaugenbarsch Calloplesiops altivelis.

Calloplesiops altivelis: Einige Fische zu denen auch dieser gehört, wird man ohne Korallen bzw. schützende Überstände nie zu Gesicht bekommen. Was wäre natürlicher als lebende Korallen, die er benützen kann?

Diese Fische suchen im Aquarium auffällig oft die Koralle auf und sind deshalb besonders gute Testobjekte. Eine Auswahl von Fischen, die typische Korallenbewohner sind, wie Dascyllus, Pomacentriden, Chromis-Arten oder bedingt auch Anthias wurde nicht gemacht.

Vorweggenommen, alle diese Fische sind nicht ausschließlich auf den Schutz von Korallenstöcken angewiesen. Sie würden genausogut auch andere Schlupfwinkel aufsuchen, um sich vor Freßfeinden zu schützen. Sie tun das sowohl im Aquarium als auch im Riff und finden diese Möglichkeiten, um bei Gefahr in Spalten und Höhlen verschwinden zu können, auch in meinem Aquarium. Sie werden neben den Korallen auch ausgiebig genutzt.

Das auffällige, bevorzugte Aufsuchen der lebenden Koralle als Schutzraum, was sehr ausgeprägt ist, ist sicher darauf zurückzuführen, daß dieser Ort besser überblickt werden kann als z.B. eine Spalte oder Höhle. Diese könnte im Falle der Gefahr schon besetzt sein, womöglich mit Tieren, die die Flüchtenden als willkommene Beute erwarten. Für das Erkunden der Spalten oder Höhlen, ob diese besetzt sind oder nicht, ist in dem Moment der Gefahr keine Zeit mehr. Man könnte diese Spalten und Höhlen als zweitklassige Schutzräume bezeichnen.

Interessant ist deshalb zu beobachten, wie die Fische sich verhalten, wenn eine Koralle im Becken vorhanden ist und ihnen Gefahr droht. Am auffälligsten tritt dies zutage, wenn ein neuer Fisch in das Becken eingesetzt wird und dieser eventuell auch noch größer als die "alte" Besatzung ist.

Ausgangspunkt der Studie war das Einsetzen eines Philippinen-Doktors Acanthurus japonicus. Beim Einsetzen des Fisches, der auch etwas größer war als alle anderen im Becken, flüchteten alle Fische der "alten" Besatzung in die Koralle. Eine Ausnahme bildete nur der Pfauenaugenbarsch, der sein normales Leben im Untergrund verbringt und die Koralle nur als Deckung benutzt, wenn er sich einmal zeigen will.

Es zeigten sich jetzt deutlich die Reviergrenzen im Aquarium selbst, und daß auch in der Koralle selbst Territorien abgesteckt bzw. belegt waren. Unter normalen Bedingungen ist das nicht zu erkennen.

Dabei ist zu beobachten, daß innerhalb des Korallenstockes Bereiche von verschiedenen Fischen der alten Besatzung verteidigt werden, wenn dieses Schutzbedürfnis eintritt. Von hier aus wird der "Neuankömmling" zunächst beobachtet und teilweise blitzartig attackiert. Immer mit der Gewißheit, bei Überlegenheit desselben sofort wieder Schutz in der vertrauten Umgebung der Koralle zu finden. Wird der neue Fisch akzeptiert und nicht weiter als Gefahr eingestuft, dann ist dieses Geplänkel nicht sehr heftig und hält nur kurze Zeit an. Danach kann der "Neue" mit durch das Geäst der Koralle schwimmen. Er durchschwimmt die Koralle dann, ohne den Argwohn der anderen Fische weiter zu erregen. Diese ziehen wieder durch das Becken, um Futter zu suchen und beachten den Neuankömmling nicht mehr besonders. Es kommt nur noch gelegentlich zu Drohgebärden.

Es ist weiterhin interessant zu beobachten, daß auch relativ große Fische, wie der flavescens oder in diesem Fall der neue japonicus das Geäst der Koralle auch später immer wieder durchschwimmen, ohne es zu berühren. Sie machen dabei oft Verrenkungen, die man diesen Fischen gar nicht zutrauen würde.

Dabei kann es vorkommen, daß sie ihren Körper unter offensichtlicher Anstrengung um fast 90 Grad verbiegen, nur damit sie unter einem Ast durchschwimmen können, oder sie legen sich flach auf die Seite, um Äste der Korallen zu unterschwimmen, die flach über dem Boden wachsen.

Desweiteren durchschwimmen sie das Geäst der Koralle oft mit großer Geschwindigkeit, ohne daß dafür ein Grund ersichtlich ist. Futtersuche auf diese Art ist bei diesen Fischarten nicht üblich und dürfte nicht der Grund für dieses Verhalten sein. Was für einen Sinn kann das dann haben?

Die Fische sind im Normalfall, auch im Aquarium, des öfteren im Geäst der Koralle zu sehen. Aber das hektische Treiben, das im Riff beobachtet werden kann, ist hier nicht so ausgeprägt zu beobachten. Hier liegen die Streßfaktoren, die dieses Verhalten auslösen, in der Regel nicht vor.

Die Fische lernen im Aquarium sehr schnell, da ihnen hier unter normalen Umständen kaum Gefahren drohen. Sie sind gewohnt an gleichmäßige Geräusche, an Bewegungen vor dem Aquarium, und auch das Hantieren von uns im Aquarium erzeugt keine besondere Hektik, wenn es regelmäßig erfolgt. Das Beständige intensive Interesse an der Koralle, wie es im Riff üblich ist, läßt aus diesem Grund im Aquarium etwas nach. Man könnte meinen, daß die Koralle in ihrem Lebensraum für die Fische doch nicht so wichtig ist. Aber dem ist nicht so.

Fische sind lernfähig. Sie müssen es sein, um zu überleben, und sie müssen diese Eigenschaft beständig trainieren. Es ist eine instinktmäßige Eigenschaft, die ihnen das Überleben in diesem Lebensraum erst ermöglicht hat. Diese Eigenschaft trainieren sie deshalb auch im Aquarium, für uns scheinbar spielerisch weiter.

Das instinktmäßige Aufsuchen von Schutzräumen, wenn es eine lebende Koralle ist, bringt für die Fische auch einige Gefahren mit sich, es muß deshalb auch im Aquarium geübt werden. Die Korallen wachsen auch im Aquarium und verändern auch hier beständig ihre Form. Beim erstmaligen Einsetzen von Fischen in den Lebensraum Aquarium, erkunden sie relativ schnell und hastig ihre neue Umgebung, um eine Notunterkunft zu finden. Danach wird das Erkunden von vorhandenen Schutzräumen sorgfältiger und instinktmäßig geübt. Läuft vor dem Aquarium alles normal ab, bleibt es ein Spiel. Treten aber irgendwelche Umstände ein, welche die Fische als Gefahr deuten, dann tritt dieses Schutzbedürfnis sofort in Kraft und sie flüchten blitzschnell als erstes in die Koralle.

Hier zeigt sich nun, was das scheinbar spielerische und beständige Erkunden der Geometrie der Koralle für einen Sinn hatte. Das blitzschnelle Eintauchen in ihr Geäst setzt eine enorme Ortskenntnis voraus. Andernfalls würden sich die Fische bei der Aktion mechanisch verletzen, was durchaus zum Tod führen könnte. Auch Vernesselungen, die sie sich an lebenden Korallen bei Berührung der Korallenäste zuziehen würden, könnten bei ihnen arge Schädigungen hervorrufen. Hiervor kann nur eine genaue Ortskenntnis schützen.

Haben alle Fische die Koralle als Schutzraum erreicht, so beginnt unmittelbar danach das Gedränge um den besten Platz, sofern die Gefahr für die Fische erkennbar anhält. Es kann dann beobachtet werden, daß die Koralle in zwei oder drei Bereiche, je nach Größe der Koralle, eingeteilt ist, in denen auch ebenso viele Fische einen Platz beanspruchen. Die anderen, die diesen leicht zu erreichenden Fluchtort mit aufgesucht haben, werden bei anhaltender Gefahr aus der Koralle verdrängt und suchen sich andere Plätze. Diese müssen aber von der Koralle aus sicher und schnell erreichbar sein, sonst entfernen sie sich nicht so ohne weiteres aus diesem relativ sicheren Bereich und legen sich lieber mit den Verteidigern an, als daß sie eine Konfrontation mit den Neuankömmling riskieren.

Das Erkennen und das Vorhandensein von Schutzräumen oder Zufluchtsplätzen überhaupt, ist damit als eine weitere wesentliche Komponente in der Überlebensstrategie im Riff einzuordnen, die sich auch im Aquarium beim Vorliegen von entsprechenden Auslösefaktoren zeigt. Sie muß deshalb von uns in jedem Fall bei der Gestaltung der Dekoration beachtet werden. Je natürlicher wir diese Schutzräume gestalten können, um so besser werden sie von den entsprechenden Tieren angenommen. Ein besonders gut zu findender und beliebter Ort scheint dazu das Geäst der lebenden Acropora zu sein.

Wird die Koralle am Tage als Schutzraum von einigen Tieren gemeinsam aufgesucht, erkundet und auch mit anderen geteilt, so sieht die Szene ganz anders aus, wenn es um Schlafplätze geht.

Kommt die Zeit im Aquarium heran, daß das Licht ausgeht, so halten sich normalerweise alle Fische schon in der Nähe ihrer Schlafplätze auf. Diese Plätze haben zu dieser Zeit (Einbruch der Nacht) für die Fische eine höhere Priorität und es herrscht eine ganz andere und auch strengere Raumordnung als am Tage. Sie setzt im Aquarium immer dann ein, wenn die halbe Phase der blauen Beleuchtungszeit, die ja als Dämmerungsbeleuchtung dient, um ist.

Probeweise werden auch schon vor dieser Zeit der diffusen Beleuchtung immer wieder die Schlafplätze aufgesucht, um zu sehen, ob sie auch frei sind.

Jeder Fisch ist bemüht, diesen Platz, einmal ausgesucht, dauerhaft zu verteidigen. Eindringlinge werden mit zunehmender Länge der Dämmerungszeit und mit zunehmender Intensität vertrieben. Einen neuen Schlafplatz im Riff zu finden ist für die Fische nicht leicht und führt auch im Aquarium mitunter zu Komplikationen. Das ist ein Grund dafür, die Dekoration nicht beständig umzubauen, nur weil sie uns nicht gefällt. Die Fische werden damit immer wieder neuen Streßfaktoren ausgesetzt, die mitunter zu Verlusten führen können. Fatale Folgen können dann eintreten, wenn wir neue Fische in der Dämmerungsphase, oder kurz davor, ins Aquarium einsetzen.

Der Flavescens z.B. beansprucht die Acropora, die er am Tage noch bereitwillig mit anderen Fischen geteilt hat, ganz für sich. Dabei gibt es nur Ausnahmen, wie die Seenadeln und die Laierfische also ganz anders gearteten Tiere, die dem Flavescens nicht als Konkurrenten erscheinen. Er vertreibt beim nächtlichen Revieranspruch auch den wesentlich größeren Mirakelbarsch aus der Koralle und verbringt hier als einziger Fisch die Nacht. Das ändert sich erst wieder, wenn es hell wird und das normale Leben im Aquarium von neuem beginnt.

Aus diesen Beobachtungen kann man ableiten, daß auch im Aquarium das Geäst einer lebenden Koralle als Schutz vor möglichen Freßfeinden erkannt wird. Es ist offensichtlich ein bevorzugter Platz, der gern von Fischen zu Schutzzwecken aufgesucht und benutzt wird, so wie es auch im Riff, dem natürlichen Lebensraum dieser Fische üblich ist.

Die natürliche Schutzfunktion der Korallen bleibt also auch in Ersatzbiotopen, wie es ein Aquarium ist, erhalten.

Eine der Fragen, die in diesem Zusammenhang offen ist, ist die, ob es eine Rolle spielt, daß die Koralle am Leben ist, oder wird der gleiche Effekt auch ausgelöst, wenn nur das Skelett einer toten Koralle im Becken vorhanden ist?

Für Vergleichszwecke sicher eine interessante Frage.

Auf jeden Fall zeigt dieses Beispiel aber deutlich, wie immens wichtig es ist, den Tieren auch im Aquarium optimale, riffähnliche Lebensbedingungen zu bieten, damit sie sich normal entfalten können und uns ihr normales Verhalten in unseren Wohnzimmerriffs zeigen. Erst dann werden wir auch die interessanten Verhaltensweisen dieser Tiere in letzter Vollendung kennenlernen können.

Dazu zählt als kleiner, aber wichtiger Baustein, daß wir die natürliche Riffumgebung nachzuahmen versuchen. Das ist eine Aufgabe der Dekoration des Aquariums. Sie hat nicht nur ästhetischen Ansprüchen zu genügen, sie ist im Gegenteil ein wichtiger Faktor bei der Verwirklichung unseres Traumes, ein Riff im Wohnzimmer zu besitzen.

Schädigungsfaktoren an hermatypischen Steinkorallen

- *Schädliche Wasserparameter*
- *Mechanische Schädigungen*
- *Biologische Faktoren*
- *Auswirkungen unsachgemäßer Ansiedlungen*
- *Möglichkeiten zur Schadenserfassung*
- *Raumfaktoren die zu Schädigungen führen*
- *Einflüsse von Filtersystemen*
- *Spurenelementemangel*
- *Abschäumung*
- *Schädlinge aus dem Tierbesatz*
- *Bestandssicherungsmaßnahmen*
- *Bakterielle?! Einwirkungen*
- *Schadensbegrenzungsmaßnahmen*

In einem vorhergehenden Kapitel habe ich Schädigungen an "Niederen Tieren" im Aquarium unter dem Aspekt der Raumkonkurrenz dargestellt.

Diese Schädigungen, die aus dem Zusammenleben auf engstem Raum von verschiedenartigen Tieren ausgehen, sind wahrscheinlich die häufigsten Ursachen für die Beeinträchtigung der Tiere im Aquarium überhaupt.

Fischbesatz

Schädigungsfaktoren an hermatypischen Steinkorallen

In einem derart stark besetzten Riffaquarium mit unterschiedlichen Nesseltieren bleiben Schädigungen der Tiere untereinander nicht aus. Sie rühren einerseits von körperlichen Kontakten her, aber andererseits auch von Tieren, die sich als Schädlinge mit lebenden Steinen einschleichen und entwickeln.

In erster Linie betrifft es die Schädigung der "Niederen Tiere" untereinander. Aber auch verschiedene Fische, die mit diesen Tieren zusammenleben sollen, werden hiervon betroffen. Von diesen sind die empfindlichen Doktorfische wie Acanthurus leucosternon, Acanthurus Achilles und verschiedene Zebrasoma-Arten vorrangig betroffen. Bei diesen Fischen wird offensichtlich die schützende Schleimhaut, wenn sie beim Fangen beschädigt worden ist, von verschiedenartigen Nesselgiften der Korallen durchdrungen und hat irreparable Schäden zur Folge. Einen besonderen Einfluß haben die Nesselgifte der hermatypischen Steinkorallen, die zu Sekundärschäden an den Tieren führen. In der Folge werden einige Doktorfisch-Arten von den im Aquarium immer vorhandenen Parasiten befallen.

Fische der vorgenannten Art in Becken eingesetzt, die überwiegend Steinkorallenbesatz haben, sind meist nicht ausdauernd haltbar. Da in diesen Becken eine Behandlung mit Medikamenten nicht durchführbar ist, gehen die Fische ein. Als Alternative bleibt nur, sich einen speziellen Fischbesatz für das Artenaquarium zusammenzustellen.

Ich habe auf diese Problematik schon mehrmals im Rahmen meiner Ausführungen hingewiesen und will deshalb nicht weiter darauf eingehen.

Der Haupttenor dieses Kapitels sind die Einflußfaktoren, die Schäden an den hermatypischen Steinkorallen hervorrufen. Es sollen deshalb nur Schädigungen an diesen, soweit sie schon bekannt sind und Abhilfe möglich ist, behandelt werden.

Sie resultieren einerseits aus Schädigungen verschiedenartiger Steinkorallen und deren unterschiedlichen chemischen Abwehrmöglichkeiten. Dazu kommen die Wasserparameter allgemein (Belastungen mit Schadstoffen) und ein Mangel an Spurenelementen.

Des weiteren sind auch vermehrt Schädigungen von parasitären Mitbewohnern bekannt geworden. Gerade die Schäden aus der letztgenannten Tiergruppe nehmen mit zunehmender Vielfalt an Tieren in unseren Aquarien in letzter Zeit enorm zu. Äußere Schäden an Steinkorallen kann man oft schon beim Händler feststellen. Es sind meist mechanische Beschädigungen, die vom Sammeln und Transport herrühren. Kommen diese so geschädigten Tiere in ein optimales Riffbecken, sind sie ohne unser Dazutun von den Korallen leicht zu regenerieren. In der Regel schließen sich die vom lebenden Substrat entblößten Stellen sehr schnell wieder, und es treten keine Probleme bei der weiteren Hälterung auf.

Gefährlicher wird diese Art der Schädigung nur dann, wenn die so geschädigten Tiere in eine Umgebung kommen, die von der Wasserqualität oder vom umgebenden Tierbesatz her nicht die Voraussetzungen für eine artgerechte Hälterung bieten.

Vorhandene Streßeinwirkungen vom Transport und erneute Einwirkungen aus einem sich verschlechternden Wassermilieu verstärken die biologischen Belastungen für die Tiere auf ein Maß, das ein Weiterleben bzw. regenerieren verhindert.

Sind dann auch noch Fadenalgen, in Folge organischer Wasserbelastung vorhanden, so hat das im Grunde nur leicht geschädigte Tier keine Überlebenschancen. Das bedeutet aber nicht, daß Tiere dieser Art für die Aquarienhaltung nicht geeignet sind.

Hierfür sind Negativfaktoren verantwortlich, die in der Nachlässigkeit des Pflegers, wenn man es deutlich ausdrücken will, zu suchen sind. Bei Beachtung einiger Pflegegrundsätze, wie ich sie schon vielfach aufgezeigt habe, wird dieser

Fall bei den hermatypischen Steinkorallen relativ selten eintreten. Andere Tiere sind unter diesem Aspekt nicht so empfindlich, sollten aber diesen vermeidbaren Belastungen nicht ausgesetzt werden.

Schädigungen anderer Art, die nicht so leicht zu diagnostizieren und deshalb auch schwerer zu beherrschen sind, äußern sich wie folgt: Neu eingesetzte Tiere entfalten sich nicht, sie wachsen nicht an oder kümmern nur so dahin. Das sind äußere Anzeichen, die von einem einigermaßen interessierten Aquarianer mit Sicherheit erkannt werden können.

Eine weitere Schädigung dieser Koralle wurde vom Einleiten von Nesselgiften einer Lobophyton crassum ausgelöst. Es trat eine großflächige Auflösung ein, die in der Folge, nach Abstellen der Ursache, wieder überwachsen wurde.

Die Ursachen hierfür liegen fast immer in dem zuvor angedeuteten Bereich der Nachlässigkeit. Auch die Beseitigung dieses Zustandes ist meistens relativ leicht. Die Ursachen, die in mangelhafter Beleuchtung (verbrauchte Brenner), nicht ausreichender Strömung, dem Einwirken von Nesselgiften durch ungünstige Strömungseinleitung bzw. aus ungünstiger Plazierung der Tiere resultieren, sind zwar auch auf die Auswirkung bzw. der Nichtbeachtung von Erkenntnissen aus der allgemeinen Meerwasserpraxis zurückzuführen, aber nicht immer eindeutig zuzuordnen.

Die Schädigung dieser Montipora monasteriata ging von den Parazooanthus gazilis aus, die sich in einer Nische in der oberen Bildmitte angesiedelt hatten. Die Koralle war nicht in der Lage, diese Tiere zu unterdrücken. Die Folge war eine Wachstumshemmung.

Anwachsen von Korallen

Schädigungsfaktoren an hermatypischen Steinkorallen

Gehen wir zunächst einmal auf den leichtesten Fall ein – die Korallen wollen nicht anwachsen. Die häufigste Ursache dafür ist, daß die Tiere schon zu groß sind und am Fuß, aus naturbedingten Gründen, kein lebendes Substrat mehr vorhanden ist.

In diesem Fall ist ein Anwachsen gar nicht mehr möglich, da Korallen auch in der Natur in der Regel nicht rückwärts wachsen. Eine weitere Möglichkeit besteht darin, daß die Korallen, welche neu angesiedelt werden sollen, von anderen Tieren, z.B. Einsiedlerkrebsen, Seeigeln, Schlangensternen oder auch von der Strömung ständig bewegt werden. Auch wenn die Bewegung nur minimal ist, besteht keine Chance dafür, daß das Tier anwächst. Die lebende Substratschicht wird in diesem Falle ständig gereizt, kontraktiert und scheuert in kurzer Zeit durch. Die Folge ist, die Koralle stirbt in diesem Bereich sehr schnell ab, und es wird durch das Auflösen des lebenden Substrates ein Nährboden geschaffen, an dem sich mit Sicherheit Fadenalgen ansiedeln und das Absterben noch beschleunigen.

Korallen die anwachsen sollen, müssen absolut ruhig stehen. Sie müssen deshalb bei der Ansiedlung in ein passendes Loch gesteckt werden, oder auf andere Weise, z.B. Festbin-

Hier sehen wir eine Schädigung, die von einer Schnecke verursacht wurde. Sie ist leider nicht fotografiert worden.

den mit sogenannten Kabelbindern, Plastiknadeln oder ähnlichem Material befestigt werden. Es ist nicht von Nachteil, wenn beim Befestigen mit sanfter Gewalt, die lebende Substratschicht beschädigt wird. Die gewaltsame Beschädigung des Substrates hat zur Folge, daß eine Reaktion zur Schließung dieser Wunde einsetzt und die Koralle am umliegenden Substrat festwächst. Wichtig ist nur die absolut ruhige Lage des Tieres nach dieser relativ rabiaten Methode und zusagende Ansiedlungsparameter.

Die andere Möglichkeit Korallen ohne Beschädigung des lebenden Substrates neu anzusiedeln ist die, sie an anderes, sauberes Substrat heranwachsen zu lassen. Dazu braucht sie nur insgesamt ruhig und in geringem Abstand zu diesem unbesiedelten Substrat fest "aufgebaut" werden. Auch hier sind Maßnahmen für einen sicheren Aufbau der Korallen zu ergreifen.

Zutreffen wird dies für Korallen, die schon auf Substrat verankert sind und relativ sicher in eine vorhandene Dekoration eingebaut werden können. Es ist dabei aber nicht ratsam, die Koralle an das neue Substrat anzulehnen. Hier könnte sonst der gleiche Effekt eintreten, daß sie an der Berührungsstelle durchscheuert und ebenfalls geschädigt wird.

Die Koralle sollte in geringem Abstand von ca. 3-4 mm, je nach Wachstumsrate, vor dem neuen Substrat aufgebaut wer-

Die Schädigung, die hier noch sichtbar ist, wurde vom Kontaktieren mit einer Acropora cardenae ausgelöst. Diese Berührung hatte schnelle Auflösungserscheinungen zur Folge, mit der dann auch eine Bildung von Schmieralgen verbunden war. Hier half nur das Abbrechen der Acropora und das beständige Entfernen der Algen mit einem Pinsel, um größere Schäden zu vermeiden.

Kalkalgen
Schädigungsfaktoren an hermatypischen Steinkorallen

Seriatopora

den. Sie wächst dann bei optimalen Umweltbedingungen in relativ kurzer Zeit an dieses heran und kontaktiert. Dabei kann beobachtet werden, wie das vortreibende Ende, die Wachstumsspitze, die Kontaktstelle zunächst reinigt. Wahrscheinlich wird hier ein ätzendes Sekret ausgeschieden und anschließend das auf diese Weise gesäuberte Substrat besiedelt. Diese Art der Besiedlung von neuem Substrat trifft jedoch nicht für alle Korallen zu.

In diesen Beispielen geht die größte Gefahr von den Fadenalgen aus, die offenbar auf Stellen, an denen das Korallengewebe geschädigt wird und sich auflöst, bevorzugt ansiedeln. Schädigungsfaktoren dieser Art sind deshalb vor der Ansiedlung auszuschalten.

Kalkalgen, die ja auch leben und sich im korallinen Bereich ausbreiten, behindern das Anwachsen nicht. Sie werden von dem zur Säuberung benutzten Sekret der Korallen aufgelöst und vom vortreibenden Korallengewebe überwachsen. Kalkalgen haben in Riffbecken in zweierlei Hinsicht besondere Bedeutung. Einerseits bewirken sie durch ihre Wuchsform eine Art Versiegelung des Grundsubstrates und entziehen somit den Fadenalgen Siedlungsraum, andererseits sollte aber darauf geachtet werden, daß sie sich nicht zu sehr ausbreiten. Sie stellen für einige "weiche Niedere Tiere" einen Hemmfaktor dar, weil diese auf oder mit den lebenden Kalkalgen nicht siedeln können.

Das Ausbleichen von Stylophora-Arten, wie auf diesem Bild, ist auf einen irreparablen Transportschaden zurückzuführen. Sämtliche Zooxanthellen waren abgestorben und die Koralle hatte keine Möglichkeit der Nahrungsaufnahme mehr.

Die Verträglichkeit der Zooanthus- und Parazooanthus-Arten ist sehr verschieden und muß intensiv beobachtet werden. Verschiedene Tiere dieser Art, die nicht immer eindeutig zuzuordnen sind, können sonst ganze Bestände an Korallen vernichten. Die Auswirkungen kommen aber erst dann zum Tragen, wenn sich diese Tiere berühren.

Einige von ihnen werden sogar von ihnen überwachsen und somit aus dem Aquarium verdrängt. Doch kommen wir zurück zu den Riffkorallen. Bei einigen ästigen Riffbildnern ist zu beobachten, daß sie, obwohl die abgebrochenen Äste fest in das Grundsubstrat eingesteckt sind, dieses nicht besiedeln und keinen neuen Fuß ausbilden. Ist das Grundsubstrat in Ordnung (Kalkhaltiges Gestein), kann es daran liegen, daß wie schon gesagt, einige Arten nicht rückwärts wachsen. Hier sind besonders die Seriatopora Arten zu nennen. Auch wenn das noch lebende Gewebe nur wenige Millimeter über dem Einsteckloch noch vorhanden ist, wächst diese Koralle nicht rückwärts. Das Lichtstreben der Seriatopora und einiger anderer Korallen-Arten ist besonders ausgeprägt und verhindert ein Rückwärtswachsen. Die Abgrenzung des Lebensbereiches

Größe d. neuen Koralle

eines intakten Korallenstockes ist aus diesem Artenbereich auch in der Natur auf 4-5 cm eingegrenzt. Der Umstand ist beim Ansetzen von mechanisch geteilten Korallen zu beachten.

Die andere Seite sieht so aus, daß "kopfbildende" Korallen, normalerweise im Fußbereich ohnehin absterben. Das hat ähnliche Gründe wie bei der Seriatopora. Auch solche Korallen können, als zu große Tiere ins Aquarium eingesetzt, nicht mehr anwachsen. Ein weiterer Faktor, der eine Rolle beim Nichtanwachsen von Korallen spielt, sind absolut unzusagende Siedlungsplätze. Auch hierdurch treten im Endeffekt Schädigungen ein.

Das kann einmal daran liegen, daß in der näheren Umgebung der Koralle Tiere siedeln, die der neuen Koralle zunächst nicht sichtbar schaden, da der Lichteinfall oder die Strömung ungünstig sind. Abhilfe zu schaffen ist in diesen Fällen nur möglich, indem entweder die Koralle an einem anderen Platz angesiedelt wird oder die vorgenannten Faktoren verändert werden, was aber wesentlich schwieriger ist. Das Nichteingreifen bei Einwirkungen, die in diesem Faktorenbereich zu vermuten sind, führt langfristig zur Schädigung der neuen Korallen.

Schwieriger wird die Suche nach Ursachen aber, wenn die Korallen, die zuvor gut gestanden haben, sich zunehmend zum Negativen hin verändern. Die Ursachen hierfür zu finden setzt entweder langjährige Erfahrungen oder aber eine mühselige Detektivarbeit voraus. In jedem Fall ist eine beständige, intensive Beobachtung der Tiere in einem Riffbecken notwendig.

Eine weitere Krustenanemone, die sich aber sehr gut mit den Acropora-Arten verträgt. Eine Gefahr geht hier nur von der kleinen unbekannten Anemone aus, die mit der Zeit zu einer Plage in Riffaquarien werden kann.

Hilfreich kann für die langsam eintretende Schädigungen sein, wenn ein Datenblatt angelegt wird, auf dem alle Veränderungen, die in letzter Zeit am Aquarium vorgenommen wurden, vermerkt worden sind. Oder noch spezieller, wenn Datenblätter über bestimmte Tiere geführt werden. Wenn solche Datenblätter angelegt werden, müssen sie aber genau auf Fakten bezogen und ausdauernd geführt werden. Sie sind nutzlos, wenn nur vereinzelt und eventuell auch nur die positiven Daten vermerkt werden. Aus den Datenblättern können in jedem Fall solche Faktoren entnommen werden, welche z.B. die Technik betreffen, z.B. wie lange der Brenner der Lampe schon über dem Becken brennt, wann der letzte Wasserwechsel gemacht wurde usw.

Hier sehen wir eine gewisse Gleichgewichtigkeit in der Nesselfähigkeit. Die Acropora versucht hier die Zooanthus-Arten zu verdrängen und bildet schon wieder neues Substrat an den vernesselten Stellen. Diese Balance ist sehr labil, deshalb ist immer Vorsicht angeraten bei der gmeinsamen Ansiedlung dieser Tiere.

Nesselgifte

Auch wasserchemische Parameter wie der Nitrat-, PH-, und Phosphat-Wert können eingetragen werden. So kann auch nachverfolgt werden, wie sich die Karbonathärte oder der Kalziumgehalt entwickelt haben. Auch die Auskunft, was in letzter Zeit für neue Tiere ins Becken gesetzt wurden, sollte aus den Blättern ersichtlich sein. Der Vergleich mit den Ist- Daten gibt dann zwar nur einige, aber doch wichtige Aufschlüsse, die zumindest zeigen, in welcher Richtung hier Fehler vermutet werden können. Für das negative Wachstum gibt es zwei große wasserchemische Parameterbereiche, die ineinandergreifen (Ursache und Wirkung). Der eine Bereich ist die qualitative Wasserverschlechterung.

Kalkalgen haben eine gewisse Schutzfunktion in Riffaquarien. Sie dürfen aber nicht ungehemmt wachsen, weil sie dann wieder viele Tiere überwachsen können und somit eine indirekte Gefahr darstellen. Hier sind sie dabei, die Scheibenanemonen vom Untergrund zu lösen.

Hierbei sind es besonders der stetige Anstieg des Nitratgehaltes und die Ausdünnung des Aquarienwassers mit Spurenelementen infolge von übermäßigem Verbrauch (Wirkung). Die in diesem Zusammenhang besonders zu beachtenden Elemente sind das Jod und das Strontium.

Der zweite Bereich, der für die Wasserverschlechterung verantwortlich ist, ist in der Überbesetzung des Beckens mit Tieren zu suchen, hier wieder besonders mit Fischen (Ursache).

Der Stoffumsatz dieser Tiergruppe ist normalerweise sehr hoch. Sind es Fische, die extern gefüttert werden müssen, dann wird die Gefahr des übermäßigen Nitratanstieges noch wesentlich erhöht. Aber auch zu bunt durcheinander gewürfelte "Niedere Tiere", die sich dann körperlich oder mit ihren vielfältigen und ganz spezifischen Abwehrsekreten oder Nesselgiften behindern oder gar vernichten, tragen dazu bei, daß bestimmte, benachbarte Tiergruppen verkümmern. In diesem Fall sind besonders die neu ins Aquarium eingesetzten Tiere zu beobachten.

Auch die Ansammlung von Nesselgiften stellt letztendlich eine Wasserbelastung dar, die dann zunehmend von einer gewissen Norm abweichen kann. Auslösefaktoren für die Abgabe von Nesselgiften sind in der Regel immer Raumfaktoren oder zu dichte Populationen verschiedenartiger Tiere.

Die Schutzfunktion besteht darin, daß sie den Fadenalgen den Siedlungsraum streitig machen. Hier versiegeln sie einen abgestorbenen Fußbereich einer Steinkoralle. Fadenalgen haben hier keine Chance mehr, sich anzusiedeln.

Bei den letztgenannten Faktoren Abhilfe zu schaffen, ist nur durch die Beschränkung und ganz speziellen Auswahlverfahren für den Tierbesatz nach den Gesichtspunkten der Raumkonkurrenz möglich. Betrachten wir deshalb die organische Wasserbelastung als den Hauptstörfaktor aus der Sicht eines Aquarianers einmal etwas näher.

Die Faktoren wie die Dichte, den PH-Wert und der Temperatur will ich hier außer Betracht lassen, da sie leicht überwacht werden können, leicht regulierbar sind und zum Grundwissen eines Meerwasseraquarianers gehören. Gravierende Abweichungen dieser Parameter vom Sollwert sind in der Regel eine Nachlässigkeit des Pflegers. Entschieden schwieriger stellt sich die Begrenzung des Nitrat-Wertes, der aus der organischen Belastung des Wassers (Futtergaben) resultiert, dar.

Wichtig ist hierbei, daß die Begrenzung mit einem vertretbaren Aufwand und ohne zu gravierendem Eingriff in den Gesamtchemismus des Wassers erfolgt. Das Thema Abschäumung, das beim Anstieg des Nitrat-Wertes eine direkte und ganz gravierende Rolle spielt, setze ich als bekannt voraus. In einem Becken, in dem der Nitratwert vorher in der Balance war und jetzt stetig ansteigt, liegt offensichtlich eine gravierende Störung vor, die in der Hauptsache im Denitrifikationsablauf zu suchen ist.

Eine mögliche, aber oft die häufigste Ursache ist in der Überbesetzung des Beckens mit ungeeigneten Fischen, und damit verbunden einem stetig zunehmendem Futtereinsatz, zu suchen. Einhergehend damit ist dann immer eine Ansammlung von nicht umgesetzten Schadstoffen im Aquariumwasser. Der bekannteste Schadstoff dieser Art ist das Nitrat.

Aber auch Phosphate, Phenole, Bakterientoxine aus den biologischen Umsetzungsprozessen werden bei vermehrter Zunahme notwendiger Umsetzungsprozesse im Wasser angereichert und führen zu einer langsamen Vergiftung.

Ursache ist hierfür der oben angeführte Überbesatz.

Ich habe in diesem Zusammenhang oft beobachtet, daß mit der Zeit im Aquarium so etwas wie eine schleichende Inflation in Richtung der Anzahl der Fische einsetzt. Es werden oft, subjektiv gesehen unbemerkt, immer mehr Tiere. Dazu kommen dann noch immer verschiedenartigere "Niedere Tiere" und fast zwangsläufig wird immer mehr gefüttert. Eine Ansammlung von nicht umgesetzten Schadstoffen ist dann die Folge.

Diese flachwachsende Koralle hat vielfältige Abwehrmechanismen. Auch sie ist in der Lage Mesenterialfilamente auszustrecken, um Raumkonkurrenten zu vernichten. Gegen die Scheibenanemone Ricordea floridae hat sie jedoch keine Chance.

Auch weiträumig abgestorbene Bereiche der Acropora-Äste, wie sie immer wieder vorkommen können, werden durch Kalkalgen vor dem Bewuchs mit Fadenalgen geschätzt.

Irgendwann wird eine zunächst nicht sichtbare Grenze überschritten, und der Zustand des Beckens verschlechtert sich unmerklich. Das kann sich zuweilen bis zu einem Jahr hinziehen. Diese langsame Verschlechterung des Gesamtzustandes wird, bedingt durch die Gewohnheit des täglichen Anblickes, oft nicht bemerkt. Kommt die Erkenntnis dann doch, so ist die Reaktion vieler Aquarianer auf diese Verschlechterung des Beckenzustandes die Installation neuer

Filtertechniken. Die eigentliche Ursache, die Überbesetzung des Beckens wollen in der Regel die wenigsten Aquarianer in dieser Phase zugeben. Keiner will sich von dem nun einmal angeschafften Tierbesatz wieder trennen, obwohl dies die einzig richtige und logische Reaktion sein müßte. Die Natur, sofern man in diesem Zusammenhang davon sprechen kann, soll nun mit technischen Mitteln bezwungen werden. Es wird meist unter keinen Umständen zugegeben, daß dies nicht möglich ist. Schon gar nicht in einem so kleinen Lebensraum, wie es ein Aquarium nun einmal ist. Die Empfehlung des Hinzufügens eines neuen Filtersystems, auch wenn es noch so teuer ist, kann eben in dieser Phase wesentlich einfacher durchgesetzt werden als die Reduzierung des Tierbesatzes.

Und hier sehen wir die Auswirkungen. Eine großflächig vernesselte Fläche.

Mit der Einführung neuer Filtertechniken in dieser Phase beginnen die gravierenden Fehlentwicklungen, die meist biochemischer Art sind.

Zunächst spricht auch alles für solch einen Eingriff in den biologischen Haushalt des Aquariums. Die Tiere scheinen wieder aufzublühen. Es wird aber leider selten bemerkt, daß dies nur eine vorübergehende Erscheinung ist. Veränderungen gehen in einem Riffbecken nur ganz langsam vor sich und dabei stellen neue Filtertechniken nur einen Verzögerungsfaktor dar. Aufhalten können sie diese negative Entwicklung in der Regel nicht mehr. Die sichtbaren Folgen sind dann, daß zunächst die hermatypischen Steinkorallen als die empfindlichsten Tiere in der Färbung verblassen. Die Wachstumsspitzen, besonders bei Acropora-Arten, werden langsam weniger, bis gar keine mehr da sind. Dann treten vereinzelt nackte Skelettstellen hervor, auf denen sich ganz schnell Fadenalgen ansiedeln.

Danach kommt das Ende meist sehr schnell und eine Tierart, in der Regel sind das zuerst die Riffbildner, ist aus dem Aquarium verschwunden. Diese Entwicklung setzt sich in langsamer Folge, je nach Empfindlichkeit der Tiere fort, bis dann eines Tages das große Erwachen kommt.

Für die empfindlichsten Tiere ist es dann meist zu spät. Die gebräuchlichste Entschuldigung für diese Misere ist dann: **"Diese Tiere sind in Aquarien nicht haltbar".**

Die ersten Sekundärsiedler sind Fadenalgen.

Die negative Entwicklung ist in solchen Becken ab einem bestimmten Zeitpunkt kaum noch aufhaltbar, weil diese sehr langsam vor sich gehen. Ist der Punkt, an dem eine Umkehr noch möglich wäre, überschritten, so wird es in jedem Fall mit dem Tod ganzer Tierarten enden. Wird der Zeitpunkt aber doch noch rechtzeitig erkannt, dann muß in jedem Fall ganz behutsam darauf reagiert werden.

Die Umkehrung, auch einer negativen Entwicklung, ist für bestimmte Tierarten tödlich, aber für andere auch physiologisch nur ganz langsam zu verkraften.

Was können nun die Ursachen dafür gewesen sein. Hauptgrund ist fast immer ein Überbesatz mit Fischen wie auch mit nicht passenden "Niederen Tieren", die diesen Zustand herbeiführen. Einen ganz wesentlichen Eingriff stellte in diesem Beispiel das Hinzufügen eines neuen Filtersystems dar, der an den Ursachen des desolaten Zustandes des Beckens nichts mehr zu verändern vermochte.

Hierbei denke ich besonders an die sogenannten biologischen Filtersysteme, die in diesen Situationen recht oft empfohlen werden. Das Gefährliche an ihnen ist, daß sie zunächst eine Besserung bringen. In der Regel fällt sogar der Nitratspiegel, der ja meßbar ist. Andere Schadstoffe aber, die großen Schaden anrichten können und aus Umsetzungsprozessen in den Filtern resultieren, wie z.B. das Phosphat sind im Seewasser nicht so leicht nachweisbar und haben gravierende Folgen.

Viele weitere Stoffe, auch giftige sind uns Aquarianern überhaupt nicht bekannt, nicht meßbar und können ebenfalls aus diesen Filtern ausgewaschen werden. Auch sind die Wirkfaktoren und die schädlichen Konzentrationen der meisten jener Stoffe noch weitgehend unbekannt.

Das sogenannte Affenhaar Erythropodium carbaeorum ist ein Schmarotzer. Es wächst auf sämtliche Tiere auf und schädigt hermatypische Steinkorallen. Es braucht in diesem Fall nicht zu einem körperlichen Kontakt kommen. Die Wachstumsränder scheiden ein Sekret aus, das die Korallen schon in einem cm Abstand schädigt.

Auswirkungen, die aus Wasserbelastungen resultieren sind dagegen erkennbar durch das Absterben der Tiere. Wenn an einem laufenden System neue Filtertechniken angebaut werden und diese dann eine Weile laufen, wird durch die neuartigen Umsetzungsprozesse ein ganz neues Wasserklima erzeugt, welches negative Folgeerscheinungen auslösen kann.

Wie meine eigenen Erfahrungen gezeigt haben, werden gerade die Riffbildner, also die hermatypischen Steinkorallen, die ja zu den empfindlichsten Tieren im Aquarium überhaupt gehören, gerade mit dieser Umstellung, soweit dies den Tieren überhaupt möglich ist, vielfach nicht fertig. Mein Rat geht deshalb generell immer dahin, Aquariensysteme, die zuvor gut funktioniert haben, in denen Riffbildner und auch andere "Niedere Tiere" gut gediehen, in keinem Fall radikal auf andere Filtersysteme umzustellen und auch keine Filter dieser Art, den bestehenden Filtermethoden hinzuzufügen. Die Ursachen für Schädigungen in der zuvor beschriebenen Art liegen mit Sicherheit nicht im Fehlen eines anders arbeitenden Filtersystems. Im Gegenteil, es kann dazu führen, daß nach einer gewissen Zeit noch mehr Tiere eingehen, und dann

Ein Mangel an Spurenelementen hat diese unbekannte Solitärkoralle aus ihrem Skelett gelöst. Sie starb aber nicht nach der Behebung dieses Mangels. Mehrere Jahre treibt diese Koralle nun schon ohne Skelett in einem zum Kreislauf des Aquariums gehörenden, separaten Becken. Sie ist jedoch nicht in der Lage, sich festzusetzen und ein neues Skelett zu bilden.

Schädigungsfaktoren an hermatypischen Steinkorallen

überhaupt kein Überblick mehr besteht, worin die eigentlichen Ursachen zu suchen sind. Einhergehend mit den vorgenannten Faktoren, aber auch unabhängig von anderen Filtersystemen, kann es zu einem Mangel an Spurenelementen kommen. Auch hier besteht ganz offensichtlich ein enger Zusammenhang mit den sogenannten biologischen Filtern.

Hier sehen wir, wie die Koralle langsam überwachsen wird.

Aber auch der Abschäumer ist in der Lage, z.B. Jod und auch andere Spurenelemente dem Aquarienwasser zu entziehen. Diesem Umstand sollte man, unabhängig davon, daß Jod in vielen Fällen extern nachdosiert werden muß, mit einem regelmäßigen, aber der Beckengröße und dem Tierbesatz angepaßten Wasserwechsel begegnen. Er sollte generell in allen Becken durchgeführt werden, egal ob eine biologische Filterung nun eingesetzt wird oder nicht. Dieser Wasserwechsel darf aber nicht dazu benutzt werden, um Fehlfunktionen von bestimmten Filtersystemen, oder einer Fehlfunktion die aus einem Überbesatz mit Tieren resultiert, auszugleichen. Die Größenordnung sollte hierbei max. 5% des Netto-Beckenwassers und Monat nicht überschreiten. Andernfalls können weitere Schwierigkeiten eintreten, die von diesem oftmals mehr oder weniger belastetem Wasser ausgehen können.

Er sollte weiterhin auch davon abhängig gemacht werden, was für Tiere im Becken sind, und besonders wie hoch der externe Futtereinsatz ist. In meinem Becken, mit 600 Litern Nettowasserinhalt liegt dieser bei 10 Litern/Monat und dient in erster Linie dem Fein-Ausgleich von Spurenelementen. Diese Art des Ausgleichs, des Verlustes von Mikro-Spurenelementen gilt nicht, wie schon gesagt, für Jod und auch nicht für Strontium. Diese beiden Elemente liegen zwar im Seewasser in größeren Mengen vor (Jod etwa 0.05 mg/Liter und Strontium etwa 8 mg/Liter), sie werden von den Tieren und Kalkalgen in unterschiedlichen Mengen in einem Riffbecken verbraucht und müssen deshalb separat nachdosiert werden.

Für den größeren Verbrauch sind im tierischen Bereich in der Hauptsache die hermatypischen Steinkorallen verantwortlich, die diese Elemente (eventuell auch indirekt) zum Skelettaufbau benötigen. Das Wachstum dieser Tiere stellt deshalb einen Maßstab für die Menge der Nachdosierung dar.

Die Nahaufnahme zeigt ganz deutlich, daß das lebende Gewebe den Korallenast noch nicht gänzlich erobert hat. Die Polypenkelche sind aber schon zum großen Teil abgestorben.

Ist das Wachstum groß, ist ein Ausgleich dieses Mangels über einen relativ geringen Wasserwechsel nicht zu halten.

Über die eigentliche Funktion des Strontiums sind in letzter Zeit etwas widersprüchliche Aussagen gemacht worden. Erwiesen ist aber, daß die hermatypischen Steinkorallen ohne die externe Zugabe dieses Elementes nicht am Leben zu erhalten, und schon gar nicht zum Wachsen gebracht werden können. Deshalb scheint es mir nicht so wichtig den wissenschaftlichen Nachweis dafür aufzuzeigen warum wir dieses Element zugeben müssen. Wichtig ist für uns Aquarianer nur die Erkenntnis, daß wir auf die regelmäßige Zugabe achten

Spurenelem., Bodengrund

müssen, um Schädigungen und Wachstumsstagnation nicht nur an hermatypischen Steinkorallen zu verhindern. Die Dosierung von Jod und Strontium ist nach meinen Erfahrungen in der Quantität, außer vom Tierbesatz, auch sehr stark vom verwendeten Filtersystem und den hier ablaufenden Vorgängen abhängig. Bei der Bindung von Spurenelementen spielt besonders die Sedimentation in biologisch betriebenen Filtern eine Rolle. Eine Anfangsdosierungsempfehlung ist im Kapitel "Chemie in der Meeresaquaristik" gegeben.

Auch der Bodengrund in Aquarien, der ja eine ähnliche Funktion übernimmt, ist unter diesem Aspekt zu betrachten. Mangelerscheinungen an Spurenelementen, die aus Reaktionen in diesem herrühren können, haben ebenfalls Auswirkungen auf das Wachstum von Steinkorallen, sowie auch von anderen Tieren. Die Bewegung des Bodengrundes bzw. dessen Besiedlung mit Tieren, die diese Bewegung (Säuberung) übernehmen, ist deshalb ebenfalls ein wichtiger Faktor für ein Riffaquarium.

Tiere die dieses bewirken sind Einsiedlerkrebse, Schlangensterne und auch Seeigel. Aber auch grabende Grundelarten mit ihren Symbiose-Garnelen sind hierzu hervorragend geeignet, haben aber Nachteile für sessile Tiere, die auf dem

Sinularia brassica ist ebenfalls so ein Schädling für Steinkorallen. Sie schädigt diese in der Hauptsache dadurch, daß Nesselgifte, die sie abgibt, von der Strömung auf andere Korallen getragen werden. Dieser Vorgang kann, beschleunigt durch einen länger anhaltenden Kontakt der Sinularia, mit einer harten Strömung ausgelöst werden.

Die Folge sind nach kurzer Zeit kahle Äste.

Bodengrund angesiedelt worden sind. Ein sehr prägnantes Beispiel für biochemische Phänomene hat Dr. Kühlmann in seinem Buch "Das lebende Riff" dargestellt. Er beschreibt das allmähliche Zuwachsen von Hohlräumen in Korallennischen oder auch anderen Kavernen in tieferen Regionen des Riffsubstrates. Durch verschiedene Wirkfaktoren aus dem biologischen Ablauf und den hydrografischen Einflüssen kann es hier zu einer Übersättigung mit Kalzium-Ionen kommen. Kommt z.B. aus der Atmung von bohrenden Organismen oder auch durch die Umkehr der Photosynthese der Algen (Atmung) Kohlendioxyd in diese mit Wasser gefüllten Hohlräume, dann wachsen in dieser Lösung Aragonit oder auch Kalzit-Kristalle heran. Die Struktur des Kalkgerüstes, das hierbei aufgebaut wird, ist ähnlich dem der hermatypischen Stein-

Bio-Filter, Abschäumung

Auf diesem Bild sehen wir ebenfalls einen Angriff der Erythropidium caribaeorum auf eine Seriatophora.

als unsere Tiere, aus welchen Gründen auch immer, dann wird es für die Tiere gefährlich. Das Nichtwachsen wollen von Steinkorallen kann ein Anzeichen dafür sein. Welches System, der Filter oder die Tiere, die besseren Chancen hat sich durchzusetzen, möchte ich dahin gestellt sein lassen, weil es von zu vielen verschiedenen Faktoren abhängig ist.

Wenn externe Filter überhaupt benutzt werden sollen, was in einem Riffbecken durchaus nicht notwendig ist, dann sollten sie immer nur im Bypass mit einem geringen Teilwasserstrom laufen. Tatsache ist aber, und das zeigen mir Beckenbesichtigungen immer wieder, daß insbesondere hermatypische Steinkorallen besser und problemloser wachsen und gedeihen in Aquarien, die ohne biologische Filter betrieben werden. So gesehen ist, wenn auch eingeschränkt, der Biofilter ein Schädigungsfaktor besonderer Art für Riffkorallen. Zumindest sollte diese Möglichkeit im Auge behalten werden, insbesondere dann, wenn alle anderen Möglichkeiten mit relativer Sicherheit ausgeschlossen werden können.

Zum Bereich der Schädigung von Riffkorallen durch Negativwirkung durch Wasseraufbereitungssysteme können eine nicht ausreichende, oder auch eine zu intensive Abschäumung gehören. !!!

korallen. Das bedeutet, daß bei diesen biochemischen Aufbauprozessen ähnliche Substanzen gebunden werden, wie beim Aufbau der Steinkorallenstrukturen (Spurenelementverbrauch und Kalzium). Da wir ähnliche Beobachtungen in Filtern, die mit Korallenbruch oder Aktivkohle gefüllt waren, gemacht haben (Zusammenbacken des verwendeten Substrates), liegt der Schluß nahe, daß hier ähnliche biochemische Vorgänge ablaufen.

Wenn diese Beobachtungen zutreffen, die Dr. Kühlmann beschrieben hat, dann stehen Filter dieser Art in direkter Spurenelementkonkurrenz zu den in unseren Aquarien lebenden Tieren. Die Gefahr der Filtersysteme liegt in erster Linie aber darin, daß wir nicht zuverlässig beurteilen können, welches Filtersystem dieses verursacht und was für Elemente bevorzugt gebunden werden.

Sind es die Tiere (Steinkorallen), dann ist es gut, und das Filtersystem kann eine positive Rolle im Gesamtsystem Aquarium übernehmen. Funktioniert aber das Filtersystem besser

Schmieralgenbeläge treten recht häufig in den Sommermonaten auf. Auslöser kann das direkt einstrahlende Sonnenlicht ins Aquarium sein, aber oft ist Strömungsmangel die Ursache. Hier muß umgehend Abhilfe geschaffen werden.

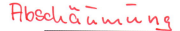

Ein Abschäumer von 10 cm Rohrdurchmesser und 110 cm Länge dürfte als Maximum für ein Becken mit ca. 500 Litern Wasserinhalt ausreichend bemessen sein. Die untere Grenze sollte bei etwa 200 Litern angesetzt werden. Eine übermäßige Abschäumung hat zur Folge, daß insbesondere die Elemente Jod und Strontium, die sich an Eiweißmoleküle anlagern können, durch den Flotationsprozeß dem Wasser entzogen werden. Auch eine Sauerstoffübersättigung könnte eintreten und das Kohlensäuregleichgewicht gestört werden.

Im Zusammenhang mit dem Abschäumer ist noch auf einen weiteren, nicht mit dem Chemismus des Beckenwassers zusammenhängenden Aspekt, hinzuweisen. Es muß unbedingt vermieden werden, daß aus dem Abschäumerrohr die feinen Luftblasen mit dem rücklaufenden Wasser in das Becken gerissen werden. Diese setzen sich an allen mit einer Schleimhaut versehenen Tiere fest und bewirken eine Reizung des Gewebes. Das trifft besonders wieder bei den hermatypischen Steinkorallen zu, die mit dieser Anlagerung von Luftbläschen an ihrem feinen, empfindlichen Gewebe nicht fertig werden. Sie nehmen in der Regel über kurz oder lang Schaden.

In Riffbecken sollte deshalb auch keine zusätzliche Belüftung im Becken selbst stattfinden. Sie wird in ausreichendem und effektiverem Maße von den Abschäumern übernommen.

Auch der Einsatz ungeeigneter, oder ungünstig eingestellter Strömungspumpen (Nähe zur Wasseroberfläche) kann zum Lufteinblasen ins Aquarium führen und sollte zuverlässig vermieden werden.

Soviel zur Schädigung der Riffkorallen durch wasserchemische Einflüsse. Ich habe zu diesem sicher noch viel umfangreicheren Komplex bewußt nur einfache Beispiele angeführt und auch Wert auf die Darstellung von einfachen Abhilfemaßnahmen gelegt. Es hat sich nämlich immer wieder gezeigt, daß sich bei konsequenter Einhaltung dieser wenigen, oft simpel erscheinenden Maßnahmen hervorragende Riffbecken entwickeln und dauerhaft unterhalten lassen.

Neuere Erkenntnisse von Schädigungen an Riffkorallen im Aquarium kommen aus einem besonders tückischen Bereich der Meeresfauna. Sie gehören zwar zu den natürlichen Schädigungen, die im Meer in der Regel keine großen Katastrophen einleiten, im Aquarium aber zu großen Problemen führen können. Es sind die Schädigungen, die von anderen Mitbewohnern ausgehen und die von uns oft unbemerkt im Aquarium leben. Dabei geht eine besondere Gefahr von den Nahrungsspezialisten unter den Meerestieren aus, zumal diese von uns nicht immer gleich als solche erkannt bzw. eingestuft werden. Hierbei sind besonders die Nacktkiemer zu nennen. Das erstmalige Auftauchen von solchen, oft besonders bunt gefärbten Tieren löst in der Regel immer sehr viel Freude bei Meeresaquarianern aus, auch des farbigen Anblickes wegen.

Es zeigt uns darüber hinaus, daß unsere Becken auch für solche Tiere ein lebensfähiges Biotop darstellen. Das ist aber meist nicht der Fall, weil letztendlich doch nicht genügend spezielle Nahrung vorhanden ist.

Eingeschleppt werden diese Tiere oft mit lebenden Steinen. Wir sollten aber bei all unserer Freude über diese Tiere, egal woher sie kommen, nicht vergessen, daß es sich hierbei in jedem Fall immer um Nahrungsspezialisten handelt. Die Beobachtung des übrigen Tierbesatzes ist in der Folgezeit dringend angeraten. Schädigungen an irgendwelchen Tieren, die nicht anders zuzuordnen sind, kann meist diesen Nahrungsspezialisten angelastet werden. Es ist in der Regel sicher besser, sie gleich aus dem Aquarium zu entfernen, bevor man sich zu sehr an sie gewöhnt hat und Schädigungen an anderen Mitbewohnern sichtbar werden.

Mit Sicherheit und aus eigener Erfahrung sind bis heute zwei dieser Schneckenarten als echte Korallenfresser identifiziert. Eine dieser Arten hat eine gelbe Grundfarbe und ist braun gesprenkelt. Sie erreicht eine Länge von ca. 3,5 cm und frißt mit Vorliebe die Seriatopora Arten, geht aber danach an Acropora Korallen heran. Dabei ist sie in der Lage, einen verzweigten Stock von etwa 5 cm Höhe in einer Nacht zu vernichten. Sie ist nur nachts aktiv und trotz ihrer auffallenden, intensiven Färbung sehr schwer zu finden. Abhilfe ist hier allein zu schaffen, indem die Korallenart, die ihr als Nahrung dient, aus dem Aquarium entfernt wird. Da es, wie ich schon sagte, Nahrungsspezialisten sind, wird die Schnecke danach verhungern und nur so mit Sicherheit aus dem Aquarium zu entfernen sein.

Das Herausfangen der Schnecken ist sehr mühsam und mit letzter Konsequenz nicht zu schaffen.

Hat die Schnecke erst einmal gute Lebensbedingungen gefunden, vermehrt sie sich sehr stark auch im Aquarium, und es dauert sehr lange, bis die letzten Exemplare und deren Gelege aus dem Becken auf diese Art entfernt worden sind. Das Durchstehvermögen der Schnecken dürfte mit Sicherheit größer sein als das der Korallen, die ihr als Nahrung dienen.

Schädigungsfaktoren an hermatypischen Steinkorallen

Galaxea - Schädling

Auf diesem Bild sehen wir stark nesselnde Hydroidpolypen. Haben sie einmal gute Wachstumsvoraussetzungen, können sie ebenfalls zur Plage werden. Sie müssen rechtzeitig bekämpft werden. In der Regel sind sie sehr lichtbedürftig. Zur Bekämpfung brauchen sie deshalb oftmals nur abgedeckt werden.

Ein anderer Spezi dieser Art ist eine weitere Nacktschnecke, die auch im Bild festgehalten wurde. Dieses braune, ca. 4 mm lange Tier wurde aus einem Galaxea-Stock isoliert (siehe Seite 219). Von der Form und der Färbung her haben wir keine Chance, sie rechtzeitig zu entdecken. Sie kann nur mit Hilfe einer Lupe gefunden werden. Ein sicheres Anzeichen für das

Vorhandensein von Parasiten dieser Art ist, daß sich die entsprechenden Korallen nicht mehr öffnen. Zeigen sich dann auch noch schleimige Überzüge auf den eingezogenen Korallenpolypen, dann liegt der Verdacht sehr nahe, daß es sich um eine Schädigung durch diese Tiere handelt.

Diese Nacktschneckenart ist weitaus gefährlicher als die zuvor beschriebene Art. Sie ist nicht so hoch spezialisiert, wie die zuvor beschriebene. Sind von der Galaxea-Koralle, die ihre Hauptnahrung darstellt, keine mehr vorhanden, geht sie auch an Krustenanemonen heran und vertilgt diese ebenfalls. Der Umstand des breiteren Nahrungsspektrums stellt insofern eine größere Gefahr dar. Auch ist mit großer Wahrscheinlichkeit erkannt worden, daß sie offenbar bevorzugt ihr Gelege in den angefressenen Stämmen von Krustenanemonen ablegt. Bei der Bekämpfung dieser Plagegeister ist deshalb ein besonderes Augenmerk, nicht nur auf die Nachtschnecken in den Korallen selbst zu legen, sondern es sind auch die Krustenanemonen in ihrer näheren Umgebung zu untersuchen, ob hier angefressene Stellen zu erkennen sind.

Fungia-Korallen können in der Nacht oftmals auch recht lange Tentakel ausstrecken. Empfindliche hermatypische Steinkorallen sollten deshalb nicht in ihrer greifbaren Nähe sein.

Der Vergleich mit der Galaxea Koralle zeigt, wie schwer es sein dürfte, diese Schnecke hier zu entdecken.

Ein sichtbares Anzeichen von Schäden für das Erkennen ist, daß sich diese so geschädigten Tiere nicht mehr öffnen. Dabei scheint diese Nacktschneckenart aber standorttreu zu sein. Ihre Standorttreue kann aber auch bedingt sein durch die größere Masse an lebender Substanz (Futterreserve) von in der Nähe vorhandenen Krustenanemonen. Je nachdem, auf wel-

Anthelia-Schädling

chem Tier diese Nacktschnecken gefunden werden, müssen diese aus dem Aquarium entfernt und in einem separaten Becken die Schnecken mit einer Lupe und Pinzette mehrmals nacheinander abgesammelt werden. Bei dieser mühseligen Sammelaktion dürfen auch die Eier nicht vergessen werden, welche ausgeschabt werden müssen. Heilerfolge sind bei dieser Schneckenart wahrscheinlicher, weil diese Art auch am Tag aktiv ist. Die Tiere, die sie befällt, können sehr gut lokalisiert werden. Wenn es sich nicht um sehr seltene Tiergruppen handelt, ist es sicher besser, die ganze Kolonie der Krustenanemonen die befallen ist, gänzlich aus dem Becken zu entfernen.

Diese Goniastrea-Art ist eindeutig durch Strömungsmangel geschädigt worden. Sammeln sich in Vertiefungen der Kugel Sedimente an, entstehen hier Faulstellen, die das Gewebe zerfressen. Die Korallen haben dann keine Chance zu überleben.

Ähnliche Schneckenarten, aber in einer, den Wirtstieren angepaßten Färbung, sind auch schon an Anthelia-Arten beobachtet worden. Auch hier sind wieder die gleichen Symptome aufgetreten, wie bei den Galaxea-Arten und auch bei den zuvor beschriebenen Krustenanemonen. Die Tiere öffnen sich nicht mehr, und der Fußteil schrumpft langsam ein, bis praktisch nur noch eine leere Hülle vorhanden ist. Diese Tiere werden auch, wie im zuvor beschriebenen Fall, von innen her aufgefressen. In der Hauptsache aber nicht von den ausgewachsenen Schnecken, sondern von den sich in ihnen entwickelnden Larven. Die Muttertiere selbst kann man von außen nur sehr schwer auf den Stämmen der Anthelien erkennen. Das Absammeln ist deshalb sehr mühsam und muß in jedem Fall außerhalb des Aquariums in einem separaten Becken mit Pinzette und Lupe erfolgen. Es muß auch hier mit größter Sorgfalt und mehrmals hintereinander, bis zur sichtbaren Regeneration des Stockes erfolgen. Erst wenn sich die befallene Kolonie wieder voll öffnet, ist sichergestellt, auch alle Schädlinge gefunden zu haben. Als Alternative bleibt im Falle der Korallen- und der "Weichtiere" fressenden Schnecken nur, die restlichen Korallen oder "Weichtiere" in Sicherheit zu bringen oder zumindest einige garantiert parasitenfreie Ableger der befallenen Arten in andere Becken zu geben, um mit diesen später neu beginnen zu können. Dabei ist sorgfältig darauf zu achten, daß die Parasiten nicht mit umgesetzt werden. Es ist nämlich bei den korallenfressenden Arten nicht bekannt, wo sie sich am Tage aufhalten. Die Möglichkeit, daß sie in Spalten oder Höhlen in unmittelbarer Nachbarschaft zu den Futtertieren leben, ist sehr groß.

Schädigungen wie an dieser Acropora werden durch Lichtmangel hervorgerufen. Sie sind ein natürlicher Umstand, der nicht zu verhindern ist. In der Regel sind hier keine Folgeerscheinungen zu erwarten.

Auch ist die Möglichkeit der Kontraktionsfähigkeit und damit des Verbergens in sehr engen Spalten, ist beim Umsetzen der Bestandssicherungstiere, zu beachten. Diese Umstände stellen bei dieser Methode ein erhebliches Risiko dar, es sollte aber im Interesse der Tiere eingegangen werden. Die

Schnecken, die ein breiteres Nahrungsspektrum haben, stellen dabei ein größeres Übel dar und können nur durch Beharrlichkeit oder durch Entfernen des ganzen befallenen Stockes aus dem Aquarium in Schach gehalten werden. Den Weg der Bestandssicherung sollte man aber trotz alledem immer und rechtzeitig gehen. Nicht erst dann, wenn Gefahr im Verzug ist. In der Natur werden die Nacktschnecken die Korallen und Krustenanemonenbestände sicher nicht in Gefahr bringen können, da sie mit Sicherheit Freßfeinde haben und von diesen in Schach gehalten werden. In unseren Aquarien bedeuten sie aber eine tödliche Gefahr für die befallenen und dazu auch noch oft unersetzlichen Tiere.

Diese Art der Auflösung von Korallengewebe ist das sichere Anzeichen von Schädigungen, wie sie im bakteriellen Bereich vermutet wird. Hier ist nur Abhilfe nach der im Text beschriebenen Methode zu schaffen.

Ein anderer, für uns noch nicht erfaßbarer und damit auch nicht vermeidbarer Bereich der Schädigung von Riffkorallen hat seine vermutlichen Ursachen in der Einwirkung von Bakterien auf diese Tiere. Die Wirkung von verschiedenen freien Nesselgiften und die Tätigkeit der nicht sichtbaren Mikrofauna, die ebenfalls Schädigungen an Riffkorallen hervorrufen können, ist uns zwar noch weitgehend unbekannt, aber schon sichtbar in Aquarien vorhanden. Wir müssen uns heute, vielfach auch ohnmächtig, mit dieser Art von Schäden auseinandersetzen.

Bei der Vielzahl von Ablegern, die insbesondere von der Acropora cardenae schon gemacht und in andere Becken verteilt wurden, sind schon vielfältige Schädigungen in verschiedenster Weise zu Tage getreten. Zur Zeit ist es uns nur möglich, diese Schädigungen sehr genau zu beobachten, zu fixieren und aufzulisten, um dann später an Hand der Aufzeichnungen Rückschlüsse zu ziehen, die ein Erkennen der Ursachen einmal möglich machen.

Einen Fall kann ich hier aufzeigen, da er immer gleiche Symptome zeigt und mit der im folgenden dargestellten Methode eine Überlebenschance für die so behandelte Koralle beinhaltet. Die Ursache für die Schädigung könnte im bakteriellen Bereich zu suchen sein. Die Schädigung stellt sich im äußeren sichtbaren Bereich der Koralle wie folgt dar:

Diese Schädigung an der Acropora ist von der nachfolgend im Bild dargestellten Caurischnecke verursacht worden. Sie ist schon mehrere Jahre im Becken ohne daß durch sie Schäden ausgelöst wurden. Vermutlich sind Mangelerscheinungen der Grund für dieses plötzliche Umschwenken. Bei diesen Tieren ist deshalb in Zukunft Vorsicht angeraten.

Hier sehen wir diese Caurischnecke auf einem abgestorbenen Korallenast. Sie haben in der Vergangenheit nur Algen gefressen.

Eine im Aquarium auch schon längere Zeit gut stehende Koralle beginnt sich, vom Fuß her aufzulösen. Das Substrat wird schmierig, strukturlos und hebt sich zunächst nur leicht vom Skelett ab. Die Schädigung ist deshalb in dieser Phase nur schwer auszumachen. Danach wir sehr schnell, in ca. 12 Stunden, das weiße Skelett des Kalkkörpers der Koralle sichtbar. Die Auflösungserscheinung geht dann den ganzen befallenen Ast zur Spitze hoch. Alle Verzweigungen

Seesterne der hier abgebildeten Art, vermehren sich in letzter Zeit in Unmengen in verschiedenen Riffbecken. Sie sind normalerweise Algenfresser, gehen aber mit Vorliebe auf Feuerkorallen, Kalkalgen und fressen diese bis auf das Grundsubstrat ab.

werden in der Folgezeit zerstört. Wenn hier nicht umgehend eingegriffen wird, beträgt die Auflösungsrate ca. 8 cm pro Tag.

Ein Phänomen ist an dieser Schädigungsart die Auflösungsrichtung. Sie geht, wie schon gesagt, am Fuß los, befällt einen Ast, löst diesen erst ganz auf, um sich dann von der Basis her weiter zum nächsten benachbarten Ast auszubreiten. Auf diese Art wird ein ganzer verzweigter Korallenstock in sehr kurzer Zeit mit zunehmender Geschwindigkeit zerstört.

Aufgrund dieser sehr spezialisierten Ausbreitungsrichtung ist es aber möglich, die Koralle zu retten, indem der befallene Ast zuerst möglichst tief an der Basis abgeschnitten wird. Danach muß der von der Auflösung befallene Teil des Astes und natürlich auch die Basis von dem sich auflösendem Substrat gesäubert werden. Am besten geschieht dies durch Absaugen mit einem separaten, stark saugenden externen Filter.

Hier sehen wir eine Nacktschnecke die von Galaxea-Arten abgesammelt worden ist. Sie frißt mit Vorliebe diese Korallen. Sie legt ihre Eier jedoch in Stämme von Krustenanemonen ab. Die sich entwickelnden Larven fressen die Krustenanemonen von innen leer.

Das kranke, abgebrochene Stück wird danach, außerhalb des Aquariums, herausgetrennt. Die zweite Schnittstelle muß dabei reichlich im noch intakten Teil des restlichen Korallenastes liegen. Danach kann der so behandelte Restteil wieder neu angesiedelt werden. Die Schädigung setzt sich nach dieser Behandlungsart in der Regel nicht mehr fort. Sollte es doch der Fall sein, ist man bei der "Operation" nicht sorgfältig genug vorgegangen und muß das ganze wiederholen.

Diese Rettungsart ist oft und mit Erfolg praktiziert worden. Sie funktioniert aber nur, wenn rechtzeitig und radikal nach ihr verfahren wird.

Harlekingarnelen ernähren sich von Seesternen. Sie sind in der Lage eine zur Plage werdende Vermehrung zu bremsen. Notwendig ist aber, daß man sich ein Pärchen zulegt. Sie sind einzeln nicht haltbar.

Alle Lemnalia-Arten und ähnliche Lederkorallen sollten in Riffaquarien nicht angesiedelt werden. Sie sind von Natur aus schon Sekundärsiedler und kommen nicht gemeinsam mit Steinkorallen vor. Auch wenn sie oftmals keine direkten Schäden verursachen, so können sie doch auf Dauer das Wassermilieu für Steinkorallen ungünstig beeinflussen.

So unkonventionell, als auch wenig wissenschaftlich diese Methode der Schadenserkennung und Begrenzung sein mag, stellt sie doch für uns Meeresaquarianer die einzige Möglichkeit dar, um die Tiere dieser Art, insbesondere Acropora-Korallen, vor dem sonst unweigerlichen Tod zu retten.

Die gleiche Aussage kann auch bei allen Xeniiden und Anthelien gemacht werden. Einmal abgesehen davon, daß sie in Riffbecken kaum eine Überlebenschance haben, können sie immer zu Raumkonkurrenten für Steinkorallen werden, wenn einmal kurzfristig das Wasser umschlagen sollte. Diese Möglichkeit muß auch immer bedacht werden.

Schädigungen an Riffkorallen werden aufgrund der geringen Verbreitung der Tiere in der Aquaristik noch nicht lange genug beobachtet. Es wird aber auch vielfach hingenommen, daß die Tiere eingehen, ohne sich um das "Warum" Gedanken zu machen. Sicher wäre es hilfreich, wenn mehr um die Begleitumstände und Begleitfaktoren dieser Schädigungen bekannt werden würde. Ich hoffe, mit diesen wenigen Angaben einen Anfang gemacht zu haben, und würde mich freuen, wenn hierdurch weitere Beobachtungen ausgelöst würden. Die Hälterung von Riffkorallen ist eine der faszinierendsten Möglichkeiten der Meeresaquaristik überhaupt. Der Fortschritt auf diesem Gebiet setzt aber eine Zusammenarbeit und einen Erfahrungsaustausch der Aquarianer untereinander voraus.

Beginnen wir damit!

Überlebensstrategien im Riff
– Auswirkungen im Aquarium –

● **Die Rolle der Gifte in der Riffökologie**

● **Die unterschiedliche Wirkung der Gifte**

● **Giftarten**

● **Beispiel für den Gifteinsatz der Tiere**

● **Besonders gefährliche Tiere in der Aquaristik**

● **Gifteinsatz der Algen**

● **Antibiose eine besondere Form der Abwehr**

● **Auswirkungen der Filtertechnik**

Wissenschaftliche Erklärungen und Zusammenhänge, die die Ökologie der Korallenriffe betreffen, haben in der Vergangenheit einen wesentlichen Part bei der Errichtung unserer Wohnzimmerriffe übernommen. Dabei sind für uns Aquarianer auch die Ergebnisse der professionellen Wissenschaft von einiger Bedeutung gewesen.

Veröffentlichungen über dieses Thema sind im deutschsprachigen Raum aber relativ selten, bzw. für uns Aquarianer dann nicht zugänglich.

In letzter Zeit ist aber eine Publikation von besonderer Bedeutung, auch für uns Aquarianer, erschienen. Sie zeigt zum einen die Gefährlichkeit der harmlos aussehenden "Niederen Tiere" und andererseits, was für uns noch wichtiger ist, deren Abwehrstrategien.

Besondere Bedeutung hat dies in Riffaquarien, wo Auswirkungen der Raumkonkurrenz seit langem bekannt sind, aber Erklärungen auf wissenschaftlicher Basis recht rar waren. Diese Publikation ist von Prof. Dr. Mebs. Er beschäftigt sich mit der Erforschung des Ökosystems der Korallenriffe. Hierbei interessiert ihn insbesondere, welche Rolle die Gifte und die biochemischen Vorgänge spielen, die ein Zusammenleben von enorm vielen Tieren im Ökosystem Korallenriff ermöglichen bzw. verhindern und welche Fakten diese Vorgänge auslösen und steuern.

Die Gifte, die nicht nur, wie später noch aufgezeigt wird, der Abwehr von Freßfeinden und damit dem Selbsterhaltungstrieb der Tiere dienen, werden in der Regel von ihnen selbst produziert und sind meist das Ergebnis von Stoffwechselprozessen bei der Nahrungsaufnahme. Sie sind im weiteren Sinne aber auch Informationsträger und spielen gerade im Korallenriff eine herausragende Rolle. Gifte können verschiedenartige Wirkungen auslösen. Sie dienen zwar in erster Linie der Abschreckung von Freßfeinden, können aber auch auf die eigene Art in ganz verschiedenartiger Weise wirken. Sie können sowohl toxisch (tödlich), wie auch fraßhemmend und oder auch entwicklungshemmend auf andere Tierarten wirken.

Unterschieden werden in dem Zusammenhang Gifte und Toxine. Es handelt sich bei den Giften um eine Mischung von verschiedenen Substanzen und bei den Toxinen um chemisch reine Stoffe. Da die Unterscheidung dieser Wirkstoffe für die Aquaristik nicht so wichtig ist, soll im folgenden nur von Giften für beide Arten von Wirkstoffen die Rede sein.

Gifte werden nicht nur, wie schon angedeutet zur Abwehr von Freßfeinden und zum Beutefang entwickelt. Sie sind auch ein Regulativ zur Begrenzung des Wachstums gleicher Arten. Das ist z.B. bei Nahrungs- und Platzmangel notwendig. Viele der für die Arterhaltung produzierten Gifte, treten erst bei Bedrohung oder Verletzung der entsprechenden Tiere in Aktion oder werden gar erst bei Eintritt dieser Streßfaktoren erzeugt bzw. freigesetzt.

Einige dieser Abwehrgifte haben in der Regel, von der Menge her, keine tödliche Wirkung auf Freßfeinde und sind meist nur auf Fraßhemmung ausgelegt. Wäre diese einschränkende Wirkung, mit der eine Lernfähigkeit der entsprechenden Tiere verbunden ist, nicht vorhanden, würden mit Hilfe der

In Riffaquarien sollen nach unseren Vorstellungen eine Vielzahl von verschiedenen Individuen leben. Oftmals werden Tiere zusammengesetzt, die zwar im Riff in einer Region, aber keinesfalls zusammenleben. Dazu kommt, daß auch Tiere verschiedener Regionen im Aquarium aufeinandertreffen. Überlebenskämpfe sind dann eine normale Reaktion.

Gifte auch Tiere ausgerottet werden, die nur zu den gelegentlichen Freßfeinden gehören, also keine echte Bedrohung der Art bedeuten. Es wird dadurch verhindert, daß sich die Freßfeinde durch das Nichterkennen der Gifte selbst ausrotten. Sie werden von den Jungtieren, die diesen Lernprozeß noch nicht erfaßt haben, bei dem erstmaligen Versuch der Nahrungsaufnahme erkannt, und sie stellen sich in der Folgezeit darauf ein, diese Tiere nicht weiter als Nahrung zu betrachten. Sie lernen, daß bestimmte Arten von Tieren bzw. Pflanzen für sie nicht genießbar sind. Wären die Abwehrgifte tödlich, hätten bestimmte Tiere im Riff keine Chance zum Überleben.

Fraßhemmende Stoffe, Formen und Farben spielen eine wichtige Rolle im Riff. Durch die Möglichkeit der Zuordnung einzelner Komponenten ist für die entsprechenden Tiere das Erkennen von genießbaren Tieren möglich. Sie üben eine Signalwirkung auf die entsprechenden Tiere aus. Das setzt aber zwangsläufig voraus, daß z.B. Gifte nicht zu stark, aber auch nicht zu schwach ausgeprägt sind, Farben und Formen, die Giftigkeit signalisieren, eindeutig zu erkennen sind.

Da Abwehr- oder fraßhemmende Gifte auf Freßfeinde oft nur wie ein Brechmittel wirken, sie nicht tötet, sind sie in der Lage aus Erfahrungen zu lernen. So kann auch für das abwehrende Tier unter Umständen der Freßfeind von Nutzen sein. Ein Überleben, auch von Freßfeinden, garantiert deshalb im weiteren Sinne auch das Überleben des abwehrenden Tieres.

Auf dem Marinen Gebiet beginnt sich die Wissenschaft, die sich mit diesen Vorgängen befaßt, gerade erst zu entwickeln. Es klaffen deshalb noch sehr große Wissenslücken. Viele der Angaben sind deshalb nur als ein Hinweis zu verstehen. Es ist vielfach auch nur bekannt, daß verschiedene Gifte produziert werden, vorhanden sind und Auswirkungen auf das Zusammenleben von Tieren haben. Das Warum ist aber oft mit einem Fragezeichen versehen.

Mit der Entwicklung von Giften der einzelnen Tiere läuft auch parallel die Anpassung bis zu einer gewissen Grenze ab. Die Beweisführung kann an Beispielen aus dem Riff an Hand des Verhaltens von Nahrungsspezialisten aufgezeigt werden.

Das Zusammensetzen von Tieren unterschiedlicher Gattungen ist durchaus möglich, aber über kurz oder lang mit Problemen behaftet. Auf diesem Bild sehen wir solch eine Kombination von Stein- und Weichkorallen. Hier sind Verdrängungkämpfe in jedem Fall zu erwarten. Die Sarcophython wird in der mildesten Form des Überlebenskampfes die Turbinaria vom Licht abschatten.

Die Anpassung in ausgewogenem Maße garantiert die Tierbalance in dem total ausgenutzten Lebensraum, die notwendig ist, um das Riff in seiner Gesamtheit zu erhalten. Die Gifte im Riff, daß heißt im Wasser, spielen dabei eine größere Rolle als im terrestrischem (erdgebundenem) Bereich. Es sind hier die stärksten bekannten Gifte, wie z.B. Saxitoxin, Tetrodotoxin und Palytoxin, um nur einige zu nennen, zu finden. Sie sind für das Zusammenleben einer großen Zahl von Lebewesen auf engstem Raum notwendig. Wären diese Gifte zur Abwehr von Raum- und Nahrungskonkurrenten nicht vorhanden, hätten viele, insbesondere kleine Tierarten keine Überlebenschancen.

Andererseits spielen chemische Abwehrstoffe aber auch eine Rolle in den Wechselbeziehungen verschiedener Tierarten (Symbiose). Dabei ist der Begriff der Botenstoffe geprägt worden. Die Wirkung all dieser Gifte läßt sich in 3 Wirkbereiche zusammenfassen:

Gifttoleranz und Anpassung daran.

Einsatz der Gifte zum Nahrungserwerb und Abwehr.

Wirkung: Hauptsächlich Erhaltung eines Erregungszustandes, der zur Erschöpfung des Beutetieres führt. Einige Toxine aus der Proteinnatur bewirken ein Auflösen von Zellen.

Die Wirkungen auf die im Riff lebenden Tiere sind also sehr unterschiedlich. Gifte sind zwar in der Hauptsache nur als lebensvernichtende Stoffe bei uns Menschen bekannt, sie sind aber gezielt und in geringer Dosis eingesetzt in der Lage, eine heilende Wirkung auszuüben.

Weniger bekannt sind bisher die Auswirkungen vom kontinuierlichen äußeren Eintrag von chemischen, meist giftigen Stoffen ins Riff. Dazu zählen Abwässer von Industrieansiedlungen, Schädlingsbekämpfungsmittel aus der Landwirtschaft und schädliche Gase, wie z.B. Schwefeldioxyd, das über den Regen in weite Teile der Meere getragen wird. Zu vermuten sind hier jedoch langzeitliche, schädigende Auswirkungen auf die hier lebenden Tiere.

Viele, insbesondere marine Organismen, sind zwar in der Lage, diese schädlichen Stoffe neutral in ihren Körpern zu speichern, aber besonders die Schwermetallverbindungen gelangen über die Nahrungskette (Fressen und Gefressenwerden) wieder in die Körper von weiteren Tieren, und es tritt eine sogenannte Akkumulation ein.

Bis zu einer schwer bestimmbaren Grenze bleibt dies zunächst ohne sichtbare Auswirkungen auf die Tiere im Riff. Gleiches trifft auch für das Aquarium und die hier eingetragenen Schadstoffen (z.B. das Nikotin) zu.

Auf diesem Bild sehen wir Auswirkungen von ähnlichen Lederkorallen, die sich in unmittelbarer Nachbarschaft auch nicht vertragen. Wir sollten bei der Ansiedlung immer bedenken, daß die Tiere auch in unseren Aquarien wachsen. Sie benötigen dazu Lebensraum.

Geschädigt werden in erster Linie, zwar nur sehr langsam und schwer beobachtbar, die antibiotischen Kräfte der Tiere. Das heißt, daß bestimmte Tiere nicht mehr in der Lage sind, sich z.B. gegen das Überwachsen von Raumkonkurrenten zu wehren. Das führt letztendlich zur Überdeckung der geschwächten Arten durch andere Organismen. Die bekannteste Art einer Überdeckung ist die der Algen.

Eng verbunden damit ist die zunehmende Einschränkung ihres Fortpflanzungsvermögens. Absterben werden zuerst die empfindlichsten, in der Folge aber immer mehr Tiere, die von der Vergiftung erfaßt werden.

Eine Auswirkung dieser Vergiftung ist:

Die Regenerationsfähigkeit verlangsamt sich, das Wachstum stagniert, Sedimente können von den Tieren nicht mehr selbst entfernt werden.

Ein anderer Ausschnitt aus diesem Becken zeigt eine weitere Sünde, die vom Pfleger zu verantworten ist. Auf der linken Seite sehen wir eine Catalaphylia, von der jeder Meeresaquarianer wissen müßte, daß sie sich bis zu ihrem 10-fachen Skelettumfang aufblasen kann und dann alle Tiere in ihrer Umgebung vernichtet. Die Frage sei hier gestattet, wo Meeresaquaristik auf diese Weise hinführen soll.

Diese ersten Anzeichen sind als Symptom einer schleichenden Vergiftung zu werten, sowohl im Riff als auch im Aquarium. Im Endeffekt besiedeln nur noch Sekundärsiedler, also Tiere, die eine höhere Anpassungsfähigkeit besitzen, das Riff. Im Endstadium beherrschen dann die Faden- oder anderen Algen, die mit einer schleimigen Schicht das Riff überziehen, diesen Lebensraum. **Ähnlichkeiten im Meerwasseraquarium sind nicht rein zufällig!!**

Wie sehen nun die Auswirkungen der natürlichen Abwehrgifte bei den einzelnen Tierarten aus, die Bestandteil des Lebensrhythmusses im Riff sind. In den weiteren Ausführungen braucht nicht zu verwirren, daß recht komplizierte Namen auftauchen. Daß man sie behält oder gar auswendig kann, ist nicht wichtig. Wichtig ist nur, daß die Auswirkungen dieser Gifte immer vor unseren geistigen Augen sichtbar bleiben, die sich mit dem Namen der Tiere verbinden, die sie produzieren. Als erstes sollen hier die Tiergruppen betrachtet werden, die Nesselgifte als Abwehrstoffe bzw. zum Beutefang verwenden.

Einige dieser Wirkstoffe von Nesseltieren wurden in letzter Zeit isoliert. Hierbei besonders das Nesselgift einiger Anemonenarten. Es handelt sich in der Hauptsache um Polypeptide, die aus einer Reihe von Aminosäuren bestehen. Bei Testversuchen erwiesen sich Strandkrabben, die als robuste Tiere bekannt sind, als besonders empfindlich gegenüber die-

Hornkorallen sollten in Riffbecken nicht eingesetzt werden, in denen hermatypische Steinkorallen gepflegt werden. Sie haben in jedem Fall Auswirkungen auf das Wachstum des einen oder anderen Tieres. Welches von beiden besser gedeiht, hängt vom Zufall ab.

Auf diesem Bild sehen wir einige Steinkorallen, gemeinsam mit Hornkorallen. Auffallend ist, daß alle Hornkorallen eingezogene Polypen haben. Oftmals ist es so, daß sich diese Tiere dann auf einen anderen Rhythmus einstellen und nachtaktiv werden. Das setzt aber voraus, daß des nachts genügend Futter vorhanden ist. Die Tiere, die gemeinsam mit Zooxanthellen leben, werden dann aber nicht überleben oder die Farbe verlieren.

sem Gift. Säuger, wie Ratten und Mäuse, brauchten eine wesentlich höhere Dosis, bis eine toxische Wirkung eintrat. Die Wirkung der sogenannten Nesselgifte ist besonders im Nervenbereich angesiedelt. Es verhindert ein Abklingen von Erregungszuständen. Die Muskeln bleiben gespannt, aber bewegungsunfähig und führen praktisch sehr schnell zur Lähmung oder Erschöpfung des betreffenden Tieres. Diese Wirkart ist notwendig damit z.B. Anemonen trotz der geringen Stabilität ihrer Fangarme in der Lage sind, eine sonst zappelnde Beute festzuhalten.

Die Nesseltiere, und hierbei speziell die Anemonen, leben solitär, d.h. in Lebensräumen, die relativ weiträumig sind. Diese sind außerdem auch nur von Tieren gleicher Art besetzt. Die Wirkung der Nesselgifte dürfte deshalb in erster Linie auf höher entwickelte Tiere ausgelegt sein, die Mitbewohner dieses Lebensraumes und damit Nahrung für sie sind. Ins Aquarium eingesetzt, stellen die Nesselgifte aber eine Gefahr auch für andere Tiere dar. Sowohl die Gifte, die ins freie Wasser abgegeben werden, als auch die, welche bei Kontaktierungen ausgestoßen werden. Stein- und Weichkorallen zählen ebenfalls zu den Nesseltieren und produzieren ähnliche Gifte. Sie bewohnen jedoch gemeinsam mit anderen "Niederen Tieren", wie z.B. Krustenanemonen, die obere Riffplatte.

Hier ist zu beobachten, daß Steinkorallen oft das Opfer von Drücker- und Papageienfischen werden, "weiche" Korallen jedoch nicht. Die Weichkorallen (Lederkorallen) beherbergen im Gegensatz zu Steinkorallen, verstärkt Abwehrgifte in einer anderen Zusammensetzung als Steinkorallen, die von den obengenannten Fischen nicht toleriert werden können.

Stein- und Weichkorallen haben neben den Schwämmen die höchsten Konzentrationen von Terpen-Verbindungen (Zellgifte) in ihrem Gewebe gespeichert. Und zwar in nachgewiesenen Konzentrationen von bis zu 5% vom Trockengewicht ihrer Körpermasse. 50% der untersuchten Arten waren für Fische toxisch, 25% enthielten nur fraßhemmende Stoffe.

Terpen-Verbindungen, wie z.B. das Sarcophytoxid werden von den Weichkorallen auch zur Lebensraumbehauptung ständig an das umgebende Wasser abgegeben. Diese Freisetzung hat eine wachstumshemmende Wirkung auf bestimmte benachbarte Tiere ähnlicher Arten. Die spezifische Auslegung dieses Giftes hat aber auch Auswirkungen auf Steinkorallen, die in unmittelbarer Nachbarschaft wachsen.

Sarcophyton spez.: Diese Lederkorallen sondern Raumerhaltungsgifte ab. Das ist bei der Ansiedlung zu beachten. Diese wirken aber nur in unmittelbarer Umgebung, und offensichtlich nur bei frisch eingesetzten Tieren. Wichtig ist in diesem Zusammenhang die Strömungseinleitung. Sie darf nicht zuerst über dieses Tier und mit hartem Strahl laufen.

Strömung u. Gift
Überlebensstrategien im Riff

Das führt im Riff und natürlich erst recht im Aquarium zu Problemen bei der Ansiedlung dieser Tiere in unmittelbarer Nachbarschaft. Auswirkungen sind jedoch sehr unterschiedlich und von Art zu Art verschieden ausgeprägt. Sehr wichtig ist es in diesem Zusammenhang, auf die Plazierung der Tiere in der Strömung der Aquarienpumpen zu achten. Besondere Einflüsse sind hier von der Strömungseinleitung und deren Auftreffen auf die entsprechenden Tiere zu erwarten.

Labormäßige Versuche mit geringen Konzentrationen von Sarcophytoxid (Abwehrgift von Sarcophyton-Lederkorallen) haben ergeben, daß die Photosynthese der symbiotischen Algen einer Acropora formosa stark behindert wurde (Wachstumshemmung). Höhere Konzentrationen führten zum Absterben der Steinkoralle infolge der Auflösung von deren Zellgewebe.

Wie Weichkorallen, von denen dieses Gift erzeugt wird, ihre eigenen Symbiose-Algen vor der Zerstörung bewahren, ist bisher nicht bekannt. Beobachtungen von Auswirkungen einer ungünstigen Strömungseinleitung sind von einer Lobophyton crassum (Giftabgabe) und als Gegenpart eine Montipora monasteriata (geschädigte Steinkoralle) gemacht und im Kapitel Raumkonkurrenz ausführlich beschrieben worden.

Hornkorallen, z.B. Plexaura Arten aus der Karibik, beherbergen in ihren relativ dicken Ästen Gifte, die den Fischen gegenüber eine absolut tödliche Wirkung haben. Es wird als Lophotoxin bezeichnet und ist vergleichbar mit dem Pfeilgift Curare! Verschiedene andere Hornkorallenarten haben jedoch nur wuchshemmende Stoffe gegen die Besiedelung von verschiedenen Algen entwickelt. Die Wirksamkeit dieser Abwehrstoffe ist schon in verschiedenen Aquarien beobachtet worden. Solange die Tiere in den Aquarien optimale Wachstumsbedingungen hatten, wurden sie nicht von Algen besiedelt. Das Gegenteil trat ein, wenn chemische-, Strömungs- oder Lichtfaktoren die Hornkorallen entsprechend negativ beeinflußt haben.

Hier sehen wir solch eine Schädigung an der Montipora monasteriata. Die Koralle ist bei nur kurzer Einwirkungszeit in der Lage, diese geschädigten Stellen wieder zu schließen. Mehrere Tage anhaltende Einwirkungszeit führt aber zum Tod der Steinkorallen. Typisches Schädigungsmerkmal ist die Ansiedlung von meist roten Schmieralgen, die entfernt werden müssen.

Besonders gut kann dies bei den Stoloniferen (Röhrenkorallen) beobachtet werden. Leiden sie z.B. unter Strömungsmangel oder unter Einflüssen aus Terpenabgaben von Steinkorallen, werden ihre Abwehrkräfte geschwächt und sie in der Folge sehr schnell von Fadenalgen überwuchert. Weitere Arten von Tieren, die oft in Meeresaquarien gehalten werden, sind Krustenanemonen. Besonders die Palythoa-Arten aus der Ordnung der Zooantharia enthalten ein hochwirksames Herzgift. Es zählt zu den giftigsten Naturstoffen, die überhaupt bekannt sind. Es ist das Palytoxin.

Lobophytum crassum: Von dieser lederartig, in Lappen wachsenden Koralle sind Schädigungen an hermatypischen Steinkorallen beobachtet worden. Sie gehen von harter Strömung aus, wenn diese Lederkoralle zu dicht an Pumpenausläufe heranwächst. Typisches Anzeichen dafür ist die beständige Kontraktion.

Die tödliche Dosis für eine Maus liegt bei 10 Mikrogramm pro Kilogramm Lebendgewicht! Das eigenartige an diesem Gift ist, daß es offensichtlich nicht von den Krustenanemonen selbst produziert wird. Wie beobachtet wurde, entwickelt dieses hochwirksame Gift Bakterien, welche in Symbiose mit den Krustenanemonen leben. Auch dieses Gift wird an den unmittelbaren Lebensraum, in dem Palythoa-Arten leben, abgegeben. Es entwickelt hier und übt eine wachstumshemmende Wirkungen auf benachbarte Tiere aus.

Vorsicht bei der Ansiedlung von Tieren anderer Arten ist hier angebracht.

Nacktschnecken sollten in der Meeresaquaristik nicht zum Besatz eines Riffbeckens gehören. Es sind in der Regel Nahrungsspezialisten und nur lebensfähig, wenn sie das entsprechende Futter, bzw. die entsprechenden Nahrungstiere im Becken finden. Diese werden dann auch total verzehrt. Das ist auch schon in reinen „Niedere-Tiere-Aquarien" beobachtet worden und betrifft sowie Steinkorallen als auch Krusten- und Anthelia-Arten usw. und dürfte nicht in unserem Sinne sein. Daß Nacktschnecken giftige Substanzen als Schutz gegen Freßfeinde in ihren Körper eingelagert haben, ist eigentlich bekannt. Sie haben vom Körperbau her, da sie kein schützendes Gehäuse mit sich herumtragen, diese chemische Abwehrmöglichkeit entwickelt, um zu überleben. Dabei ist es aber so, daß sie die Gifte bzw. Toxine, die in ihrem Körper gespeichert sind, nicht selbst produzieren. Sie nehmen sie mit der entsprechenden Nahrung auf und bei Gefahr oder Verletzung werden diese Gifte dann über Drüsen oder der Schleimhaut zur Verteidigung abgegeben.

Erythropodium caribaeorum: Diese sehr schnell wachsende lederartige Weichkoralle hat ebenfalls ganz gravierende Auswirkungen auf Steinkorallen. Sie vernichtet sie schon beim Heranwachsen aus einiger Entfernung.

Bei diesen Tieren sind aber noch weitere Besonderheiten beobachtet worden. Verschiedene Schnecken ähnlicher Art sind offensichtlich in der Lage, Gifte und Toxine, die sie mit der Nahrung aufnehmen, zu selektieren, d.h., sie werden von ihnen vor der Speicherung in den entsprechenden Körperteilen auf ihre Wirksamkeit hin überprüft. Nur die effektivsten, zur Abwehr am geeignetsten Gifte werden dann gespeichert, alle anderen werden wieder ausgeschieden.

Eine ausgefallene Variante zur Speicherung von Abwehrelementen der Nacktschnecken ist die, daß Nesselkapseln von Hydroiden, sogenannte Nematocysten, in Anhängseln ihres Körpers komplett eingelagert werden. Diese, bei der Nahrungsaufnahme intakt gebliebenen Nematocysten, werden in

Plexaura spez.: Diese Hornkorallen aus der Karibik sind in Aquarien sehr gut ohne Fütterung haltbar, da sie mit Zooxanthellen leben. Bei der Ansiedlung gemeinsam mit hermatypischen Steinkorallen muß man jedoch mit Schädigungen an diesen rechnen.

besonderen Zellen der Nacktschnecken gespeichert. Bei Beschädigung dieser Zellen durch Freßfeinde entladen sie sich und entfalten ihre volle ursprüngliche Nesselfähigkeit. Nematocysten-Toxine werden auch von Steinkorallen benutzt, um die Wuchsgrenzen der einzelnen Arten untereinander, und damit die räumliche Ausbreitung, zu regeln. Aber auch andere Verdauungsfermente werden zur Verteidigung eingesetzt. Sie werden über sogenannte Mesenterialfilamente (schlauchartige Gebilde) abgegeben, welche das fremde Gewebe zum Teil oder auch gänzlich aufzulösen vermögen. Insbesondere bei Korallenlarven ist oft ein Überleben an bestimmten Ansiedlungsorten nur möglich durch die kontinuierliche Abgabe von wachstumshemmenden Stoffen gegenüber konkurrierenden Tieren.

Plexaura spez.: Hier sehen wir, daß auch Hornkorallen bei guten Wasserbedingungen und Umgebungsparametern im Aquarium wachsen. Sie breiten sich aus und können sehr große Oberflächen ausbilden, mit denen dann auch eine vergrößerte Abgabe von Raumgiften möglich wird.

Herstellung und Anwendung von giftigen Stoffen ist im Riff eine der effektivsten Waffen im Überlebenskampf gegen Raumkonkurrenten. Da wir schon mal bei den Schnecken sind, will ich in diesem Zusammenhang auch kurz auf die Conusschnecken eingehen. Ich gehe aber davon aus, daß diese Tiere kein verantwortungsbewußter Aquarianer in seinem Becken pflegt. Conusschnecken, auch Giftzüngler (Toxoglossa) genannt, geben ihre Gifte über Zähne, die pfeilartig ausgebildet sind, ab. Das besondere an ihren Zähnen ist, daß sie nicht festsitzen und mit dem gefährlichsten Gift geladen sind, das in der Natur vorkommt und bekannt ist.

Aiptasia spez.: Dieser, zu einer Plage in der Meeresaquaristik werdenden Anemone, ist sofort Einhalt zu gebieten, wenn sie auftaucht. Und zwar umgehend. Erst einmal in größerer Zahl im Becken vorhanden, sind sie nicht mehr beherrschbar.

Die Zähne, von denen immer nur einer mit dem Gift geladen ist, werden unter hohem Druck und unter gleichzeitiger Abgabe des Giftes in das Beutetier "geschossen". Wird das Ziel beim ersten Mal verfehlt, wird sofort ein neuer Zahn, der in einem sogenannten Radulasack lagert, geladen und abgeschossen. Die verschiedenen Conusschnecken-Arten haben aber auch wiederum ganz spezifische Gifte, die auch wieder nur auf ganz spezifische Tierarten toxisch wirken. Die Tierarten, auf die diese Gifte wirken und die zur Nahrung der Conusschnecken gehören, werden in drei Gruppen eingeteilt.

1. Würmer

2. Schnecken anderer Arten

3. Fische bzw. Wirbeltiere

Diese stellen dann auch die Nahrung der jeweiligen Conus-Art dar. Die tödliche Wirkung des Giftes ist deshalb auch nur bei den entsprechenden Tiergruppen zu beobachten. Das gleiche Gift, auf andere Tierarten angewendet, hat keine bzw. nur eine geringe Wirkung. Alle Gifte haben in erster Linie lähmenden Charakter und dienen der Fluchtverhinderung der Beutetiere, ähnlich dem der Nesselgifte bei den Anemonen.

So unterschiedlich die Wirkungen auch sind, so sind sie doch die wirksamsten Toxine (Gifte), die überhaupt bekannt sind.

Hierbei dürfte nur das Gift der fischefressenden Conusschnecke (Conus textile) für den Menschen tödliche Folgen haben. Wer von uns will aber das Risiko eingehen, sich bei der Bestimmung der Art, der für uns Menschen tödlichen Schnecken, zu irren!! Unseren Irrtum könnten wir nur noch vom Himmel aus bedauern.

Aiptasia spez.: Hier sehen wir die Aiptasie wie sie zwischen einer Heliopora gewachsen, kaum noch zu entfernen ist.

Giftige Tiere sind auch die altbekannten Dornenkronen, über die in letzter Zeit viel berichtet worden ist. Sie sind hauptsächlich bekannt und berüchtigt als die Zerstörer der Korallenriffe. Es sind aber trotz ihrer anerkannten Schädlichkeit, farblich prächtige Tiere. Wegen ihrer Größe werden sie aber nicht in Aquarien gehalten und sollen deshalb hier nur der Vollständigkeitshalber erwähnt werden.

Die Art des Giftes dieser Tiere ist noch weitgehend unbekannt. Es wirkt auf fast alle Fische fraßhemmend. Auch die Larven des Seesternes haben das Gift vom Muttertier schon mitbekommen und werden deshalb von fast allen Fischen auch in diesem Stadium gemieden. Ausnahmen bilden nur einige Pomacentriden (Riffbarsche), die zu den Freßfeinden der Tiere im Larvenstadium gehören, sowie auch einige Kugel- und Drückerfische, die diese Seesterne im ausgewachsenen Zustand fressen. Ein weiterer natürlicher Feind aus dem "Niedere Tiere" Bereich ist als einziger Vertreter das Tritonshorn.

Andere Tiere, die nun wieder recht oft in Aquarien anzutreffen sind, sind die Echinodermaten (Seeigel) und die Holothurien. Seeigel sind eigentlich durch ihre Stacheln und relativ harten Schalen ihres Körpers gegen das Gefressen werden geschützt. Sie benötigen auf den ersten Blick keine anderen Abwehrmechanismen.

Palythoa spez.: Diese Tiere sind mit dem stärksten Gift behaftet, was im marinen Raum vorhanden ist. Es ist ein Herzgift, das auch uns Menschen gefährlich werden könnte. Es scheint aber so, daß die Bakterien, welche dieses Gift produzieren, im Aquarium nicht überleben. Vorsicht sollte beim Umgang mit diesen Tieren aber trotzdem angebracht sein.

Bedingt durch ihre langsame Fortbewegungsweise und daher geringe räumliche Fluchtmöglichkeit, sind sie aber einem starken Verfolgungsdruck ausgesetzt. Die Entwicklung von chemischen Abwehrstoffen ist daher auch bei diesen Tieren zwangsläufig gewesen. Ihre Abwehrstoffe sind in der Regel in den äußeren Anhängseln am Körper, den Stachelspitzen oder den Schleimhäuten konzentriert. Seeigel haben ihre chemischen Waffen mit einigen Ausnahmen in den Stachelspitzen konzentriert. Es sind in der Hauptsache Nervengifte, die auch beim Menschen sehr starke Schmerzen verursachen. Die sogenannten Lederseeigel z.B. Calveriosoma hystrix, welche zumeist kurze Stacheln haben, benutzen Drüsen, die sich als Anhängsel an den Stacheln befinden und dort das Gift "an den Mann" bringen. Die Gifte sind noch weitgehend unbekannt und nur vereinzelt sind ihre Auswirkungen erkannt worden.

Die Seegurken sind durch ihre warzige harte äußere Schale gegen das Gefressen-werden geschützt. Aber auch bei ihnen ist eine schnelle Fluchtreaktion nicht gegeben und sie setzen deshalb Gifte zur Abwehr von Freßfeinden ein. Sie sind in den sogenannten Curvierschen Schläuchen oder den Atmungsorganen angesiedelt.

Diadema spez.: Diese Tiere sind für Riffbecken zwar geeignet, haben aber die im Text geschilderten giftigen Stacheln. Sie verursachen äußerst unangenehme Schmerzen, auch beim Menschen.

Bei einem Angriff auf diese Tiere ist zu beobachten, daß von ihnen dann schleimige Fäden oder eine milchige Substanz ausgeschleudert wird, die das Gift enthält. Diese milchigen, oft stark schäumenden Sekrete, haben eine Seifenlaugen ähnliche Wirkung. Sie setzen die Oberflächenspannung des Wassers herab. Hauptangriffspunkt bei den Fischen, die als die Hauptfreßfeinde der Tiere betrachtet werden, sind die Kiemen. Sie können auf Grund der Wirkung des Giftes keinen Sauerstoff mehr aufnehmen. Die Sekundärwirkung ist der Erstickungstod. Diese Auswirkung ist auch unter Aquarianern bekannt. Aber trotzdem werden diese, zugegebener Maßen farblich sehr ansprechenden Tiere, weiterhin sehr oft in Aquarien gehalten, ohne die nötige Vorsicht beim Umgang mit ihnen walten zu lassen. Ein bedauerlicher Umstand!

Paracumaria tricolor: Seegurken in Riffbecken einzusetzen in denen sich auch Fische befinden, ist äußerst unklug. Es ist nicht nur so, daß alle Fische bei Verletzung dieser Tiere sterben, sondern auch der Laich dieser Tiere ist für alle, die diesen fressen tödlich. Ein Eingreifen beim Eintreten dieses Falles ist nicht mehr möglich.

Die hohe toxische Wirkung wird an folgendem Beispiel sichtbar. Haie, eingesetzt in Wasser mit einem Gehalt von 2 ppm Holothurin, so heißt das Gift, reagierten sofort mit Flucht. War dies nicht möglich, so stellten sich Würgereflexe ein und nach ca. 1 Stunde der Tod dieser recht großen Tiere. Ähnlich wirkende Stoffe entwickeln auch Haarsterne.

Das waren einige bekannte Tiere, die chemische Substanzen zum Leben bzw. zum Überleben, zum Beutefang, aber auch zur Verständigung untereinander benutzen. Eine Vielzahl weiterer Tiere verwenden Gifte oder ähnliche Substanzen in der einen oder anderen Art. Einige der Stoffe werden auch als Botenstoffe benutzt und auch so bezeichnet. Sie dienen in dieser Form dem Anlocken von Sexualpartnern und sind wichtig für die Fortpflanzung. Wirkungen und Auswirkungen sind also ganz unterschiedlich definiert. Es sollte deshalb immer unser Ziel sein, mit uns zunächst unbekannten

Überlebensstrategien im Riff

Paracumaria tricolor: Ein schöner Anblick in einem Riffbecken, man sollte aber auch daran denken, welch furchtbare Waffe dieses Tier hat. Wir Aquarianer sind leider nicht unfehlbar, so daß wir sagen können, »bei uns wird schon nichts passieren!«

Tieren stets sehr sorgfältig und behutsam umzugehen, immer vor Augen, daß diese Tiere durchaus in der Lage sind, bei unsachgemäßer Behandlung bzw. bei Verletzung, sich auch uns gegenüber zu wehren. Wie wir gesehen haben nicht nur mit harmlosen Mitteln. Für uns Menschen können hier tödliche Gefahren lauern. Das Beschäftigen mit diesen Tieren und deren Lebensbedingungen sollte deshalb für uns Aquarianer ein wesentlicher Aspekt in der Ausübung unseres Hobbys sein.

Es ist aber nun nicht so, daß nur höher entwickelte "Wirbel-" oder "Niedere Tiere" die Chemie in der einen oder anderen Art nutzen. Auch Algen sind Bewohner des Riffes und müssen sich dagegen wehren, von fremden Organismen, deren Nahrung sie oft darstellen, ausgerottet zu werden. Für das Überleben dieser Spezies ist es aber auch notwendig, daß sie sich untereinander genügend Lebensraum gewähren und sich nicht durch unkontrollierten Wuchs selbst behindern und so zu ihrer eigenen Vernichtung beitragen.

Auch hier werden mangels anderer Möglichkeiten ähnliche Mittel eingesetzt, wie es die zuvor beschriebenen Tiere tun. Algen im Riff sind durchaus nicht ungewöhnlich. Sie sind ständig präsent, stellen einen wesentlichen biologischen Auf-

baufaktor dar, und werden hier durch einen Regelmechanismus in Grenzen gehalten. Obwohl wir sie in unseren Aquarien nicht haben wollen und sie auch nicht dulden dürfen, wachsen sie auch hier. Das muß durchaus nicht immer als ein schlechtes Zeichen gewertet werden. Es ist nur notwendig, einen möglichst natürlichen Regelmechanismus zu finden. Oft genug wachsen sie in Aquarien aber hemmungslos, was im Riff, als auch im Aquarium auf eine Störung im biochemischen Ablauf ganz allgemein hindeutet. Im Riff können die Algen normalerweise nicht ausufernd wachsen, weil zu viele Tiere vorhanden sind, die diese Algen als Nahrung benötigen und deshalb immer in Grenzen halten. Das überhandnehmen auch in diesem Lebensraum ist meist als Anzeichen dafür zu werten, daß eine Störung im Ökosystem des Riffes eingetreten ist. In der Regel sind es auch hier chemische Einflüsse, die von uns Menschen zu verantworten sind.

Anders ist es auch in unseren Aquarien nicht. Andere Regulationsfaktoren sind folgendermaßen definiert. Die algenfressenden Tiere sind in der Regel nur auf ganz spezielle Arten fixiert und siedeln sich im Riff dort an, wo diese Algen vorkommen.

Mesophyllum spez.: Kalkalgen in begrenzter Menge sind nicht nur ein schöner Anblick im Riffaquarium, sondern erfüllen auch mannigfaltige biologische Funktionen. Sie sollten aber im Wachstum begrenzt werden.

Sind diese Nahrungsspezialisten auf Grund von Umwelteinflüssen nicht vorhanden, dann kann es durch diesen Einfluß zur Ausuferung von bestimmten Algen-Arten kommen. Sie können durch das Fehlen von Freßfeinden oder das Versagen von Regulationsmechanismen der Algen selbst, ausgelöst werden.

Schwämme verschiedenster Art werden mit der Zeit von allein im Riffaquarium entstehen. Aber, wenn man Glück hat, können auch importierte Tiere eingesetzt werden. Die hier gezeigten zählen dazu. Schwämme haben erhebliche Mengen Antibiotika in ihrem Gewebe, die schlagartig freigesetzt eine verheerende Wirkung auf Steinkorallen haben.

Aus dieser Spezialisierung kann abgeleitet werden, warum nicht alle Algen, insbesondere Fadenalgen, von algenfressenden Tieren im Aquarium in Grenzen gehalten werden können. Eine Alge ist schon vom "Geschmack" her nicht wie die andere. Dazu haben auch die unterschiedlichen pflanzlichen Bewohner des Riffes differenzierte chemische Abwehrstoffe gespeichert, die nur von wenigen, wiederum spezialisierten Tieren toleriert werden können. Es ist deshalb eine irrige Annahme von uns Aquarianern, wenn wir ganz allgemein algenfressende Tiere ins Aquarium setzen, in der Hoffnung, sie werden die Algen schon in Grenzen halten. Daß wir mit dieser Methode Erfolg haben, hängt von einer gehörigen Portion Glück ab. Auch die Tiere, von denen bekannt ist, daß sie Algen fressen, sind nicht in der Lage, Fehler im Ökosystem des Aquariums auszugleichen. Das gleiche trifft auch für das Riff zu. Hier muß der Grundkonsens ins Lot kommen, damit wieder Normalität eintritt.

Die bekannteste Art der Abwehr von Freßfeinden der Algen wird bei der Halimeda-Kalkalge sichtbar. Sie schützt sich durch das Einlagern von Kalzium in ihrer Substanz. Diese Alge besteht zu 50%-90% aus Kalziumkarbonat, das für die meisten Fische, die sie fressen würden, nicht verdaulich ist. Da es aber auch im Riff Fische gibt, die Korallen und damit auch Kalzium fressen, wären diese Algen ein ausgezeichnetes Futter für die Tiere. Sie werden von ihnen aber absolut gemieden, weil die Alge zusätzlich ein Gift entwickelt hat, das eine Fraßhemmung bei den entsprechenden Freßfeinden auslöst.

Da Verteidigungsstrategien bei den "Niederen Tieren" und den pflanzlichen Bewohnern des Riffes immer zweigleisig aufgebaut werden, haben auch die schon gut geschützten Algen chemische Abwehrmöglichkeiten entwickelt. Sie produzieren fraßhemmende Stoffe, sogenannte Sekundärmetaboliten (Stoffwechselprodukte), die in ihren Zellen eingelagert werden. Diese verhindern, daß die Alge ganz aus dem Riff verschwindet. Es sind wiederum nur ganz spezielle Tiere in geringer Zahl, die diese chemische Barriere durchbrechen können.

Aus Algenarten ist z.B. das Saxitoxin isoliert worden, welches ebenfalls zu den höchst giftigen Naturstoffen gezählt wird. Caulerpa-Arten haben z.B. Stoffe entwickelt, die eine fraßhemmende Wirkung speziell auf Seeigel ausüben. Die Zusammensetzung dieser Gifte, die ebenfalls Sekundärmetaboliten sind, ist ähnlich der vorgenannten Art, nur in einer anderen Zusammensetzung.

Die Variationen dieser ähnlichen Algengifte scheinen alle nur verschieden große Mengen bestimmter Stoffe zu haben, die dann auf bestimmte Tiere einwirken. Wenig, oder gar nicht bekannt ist, welche Mechanismen die übermäßige Ausbreitung dieser besonders gut geschützten Algenart im Riff verhindern. Sind keine Freßfeinde vorhanden, dann könnte es durchaus der Fall sein, daß auch hier die Produktion von chemischen Abwehrstoffen und die Abgabe an den umgebenden Wasserraum ein Regulativ, auch für die Algen selbst, darstellt.

Dieses Regulativ wird in der Regel von außen, das heißt von den Umgebungsparametern, gesteuert. Dies können die Wuchsdichte und das Nahrungsangebot an gelösten Stoffen im Wasser sein. Die Theorie mit der Wuchsdichte, die eine besondere Rolle zu spielen scheint, ist schon vor langen Jahren, als wir noch relativ viele Algen-Arten in unseren Becken

Ein völlig intakter Schwamm wie er eingesetzt werden sollte. Diese Art ist im Aquarium lebensfähig und kann ein enormes Wachstum haben.

hatten, beobachtet worden und kann deshalb bestätigt werden. Insbesondere bei der Traubencaulerpa (Caulerpa racemosa) sind Auflösungserscheinungen im Aquarium schon des öfteren aufgetreten. Sie traten immer dann in Erscheinung, wenn die Algen zu dicht gewachsen sind.

Die als Antibiose bezeichnete Form der Abwehrmöglichkeit hat eine weitere Variante des Zusammenlebens verschiedener Tiere im Riff ermöglicht und ist einer weiteren Überlebensstrategie im Riff zuzuordnen. Sie verhindert in erster Linie ein Überwachsen von kleinwüchsigen Tieren. Das wird durch Substanzen bewirkt, die als Antibiotika bezeichnet werden und uns auch aus der Medizin bekannt sind.

Diese Antibiotika werden von den entsprechenden Tieren synthetisiert. Auch Seewasser selbst hat eine antibiotische Wirkung. Es verhindert z.B. die Bildung von Eiterbakterien. Diese Wirkung des Seewassers wird von den im Wasser gelösten antibiotischen Stoffen, die wahrscheinlich von Bakterien produziert werden, ausgelöst. Antibiotische Stoffe sind in fast allen Schwammarten enthalten. Sie wirken hemmend auf die Zellteilung bestimmter Tierarten (Aufwuchstiere).

Auch Korallenarten sind hiervon insofern betroffen, indem die Photosynthese ihrer symbiotischen Algen be- bzw. verhindert wird. Sie bringen damit die Korallen, die in der Nähe von Schwämmen wachsen, in begrenztem Maße zum Absterben.

In erster Linie wirken Antibiotika aber, wie schon gesagt, wachstumshemmend auf die Besiedlung durch andere Organismen. Hiermit werden in erster Linie die Algen, Hydroidpolypen und andere ähnliche Tiere abgewehrt. Diese, als Antibiose bezeichnete Überlebensstrategie ist für bestimmte Tiergruppen der wichtigste Überlebensfaktor.

Antibiotika werden zuweilen auch zur Bekämpfung von Spalt- bzw. Bakterienalgen in Seewasseraquarien empfohlen. Wir müssen beim Einsatz solcher Mittel dann aber auch bedenken, daß hier Auswirkungen in der einen oder anderen Art auf bestimmte Tiergruppen zu erwarten sind. Diese werden in der Regel immer negativ sein und beim Eintreten von Folgeschäden zu einem langwierigen desolaten Zustand des Beckens wesentlich mit beitragen. Alle vorgenannten Gifte dienen im Riff dem einzig übergeordneten Zweck, in der Enge des Riffes die Art trotzdem zu erhalten. Sie sind sowohl als Signale an andere

Arten, z.B. zu Paarungszwecken, als auch als wirkungsvolle Waffe anzusehen. Sie können Wirkungen im positivem Sinne, als auch negative Auswirkungen haben und dienen dabei dem Anlocken von Beutetieren genauso, wie dem Abschrecken von Freßfeinden.

Ich habe hier aufgezeigt, mit welch gefährlichen Waffen die Tiere im Meer, aber auch in unseren Aquarien ums Überleben kämpfen. Es sind bei einigen dieser Tiere, wie es scheint auch Gifte dabei, die uns Menschen in höchstem Maße gefährlich werden können. Zum Glück scheint es aber so zu sein, daß die Gifte stark flüchtig sind und nur eine geringe Wirkzeit zu haben scheinen. Sie werden sicherlich, mit Ausnahme des Giftes der entsprechenden Conus-Schnecke, nicht in den Mengen vorhanden sein, die für uns Menschen in jedem Fall eine Bedrohung bedeuten. Mit Giften wie z.B. das der Seeigel haben sicher schon einige von uns Bekanntschaft gemacht und schmerzhafte Erfahrungen sammeln können. Deshalb sollte uns die Kenntnis um diese Tatsachen zum sachgemäßen und vorsichtigen Umgang mit Tieren aus diesem Lebensraum veranlassen.

Gifte in kleinen Mengen können zwar eine heilende Wirkung haben, aber wer weiß schon, wo die Grenze dieser kleinen Menge liegt. Dazu kommt noch beim Menschen, daß jeder verschieden reagiert. Was bei dem einen nur Schmerzen verursacht, kann beim anderen schon zum Tod führen.

Das Wahrnehmen von chemischen Reizen und das Reagieren darauf ist nicht nur im Marinen, sondern auch im erdgebundenen Bereich verbreitet. Der Kenntnisstand über die Wirkfaktoren der Gifte im erdgebundenen Bereich ist jedoch wesentlich größer. Im Marinen Bereich, wo die Wirkstoffe eine beträchtliche Verdünnung durch das Wasser erfahren, sind Wirkungen und Auswirkungen viel schwieriger nachvollziehbar. Hält man sich aber vor Augen, was für winzige Spuren von Wirkstoffen von einem Organismus in diesem Lebensraum wahrgenommen werden müssen, ist es leicht vorstellbar, wie empfindlich bestimmte Tierarten reagieren müssen, um die Signale, die zum Überleben wichtig sind, wahrzunehmen. Schon aus diesem wirklich einsichtigen Grund sollten gravierende oder abrupte Veränderungen jeder Art in einem Seewasseraquarium tunlichst unterbleiben.

Insbesondere größere Eingriffe in den Chemismus des Wassers sind generell zu vermeiden, sonst dürfte eine Katastrophe nicht lange auf sich warten lassen. Das Vorhandensein von Spuren eines Wirkstoffes im Wasser hat zur Folge, daß sich bestimmte Tiere entwickeln, bzw. deren Entwicklung verhindert wird, und ob ein Riff im Wohnzimmer entsteht oder nicht. In diesem Zusammenhang von einem biologischem Gleichgewicht zu sprechen, ist sicher angebracht.

Um dieses aufrecht zu erhalten, müßte die Folgerung für unsere Aquarien sein, daß wir besonders kritisch bei der Auswahl von Filtersystemen sind. In der Kenntnis, daß viele der Gifte einen Regelmechanismus darstellen, kann es sicher nicht von Nutzen sein, bzw. dem Sinn eines Miniriffs entsprechen, wenn wir sie rigoros aus dem Wasser herausfiltern. Das Ziel ist dabei fast immer noch mehr Tiere unterzubringen.

Wir vergessen dabei jedoch, daß wir damit anderen Tieren eine wichtige Lebens- und Fortpflanzungsgrundlage entziehen. Die Anhäufung von nicht passenden Tieren in einem Aquarium führt auf jeden Fall früher oder später zu Fehlentwicklungen. Mit einigen sehr effektiven Filtersystemen können andererseits aber auch Stoffe produziert werden, die für die Tiere im Lebensraum Aquarium Fehlentwicklungen noch gänzlich unbekannter Art auslösen. Auch die übermäßige Entwicklung von Fadenalgen ist in diesem Bereich mit angesie-

Auch lederartig wachsende Exemplare sind manchmal im Handel zu finden. Sie bringen in dieser Färbung einen schönen Farbkontrast ins Becken.

delt. Auswirkungen zur Eliminierung von Abwehrstoffen gegen Raumkonkurrenten sind vorwiegend beim Dauereinsatz von hochaktiver Kohle, wie sie in der Meeresaquaristik vielfach verwendet wird, zu erwarten.

Man sollte bedenken, daß die Absorptionswirkung sehr effektiv ist und deshalb nicht immer als ein Vorteil gewertet werden kann. Auch andere Filtersysteme können aufgrund von Umsetzungsprozessen natürliche Abwehrstoffe herausfiltern bzw. wiederum in Wechselwirkung schädliche Substanzen produzieren.

Eine ähnliche Gefahr ist auch im unverhältnismäßigen Wasserwechsel zu sehen. Hier tritt eine Verdünnung der in einem bestimmtem Wasservolumen enthaltenen "Abwehrelemente" im vorgenannten Sinne ein. Auch die Verwendung von Osmosewasser ist noch nicht ausreichend in dieser Richtung erprobt worden, und zwar dahingehend, daß es infolge der Entmineralisierung zu einem drastischen Spurenelementemangel kommen kann.

Weniger haltbar sind zylinder- und kelchartig wachsende, farbige Schwämme. Einmal abgesehen von der Größe, die immer eine größere Gefahr der Schädigung beherbergt, sind sicher noch weitere Faktoren für die Hinfälligkeit ausschlaggebend.

Es ist deshalb in allen Fällen, die die Wasserchemie gravierend beeinflussen, Behutsamkeit angeraten.

Bei vielen Arten der Wasseraufbereitung werden mit ziemlicher Sicherheit Spuren von Stoffen entfernt, die eine wichtige Aufgabe bei den Entwicklungsvorgängen im Aquarium spielen und die wir nicht überwachen können. Die Vielfalt der Stoffe, die im Riff, sowie auch im Aquarium produziert werden und ganz bestimmte Vorgänge auslösen, läßt vermuten, daß eine Vielzahl von Tieren vielfältige Abwehrmechanismen gegen verschiedene Gifte entwickelt haben. Sie stellen dann in begrenztem Umfang wenigstens einen kleinen Sicherheitspuffer gegen nicht beherrschbare Entwicklungen im Aquarium dar. Ein gutes Beispiel dafür ist das Entwickeln von Tieren aus pelagischen Larven. Diese Larven werden bei der Laichabgabe im Riff verdriftet, und es ist für sie nicht absehbar, wo sie sich einmal festsetzen können. Sie müssen sich dann an dem Platz, an dem sie eine Möglichkeit dafür finden, versuchen sich anzupassen. Das allein setzt schon das Vorhandensein verschiedener Anpaßmechanismen voraus. Nicht immer wird das gelingen, aber die Faunenvielfalt des Korallenriffes zeigt uns, daß hier vieles möglich ist.

Auch wenn wir manches davon nicht immer verstehen können und es auch nicht vorstellbar ist, sollten wir uns doch ernsthaft damit auseinandersetzen. Was wir aber verstehen müssen, besonders für das Wohlergehen der Tiere in unseren Aquarien, ist, daß Abwehrmechanismen in der vorbeschriebenen Vielfältigkeit vorhanden sind.

Wo uns die Wirkung dieser Vorgänge bekannt ist, sollten wir kein Risiko eingehen. Es wird uns gerade in unseren Aquarien mit Sicherheit nicht gelingen, was in Jahrmillionen im Riff entstanden ist, im Aquarium in der einen oder anderen Art gewaltsam umzustoßen. Wir können aber hoffen, und Beispiele belegen es auch schon, daß einige Anpaßmechanismen dabei sind, die dafür sorgen, daß verschiedene Tiere sich auch an das Aquarienleben anzupassen vermögen.

Beispiele dafür sind insbesondere das Entstehen von echten Riffaquarien und die Hälterung und Vermehrung der hermatypischen Steinkorallen, die unbestritten als die empfindlichsten Tiere des Riffes gelten.

Bewegliche Bewohner eines Riffaquariums
– Die Fische –

- **Fischauswahl für ein Riffbecken**
- **Probleme des Fischbesatzes**
- **Anzahl und Art der Fische als Entscheidungsfaktor**

Die vorhergehenden Ausführungen befaßten sich mit dem Aufbau und dem Einfahren eines Riffbeckens und den Baumeistern der Riffe, den Steinkorallen.

In den Riffen der tropischen Meere leben aber nicht nur "Niedere Tiere", wie es z. B. die Korallen sind. Auch eine Vielzahl von Wirbeltieren gehört zu der Gemeinschaft der Riffbewohner.

Pseudochromis diadema: Ein Riffbarsch der für ein Riffbecken geeignet wäre. Er ist aber sehr aggressiv gegenüber fast allen Fischen. Er bildet ein Revier, das in der Regel das ganze Becken umfaßt. Deshalb zumindest für ein Riffbecken mit kleinen Fischen nicht geeignet.

Alle diese Tiere tragen gemeinsam, in fein abgestimmter Weise, zum Aufbau der Riffe bei, wenn auch die Korallen selbst die primären Riffbaumeister sind.

Von den Wirbeltieren gibt es viele Arten, die ohne Korallen nicht existieren könnten. Zum einen weil sie keinen Schutz vor Freßfeinden finden, zum anderen sind die Korallen selbst ihre Nahrungsgrundlage. Zu diesen Tieren gehören viele Fischarten, die zum Teil in den Korallen oder in deren Nähe leben. Sie finden hier bei Gefahr schnell Schutz und sie ermöglichen ihnen ein Überleben in einem Lebensraum, den sie mit Freßfeinden teilen müssen.

Die Fischarten, die von den Korallen leben, sie also als Nahrung betrachten, scheiden natürlich als Besatz für ein Riffaquarium aus und werden hier nicht behandelt. Es sollen nur einige wenige aus der Vielzahl der Geeigneten vorgestellt werden, die einen möglichen Fischbesatz für ein Riffbecken mit hermatypischen Steinkorallen darstellen. Für die Auswahl der Fische in der Art und Anzahl sind in erster Linie Gründe maßgebend, die dem speziellen Beckentyp (Riffbecken) entsprechen. Die Auswahl hat aber auch immer subjektive Aspekte, weil eben die Geschmäcker verschieden sind. Andererseits sind bei dieser Vorstellung Fische dabei, die in anders gearteten Becken kaum eine reelle Überlebenschance haben. Sie finden z.B. in einem Fischbecken kein geeignetes, d.h. artgerechtes Futter und müssen mit Ersatzfutter versorgt werden.

Der Hauptgrund jedoch für die Fischauswahl in dieser Zusammenstellung ist, Fische, die ja zweifellos das Bild des Beckens optimal abrunden, zu finden, die in diesem Beckentyp wenig zusätzlich gefüttert werden müssen.

Wie ich in vorhergehenden Abschnitten schon ausgeführt habe, ist ein stabiles biologisches Gleichgewicht in einem Riffbecken von entscheidender Bedeutung für das Wachstum der hermatypischen Steinkorallen. Für das Gleichgewicht bedeutet der Besatz mit Fischen, die zusätzlich gefüttert werden müssen, eine große Gefahr, da sie mit ihren Stoffwechselprodukten und nicht gefressenen Futterresten das Wasser besonders stark belasten. Dafür, daß man hier einen gangbaren Weg und trotzdem einen optisch guten Fischbesatz findet, ist es von enormer Wichtigkeit, diesen in langsamer Folge und nach intensiver, langzeitlicher Beobachtung des übrigen Beckenbesatzes (Niedere Tiere) vorzunehmen. Ein Übermaß an Fischen, sowohl an Arten und Anzahl, kann dem Beckentyp besonders schweren Schaden zufügen.

Zebrasoma flavescens: ist ein »muß« für das Riffbecken mit hermatypischen Steinkorallen. Er ist der Fisch, der jeglichen Algenaufwuchs abweidet. Er frißt jedoch keine langfädigen Fadenalgen. Diese werden von allen Fischen gemieden.

Der nachfolgende Fischbesatz wurde von mir nach folgenden Kriterien ausgewählt:

1. Es sollten nützliche Fische sein
2. Fische, die Leben ins Becken bringen
3. Außergewöhnliche Fische
4. Fische, die man nicht ständig im Blickfeld hat, wenn man so will, Überraschungsfische.

Diese vier Fischgruppen in meinem Becken haben sich als idealer Besatz herausgestellt und sind in Abwandlungen auch in vielen anderen Riffbecken zu finden. Innerhalb der vier Gruppen gibt es viele Variationsmöglichkeiten, so daß ein Besatz nicht gleichförmig oder eintönig sein muß. Es sterben ja auch Fische, und es ist dann möglich, innerhalb der vier Gruppen, den einen oder anderen auszutauschen, so daß dann auch mal ein anderer Fisch im Becken schwimmt und Abwechslung in das Aquarium bringt.

Betrachten wir nun die Fischgruppen im Einzelnen.

Als erstes haben wir da die nützlichen Fische. Sie umfassen in erster Linie die Gruppe der Doktorfische. Sie sind in der Regel Weidegänger und fressen ständig den Algenbelag, schon als Aufwuchs von der Dekoration ab. So können sie durch diese Eigenart dazu beitragen, wenn auch nicht ausschließlich, daß sich in unseren Becken die Fadenalgen nicht übermäßig ausbreiten. So, wie sie auch im Riff Weidegänger sind und die Algen auf diese Art kurz halten, können sie das auch im Aquarium tun. Unermüdlich sind sie am Fressen, und es ist immer wieder faszinierend zu beobachten, wie sie behutsam die "Niederen Tiere", z. B. Leder- und Weichkorallen, von aufsitzenden Algen befreien. Sie sind auch eine nützliche Hilfe, wenn sich die Lederkorallen infolge von Strömungsmangel nicht häuten können. Diese Haut wird von Doktorfischen gern gefressen. Der unermüdliche Freßeifer und der damit zusammenhängende hohe Nahrungsumsatz hat nun aber zur Folge, daß sie das Wasser relativ stark belasten. Zu ihrer Nahrung gehört zwar in der Hauptsache pflanzliches Futter, aber auch der Stoffumsatz aus dieser Nahrung belastet das

Wasser. Es ist deshalb angebracht, nur einen bis höchstens zwei Fische dieser Art in einem mittelgroßen Riffbecken zu halten. In meinem Becken schwimmen ständig ein Zebrasoma flavescens als Standardfisch und ein Acanthurus teutis. Beide Fische sind relativ billig, ansprechend in der Farbe und haben die oben geschilderten Eigenschaften in ganz ausgeprägter Form. Beachtet werden sollte bei der Auswahl der Doktorfische auch folgender Umstand. Der Aufwuchs in einem Riffbecken ist relativ gering und muß auch so gehalten werden. Ein Doktorfisch ist durchaus schon mal in der Lage, ein Becken "leer" zu fressen. Dann muß er an jederzeit greifbares Ersatzfutter gehen, um zu überleben. Das tun die beiden hier beschriebenen Arten ohne Probleme. Sie sind ohne weiteres mit Flockenfutter, z. B. Tetra-Marin am Leben zu erhalten. Mit anderen Arten kann es erhebliche Schwierigkeiten geben.

Paracanthurus hepatus: Ein weiterer Fisch für ein Riffbecken der nützlichen Art. Seine Hauptnahrung sind ebenfalls Aufwuchsalgen. Dieser Fisch neigt mit zunehmendem Alter dazu, sich an Niederen Tieren zu vergreifen und ist deshalb im Auge zu behalten. Er ist aber trotzdem lange Zeit ein nützlicher Fisch.

Ein anderes Problem bei diesen Fischen ist, daß offensichtlich nicht alle Arten gleich gut mit den Nesselgiften der Riffkorallen fertig werden, was naturgemäß in einem Riffbecken vermehrt vorhanden ist. Nach heutigem Kenntnisstand ist es nicht möglich, z.B. den Weißkehldoktor, den Philippinendoktor und ähnliche, in einem Steinkorallenbecken zu halten. Sie werden offensichtlich von den Nesselgiften der Tiere geschädigt.

Acanthurus leucosternon: Dieser Fisch wäre im Riffbecken ein Blickfang. Leider ist er in diesem Becken nicht haltbar, da er sehr empfindlich auf Nesselgifte reagiert.

Die nächste Gruppe sind die Fische, die Leben ins Becken bringen. Hierzu zählen in erster Linie die unerhört wendigen und auch harten Riffbarsche, wie z. B. Pomacentriden und auch alle Chromis-Arten. Sie sind zum größten Teil farbenprächtig, anpassungsfähig, aber oft auch streitsüchtig. Da die Fische, wenn sie gesund sind, in einem gut strukturierten Riffbecken viele Versteckmöglichkeiten finden, endet ihre Streitsucht selten tödlich. Im Gegenteil, gerade die Streitereien um Reviergrenzen machen diese kleinen, farbenprächtigen Fische zu einem Blickfang in einem Riffbecken. Sie zeigen beim Abstecken des Revieres ihre Farben besonders intensiv, und man kann ihre Eigenarten, die sich aus dem Zusammenleben ergeben, studieren. Auch das Schwarmverhalten bei den Chromis-Arten ist schon ab einer Gruppe von 6 Stück, gut zu beobachten und sehr interessant.

Die Auswahl an Riffbarschen ist besonders groß. Welche Paarung man bevorzugt, ist jedem selbst überlassen. Ich habe für mein Riffbecken folgende Zusammenstellung gewählt:

Chrysiptera cyanea: Riffbarsche jeglicher Schattierung sind sehr rabiate Fische. Sie sind Revierbildner und neu eingesetzte Fische haben gegen sie meist keine Chance. Sie sind aber trotzdem für Riffbecken geeignet, da sie Leben ins Aquarium bringen. Der Einsatz sollte deshalb als letzter Besatz erfolgen.

Die Gelbschwanzdemoiselle Abudefduf parasemas, den Gelbbauch-Riffbarsch Eupomacentus leucostikus und die blaue Demoiselle Abudefduf cyaneus. Dazu kommt noch ein Schwarm von 5 Chromis viridis. Die Fütterung der Fische bereitet keine Probleme. Sie finden in einem Riffbecken genügend Futter und nehmen auch jede Art von Trockenfutter an.

Ratsam ist es, die Fische gemeinsam in das neue Becken einzubringen. Das Einsetzen einzelner Tiere dieser Arten nach-

Chrysiptera Taupou: Auch für diesen Fisch gilt das vorher gesagte. Sie sind sehr robust und ausdauernd, aber keine Algenfresser. Sie können aber dennoch in eingefahrenen Riffbecken fast ohne Zusatzfutter auskommen.

einander könnte zu Verlusten führen, da auch ein einzelner, als erstes eingesetzt, das ganze Aquarium sofort als sein Revier abstecken würde. Andere Fische, mit diesen vergleichbar, sind die Pseudochromis Arten. Auch sie sind für ein Riffbecken besonders gut geeignet. Sie werden nicht zu groß, und es gibt mit ihnen keine Futterprobleme. Allen gemeinsam ist aber ihre Streitsüchtigkeit. Insbesondere dann, wenn neue Fische eingesetzt werden. Sie können sich zu regelrechten Tyrannen entwickeln.

Synchiropus splendidus: Zählt in meiner Aufzählung der geeigneten Fische zu den außergewöhnlichen Fischen. Er ist nur in Riffbecken haltbar, da er ausschließlich lebendes Futter sucht. Nur hier zeigt er sein außergewöhnliches Verhalten.

Zur nächsten Gruppe gehören Fische, die nicht den herkömmlichen Fischformen und Verhaltensweisen entsprechen. Es sind außergewöhnliche Fische. Eine Überlegung, die nicht die Zustimmung eines jeden Meeresaquarianers finden wird, hat mich zu dem Besatz mit den nachfolgenden Fischarten geführt. Es sollten Fische sein, die interessant in ihrer Verhaltensweise sind und auch von der Form her den gestellten Anforderungen entsprechen. Diese kann man in der Gruppe der Laierfische und der Seenadeln finden. Sie sind farblich ansprechend, legen interessante Verhaltensweisen an den Tag und haben auch nicht die alltägliche Fischgestalt. Die Laierfische, und hierbei besonders der Mandarinfisch Synchiropus splendidus, haben mich schon lange fasziniert. Es ist aber erst heute in einem Riffbecken mit seiner vielfältigen Mikrofauna möglich geworden, den wunderbaren Fisch für eine annehmbare Zeit am Leben zu erhalten. Er findet nur hier das Futter, das er zum Leben und zur Entfaltung seiner vollen Pracht braucht. Von diesen Fischen kann man sich ein Paar zulegen. Leicht sind sie am ersten Rückenflossenstrahl, der beim Männchen lang ausgezogen ist, zu unterscheiden. Sie fressen in der Regel nur lebendes Futter, und müssen, bzw. können nicht extra gefüttert werden. Sie ernähren sich von Kleinkrebsen und vielerlei Würmern, die es in einem Riffbecken reichlich gibt. Das ist auch der Grund, warum nicht jeder Aquarianer dem Besatz mit diesen Fischen zustimmen wird. Es wird oft die Sorge geäußert, daß sie die Populationsdichte der Tiere zu sehr einengen. Ich kann aber heute sagen, daß ein Pärchen dieser Fische der Mikrofauna in einem funktionierenden Riffbecken keinen ernsthaften Schaden zufügen wird. Die Fische sind am Tage getrennt unterwegs auf Futtersuche und ständig am Fressen. Wenn sich die Partner am Tage treffen, beachten sie sich in der Regel nicht. Erst am Abend, in der Dämmerphase, wenn die blaue Leuchtstofflampe Philips TLD 18 diffuses Licht verbreitet, kann man das wunderbare Laichspiel beobachten. Das erregte Abspreizen der Flossen, die intensive Färbung und das blaue Licht machen dieses Verhalten zu einem faszinierenden Anblick. Es wurde auch schon im Aquarium die Abgabe von Laich beim eng umschlungenen Verbund der Tiere unter gleichzeitigem Emporsteigen zur Oberfläche des Wassers beobachtet. Dieses typische Verhalten läßt den Schluß zu, daß es pelagische Laicher sind. Ihre Nachzucht in Aquarien dürfte deshalb schwieriger sein als bei Haftlaichern.

Dunkerocampus dactylophorus: Die Zebraseenadel ist ein weiterer Fisch für ein Riffbecken. Trotz hervorragender Tarnung ist sie sehr scheu und darf nur mit friedfertigen Fischen vergesellschaftet werden. Sie benötigt zum Überleben ebenfalls ein eingefahrenes Riffbecken um genügend Futter zu finden.

Ähnlich interessante Fische sind die Seenadeln, z. B. Dunkerocampus dactylophorus. Sie, und auch alle anderen Seenadeln, sind mit den Seepferdchen verwandt. Wenn man ein wenig Phantasie hat und sich vorstellt, sie schwimmen senkrecht, kann man schon Ähnlichkeiten feststellen. Von diesen

Synchiropus picturatus: Eine weitere Variante dieser Fischart. Obwohl es sich hier um zwei verschiedene Arten handelt, sollte man sie nicht gemeinsam in ein Becken einsetzen. Sie vertragen sich untereinander nicht. Beide Arten sind getrennt aber paarweise haltbar.

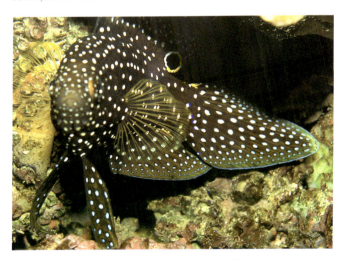

Calloplesiops altivelis: Der Mirakelbarsch ist der Überraschungsfisch. Er ist ein Höhlenbarsch, der auch in der Natur sehr zurückgezogen lebt. Dieses Verhalten behält er auch im Aquarium bei. Da er sehr träge ist, benötigt er sehr wenig Futter, das er in der Regel im Aquarium findet. Zusatzfutter ist deshalb nur geringfügig notwendig.

Fischen können mehrere in einem Becken gehalten werden. Die Seenadeln schwimmen in der Regel immer zusammen durchs Becken und bieten von daher schon einen nicht alltäglichen Anblick. Oft kann beobachtet werden, wie sie Körperkontakt suchen. Deshalb dachte ich auch lange Zeit, daß sie nur paarweise bzw. zu mehreren haltbar sind. Das ist aber offenbar nicht der Fall. Die Partnerschaft meines Seenadelpärchens dauerte 3 Jahre und wurde durch den Tod eines Partners beendet. Der andere lebte aber auch noch 1 Jahr im Becken allein weiter. Das Lebensalter der Fische insgesamt soll nur bei drei bis vier Jahren liegen. Sie dürfte somit eines natürlichen Todes gestorben sein.

Opistognathus rosenblatti: In der Nahrungsaufnahme kann man sehr gut den Brunnen erkennen, der oft neu gebaut wird.

Opistognathus rosenblatti: Brunnenbauer allgemein, so wie auch diese Art, sind für Riffbecken bedingt geeignet. Sie haben jedoch zwei Unarten, die in Riffbecken zu Problemen führen können. Sie graben gerne und vergraben oft auf dem Boden angesiedelte Ableger. Außerdem müssen sie gefüttert werden. Die hier gezeigte Art ist die noch am besten geeignetste.

Interessant an dem Fisch ist in erster Linie die Form, das oberständige Maul und damit verbunden die Nahrungsaufnahme. Dazu kommt das scheinbare Nichtvorhandensein von Flossen. Bei näherem Hinschauen können aber sehr wohl auf dem Rücken und auch an der Bauchseite kleine durchsichtige Flossen erkannt werden. Mit ihnen können sich die Seenadeln wirksam und auch sehr schnell in der Strömung des Beckens bewegen. Sie suchen aber immer die ruhigen Stellen auf und sind am Tage nicht so oft zu sehen. Die Seenadeln finden offensichtlich in den dunkleren Spalten und Höhlen der Dekoration leichter Futter als im hellen, freien Wasser. Sie, wie übrigens auch alle anderen scheuen Fische, kommen bei Einsetzen der Dämmerphase ins freie Wasser. Wahrscheinlich lockt das blaue Licht und das Plankton, soweit vorhanden, diese Fische in den vorderen Wasserraum. Das jedenfalls könnte man aus dem emsigen Treiben der sonst recht scheuen Tiere ableiten. Sie sind offensichtlich erregt und beständig am Schnappen nach irgendwelchem Futter, das man als Betrachter von außen nicht erkennen kann. Die Dämmerbeleuchtung ist deshalb für Fische sehr wichtig und sollte nicht zu kurz bemessen sein. Sie wird in einem Riffbecken mit

Amblyeleotris steinitzi: Auch für Symbiosegrundeln gilt, daß sie bzw. die Symbiosegarnele stark graben und dabei alles vergraben, was in der Nähe liegt. Auch diese Fische müssen gefüttert werden und sind deshalb nur bedingt für ein Riffbecken geeignet.

241

einer Philips TLD der Lichtfarbe 18 am wirkungsvollsten erreicht. Die Futteransprüche der Seenadeln sind ähnlich denen der Mandarinfische. Sie sind aber auch in der Lage und tun es auch, Mysis von beachtlicher Größe zu fressen. Auch dieser Fisch findet seinen optimalen Platz zur Entfaltung seines artgerechten Verhaltens nur in einem Riffbecken. Die Lebenserwartung der Seenadeln wird nur hier annähernd normal sein. Ihr Verhalten ist jedoch nicht mit dem des Mandarinfisches zu vergleichen, obwohl sie ihm in manchem ähneln. Diese Fische wirken in einem Riffbecken besonders durch ihre Form, wenn sie elegant durch die Zweige der lebenden Acropora-Korallen schwimmen, die bei der Dämmerbeleuchtung am Abend teilweise eine ganz eigentümliche gelbgrüne Färbung annehmen. Eine Folge der Fluoreszenzwirkung der UV-Schutzstoffe im Korallengewebe.

Chelmon rostratus: Dieser Fisch wird oft für ein Riffbecken empfohlen. Er ist dann gut geeignet, wenn man keine Röhrenwürmer pflegen will. Sie gehören zu seiner Hauptnahrung und werden zuerst gefressen. Er ist aber dann äußerst nützlich, wenn Aiptasien in Riffbecken überhand nehmen. Oft ist dieser Fisch die letzte Rettung. Achtung: Er steht unter Artenschutz!

Sie sind somit auch ideale und nicht alltägliche Fische für ein Becken dieser Art.

Als letztes haben wir dann die Überraschungsfische. Der eigentümliche Begriff, den ich für diese Fischart bzw. Gruppe gewählt habe, wurde aus dem Verhalten meines Mirakelbarsches Calloplesiops altivelis geboren. Der Mirakelbarsch ist sowohl von der Form als auch von der Farbe und Zeichnung her hervorragend getarnt. Da er ein Höhlenfisch ist, kommt er selten ins freie Wasser. Zumindest nicht, wenn am Tag die volle Beleuchtung eingeschaltet ist. Wenn ihn doch irgendein Umstand dazu einmal zwingt, dann durchschwimmt er sehr schnell den freien Wasserraum und verschwindet in der nächst erreichbaren Deckung. Er ist somit am Tage nicht oft zu sehen. Deshalb ist es wichtig, für ihn ein gut strukturiertes Becken, mit vielen Unterständen und Höhleneingängen zu haben. Sonst kann es passieren, daß man ihn überhaupt nicht zu sehen bekommt. Aber auch bei diesem Fisch bestätigen Ausnahmen die Regel. Wenn er neu eingesetzt wird, erkundet er erst einmal sein Reich, das immer in der Tiefe der Dekoration liegt, und er wird längere Zeit nicht zu sehen sein. Ein Umstand, dem wir schon bei der Dekoration Rechnung tragen müssen. Erst wenn für ihn sicher ist, genügend Unterschlüpfe zu haben, wird er von Zeit zu Zeit einmal einen Ausflug ins freie Wasser unternehmen, immer in der Gewißheit, bei Gefahr, schnell Schutz zu finden. Meist wird man aber nur seinen Kopf in einer Höhle sehen, oder er steht unter einer ausladenden Koralle, sodaß sein Rücken in jedem Fall immer geschützt ist. Er steht meist auf seinen starr abgespreizten Brustflossen und beobachtet seine Umgebung. Bei der geringsten ungewöhnlichen Bewegung in seinem Blickfeld ist er blitzartig verschwunden. Er hat zwar ein eingeschränktes Blickfeld reagiert aber auf Trittgeräusche sehr feinfühlig. Aus dieser Stellung heraus kann auch beobachtet werden, wie er Beute macht. Er starrt dann minutenlang auf einen Fleck, pumpt

Forcipiger longirostris: Dieser Fisch ist für Riffbecken nicht geeignet. Er frißt Korallenpolypen. Achtung: Er steht unter Artenschutz!

mit seinen Kiemen zunehmend schneller Wasser durch sein Maul und stößt dann blitzartig zu. Aus seinen Kaubewegungen, die oft nicht wahrnehmbar sind, möchte ich schließen, daß er in der Mehrzahl nur kleine Beute macht, die den direkten Weg in seinen Magen findet. Die Nahrung, die er sich selbst sucht, stellt seinen Hauptnahrungsbedarf sicher. Aufgrund seiner eher behäbigen Lebensweise, ist sein Bedarf offensichtlich nicht sehr groß, denn als Zusatzfutter bekommt mein Mirakelbarsch in der Woche nur eine Tetra-Tip Futtertablette, die er durchgebrochen verschluckt. Sicher wird er auch in einem anderen Beckentyp zu halten sein, wenn er beständig und abwechslungsreich gefüttert wird. Notwendig ist solche Fütterung in einem entsprechenden Riffbecken aber nicht.

Oxycirhites typus: Korallenwächter oder Büschelbarsche genannt, sind diese Fische für Riffbecken nicht geeignet. Es sind Aufsitzer, die die Korallen zumindest stören. Alle Fische dieser Art müssen gefüttert werden.

Wie gesagt, diesen Fisch kann man nur beobachten, wenn man sich vor dem Becken ruhig verhält. Es ist ein prächtiger Anblick, wenn er mit weit abgespreizten Flossen ins freie Wasser kommt und in seiner ganzen Pracht zu sehen ist. Eine echte Überraschung! Der Höhepunkt wird natürlich erreicht, wenn in der Dämmerphase nur blaues Licht das Riffaquarium beleuchtet. Dann schwimmt er nämlich relativ oft und auch langsam ohne Hektik durch das freie Wasser. Er erweckt dann den Eindruck, als wenn er sich mal ordentlich recken muß. Ein schönerer Anblick eines Fisches ist kaum noch denkbar. Der Fisch, obwohl sehr teuer, ist eine der lohnendsten Anschaffungen für ein Riffbecken. Er ist anspruchslos, fried-

lich und leicht zu ernähren. Mein Mirakelbarsch ist nach 13 Jahren und mit der zuvor beschriebenen Ernährungsweise in hervorragender körperlicher Verfassung und verspricht noch ein langes Leben. Das ist der Fischbesatz für mein Becken mit 600 Liter netto Wasserinhalt. Im ganzen 11 Fische. Mit Ausnahme der Doktorfische und des Mirakelbarsches sehr kleine Fische. Es sind Fische, die meine zuvor gestellten Anforderungen nützlicher, lebhafter und außergewöhnlicher Fische erfüllen.

Gobiodon citrinus: Gobis gehören zu den Tieren, die sich immer einen erhöhten Standort zum Verweilen suchen. Auch diese Tiere sind deshalb für Riffbecken mit empfindlichen Korallen nicht geeignet. Auch sie müssen gefüttert werden.

Es gibt nun noch viele andere Arten, die oft für ein Riffbecken mit "Niederen Tieren" empfohlen werden. Zum Beispiel Grundelarten, Korallenwächter, Kofferfische, Lippfische und manchmal auch Zwergkaiserfische.

Zu diesen Empfehlungen möchte ich sagen, daß die Auswahl der Fische die ich getroffen habe, Fische sind, die nicht zu oft zusätzlich gefüttert werden müssen und somit das Wasser nicht zu stark belasten. Sie stören außerdem die "Niederen Tiere" nicht, indem sie z.B. auf diesen leben, wie es die Korallenwächter und verschiedene Grundelarten (Zitronengrundeln) tun. Und es sind Fische, die die "Niederen Tiere" nicht als Futter betrachten und ständig oder nur gelegentlich an ihnen herumzupfen. Fast alle anderen Fischarten (Korallenwächter, Grundeln, Zwergkaiser) vergreifen sich früher oder später, oft auch unbemerkt, an den Blumentieren. Man rätselt dann oft lange herum, warum das eine oder andere Tier sich nicht mehr entfaltet. Es reicht nämlich aus, wenn ein Fisch

Centropyge loriculus: Alle Zwergkaiser passen nicht in Riffbecken mit Steinkorallen. Sie gehen über kurz oder lang an Korallenpolypen. Insbesondere stellen sie in kleineren Becken eine größere Gefahr für diese Tiere dar. Auch Lederkorallen werden gern als Futter betrachtet. Dieser Fisch steht unter Artenschutz.

Balistoides Consicillum: Ist es nicht bedauerlich, diesen prächtigen Fisch in einem Riffbecken zu sehen? Sicher ist, daß er nach kürzester Zeit entfernt werden muß, da er die Korallen vernichtet! Die Frage bleibt, was wird mit ihm geschehen?

Dendrochirus brachypterus: Für den Besatz eines Riffbeckens sollten diese Fische nicht in Betracht gezogen werden. Sie müssen einerseits in jedem Fall nicht unerheblich gefüttert werden und stellen andererseits eine Gefahr für den Pfleger dar. Meeresaquaristik dieser Art muß nicht sein!

zwei bis dreimal am Tag z. B. einer Lederkoralle einen Polypen abreißt. Die Koralle geht davon zwar nicht ein, aber sie entfaltet auch ihre Tentakel nicht mehr, und man wird dieses Tier nicht mehr in seiner vollen Schönheit bewundern können. Abgesehen davon, wenn man dann doch dahinter kommt, daß der Fisch falsch für das Becken gewesen ist, es einem Drama gleicht, diesen wieder herauszufangen. Ganz davon zu schweigen, wo man ihn dann unterbringen soll. Aus vorgenannten Gründen sollte man sich den Besatz vorher ganz genau überlegen.

Noch ein Wort zu der Anzahl der Fische. Ab und an reizt es einem, noch einen Fisch zu dem vorhergehenden Besatz zu setzen. Auch mir geht das manchmal so. Aber die Grenze in meinem Becken ist mit dieser Anzahl erreicht. Halte ich mich nicht daran, kann ich in regelmäßiger Gleichmäßigkeit die Folgen für mein Becken erkennen, wie z. B. vermehrten Fadenalgenwuchs oder vermehrte Schmieralgenbildung. Neben anderen Indikatoren sind dies Anzeichen für einen Überbesatz und in der Folge einer verstärkten Wasserbelastung. Diese Warnzeichen müssen auf jeden Fall beachtet werden, um nicht eines Tages das ganze Becken in Gefahr zu bringen. Es sind auch in einem noch so großen Becken naturähnliche Grenzen gesetzt, die man nicht ungestraft überschreiten kann und sollte. Zumal, wenn man bedenkt, welch ein mühevoller Weg es ist, ein Becken dieser Art entstehen zu lassen.

Bewegliche Bewohner eines Riffaquariums
– Die Saubermacher –

- **Nutzen und Schädlichkeit Niederer Tiere**
- **Seeigel**
- **Gefahren die von Seeigeln ausgehen**
- **Schlangensterne**
- **Haarsterne**
- **Einsiedlerkrebse**
- **Aufgaben der Einsiedlerkrebse**
- **Napfschnecken**
- **Borstenwürmer**
- **Kaurischnecken**
- **Besonderheiten dieser Tiere**
- **Wurmschnecken**

Im vorhergehenden Kapitel befaßte ich mich mit einer Auswahl von Fischen, die für ein Becken, das auch mit hermatypischen Steinkorallen besiedelt werden soll, geeignet sind. Außer "Niederen Tieren" aus der Reihe der Leder- und Steinkorallen, den Krusten-, Scheibenanemonen und den Fischen, können in diesen Becken noch eine Vielzahl weiterer Tiere leben, die keinen "Schaueffekt" haben.

Es sind Tiere, die bewußt eingesetzt werden können wie z. B. Seeigel, Schlangensterne, verschiedene Schneckenarten und nicht zu vergessen die Einsiedlerkrebse.

Aber es ist auch eine unbekannte Zahl von Tieren in einem Meeresaquarium zu finden, die unabsichtlich mit lebenden Steinen "eingeschleppt" wurden. Sie führen in der Regel ein verstecktes, aber äußerst nützliches Leben im Untergrund des Aquariums. Es sind in der Mehrzahl zwar nützliche Tiere, aber auch einige dabei, die unangenehm für ein Becken dieser Art werden können. Aber gerade jene Tiere, die man nicht gezielt aus den verschiedensten Gründen (geringe Größe, im Handel nicht zu erwerben) einsetzt und z. T. aus den vorgenannten Gründen auch nicht einsetzen kann, machen einen nicht unerheblichen Teil des Reizes eines Seewasserbeckens aus.

Abgesehen von Tieren, die Schaden anrichten und ein Ärgernis darstellen, sind Tiere in großer Variation ein Charakteristika für ein Riffbecken. Es ist nur in diesem Beckentyp möglich, ständig sich neu entwickelndes Leben zu beobachten und auch die Lebensformen von bisher unbekannten Tieren, die mitunter ein sehr interessantes Verhalten zeigen, zu studieren. Dieses Studieren muß nicht immer einen wissenschaftlichen Sinn haben. Auch das Beobachten der Lebensweise unbekannter Tiere kann Freude bereiten.

Maspilia globulus: Hier ein tropischer Vertreter. Bei einigen dieser Tiere ist Vorsicht geboten. Sie können bei Kontakt mit den Stacheln beim Menschen erhebliche Schmerzen verursachen.

Daß solche Zufallstiere, ich will sie mal so nennen, in Ausnahmefällen (Schädigung von "Schautieren") nicht nur Freude bereiten, muß dabei hingenommen werden. Hiermit sind Lerneffekte in mannigfaltiger Weise für uns Aquarianer verbunden.

Beachten sollten wir dabei aber immer, daß auch unangenehme Tiere in einem Biotopaquarium eine Daseinsberechtigung haben, auch dann, wenn sie uns manchmal zur Verzweiflung bringen können. Erst das optimale Zusammenwirken einer großen aber trotzdem ausgewogenen Anzahl verschiedenster Tiere, bringt ein Riffbecken ohne großartige technische Geräte zum "Laufen".

Sie alle leben z. T. versteckt, einige aber auch offen, in der Dekoration. Trotz oder gerade wegen dieser unsichtbaren Lebensweise tragen sie einen nicht unerheblichen Teil zum Funktionieren eines Riffbeckens bei. Ich wage heute sogar zu behaupten, daß diese vorwiegend kleinen Lebewesen, die Hauptlast bei den vielfältigen biochemischen Umsetzungsprozessen in einem Riffbecken übernehmen.

Sie sind es, die durch ihre Tätigkeit (Umsetzung von organischem Restmaterial z. B. Futterreste) dazu beitragen, daß ein externer Biofilter entbehrlich wird. Somit sind sie die eigentlichen und hauptsächlichen Wegbereiter für das halbwegs natürliche Funktionieren eines Riffbeckens.

Diese im folgenden nun vorgestellten Tiere sind problemlos und über einen annehmbaren Zeitraum auch in einem tropischen Riffaquarium zu halten, wenn die Temperatur nicht ständig wesentlich über 26 Grad C liegt.

Wenn wir in so ein Becken hineinschauen, dann werden uns zuerst die kleinen stachelbewehrten Kugeln, die Seeigel, ins Auge fallen. Es sind behäbige Gesellen. Obwohl stachelbewehrt, laufen sie in der Regel, auch im Aquarium nur nachts herum und nagen die Dekoration ab. Es sind Algenfresser. Leider machen sie meist keinen Unterschied zwischen den von uns gewünschten, wunderschön gefärbten Kalkalgen und dem Aufwuchs von verschiedenen Fadenalgen, den wir in unseren Riffbecken nicht haben wollen und nicht dulden dürfen. Sie fressen in der Regel alles kahl, was ihnen unter die Kauwerkzeuge kommt und pflanzlicher Natur ist. Das Abnagen der Kalkalgen ist aus heutiger Sicht, wo die Algen schon die ganze Aquariendekoration überziehen, nicht mehr als gravierender Nachteil anzusehen.

Ophiolepis superba: Eine tropische Art dieser relativ groß werdenden Schlangen-Seesterne. Sie sind in erster Linie nur als Restevertilger zu betrachten, jedoch unverzichtbarer Bestandteil eines Riffbeckens.

Ein Schlangenstern, der aus Bali importiert wurde. Mit diesem liegen wenig Erfahrungen vor und er sollte beobachtet werden. Seesterne mit kammartigen Stacheln an den Armen, sind meist räuberischer Natur. Dieser scheint aber eine Ausnahme zu sein.

Für die Tiere, die einsetzbar sind, wie z. B. einige Schneckenarten, Einsiedlerkrebse und Seeigel, habe ich in meinem Becken vorwiegend Mittelmeertiere benutzt. Sie waren einerseits leicht zu beschaffen, und ich konnte sie in ihrem natürlichen Lebensraum beobachten, bevor ich sie ins Aquarium einsetzte. Das war wichtig für mich, um nicht Tiere in mein Becken zu holen, bei denen schon im natürlichen Lebensraum zu beobachten war, daß sie Schaden anrichten.

Diese Algen sind in der Lage, als Raumkonkurrenten aufzutreten. Da sie eine lebende Oberfläche haben, sind nicht alle "Niederen Tiere" in der Lage, sich in einem Lebensraum, der von diesen Algen beherrscht wird, zu behaupten.

Auch tritt in folge der Versiegelung der Dekorationsoberfläche eine Funktionseinschränkung der benutzten Kalksteine als Siedlungssubstrat für denitrifizierende Reaktionen ein.

Die Seeigel können hier als Regulativ wirken. Sie behelligen jedoch die Blumentiere nicht, indem sie über diese hinweglaufen und die Mittelmeerarten richten auch keinen Schaden an hermatypischen Steinkorallen an.

Vorsicht ist jedoch bei den Diadem-Seeigeln angebracht. Es gibt einige Arten die Steinkorallen stark schädigen, indem sie die Korallenoberfläche abnagen.

Bei der Anzahl der Tiere sollte man sich generell aber beschränken. Sowohl bei den Arten, der Stückzahl, als auch in der Größe. Ich habe immer nur ca. 5 Tiere bis zur Größe eines 5 Mark Stückes in meinem Becken. Es sind meist die bräunlich gefärbten Sphaerechinus granularis. Diese 5 Gesellen sind ausreichend, um öfters auch mal einen am Tage zu sehen, und sie richten keinen unvertretbar hohen Schaden unter meinen Kalkalgen an. Ab dieser vorgenannten Größe nehme ich sie aus dem Becken heraus.

Ophioderma rubicundum: Ebenfalls eine tropische Art, die einen sehr schönen Farbtupfer in ein Riffbecken bringt. Er ist harmlos und so, wie auch alle anderen, mit Tetra Tips gelegentlich zu füttern.

Da sich die Seeigel offensichtlich in meinem Becken vermehren, wie ich des öfteren im Frühjahr beobachten konnte, habe ich eigentlich immer Tiere der richtigen Größe im Aquarium.

Vorsicht beim Besatz mit Seeigeln allgemein ist aber noch aus anderen Gründen angebracht.

Es besteht einmal eine erhebliche Verletzungsgefahr durch die tropischen Seeigel. Insbesondere bei denen aus der Gattung der Diademseeigel (z. B. Diadema setosum) mit ihren äußerst spitz zulaufenden Stacheln. Sie verursachen zumindest sehr schmerzhafte Stiche. Da die Stacheln wegen ihrer Feinheit und Struktur nicht aus der Haut entfernt werden können, muß man sie herauswachsen lassen. Sie bleiben aber auch oft im Fleisch stecken, wenn sie zu tief eingedrungen sind.

Beides ist nicht sehr angenehm. Andere Gefahren, die von diesen Tieren ausgehen, sind in dem Kapitel "Überlebensstrategien im Riff" aufgeführt. Es sollte besonders beachtet werden. Zum zweiten ist Vorsicht bei dem schwarzlila gefärbten Steinseeigel Paracentrotus lividus aus dem Mittelmeer geboten. Er ist ein Kalkbohrer. Über das Kalkbohren gibt es meines Wissens zwei Theorien.

Paguristes cadenati: Einsiedlerkrebse unverzichtbar für ein Riffbecken. Sie sind die Gesundheitspolizei schlechthin. Die meisten fressen zwar vorwiegend Algen, sind aber auch für andere Futter- und Detritusreste hervorragende Verwerter.

Die erste besagt, daß er über seine Saugfüße eine Säure abscheidet, die den Stein, auf dem er seinen Standort hat, langsam zersetzt und eine Mulde ausformt. Die zweite sagt aus, er formt mit seinen Stacheln durch Reibung eine Mulde in das Substrat. Das Ausformen dieser Aushöhlungen, ob nach der ersten oder zweiten Methode, kann im Meer beobachtet werden, da die Tiere immer in genau passenden Mulden zu finden sind. Mit dem Wachstum der Seeigel werden diese auch ständig vergrößert, da sie standorttreu sind.

Haliotis lamelosa: Das Meerohr aus dem Mittelmeer ist ein ausgezeichneter Algenfresser, der auch im tropischen Seewasseraquarium ausdauernd ist. Er ist allerdings im Aquarium nur sehr schwer auszumachen, da seine Schale, wie hier im Bild, von Kalkalgen überzogen wird und eine hervorragende Tarnung liefert.

Zur Nahrungsaufnahme grasen sie nur die Umgebung der Mulden ab. Ob die 1. oder 2. Theorie zutrifft, sollte für uns belanglos sein. Wichtig ist in diesem Zusammenhang nur, daß die Seeigel in der Lage sein können, das Eterplan bzw. das Silikon von Glasbecken anzugreifen oder auch nur den Farbanstrich vom Eternit abzuschaben. Die Folgen kann sich jeder selbst ausmalen.

Die andere Gefahr, die von größeren Seeigeln ausgeht ist, daß sie sich zum Ruhen am Tage in enge Spalten zwängen. Hier können sie erhebliche Kräfte entwickeln. Sie sind dabei in der Lage, die Dekoration, wenn sie nicht stabil genug aufgebaut ist, zum Einsturz zu bringen. Dazu kommt noch, das möchte ich auch als Gefahr betrachten, daß sie sich gern mit allerlei Steinen, Geröll und Muschelschalen tarnen. Sie machen dabei keinen Unterschied, ob diese Tarnstücke noch leben oder nur aus totem Material bestehen.

Auch lose Krustenanemonenpolypen nehmen sie dabei mit.

Die Gefahr liegt hierbei darin, daß sie die von uns in Einzelexemplaren eingebrachten, relativ kleinen Tiere auf ihre Stacheln laden und sie dann verschleppen. Da sie diese jedoch nicht dauerhaft mit sich herumtragen, sind sie für uns in der Regel verloren. Weitere, sehr nützliche Bewohner unserer Riffbecken sind Schlangensterne verschiedener Gattungen tropischer und mediterraner Art.

Sie sind den Tieren zuzuordnen, die meist nicht sichtbar im Aquarium leben und die als kleinbleibende Arten nicht eingesetzt werden können und auch nicht zu erwerben sind. Sie sind als Zufallstiere zu betrachten.

Auch hier sind es wieder vorwiegend die Bewohner des Mittelmeeres, die Einzug in mein Becken gehalten haben. Einige kann man sich mit ein wenig Mühe gezielt als Einzelexemplare selbst suchen. Die kleineren sind mit den entsprechenden Substraten ins Becken einzusetzen. Eine andere Art der Beschaffung der Tiere, besonders der kleineren, wird kaum möglich sein. Von den relativ klein bleibenden Schlangensternen der Gattung Ophiotrix sieht man im Meer als auch im Aquarium in der Regel nur die fein gegliederten und behaarten Arme aus Spalten und Löchern der Dekoration herausragen. Sie tasten ständig die Umgebung nach Futter ab und führen es der in der Tiefe der Spalten liegenden Mundscheibe zu, indem sie die Arme mit den anhaftenden Futterpartikeln einrollen. Die Arme, sowie auch diese Schlangensternarten selbst sind sehr empfindlich und neigen zum Autotrophieren. Sie sind deshalb nur mit entsprechendem natürlichem Substrat ins Aquarium zu transportieren.

Caurischnecken: Hier sehen wir eine Moneta-Art die zwar als Algenfresser publiziert wird, wie ich aber in letzter Zeit feststellen mußte, vergreifen sie sich an Korallengewebe. Es ist also Vorsicht geboten.

Eine andere Art, die leichter zu finden und zu sammeln ist, sind die Schlangensterne aus der Gattung Ophioderma. Sie haben dickere Arme und einen relativ großen Körper. Im Mittelmeer sind sie unter Steinen leicht zu finden und lassen sich auch leicht einsammeln. Sie sind etwas räuberischer und in der Lage, z. B. eine Futtertablette zu erbeuten und zu verdauen. Ich habe aber noch nie beobachtet, daß sie sich an lebenden

Tieren vergreifen. Tote Fische oder Reste davon werden sie aber zumindest teilweise erbeuten und auch verdauen. Die Schlangensterne tragen somit dazu bei, daß keine Fische, die versteckt verenden, oder tierisches Futter, das nicht gefressen wird, in einer unzugänglichen Ecke des Beckens vergammelt und das Wasser belastet. Sie haben äußerst sensible Geruchsorgane und sind die ersten Tiere, die bei Futtergaben egal welcher Art, reagieren. Diese Eigenart ist in unserem Sinne und daher positiv zu werten.

Auch tropische Schlangensterne der kleineren Arten wird man sicher nicht gezielt erwerben können. Sie werden deshalb ebenfalls Zufallsgäste in unseren Aquarien bleiben, sollten aber immer willkommen sein. Abzuraten ist von den Haarsternen aus der Klasse der Crinoidae. Es sind in der Regel Planktonfresser und in unseren Aquarien nicht haltbar. Auch sie haben äußerst empfindliche Fangarme, die meist schon beim Fang und Transport stark geschädigt werden.

Alle vorgenannten Tiere übernehmen Aufgaben in einem Riffbecken, die verhindern, daß Umsetzungsprozesse in einer Sackgasse stecken bleiben. Sie sind oft zwar spezialisiert, aber deshalb nicht weniger wichtig in diesem System.

Die eigentliche Gesundheitspolizei in einem Riffbecken sind aber die Einsiedlerkrebse. Diese Winzlinge, die man emsig und unermüdlich durch das Becken laufen sieht, sind "die Restevertilger" und vorwiegend ausgezeichnete Algenfresser. Mit ihren kleinen Scheren sind sie ständig am Schaben und Nagen und halten die Dekoration frei von Fadenalgen. Sie dürfen schon deshalb in keinem Riffaquarium fehlen. Es sind wieder die kleinen, ca. 5 - 6 mm großen Parugidea-Arten, die besonders gern Algen fressen und eingesetzt werden sollten. Sind sie in genügender Zahl vorhanden, nagen sie den Aufwuchs der Algen von der Dekoration, bevor er sich zum unangenehm langen Algenwuchs ausbreiten kann.

Sie zu finden ist im Mittelmeer keine große Sache. Es sollte aber darauf geachtet werden, daß nur kleine Tiere gesammelt werden. Sie findet man am besten auf Algenbüscheln, die es im Mittelmeer reichlich gibt. Dann kann man ziemlich sicher sein, auch algenfressende Arten mit nach Hause zu nehmen. Die Unterscheidung bzw. die Bestimmung der Arten dürfte nicht immer ganz leicht sein. Die Tiere brauchen im Aquarium einige leere, größere Gehäuse, damit sie beim Wachsen auch mal umziehen können. Das ist ein ganz wichtiger Aspekt. Finden sie nach der Häutung nicht schnell genug ein größeres Gehäuse, werden sie leicht ein Opfer der Fische oder ihresgleichen.

Diese kleinen Krebse belästigen die "Niederen Tiere" in unserem Riffaquarium nicht. Die groß werdenden Arten, z.B. der Dardanus als tropischer Vertreter, sollte nicht in ein derartiges Becken eingesetzt werden, da sie mit ihren dann auch größeren Gehäusen beim Umherlaufen die Blumentiere stören. Es sind außerdem bei den größer werdenden Arten einige dabei, die als Fleischfresser bekannt sind. Alle Dardanus-Arten zählen dazu. Besonders gefährlich sind die Arten, die auf ihrem

Stenopus hispidus: Garnelen gehören ebenfalls zur Grundausstattung eines Riffbeckens. Diese Art lebt allerdings zurückgezogen und benötigt gelegentlich etwas kräftiges Futter.

Gehäuse auch noch eine Anemone tragen und beim Umherlaufen empfindliche Tiere vernesseln können. Da Einsiedlerkrebse schon von Haus aus kannibalische, aber für ein Riffbecken unverzichtbare Gesellen sind, sollte man immer für genügend Nachschub sorgen. Wie schon gesagt, ist es möglich mit Hilfe dieser Tiere ein Riffbecken in gewissen Grenzen algenfrei zu halten. Es ist dafür aber eine gewisse Populationsdichte an Einsiedlerkrebsen notwendig.

Ausufernden Fadenalgenwuchs können diese Tiere aber auch nicht im Zaum halten. Da die Aufrechterhaltung der Populationsdichte eine recht teure Angelegenheit ist, ist hier das "Mitbringsel" aus einem Mittelmeerurlaub besonders interessant. Die nachfolgend betrachteten Tiere sind ebenfalls wichtig für die Sauberkeit (Algenregulation) in Riffbecken und stellen eine ideale Ergänzung zu den vorgenannten Tieren dar. Es sind verschiedene Schneckenarten.

Eine dieser Arten, die ausschließlich von Algen lebt, ist die Napfschnecke Patella caerulea. Das fast runde, dem Untergrund formschlüssig angepaßte Tier, ist ein ausgezeichneter Algenfresser. Um diese Tiere ins Aquarium zu bekommen, bedarf es aber einiger Mühe. Es ist sehr schwer, sie unverletzt vom Substrat im Meer zu lösen. Am besten wird sie mit dem Stein, auf dem sie sitzt, aus dem Wasser gehoben und ins heimatliche Aquarium transportiert. Steine in handlicher Größe zu finden, auf denen diese Tiere sitzen, ist aber nicht leicht. Sind die Steine zu groß, dann sollte man sie vor Ort in ein separates Becken legen und warten, bis die Schnecken diesen von selbst verlassen, und sie erst dann übernehmen. Diese Methode verlangt zwar etwas Geduld, ist aber die sicherste, um unverletzte Tiere mit nach Hause zu nehmen. Die Verletzungen dieser Tiere, die durch das Abhebeln verursacht werden, sind nicht sofort erkennbar. Sie bestehen in der Hauptsache in einer Schädigung der äußerst empfindlichen Fühler, die unter dem äußeren Schalenkranz hervorstehen. Das Abquetschen einer gewissen Anzahl der Fühler scheint bei den Tieren den Tod nach sich zu ziehen. Deshalb überleben die mit Gewalt von der Unterlage gelösten Tiere diese Tortur meist nicht, oder die Verlustrate ist zumindest sehr hoch.

Die Napfschnecken sind Bewohner der oberen Zone des Meeres. Man findet sie nur bis zu einer Wassertiefe von ca. 1 Meter in relativ warmer Umgebung (Wassertemperatur und Trockenfallen). Ein Umstand, der es uns erlaubt, auch diese Tiere in unseren tropischen Riffbecken eine annehmbare Zeit am Leben zu erhalten. Sie benötigen zum Überleben aber sauerstoffreiches Wasser. Es sind standorttreue Tiere und sie fressen nur Algen, die in ihrer unmittelbaren Umgebung wachsen. Diesem Umstand muß man bei der Ansiedlung im Aquarium Rechnung tragen. Sie sollten immer nur dort angesiedelt werden, wo sich erfahrungsgemäß regelmäßig Algen bilden. Die günstigsten Plätze sind die Seiten- oder die Rückwand des Beckens.

Da sie standorttreu sind, können sie ganz gezielt an bestimmten Stellen im Aquarium angesiedelt werden, wo sie in der Regel dann auch bleiben. Der zweite Algenfresser dieser Art ist das Meerohr Haliotis lamellosa. Im Gegensatz zu der vorher beschriebenen Napfschnecke ist das Meerohr sehr beweglich. Die Schale der Schnecke ist ebenfalls flach, hat aber die Form einer Niere. Die äußere Seite der Schale ist mit einer Reihe feiner Löcher versehen, aus denen sehr empfindliche Fühler herausragen. Sie hat auch, wie die Napfschnecke, einen Fuß, der eine Fläche umfaßt, die der Schalengröße entspricht. Auch sie ist deshalb sehr schwer vom Substrat zu lösen.

Da sie aber sehr lichtscheu ist, braucht man den Stein, unter dem sie sitzt, nur dem Licht zuzuwenden und abzuwarten, bis sie ins Dunkle zu flüchten versucht. Bei der Laufbewegung, die eine gewisse Lösung vom Substrat bewirkt, kann sie sehr leicht vom Untergrund abgehoben werden. Für das Lösen trifft das gleiche wie bei der vorher beschriebenen Art zu. Der

Lysmata ambonensis (grabhami): Diese bekannte Putzergarnele ist fast in jedem Becken zu finden. Sie nimmt die Putzfunktion auch im Becken wahr. Sie sollte aber nicht mit dem Mirakelbarsch Calloplesiops altivelis vergesellschaftet werden. Er betrachtet sie oft als Futter

empfindlichste Teil sind dabei wieder die Fühler. Werden sie verletzt, hat auch diese Schnecke keine Überlebenschance. Sie hat als Freßorgan einen relativ langen Rüssel, dessen Ende zu einer Raspelzunge ausgebildet ist. Damit lutscht sie förmlich die Steine sauber. Es sind ausnahmslos Algen. Im Gegensatz zur Napfschnecke, die standorttreu ist, ist sie im ganzen Becken unterwegs. Sie ist ein ausgezeichneter, universeller, großflächiger Saubermacher.

Die nächste Art von Schnecken, die mit Steinen aus dem Mittelmeer ins Becken kommen kann, ist eine Käferschnecke aus der Art der Placophoren.

Die Schnecke, die von der Form her wie eine Kellerassel aussieht, ist auch sehr lichtscheu. Sie ist des öfteren im Becken zu beobachten, wenn umdekoriert wird oder Steine umgesetzt werden. Deshalb ist mir bekannt, daß sie in einem tropischen Becken auch haltbar ist. Wenn sie sich aber auf Steinen fest gemacht hat, ist sie nicht mehr lebend von diesen zu lösen. Sie kann deshalb nicht gesammelt werden und wird nur ein Zufallsbewohner, der mit lebenden Steinen ins Becken kommt, bleiben. Was diese Schnecken fressen ist mir nicht bekannt.

Das war eine kleine Auswahl von Tieren des Mittelmeeres, die als Saubermacher bekannt sind. Daß den tropischen Tieren dieser Art, die dem Bereich der Saubermacher zuzuordnen sind, relativ wenig Raum in meiner Abhandlung eingeräumt wurde, hat einen pragmatischen Grund. Sie sind in erster Linie zu teuer und werden in der Regel nur als viel zu große Tiere importiert (Kaurischnecken). Es hat auch wenig Sinn, wenn man sich von den Tieren nur ein oder zwei Stück zulegt oder zulegen kann. Sie können in dieser Anzahl keine nennenswerten Aufgaben im Sinne der Abhandlung übernehmen. Außerdem ist bei ihnen das arttypische Verhalten vielfach noch unbekannt und das Risiko eines Fehlgriffes relativ groß. Auch die oftmals lange Lebensdauer und relativ große Wuchsform ist für ein Heimaquarium ein Problem. Eine Ausnahme dieser beiden Kriterien bilden einige kleinbleibenden Kaurischnecken. Es gibt hier einige Arten, die recht klein bleiben (Moneta-Arten) und deshalb oft als Beifang in Händlerbecken zu finden sind. Wenn man Glück hat, werden sie auch recht billig angeboten.

Auch diese Tiere sind in der Regel Algenfresser. Sie sind ebenso fleißig wie z. B. das Meerohr aus dem Mittelmeer, sind aber fast immer nachtaktiv. Einige Arten gewöhnen sich mit der Zeit aber an einen anderen Tagesrhythmus und sind dann oftmals schon in der zweiten Tageshälfte im Becken zu beobachten. Die relative Unerforschtheit der Lebensgewohnheiten dieser Tiere in der Meeresaquaristik setzt aber immer ein intensives Beobachten im Becken voraus. Verschiedene Arten können sicher auch Schaden anrichten. Die Tiere sind ein Blickfang für einen intensiven Beobachter. Die perlmuttartig, oft mit interessanten Mustern überzogenen Gehäuse, lassen zuweilen die Frage aufkommen, wie diese Tiere wachsen bzw. ihr Gehäuse vergrößern und wie sie ihren Glanz erhalten.

Beides wird bewirkt durch die Hautlappen, die sie über ihre Außenschale schieben. Diese Hautlappen schützen einmal die Schale vor dem Aufwachsen von Algen oder anderen sessilen Tieren auf dem Gehäuse, und zum anderen sind sie in der Lage, mit diesen Lappen Kalk von der Innenschale zu lösen und auf die Außenschale zu übertragen. Das ist die Erklärung dafür, wie sie ihr Gehäuse vergrößern.

Das war eine kleine Auswahl von algenfressenden Tieren. Wer mit Fadenalgen, einer der Plagen der Meeresaquarianer, zu tun hat, wird sicher selbst ermessen können, wie wichtig diese Tiere sind. Wobei ich aber ausdrücklich betonen möchte, daß auch sie nicht in der Lage sind, ausuferndes Fadenalgenwuchs in einem mit Nährstoffen angereicherten Meeresaquarium zu begrenzen. Sie helfen nur, den normalen Aufwuchs der Algen, der immer vorhanden ist, in Grenzen zu halten.

Eine Schnecke anderer Art, die man nicht auf Anhieb zu diesen Tieren zählen würde, ist die Wurmschnecke Vermetius arenarius. Sie soll in diesem Zusammenhang kurz vorgestellt werden, weil Schnecken dieser Art (auch tropische) unter Umständen eine Gefahr darstellen können. Es sind festgewachsene, sogenannte Wurmschnecken, die sich nicht mehr frei bewegen können. Sie leben in einer Kalkröhre, ähnlich der der Kalkröhrenwürmer. Sichtbar ist z.B. von der Vermetus antennarius nur der leuchtend rote Kopf. Da sie im Mittelmeer leicht zu finden ist, bringt sie durch diese Farbe einen schönen Farbtupfer in ein Riffbecken.

Diese Schnecken legen zum Beutefang Schleimfäden aus und fangen im Wasser treibende Partikel ein. Anschließend wird die anhaftende Nahrung mitsamt diesem Schleimfaden verspeist. Sie sollten deshalb nicht in der Nähe von Steinkorallen angesiedelt werden, da sie diese mit den Schleimfäden belästigen würden. Sie sind keine idealen Bewohner für ein Riffbecken, kommen aber oft mit lebenden Steinen in unsere

Becken. Zum Schluß, last but not least, wird man mit jedem lebenden Stein, den man sich ins Becken holt, auch den einen oder anderen Borstenwurm aus der Gruppe der Polycaeten ins Becken holen. Das ist die Kehrseite der an sich nützlichen, lebenden Steine und den mit ihnen eingeschleppten Tiere.

Wir bringen mit jedem Stein dieser Art ein vielfältiges und nützliches Leben ins Becken. Es sind aber auch immer einige Tiere dabei, die für unseren übrigen Tierbesatz gefährlich werden können.

Perknon gibbesi: Krabben sind unerwünschte Bewohner eines Riffbeckens. Es gibt aber immer wieder Ausnahmen, wie diese Art, die gelegentlich importiert wird.

Zu diesen zählen die Borstenwürmer. Die Arten, die im Bodengrund leben, werden in der Regel vom Mirakelbarsch Calloplesiops altivelis in Schach gehalten. Sie können keinen Schaden anrichten und sind für ihn natürliches Futter.

Schädlicher, weil für diesen Fisch nicht erreichbar, sind die größeren Arten, die in einer chitinigen Röhre leben. Sie greifen fast immer Krustenanemonen, aber auch Lederkorallen an und sollten, sobald sie gesichtet werden, nach Möglichkeit aus dem Becken entfernt werden. Hierzu benötigt man eine gehörige Portion Glück. Das Abreißen nur eines Teiles der Borstenwürmer hat zur Folge, daß man im Grunde nichts erreicht hat. Sie sind in höchster Perfektion regenerationsfähig. Fällt das abgerissene Stück auch noch ins Becken, hat man statt einem nun zwei.

Gleich gefährlich sind auch Nacktschnecken aller Schattierungen. Sie sind Nahrungsspezialisten, in der Regel im Aquarium nicht haltbar und keine nützlichen Tiere für unser Riffbecken. Sind aber doch einmal welche dabei, die auffallend lange im Aquarium aushalten, dann sollte man seinen übrigen Besatz an "Niederen Tieren" einmal nach Fraßspuren absuchen. Es gibt bei diesen Tieren einige Arten, die auch relativ harte Lederkorallen fressen. Auch Krustenanemonen, Xeniiden und Anthelia fressende Arten sind schon gesichtet worden. Wieder andere fressen nur Steinkorallenpolypen. Hierüber wird im Kapitel "Schädigungsfaktoren an hermatypischen Steinkorallen" eingehender berichtet. Auch Krabben mit einigen Ausnahmen zählen dazu.

Das ist ein kleiner Überblick über nützliche und natürliche Helfer in der Meeresaquaristik. Sie sind für die Biologie eines Riffbeckens von enormer Bedeutung. Auch, wenn diese Tiere nicht immer sichtbar, also vorzeigbar sind und das eine oder andere Tier auch nicht vom Aussehen jedermanns Sache ist, sollten sie doch in keinem Riffbecken fehlen. Sie übernehmen einige der wichtigsten Aufgaben bei der Aufrechterhaltung des biologischen Gleichgewichtes in einem Riffaquarium und stellen einen wichtigen, natürlichen Baustein in diesem ökologischem System dar.

Schwämme werden oft auf Steinkorallen importiert. Sie haben in grellem Licht keine Überlebenschancen. Entweder der Schwamm oder die Steinkoralle kann überleben.

Tridacna's sind in herrlichen Farben in unseren Becken zu finden. Sie wachsen zu beachtlicher Größe heran.

Literaturverzeichnis

Corals of Australia an the Indopacific
J. E. N. Veron, Australia

The Reef Aquarium
Ch. Delbeeck and J. Sprung, Canada und USA

Das Korallenriff-Aquarium
Band 1 ... 4
S. Fossa und A. J. Nilsen, Norwegen

Niedere Tiere im Meerwasser-Aquarium
Band 1 + 2
P. Wilkens

Gifte im Riff
Prof. Dr. Mebs

Das lebende Riff
Dr. D. Kühlmann

Korallenriffe
Prof. Dr. H. Schumacher

Meerwasser-Atlas
H. A. Baensch und H. Debelius

Richtige Aquarien- und Terrarien-Beleuchtung
K. Sauer

Bildnachweis

Die Fotos in diesem Buch sind in folgenden Aquarien gemacht worden:

D. Stüber	Berlin
K. Grube	Berlin
H. J. Gehrke	Berlin
J. Gottschlich	Berlin
G. Pilling	Berlin
H. Haschke	Berlin
G. Obst	Heilsbronn
H. Treuheit	Ansbach
G. Heinz	Wetterfeld
P. Timpe	Hamburg
R. Rode	Hamburg
A. J. Nilsen	Norwegen
J. Olsen	Lünen

Unterwasser-Aufnahmen: W. Stark

Stichwortverzeichnis

	Seite
Abdeckscheibe	42, 194
Abiotische Faktoren	55
Ablagerungen	191
Ableger	192
Abmessungen	16
Abschattung	126, 178
Abschäumer	214, 212, 29, 105, 106
Abschwächungs-Faktoren	86
Absorption	86
Abstrahlwinkel	41
Abudefduf parasemas	239
Abwehrgifte	127, 221
Abwehrmechanismen	130, 229
Abwehrmöglichkeiten	134, 233
Abwehrsekrete	208
Abwehrstoffe	127, 223
Abwehrstrategien	221
Acantherus tentis	238
Acanthurus japanicus	200
Aceton	23
Acropora	179, 172, 191, 145!, 131, 135, 188
Akkumulation	223
Akkuschrauber	22
Aktivkohle	59, 106, 107, 214
Algen, -blüte 90f,	100
Algengifte	232
Altersbestimmung	172
Altwasser	56
Aminosäuren	91
Analysen	58
Anemone	150
Anfangsdosierung	62
Anpassung	197
Anpassungsfähigkeit	101, 102
Anpassungsprozeß	196
Anpassungsvarianten	198
Anschaffungskosten	16
Ansiedlungsparameter	102, 205
Anthelia	217, 139
Actinodiscus	135

	Seite
Anthias	199
Antibiose	233
Antibiotika	92, 233
Antrophieren	248
Aquariendekoration	109
Aragonit	62, 119
Artbestimmung	170
Artenreichtum	180
Artenvielfalt	81
Arterhaltung	221
Assimilationsbedingungen	99
Assimilationsvorgänge	98, 100
Assimilieren	63, 87
Atmungsorgane	230
Aufbereitung	56
Aufbereitungsanlage	71, 106
Auflösungen	219
Aufzuchterfolge	146
Ausbleichen	88
Auslaufkasten	17
Ausleuchtung	43, 86
Auslösefaktoren	134, 199
Auslöseparameter	141
Ausströmersteine	33
Ausströmleistung	34
Bakterien	108
Bakterienalgen	91, 233
Bakteriendichte	105
Bakterienrasen	105
Bakterientoxine	30
Beckenbesetzung	38
Beleuchtung	41

255

Stichwortverzeichnis

	Seite		**Seite**
Beleuchtungsstärke	93	**D**ämmerungsbeleuchtung	201
Beleuchtungszeit	201	Dämmerungsphase	201, 243
Belichtungsdauer	87	Dascyllus	199
Belüftung	96	Datenblätter	207
Besatz	123, 227	Dekoration	38, 39, 55, 109, 190, 197, 199, 201, 241, 246
Bestimmung	192	Dekorationsoberfläche	64
Bestimmungsmöglichkeit	114	Denitrifikation	106
Betriebskosten	41	Denitrifikationsbakterien	109
Bezugsmaßstab	188	Denitrifikationsprozesse	89
Biologie	107	Destruenten	88
Biologische Faktoren	55, 57	Dichte	56, 108
Biologische Filter	111, 212, 210, 105, 214, 246	Doktorfische	199, 238
Biomasse	88	Dordanus	249
Biotop	103	Dosierautomatik	71
Biotopaquarium	107	Dosierpumpe	64
Biotopbeobachtungen	99		
Blasenkorallen	114	**E**ffektivität	106
Blaualgen	92	Einfahrzeit	57
Blaufilter	96	Einflußfaktoren	190, 203
Bodenbelastung	56	Einsiedlerkrebse	57, 213, 246
Bodengrund	49, 213	Eisen	61, 101
Bodenplatte	19	Eisencitat	62
Borstenwürmer	252	Eisenmangel	62
		Eiweißabschäumer	106
		Eiweißkolloide	106
		Eiweißstoffe	106
		Eiweißverbindungen	29, 30
		Elektroden	49
		Elektrolyse	73
		Elektronik	71
		Ernährung	113
		Ernährungsformen	
Calloplesiops altivelis	199	Erregungszustände	225
Caulerpa	57	Ersatzfutterstoffe	183
Chemie	61	Erstbesatz	57
Chlorophyll	87	Eterplan	16
Chromin Arten	199, 238	Eupomacentrus Lencosticus	180, 239
Conaminiteren Sand	56	Experimente	82
Conusschnecken	228		

Stichwortverzeichnis

	Seite
Fadenalgen	138, 56, 150, 249
Fadenalgenwuchs	244
Farbspektrum	94
Farbwiedergabe	94, 96
Fäulnisbakterien	91
Favia	170
Fehlbesetzungen	122
Fehlerquellen	109
Filter	110, 111, 107
Filterbecken	34
Filterfunktion	100
Filtersysteme	37
Filtertechnik	103
Filtertechniken	210
Filtertopf	107
Fischarten	200
Fischauswahl	233
Fischbesatz	203, 233
Fische	197, 202
Fischkrankheiten	59
Flockenfutter	185
Flotation	29
Fluor	101
Förderleistung	33
Förderpumpe	33
Förderschlauch	74
Formen	190
Formenvielfalt	188
Fortpflanzungsvermögen	146
Fraßhemmung	221, 232
Freßfeinde	127, 172, 221, 227
Freßreflex	186
Frostfutter	104
Füllstandsmelder	72
Fungia	141, 147
Funktionsstörungen	59
Futteraufnahme	115
Futtereinsatz	212
Futterreiz	129
Futterreserve	57
Futtertiere	108
Galaxea fasciatus	216, 128, 134
Gasbetonsteine	47
Gase	98, 99
Gastralraum	150
Gattungsnamen	114
Gegenmaßnahmen	82
Gelbstoffe	106
Gesamtstoffwechsel	61
Gesamtstrahlung	96
Gesundheitsschäden	23
Gewebe	150
Gifte	181, 221
Gifteinwirkung	127
Glasbecken	15
Glasstärke	17
Gleichgewicht	57, 104
Glotzaugenkrankheit	61
Goniopora	134
Grundstoffe	101
Grundvoraussetzungen	123
Halimeda	232
Hälterung	113
Hälterungserfolge	140
Hälterungsgrundlagen	113
Häutungsbelag	138
Heftschrauben	19
Helfer	20
Hemmfaktor	206
Herpolython	140
Höhlen	200
Holzarten	33
HQI-Brenner	94, 139

Heliophora 138-I, 144

257

Stichwortverzeichnis

	Seite
HQI-Lampen	17, 117
HQI-Licht	58, 152, 195
Humose Säuren	106
Hydrocarbon	59
Hydroide	227
Hydroidpolypen	233
Imprägnierung	23
Inbetriebnahme	34
Instinkt	197
Intuition	81
Jod	101, 61, 118, 212, 215
Kalk	61
Kalkalgen	119, 138, 206
Kalkanlagerung	119
Kalkarmut	103
Kalkgestein	55
Kalksyntheserate	103, 117
Kalkverbraucher	58
Kalkwasser	49
Kalkwasserbehälter	71
Kalkwassermethode	117
Kalkwassermischanlage	65
Kalkwasserzugabe	65
Kalzium	61, 117
Kalziumcarbonat	117
Karbonathärte	65, 123
Kavernen	198
Keimzahl	105
Kernlöcher	20
Kiemenparasiten	105
Kieselalge	57

	Seite
Kieselsäure	62, 89
Klärorganismen	88
Klebeflächen	22
Kohle	38
Kohlefilter	38
Kohlendioxyd	,92!, 117, 118 ???
Kohlensäure	62, 98
Kohlensäureüberschuß	87
Kohlensäurevergiftung	63
Kohlenstoff	108
Kohlezylinder	38
Kompakternährung	182
Komplettanlagen	51
Konkurrenzverhalten	126
Konsistenz	131
Kontaktieren	192
Kontaktzeit	31
Kontraktionsfähigkeit	217
Koralle -bes. geeign. 170, 172	200
Korallenbruch	38, 56
Korallenfresser	215
Korallenriff	198
Korossionseinflüsse	50
Krustenanemonen	217
Kümmerwuchs	130
Kunststoffdekoration	55
Kunststoffe	32
Laichspiel	240
Laierfische	201
Lampenkastenform	41
Lampentype	41
Larvenabgabe	141
Larvenstadium	114, 139
Lebensansprüche	132
Lebensbedingungen	196
Lebenserwartung	170
Lebende Steine	54(B), 57

Leptoseris 146 I

	Seite		Seite
Lebensgemeinschaft	186	Matrix	119, 191
Lebensparameter	119	Mechanische Teilung	114
Lebensraum	98, 104, 198, 199, 210	Medikamente	59, 61, 203
Lebensrhythmus	81	Meerohr	250
Lebensvorgänge	98	Merulina	133, 137
Leitungsverluste	50	Mesenterialfilamente	129, 228
Leuchtstofflampen	*117,* 13, 41	Meßmethoden	58
Licht	*117*	Metalldampflampen	40
Lichtabhängigkeit	138	Mikro-Algen	134
Lichtbedarf	93	Mikrofauna	134
Lichteinstrahlung	139, 145, 189	Mikrolebewesen	55
Lichteintrag	33, 86	Millepora	134, 138
Lichtfarbe	242	Mirakelbarsch	185
Lichtmangel	87, 117	Mischungsmöglichkeiten	22
Lichtspektrum	44	Mischzylinder	79
Lichtstrom	96	Mitbewohner	133
Lichtstromverlust	96	Monokulturen	127
Lichtverhältnis	195	Montipora	133, 136
Lobophyton	133	Musidacee	101
Lobophytum crassum	136	Mysis	185
Lösungsfähigkeit	99		
Lösungsmöglichkeiten	126		
Luftblasen	23, 29		
Luftmenge	106		
Luftpumpe	50	**N**achfüllwasser	90
Luxzahl	191	Nacktschnecken	216, 227

Lederkorallen (Häutung) ♂♂ 123
Giftabsond. 225f
Gemeinschaft mit... 127f
Licht 84

	Seite		Seite
		Nährstoffarten	89
		Nährstoffe	101, 102
		Nährstoffkreislauf	88, 98
		Nahrungsaufnahme	181, 185, 188, 222
		Nahrungsgrundlage	91
Magnesium	62	Nahrungsspektrum	218
Mandarinfische	240	Nahrungsspezialisten	215, 232
Mangel	212	Napfschnecken	250
Mangelerscheinungen	61, 213	Nebenpigmente	88
Mangelstoffe	101	Nematocysten	227
Materialeinsatz	20	Nesselfäden	129
Materialwanderung	73	Nesselfähigkeit	134

Stichwortverzeichnis

	Seite		Seite
Nesselgifte	127, 135, 202, 204, 8	Pflegeaufwand	120
Nesseln	197	Ph-Meter	49
Neuwasser	56	Ph-Wert	58, 123
Nischen	198	Phosphate	89, 208
Nitrat	58, 89	Phosphatgehalt	89
Nitratabbau	38	Photosynthese	87, 213
Nitratgehalt	208	Photosynthese	115, 117, 226, 233
Nitratmessung	58	Phytoplankton	91
Nitratreduzierung	108	Pigmente	88
Nitratwert	108, 115, 123	Plankton	114
Nitratzufuhr	108	Planktonische Nahrung	182
Nitrifikation	89	Planula-Larven	102, 115
Nitrit	58	Plastic-Mastic	18
Nitritvergiftung	89	Plastikmaterial	109
Nitrobakter	89	Plattendicke	18
Nitrosomas	89	Plexaura-Arten	226
		Plexiglas	32
		Polypen	193
		Polypenbildung	193
		Polypeptide	224
Oberflächenströmung	192	Pomacentriden	199, 238
Ökosystem	195, 221	Populationsdichte	240, 250
Osmose-Anlagen	62	Proteine	61
Osmosewasser	119	Pseudochromis	239
Oxydation	101	Pufferkapazität	88
Ozon	105	Pumpenleistung	51
Ozonisierung	61	PVC-Farbe	16, 18
		PVC-Verdünner	23
		Pocillophora	189/90 OCB: 6
		Plerogyra	134
Pachyseris	133, 94, 137		
Palytoxin	223	Rahmenleiste	19
Parasiten	59	Randzonen	194
Parasitenbefall	59	Raumkonkurrenz	83, 208, 226
Parazooanthus	136, 133	Raumkonkurrenz	121, 134
Partikel	186	Reagenzien	58
Pavona	186	Reaktionszeit	64
Pectinia	170	Redoxwert	59
Pestizide	62		

	Seite		Seite
Redoxpotential	105	Sauerstoffdefizit	87, 99
Reduktion	58	Sauerstoffverteilung	99
Reduktionskreislauf	29, 105	Säurebindungsvermögen	64
Reduktionszonen	109	Saxitoxin	223
Reflektionsvermögen	86	Schädigungen	202
Reflektor	43	Schädigungsfaktoren	206
Reflektorform	94	Schadstoffe	29, 82, 105, 106, 211
Regelungsmechanismen	93, 127	Schlauchpumpe	72
Regelungstechnik	105	Schleimhaut	202, 203
Regenerationsfähigkeit	224	Schmieralgen	41, 59, 123
Regenerationsvermögen	174	Schmieralgenwuchs	244
Regulationsfaktor	197	Schnecken	57, 215
Restevertilger	49	Schutzanstrich	23
Restlicht	88	Schutzfunktion	199, 201
Revieranspruch	201	Schutzinstinkt	196
Reviergrenzen	200	Schutzmechanismen	180
Rezepturen	62	Schutzmöglichkeiten	196
Rieselfilter	37	Schutzräume	196, 201
Riffaquarium	81	Schwämme	55
Riffbarsche	238	Schwebstoffausfilterung	49
Riffbaumeister	195	Schwefeldioxyd	92
Riffbecken	118	Schwefelwasserstoffherde	101
Riffkorallen	59	Schwermetalle	62
Riffökologie	59	Schwingungsdämpfer	32
Röhrenkorallen	139	Seegurken	230
Rohrquerschnitte	51	Seeigel	57, 213, 229, 247
Routinearbeiten	71	Seenadeln	201, 240
Rückschlagventil	79	Seesterne	138, 213, 229
		Seitenwand	20
		Sekret	206
		Sekundärschäden	203
		Sekundärsiedler	136, 139
Salpetrige Säure	38	Selbsterhaltungstrieb	221
Salzgehalt	98, 102	Septen	149
Sarcophyton	128, 133	Seriatophora	133, 178, 172, 206, 135, 131, 140, 144
Sättigungsgrenze	79	Sicherheitsabstand	136
Sauerstoff	98, 100	Sicherheitsmaßnahmen	23, 24, 99
Sauerstoffarmut	30	Sicherheitspuffer	30
Sauerstoffbedarf	87	Siedlungsplätze	207
Scheibenanemonen	127		

Stichwortverzeichnis

	Seite		Seite
Siedlungsraum	109	Symbiosepartnerschaft	62, 115, 134, 192
Siedlungssubstrat	64		
Silikon	15		
Sinularien	135, 133		
Skelettaufbau	101		
Solinität	88		
Sonneneinstrahlung	47	**T**entakelkronen	142
Spanplattenschrauben	18	Terpen-Verbindungen	225
Spiralkabel	48	Tetrodotoxin	223
Spurenelemente	101, 37, 61, 212/3	Tierarten	133
Stabilität	21	Tierbesatz	55, 132
Standfestigkeit	56	Tierpopulationen	109
Standortformen	102, 114, 119, 192	Topfzeit	22
Standzeit	33	Toxine	221, 223
Steinkorallen	94!, 93	Travertin	55
Stickstoff	98, 99	Tridacna	146
Stickstoffverbindungen	88	Tropffilter	105
Stoffumsatz	208	Turbinaria	136
Stoffwechsel	93, 131		
Stoffwechselprozeß	29, 88		
Stoloniforen	139		
Störfaktoren	176		
Streßeinwirkungen	204		
Streßfaktoren	172, 201		
Strömung	119, 99, 186, 193	**U**V Licht	91, 94
Strömungsandruck	146, 174, 192	UV Schutzstoffe	96
Strömungsmangel	91, 176	Überbesetzung	89, 208
Strömungsrichtung	191, 226, 120	Überlaufbecken	49
Strömungsverhältnisse	189	Überlaufkasten	29
Strömungsverteilung	105	Überlaufrohr	49
Strontium	212, 61, 62, 118/9	Überleben	200
Strontiumchlorid	62	Überlebenschance	198, 233
Strukturierung	105	Überlebensstrategien	180
Stylophora	172, 139	Umgebungsparameter	55, 176
Styroporplatten	47	Umsetzungsbakterien	89
Substrat	205	Umsetzungskette	30
Super EP	18	Umsetzungsprozesse	38, 101, 211
Symbionten	94	Umweltgifte	92
Symbiose-Garnelen	213	Urinfarbstoffe	106

Umstellung auf herm. Kor. 121, 131, 132,

	Seite
VDE	44
Verarbeitungshinweise	18
Verbrennung	94, 95
Verdrängung	126
Verdunstungsnässe	48
Verkalkung	34
Verkleidung	47
Vermehrung	113
Vermehrungsstadien	141
Verschleimung	34
Versteifungssteg	21
Verträglichkeit	32
Vitaminkomplex	65
Vitaminzugabe	65

Verträglichkeit unterein. ☺☺☺ !!!! *123* *133*

Wachstum	172, 212
Wachstumsspitzen	191, 206
Wachstumsstagnation	213
Wachstumsvermögen	65, 99, 170
Wärmeeinwirkung	43, 44
Wasseranalyse	58
Wasseraufbereitung	29, 104
Wasseraufbereitungssysteme	214
Wasserbelastung	109, 204
Wasserbelastungsstoffe	104
Wasserbewegung	38, 39
Wasserblüte	91
Wassereinlauf	17
Wasserinhaltsstoffe	135
Wasserkreislauf	106
Wasserstand	34, 48
Wassertemperatur	87
Wasserwechsel	*119, 101,* 62, 183, 212
Watte	59
Wechselbezeichnungen	180, 181
Wirkfaktoren	109

	Seite
Wirkstoffe	221
Wuchsform	178, 189
Wuchsrichtung	174

Xeniiden	132, 139

Zebrasomas flavescens	199, 203, 238
Zebrasomas veliverum	199
Zeitangaben	109
Zellteilung	233
Zersetzung	100
Zooanthus	*135,* 133
Zooxanthellen	62, 191
Zusammenleben	189, 196
Zusatzfutter	243
Zwergkaiserfische	243
Zylinderrosen	134

Unterwasser-Aufnahme: Steinkorallen-Arten bunt gemischt mit Weichkorallen-Arten. Insel Bohol, Philippinen.